权威·前沿·原创

皮书系列为
"十二五""十三五"国家重点图书出版规划项目

智库成果出版与传播平台

中国国际文化贸易发展报告（2021）

REPORT ON THE DEVELOPMENT OF CHINA'S
INTERNATIONAL CULTURAL TRADE(2021)

主　编 / 李小牧　李嘉珊
副主编 / 刘　霞

社会科学文献出版社
SOCIAL SCIENCES ACADEMIC PRESS (CHINA)

图书在版编目(CIP)数据

中国国际文化贸易发展报告.2021/李小牧,李嘉珊主编. ——北京:社会科学文献出版社,2021.8
(文化贸易蓝皮书)
ISBN 978-7-5201-8853-1

Ⅰ.①中… Ⅱ.①李…②李… Ⅲ.①文化产业-国际贸易-研究报告-中国-2021 Ⅳ.①G124

中国版本图书馆 CIP 数据核字(2021)第 162373 号

文化贸易蓝皮书
中国国际文化贸易发展报告(2021)

主　　编／李小牧　李嘉珊
出 版 人／王利民
责任编辑／丁阿丽　路　红
文稿编辑／李惠惠　郭锡超　程丽霞 等

出　　版／社会科学文献出版社 (010) 59367194
　　　　　地址:北京市北三环中路甲 29 号院华龙大厦　邮编:100029
　　　　　网址:www.ssap.com.cn
发　　行／市场营销中心 (010) 59367081　59367083
印　　装／天津千鹤文化传播有限公司
规　　格／开　本:787mm×1092mm　1/16
　　　　　印　张:22.25　字　数:335 千字
版　　次／2021 年 8 月第 1 版　2021 年 8 月第 1 次印刷
书　　号／ISBN 978-7-5201-8853-1
定　　价／158.00 元

本书如有印装质量问题,请与读者服务中心 (010-59367028) 联系

▲ 版权所有 翻印必究

本书出版得到"科技创新服务能力建设——首都国际服务贸易与文化贸易研究基地支持经费"资助

《中国国际文化贸易发展报告（2021）》
编 委 会

主　　编	李小牧　李嘉珊
副 主 编	刘　霞
编撰单位	北京第二外国语学院国家文化发展国际战略研究院
	首都国际交往中心研究院
	中国服务贸易研究院
	中国国际贸易学会服务贸易专业委员会
	首都国际服务贸易与文化研究中心
	国家文化贸易学术研究平台
	首都对外文化贸易与文化交流协同创新中心
总 顾 问	陈　健　中国服务贸易研究院总顾问、原中华人民共和国商务部副部长
	刘　鹏　首都国际交往中心研究院名誉院长、中国奥委会名誉主席
学术顾问	刘宝荣　中国国际贸易学会
	胡景岩　原中华人民共和国商务部服贸司
	张国庆　中国国际贸易学会自贸区港专业委员会

李　钢　中国国际贸易学会
　　钱建初　中国驻斯洛伐克大使馆
　　李　俊　商务部国际贸易经济合作研究院
　　蔡继辉　社会科学文献出版社
　　李怀亮　中国传媒大学
　　曲如晓　北京师范大学
　　高宏存　中央党校（国家行政学院）
　　王成慧　北京第二外国语学院
　　张　平　北京舞蹈学院

撰　稿（按姓氏笔画排序）

　　王海文　方　朔　邓常越　卢映庐　田　嵩
　　达恬欣　刘　畅　刘　昂　刘　霞　刘冰冰
　　孙　静　孙俊新　李小牧　李旭庆　李怀亮
　　李继东　李嘉珊　杨　彤　吴育薇　张　伟
　　张　珊　张筱聆　武馨雨　范婷煜　林建勇
　　罗立彬　胡心怡　贾瑞哲　程相宾　廖麟玉
　　熊　睿

主要编撰者简介

李小牧 教授，北京第二外国语学院副校长兼中国服务贸易研究院院长，北京市人民政府参事室特约研究员，国家文化贸易学术研究平台首席专家，首都国际服务贸易与文化贸易研究基地负责人，国家社会科学基金重大项目首席专家。兼任中国国际贸易学会副会长，中国国际贸易学会服务贸易专业委员会主任，英国纽卡斯尔大学客座研究员。先后主持完成以"中国特色社会主义文化发展道路理论与实践研究""首都国家对外文化贸易基地运行机制创新研究"等为代表的国家社会科学基金重大项目、国家教育科学规划项目、教育部人文社会科学研究规划项目及北京市哲学社会科学规划重大项目等近20项。主编《中国国际文化贸易蓝皮书》，出版专著《欧元：区域货币一体化的矛盾与挑战》等近10部，发表学术论文《文化保税区：新形势下的实践与理论探索》《国际文化贸易：关于概念的综述和辨析》等30余篇。

李嘉珊 教授，北京第二外国语学院中国服务贸易研究院、国家文化发展国际战略研究院常务副院长，首都国际交往中心研究院执行院长，交叉学科国际文化贸易学科负责人，首都国际服务贸易与文化贸易研究基地首席专家，国家文化贸易学术研究平台专家兼秘书长，兼任中国国际贸易学会常务理事，中国国际贸易学会服务贸易专业委员会秘书长，英国纽卡斯尔大学、伦敦大学金史密斯学院客座研究员等。作为负责人主持并完成国家级、省部级和专项委托项目30余项，多项研究成果被采纳。出版学术专著多部，其中《国际文化贸易论》获商务部"商务发展研究成果奖（2017）"论著类二等奖。作为总主编策划、组织、编撰"'一带一路'沿线主要国家文化市场研究系列丛书""文化贸易蓝皮书"，发表学术论文《"一带一路"倡议背景下中国对外文化投资的机遇与挑战》等30余篇。

刘　霞　经济学博士，首都国际服务贸易和文化贸易研究基地研究员，北京第二外国语学院经济学院讲师，研究方向为国际文化贸易、世界经济、文化与创新等。曾在《世界经济》、《国际贸易问题》、《北京师范大学学报》、《经济经纬》、《国际商务》、《统计与决策》、《国际经济合作》、《消费经济》、*World Scientific Book Chapters* 等核心刊物上发表十余篇学术论文，其中发表于《世界经济》的论文获第21届"安子介国际贸易研究奖"优秀论文三等奖。主持2020年北京市哲学社会科学决策咨询一般项目，重点参与了多项国家级和省部级的重大和重点科研项目，并重点参与出版了著作与教材十余部。

序　言

2020年是极其不平凡的一年，新冠肺炎疫情使全球的政治经济格局发生了深刻改变，国际形势进一步复杂化。世界经济发展形势严峻，经济全球化严重受阻，发展前景更加扑朔迷离。中美贸易摩擦不断，美对华加征关税规模不断扩大；禁售、打压中国出海的高科技企业，遏制中国高科技领域发展。我们明确地认识到，中美贸易摩擦具有长期性和日益严峻性。这都给中国经济发展带来了前所未有的挑战，文化贸易受到波及尤其严重，文化生产经营被迫暂停，文化类国际展会取消或延期，文化企业面临巨大的生存压力，文化旅游等重点行业面临巨大的挑战。

面对纷繁复杂的发展形势，以习近平同志为核心的党中央明确指出，"我国发展仍然处于重要战略机遇期，但机遇和挑战都有新的发展变化"，[①]并提出了推动更深层次的改革、实行更高水平的开放，构建以国内大循环为主体、国内国际双循环相互促进的新发展格局。2020年，国务院办公厅印发《关于推进对外贸易创新发展的实施意见》，从总体上提出了关于中国对外贸易创新发展的"五个优化"和"三项建设"，明确指出要"加快发展对外文化贸易，加大对国家文化出口重点企业和重点项目的支持，加强国家文化出口基地建设"。在积极应对疫情冲击的同时，中国坚定不移扩大对外开放，稳住外贸外资基本盘，稳定产业链供应链，支持文化企业复工复产，为文化贸易"负重前行"、平稳向前奠定了基础。总体来看，2020年中国文化

[①] 《人民日报社论：奋力夺取全面建设社会主义现代化国家新胜利》，新华社，2020年10月29日。

产品对外贸易总额约为1086.90亿美元，同比下降2.48%。其中，出口总额约为972.01亿美元，同比下降2.69%；进口总额约为114.89亿美元，同比下降0.70%。文化产品进出口均出现了小幅下降，但总体维持了较为平稳的发展态势。北京文化建设与贸易发展为全国做出了表率，在继续开展和全面推进服务业扩大开放综合试点基础上，发力数字经济发展。2020年相继出台《北京市促进数字经济创新发展行动纲要（2020—2022年）》《北京市关于打造数字贸易试验区实施方案》《北京国际大数据交易所设立工作实施方案》，强化北京文化贸易同数字经济的结合，推动文化贸易走上数字化、国际化轨道。2020年北京市规模以上文化产业收入合计达14209.3亿元，同比增长0.9%，文化核心领域收入合计达12986.2亿元，同比增长3.6%，占总收入比重达91.39%。在外向型市场主体方面，根据2019～2020年度国家文化出口重点企业和项目认定结果，北京共有39家企业获评重点企业，占全国总数的11.64%，获评18项重点项目，占全国总数的13.95%。虽然疫情给北京文化产业和贸易带来不小的冲击，但因互联网发挥积极作用，其中新闻信息服务和内容创作生产的收入比重大幅增加，在一定程度上化解了疫情带来的压力。

在疫情影响下，上述成绩的取得让我们振奋。回看过往、展望未来，我对中国经济发展、对文化贸易的发展更有信心。首先，中国采取有效措施防止疫情进一步蔓延，为经济恢复创造了良好条件。当前疫情仍在全球蔓延，世界经济严重衰退，各国经济恢复不平衡、不充分。中国采取了坚决果断有力的措施，在疫情得到有效控制后采取了分区分级精准复工复产的策略，加速推进经济复苏和社会生活回归正常，展现了中国经济的韧性与潜力，中国经济成为引领世界经济复苏的"火车头"。其次，中国完整的产业链和企业强大的恢复能力为外贸回升提供了支撑。改革开放40多年来，世界对中国尤其是对中国产业链的完整性、重要性的认识已经越来越清晰和客观。尤其是疫情发生以来，更多国家认识到，中国作为一个成熟的市场，能够为全球的企业界提供更好的便利条件，中国完整的产业链、供应链具有强大的优势。最后，文化贸易具有国际化、专业化、市场化的鲜明特征，在创新国际

序 言

传播中被寄予厚望。习近平总书记强调,讲好中国故事,传播好中国声音,展示真实、立体、全面的中国,是加强我国国际传播能力建设的重要任务。北京第二外国语学院李嘉珊教授多次阐释,文化贸易运用市场法则、遵守国际惯例,行大道、走正门进入"文化围城",既是中国文化软实力的体现和印证,更是中华文化有效对外传播的现实路径。特别是疫情防控常态化以来,数字经济与文化贸易进一步紧密结合,文化企业主动发挥数字化与线上经营的独特优势,数字文化供给被激活,数字消费渠道被打通,成为中国与世界互动沟通的有效途径。

作为长期奋斗在国际贸易实践一线和学术研究领域的一员,我非常欣喜地看到,北京第二外国语学院有一支自2003年起就专注于"服务贸易与文化贸易"理论实践研究与人才培养的队伍,并取得了丰硕成果。2017年,研究团队开始编撰、出版"文化贸易蓝皮书",形成《中国国际文化贸易发展报告》《首都文化贸易发展报告》两大系列,产生了广泛的积极影响。2019年,研究团队联合8家高校机构发起成立"中国国际贸易学会服务贸易专业委员会",经中国国际贸易学会研究决定予以批准。为更好推进中国国际贸易学会服务贸易专业委员会的工作,北京第二外国语学院与中国国际贸易学会签署协议共建中国服务贸易研究院,为发展注入了新的活力。

在北京第二外国语学院服务贸易与文化贸易研究团队和他们的成果中,我看到了新时代学术研究的闪闪光芒。研究团队始终与国家、首都发展需求同频共振,以学者特有的热忱和激情,立足服务国家发展战略、服务北京"四个中心"功能建设,坚守初心、勇于担当;始终以"安于此、乐于此"学术精神,深耕服务贸易与文化贸易领域,以交叉学科知识为基础,敢于做中国国际文化贸易新思想、新观点的"拓荒者";始终秉承"以实践为师,为实践服务"的理念,讲事实、讲数据、讲作为。2020年3~4月,研究团队进行了"新冠肺炎疫情对我国文化贸易企业跨国经营的影响及应对措施"和"疫情防控常态化下文化贸易企业复工复产复业综合情况调查"2项线上专题调研。在疫情防控允许的条件下,研究团队赴全国十余个省市展开专题调研,为本年度中国国际文化贸易、首都文化贸易的研究获得了宝贵的第一手信息资料;始终关注团队青年骨干成长,通过方向领航、选题孵化、项目培育、合作创新等方式助力发展,团队梯队结构合理、发展态势喜人,为该领域研究的可持续发展与高质量人才培养做出了突出贡献。

为这样一支团队的研究成果题写序言,我感觉非常激动。作为中国国际贸易学会会长,期待有更多如此专注、坚守、务实的学术同人加入该领域的理论与实践研究,并肩携手前行!也期待研究团队不断产出更多优秀研究成果,为新时代国家服务贸易和文化贸易的高质量发展提供学术的力量!

金　旭
中国国际贸易学会会长
2021 年 7 月

摘 要

由于受到新冠肺炎疫情的影响，中国对外文化贸易进出口额均出现了小幅下降，但从总体上看基本维持了较为平稳的发展态势。根据海关总署的统计数据，2020年中国文化产品对外贸易总额约为1086.90亿美元，同比下降2.48%。其中，出口总额约为972.01亿美元，同比下降2.69%；进口总额约为114.89亿美元，同比下降0.70%。

《中国国际文化贸易发展报告（2021）》分为总报告、行业篇、专题篇、比较与借鉴篇和实践创新篇。其中，行业篇对演艺、广播影视、电影、图书版权、动漫、游戏、文化旅游、艺术品、创意设计等9个重点行业领域进行深入分析，2020年新冠肺炎疫情对不同行业都产生了不同程度的冲击，如进口影片数量、票房和占比均出现较为明显的下降，中国艺术品市场全年交易额呈现下滑趋势，但随着疫情防控效果的提升，中国电影国际影响力提高，艺术品市场也在数字化的背景下实现了线上销售、拍卖等交易额井喷式增长。专题篇对中国演艺产业国际化、中国功夫海外传播和中国电影"走出去"在2020年呈现的新特点进行了分析和总结，并将中国与其他国家的文化贸易政策进行比较研究。比较与借鉴篇分析了巴西文化贸易与投资概况，总结了国际大型会展线上发展经验。实践创新篇围绕疫情背景下中国电子竞技赛事服务发展、中国文化产品贸易的新特点及新转向等，分析其在数字化背景下的发展路径。本书综合运用定性与定量相结合、个体论与整体论相结合、实证性与评价性相结合的研究方法，对中国对外文化贸易存在的文化贸易相关法律制度仍有待完善、科技创新与文化贸易融合度有待提高、文

化品牌建设力度不够等问题进行了探讨。本书在推动中国特色文化产品和服务"走出去"和加快建设贸易强国的背景下，提出健全文化贸易相关法律体系、推动文化与科技深度融合、打造优质文化品牌等对策建议。

关键词： 国际文化贸易　国际服务贸易　数字化

目 录

Ⅰ 总报告

B.1 中国对外文化贸易发展报告（2021） …………… 李小牧 / 001

Ⅱ 行业篇

B.2 中国演艺对外贸易发展报告（2021） …………… 张　伟 / 016
B.3 中国广播影视对外贸易发展报告（2021） …… 范婷煜　李继东 / 038
B.4 中国电影对外贸易发展报告（2021）
　　………………………… 罗立彬　达恬欣　廖麟玉 / 053
B.5 中国图书版权对外贸易发展报告（2021）
　　…………………………………… 孙俊新　卢映庐 / 072
B.6 中国动漫产业对外贸易发展报告（2021）
　　…………………………………… 林建勇　张　珊 / 086
B.7 中国游戏产业对外贸易发展报告（2021） …………… 孙　静 / 098
B.8 中国文化旅游服务贸易发展报告（2021） …… 王海文　熊　睿 / 142
B.9 中国艺术品对外贸易发展报告（2021） …… 程相宾　吴育薇 / 153
B.10 中国创意设计对外贸易发展报告（2021）
　　…………………………………… 刘　霞　邓常越 / 175

Ⅲ 专题篇

B.11	中国演艺产业国际化发展现状、困境与路径	
	………………………………… 李嘉珊 张筱聆 / 187	
B.12	中国功夫的海外传播与贸易实践	
	……………… 李嘉珊 田 嵩 刘 昂 胡心怡 / 201	
B.13	中国电影"走出去"舆情研究 …………………… 田 嵩 / 221	

Ⅳ 比较与借鉴篇

B.14	巴西文化贸易与投资研究 …………… 李嘉珊 杨 彤 / 239	
B.15	国际大型会展线上发展经验及对北京的启示	
	………………………………… 李嘉珊 刘 畅 / 258	

Ⅴ 实践创新篇

B.16	中国文化贸易政策：实践特征与现实影响	
	………………………………… 贾瑞哲 武馨雨 / 269	
B.17	疫情背景下中国电子竞技赛事服务发展研究	
	………………………………… 王海文 方 朔 / 283	
B.18	中国文化产品贸易的新特点及新转向	
	……………………… 刘冰冰 李旭庆 李怀亮 / 305	

Abstract ……………………………………………………… / 320
Contents ……………………………………………………… / 322

皮书数据库阅读使用指南

总报告

General Report

B.1
中国对外文化贸易发展报告（2021）

李小牧*

摘　要： 文化贸易作为中国对外贸易中的一项重要内容，对中国经济发展、社会进步以及产业结构的调整都有着重要的作用。在疫情防控常态化背景下，面对日益严峻的国际环境和世界经济形势，2020年中国对外文化贸易仍取得了较大成就。随着政策支持力度的持续加大，中国对外文化贸易在疫情冲击下基本保持平稳态势，对外文化贸易进出口方式呈现差异化发展趋势，并且国家文化出口重点企业和重点项目数量也在稳步增长。但与此同时，中国对外文化贸易在文化贸易相关法律制度完善上、文化品牌建设上以及科技创新与文化贸易融合上仍存在一定的问题。为此，本报告从健全法律体系、打

---

* 李小牧，教授，北京第二外国语学院副校长兼中国服务贸易研究院院长，北京市人民政府参事室特约研究员，国家文化贸易学术研究平台首席专家，首都国际服务贸易与文化贸易研究基地负责人，中国国际贸易学会副会长兼中国国际贸易学会服务贸易专业委员会主任，研究方向为世界经济、国际文化贸易。

造文化品牌、推动文化科技融合以及优化金融资本等方面提出相应的对策建议。

关键词： 对外文化贸易　数字化技术　文化品牌

2020年是极不平凡的一年，随着新冠肺炎疫情的全球性蔓延，世界经济发展形势极为严峻，各国的对外贸易和行业发展也都受到了前所未有的严重冲击。在此关键时期，中国以习近平新时代中国特色社会主义思想为指导，在对疫情严加防控的同时，坚持新的发展理念，坚持以供给侧结构性改革为主线，坚定不移扩大对外开放，稳住外贸外资基本盘，稳定产业链供应链，大力支持各行业企业复工复产，为2020年中国对外文化贸易的稳定发展提供了重要的保障和良好的社会环境。

一　2020年中国对外文化贸易发展概况

（一）中国对外文化贸易政策支持力度持续加大

近年来，中国对外文化贸易始终保持稳定的增长趋势，这离不开中国政府的高度重视和大力支持。随着改革开放的推进，中国对外文化贸易的规模不断扩大、结构逐步优化，但核心文化产品和服务贸易仍然处于逆差状态，对外文化贸易在我国对外贸易中的占比不足。为此，国务院在2014年印发了《国务院关于加快发展对外文化贸易的意见》，该意见分别从明确支持重点、加大财税支持、强化金融服务、完善服务保障四个方面提出了相关的具体政策措施，并明确指出中国对外文化贸易的发展目标是"加快发展传统文化产业和新兴文化产业，扩大文化产品和服务出口，加大文化领域对外投资，力争到2020年，培育一批具有国际竞争力的外向型文化企业，形成一批具有核心竞争力的文化产品，打造一批具有国际影响力的文化品牌，搭建若干具有较强辐射力的国际文化交易平台"①。在该发展目标的引导和相关政策文件的支持下，中国对外文化贸易额在对外贸易总额中的比重不断提高，中国文化软实力和国际竞争力也显著提升。在政府政策对文化贸易大力支持的同时，中国近些年成功举办进口博览会、北京服贸会、上交会等文化产品和服务贸易相关展会，推广了中国的优秀文化产品和服务，也为对外文化贸易营造了良好的发展环境。

与此同时，2020 年国务院印发了《国务院办公厅关于推进对外贸易创新发展的实施意见》，从总体上提出了关于中国对外贸易创新发展的"五个优化"和"三项建设"，即优化国际市场布局、国内区域布局、经营主体、商品结构、贸易方式，推进外贸转型升级基地建设、贸易促进平台建设和国际营销体系建设。其中，对于文化贸易而言，实施意见明确指出要"加快发展对外文化贸易，加大对国家文化出口重点企业和重点项目的支持，加强国家文化出口基地建设"，具体包括加快文化贸易数字化发展，鼓励并支持企业进行数字化转型；积极推进跨境电商综合试验区建设，促进文化贸易向新业态发展；扩大对外开放领域，发挥自由贸易区、贸易港对文化产品进出口的创新作用；优化完善中国现有文贸展会的模式和功能，培育更具影响力的国际知名展会等方面。这些政策文件的出台为中国更好地扭转核心文化产品和服务贸易逆差状况、进一步提高文化贸易在对外贸易总额中的比重以及提升中国文化产品和服务国际竞争力奠定了重要基础。

（二）对外文化贸易在疫情冲击下基本保持平稳态势

由于受到新冠肺炎疫情的影响，中国对外文化贸易的进出口额均出现了小幅下降，但从总体上看基本维持了较为平稳的发展态势。根据海关总署的统计数据，2020 年中国文化产品进出口贸易总额约为 1086.90 亿美元，同比下降 2.48%。其中，文化产品出口额约为 972.01 亿美元，同比下降

---

① 《国务院关于加快发展对外文化贸易的意见》，中华人民共和国中央人民政府网站，http://www.gov.cn/zhengce/content/2014 - 03/17/content_ 8717. htm，最后访问日期：2021 年 5 月 17 日。

2.69%，进口额约为114.89亿美元，同比下降0.70%（见图1）。可见，2020年中国文化产品进出口贸易即便受疫情影响，仍只有小幅下降，这与近年来国家对文化商品和服务进口贸易的支持和鼓励有关。而从顺逆差的视角看，虽然文化贸易出口受疫情影响相对较大，但2020年中国对外文化产品贸易整体仍然保持顺差状态，贸易顺差额约为857.12亿美元。

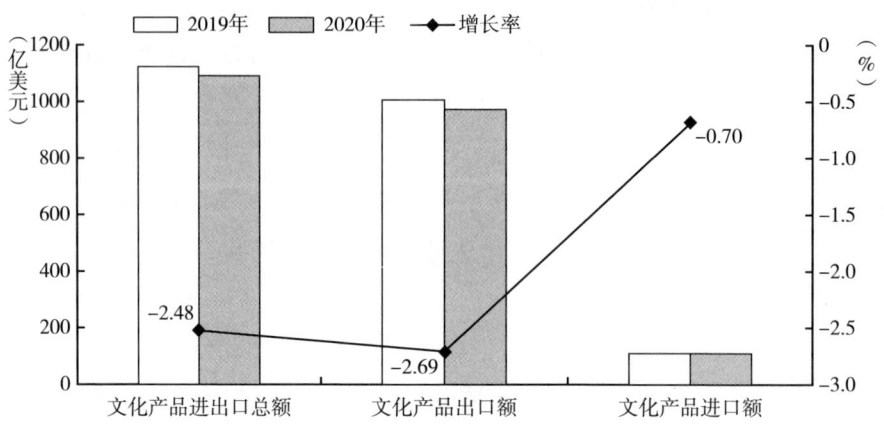

图1　2019~2020年中国对外文化贸易总体趋势

资料来源：中华人民共和国海关总署。

从2020年各月的进出口贸易额（见图2）来看，2020年1月中国文化产品的进口和出口额分别为6.27亿美元和65.37亿美元，与2019年12月10.06亿美元和92.06亿美元的进出口额相比，中国文化产品进出口尤其是进口额呈现较为明显的下降趋势；而进入2月，随着疫情在全球的蔓延，对外文化贸易受到了更加明显的冲击，与1月相比，文化产品的进口额和出口额分别降低了0.58亿美元和51.22亿美元，进出口贸易总额下降约72.31%。随着国家对疫情的严格管控和企业的复工复产，进出口贸易显著下降的发展趋势没有持续下去，3月文化产品对外贸易迅速发展，进口额和出口额均有所增长，其中进口额增加了1.62亿美元，与上月相比增幅约28.47%，而出口的增势更为显著，出口额增加了33.26亿美元，较上月增幅高达235.05%。

经历了显著波动的第一季度之后,2020 年第二季度至第四季度,中国文化产品对外贸易基本保持较为稳定的增长趋势,尽管在个别月份进口额和出口额也出现了小幅下降的情况,但并没有改变整体上的发展态势。6 月文化产品的进口增长率为 51.92%,是 2020 年进口增长率最高的一个月,而出口在 6 月和 7 月这两个月的增长率也在 38% 左右,仅次于 3 月,同样也属于全年的较高水平。而从贸易顺逆差角度分析,2020 年中国文化产品对外贸易始终保持顺差,即使在出口大幅度下降的 2 月,出口额也依然大于进口额,且各月的贸易顺差额也基本呈现持续增加的变化趋势。

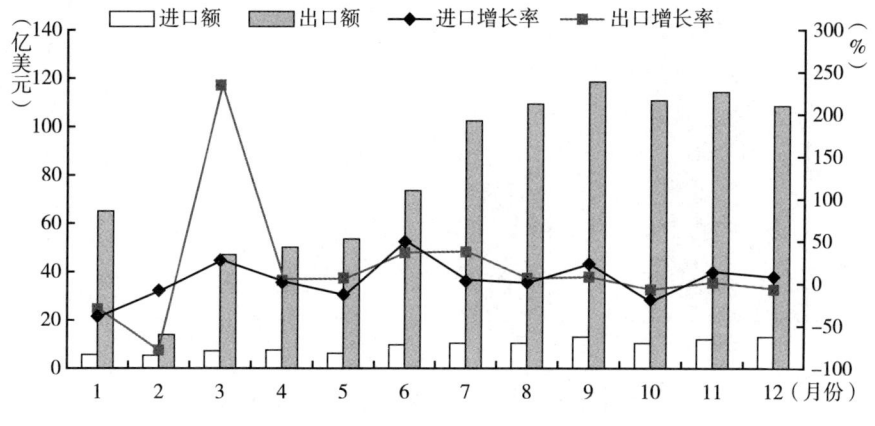

图 2　2020 年中国对外文化贸易各月份趋势

资料来源:中华人民共和国海关总署。

因此,从整体上看,在疫情防控常态化的背景下,2020 年中国对外文化产品贸易依然保持着较为平稳的态势。究其原因,主要得益于国家疫情防控的重大成就和稳定外贸的相关政策支持。其中,政府有关部门相继出台了一系列支持外贸企业高质量创新发展的政策措施,帮助外贸企业尽快复工,切实提高履约率。随着一系列稳外贸政策的落地实施,中国的营商环境进一步改善,便利化水平也进一步提高,为未来中国文化对外贸易的高质量创新发展奠定了重要基础。

（三）对外文化贸易进出口方式呈现差异化发展

根据中国海关总署的统计，中国对外文化贸易主要有四种贸易方式：一般贸易、加工贸易、保税物流以及其他贸易。2020年各种方式下的文化产品对外进出口贸易额都呈现不同的发展态势。从总体上看，一般贸易、保税物流和其他贸易额都出现了一定程度的增长，且其他贸易的增幅最为显著，而加工贸易则呈现明显的下降趋势。2020年中国不同对外文化贸易方式进出口额及占比见图3。

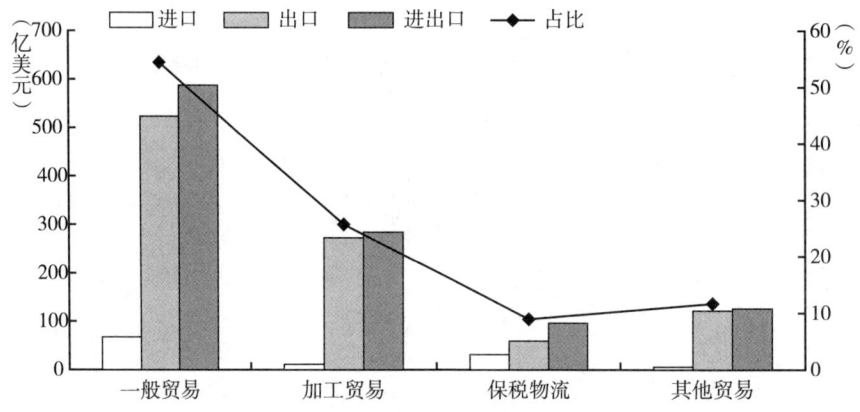

图3　2020年中国不同对外文化贸易方式进出口额及占比

资料来源：中华人民共和国海关总署。

具体而言，2020年一般贸易方式下的中国文化产品进出口贸易总额约为587.49亿美元，比2019年增长了21.45亿美元，增长率为3.79%。其中进口额为64.25亿美元，出口额为523.24亿美元，分别同比增长2.38%和3.95%，增长率相比前几年显著降低，表明文化产品的一般贸易规模发展趋于平缓。但从整体来看，此方式在对外文化贸易中占比最高，约为54.05%，这与中国对外贸易方式发展的整体趋势相一致，也是中国文化产业结构调整和文化产业国际竞争力提升的重要结果。与此相反，加工贸易方式下的进出口贸易额在近些年却呈现负增长的态势，且下降幅度也有逐年扩大的趋势。2020年加工贸易进出口总额减少了75.29亿美元，同比下降了约21.11%。其中进口贸易额从2019年的21.57亿美元减少至2020年的12.54亿美元，出口贸易总额从2019年的335.05亿美元减少至2020年268.79亿美元，下降幅度分别为41.86%和19.78%。这主要是因为随着中国科技水平、创新能力、文化竞争力的不断提高，中国对外贸易的自主发展能力和国际地位也获得了提升，推动了中国对外文化贸易的结构升级，从制造业驱动向科技文化驱动转型，最初的加工贸易方式也逐步被一般贸易及其他贸易方式所替代。另外，随着经济全球化的不断深入，除了一般贸易和加工贸易这些传统方式，保税物流和其他贸易这两种方式崭露头角，呈现快速的增长趋势。特别是其他贸易，已经成为对外文化进出口贸易中增长最为迅速的贸易方式。2020年其他贸易方式下的文化进出口贸易总额为123.88亿美元，在对外文化贸易中的占比为11.40%，其中出口贸易额约为119.93亿美元，出口增长率为12.80%，而进口额约为3.95亿美元，进口增长率高达55.10%。

（四）国家文化出口重点企业和重点项目数量稳步增长

自2007年以来，商务部每两年都会发布国家文化出口重点企业和重点项目目录，它们作为中国特色文化的重要载体，用不同方式向世界讲述中国故事，传播中国文化，成为推动中国对外文化贸易发展的重要力量。近年来，国家再次加大了对文化出口重点企业和重点项目的扶持力度，加强了国家文化贸易出口平台的建设，进一步凸显了文化出口重点企业和重点项目在文化对外贸易发展中的重要作用。

根据商务部服贸司的统计数据，2017~2018年，中国共有国家文化出口重点企业295家，重点项目109个，而2019~2020年，重点企业和重点项目的数量均有所增加，分别增至335家和129个（见表1）。对于文化出口重点企业而言，相较于前两年，2019~2020年共增长了40家，其中有16个省（自治区、直辖市）数量增加，8个省（自治区、直辖市）数量减少，6个省（自治区、直辖市）数量保持不变。其中，天津市和江苏省数量增加最多，均增加了8家，特别是天津市实现了"从零到八"的飞速增长；相比之下，北京市数量减少了7家，是减少数量最多的地区，但由于北京的重点企业基数大，因此从总数上看，北京依然是数量最多的地区。从分布区域上看，除了归属于中央的企业，其他大部分重点企业都集中于东部尤其是沿海地区，这主要是因为这些地区的文化产业发展较为迅速，且从事对外贸易更为频繁和便捷。

对于文化出口重点项目而言，2019~2020年共增加了20个，有15个省（自治区、直辖市）数量增加，8个省（自治区、直辖市）数量减少，7个省（自治区、直辖市）数量保持不变。其中，上海市增加了6个，是增加数量最多的地区，其次是新疆维吾尔自治区，增加了4个，也是实现了从无到有的突破；同时，浙江省的减少数量最多，共减少了6个。从分布区域上看，相较于重点企业，重点项目的集中程度较高，除了中央管理的项目，其他的重点项目主要位于北京、上海、云南及江苏。由此可见，重点项目的培育难度高于重点企业，其数量增长也仅为后者的一半，甚至有些地区在这四年内都没有重点项目，因此如何保持重点文化出口企业和重点文化出口项目培育的持续性，是中国推进文化贸易高质量创新发展过程中需要高度重视的问题。

表1 2017~2018年和2019~2020年国家文化出口重点企业和重点项目数量对比

单位：家，个

地区	重点企业		重点项目	
	2017~2018年	2019~2020年	2017~2018年	2019~2020年
中央	31	38	18	18
北京市	47	40	18	18
河北省	1	0	0	0
天津市	0	8	6	3
山西省	1	1	0	1
辽宁省	6	5	1	2
吉林省	2	2	0	1
黑龙江省	2	2	2	0
上海市	25	29	10	16
江苏省	24	32	7	10

续表

地区	重点企业		重点项目	
	2017~2018年	2019~2020年	2017~2018年	2019~2020年
浙江省	30	27	9	3
安徽省	15	17	4	3
福建省	20	24	1	3
江西省	6	5	0	0
山东省	9	11	5	3
河南省	3	3	3	3
湖北省	3	4	2	2
湖南省	10	14	2	5
广东省	30	37	2	5
广西壮族自治区	1	2	3	5
海南省	1	2	0	0
重庆市	2	3	1	1
四川省	15	14	3	6
贵州省	1	1	1	3
云南省	7	9	8	11
陕西省	0	2	0	2
甘肃省	0	1	1	0
青海省	2	1	1	0
宁夏回族自治区	1	0	0	1
新疆维吾尔自治区	0	1	0	4
西藏自治区	0	0	1	0
总计	295	335	109	129

注：根据商务部官网的统计数据，2017~2018年与2019~2020年这两个时间段内的重点企业和重点项目中均没有内蒙古自治区的企业和项目，因此未将其列入。

资料来源：中华人民共和国商务部服务贸易和商贸服务业司。

二 中国对外文化贸易发展所面临的主要问题

尽管中国对外文化贸易整体上仍维持着较为稳定的发展态势，中国文化产业的国际竞争力也在不断提高，但在疫情防控常态化背景下，仍有一系列问题亟待解决。

（一）文化贸易相关法律制度仍有待完善

中国文化产业的发展起步较晚，直到2011年"十二五"规划制定后才将文化产业上升到国家战略层面。而在国际文化贸易领域中处于领先地位的韩国、日本、美国和英国，则很早就意识到文化产业的重要性并在制度和法律层面不断加大支持力度。如韩国在1998年提出"文化立国"战略，随后不断完善相关法律政策，为文化产业国际化发展提供了良好的制度环境。近些年，中国虽制定了一系列相关的政策法规来进一步推动国际文化贸易高质量发展，但仍有很多问题亟待解决，与这些国家相比存在一定差距。其中，对文化贸易发展起关键作用的是知识产权保护，但这方面的法律建设力度仍然不够大。目前，国内文化行业各类侵权现象屡见不鲜，原创者为了维权需要付出大量的精力和时间，而侵权者付出的成本较小，收益却很大。这种成本和收益的不对等反向助长了侵权现象的发生，同时也抑制了原创者的创作热情，不利于中国文化产业的国际化发展。知识产权保护强度不够给文化贸易往来带来了很多阻碍，由此产生的各种纠纷不仅带来了巨大的经济损失，也不利于我国文化形象的塑造，抑制了文化贸易的可持续发展。此外，数字技术的飞速发展给知识产权保护制度的完善带来了更大的挑战。在数字化条件下，侵权行为更加隐秘和便捷，各种新型侵权现象也不断出现，增加了版权保护的难度和复杂程度。目前，网上盗版现象层出不穷，但相关的监管措施未能跟上数字文化贸易发展的脚步。因此，未来需要在现有产权保护体系的基础上进一步结合时代特征和实际需求进行完善，并制定相应的解决措施。

（二）科技创新与文化贸易融合度有待提高

文化内容与科技创新成果的深度融合有利于提高中国文化产业的国际竞争力，不仅能够提升中国在文化产业全球价值链中的地位，对文化贸易高质量发展具有非常重要的作用，而且文化与科技元素的融合使得文化贸易产品和服务的内容和表现形式更加丰富，文化贸易中的信息不对称程度将降低，贸易效率将提高。但目前中国科技创新与文化贸易的融合度仍然不够，以科技进步推动文化产业高质量发展和"走出去"的力度有待加大。一方面，中国文化产品和服务在全球价值链中仍处于低端环节，文化产品的科技含量和产品附加值均较低，在激烈的国际竞争环境中优势不明显。另一方面，文化贸易各环节中数字化水平不高，数字化技术在贸易各环节中的应用仍有待加强。如区块链、人工智能等先进技术，应提高其与文化生产、交换和消费等环节的融合度，因为这些技术的融入不仅会降低贸易成本，提高整体贸易效率，而且会给贸易方式带来较大变革。但目前中国文化产业中这些技术的应用仍处于初级阶段，未来亟须进一步提高数字化技术与文化产品和服务进出口贸易各环节的融合度，促进中国对外文化贸易的创新发展。

（三）文化品牌建设力度不够

中国虽然拥有深厚的历史底蕴和丰富的文化资源，但目前传统文化符号和文化内容在创造性转化过程中仍未能形成具有较强国际竞争力的品牌优势，已有的文化品牌效应不足，而新的文化品牌又尚未完全形成，缺乏市场影响力，这也是我国文化产品和服务在国际上缺乏影响力的一个重要原因。而其他国家的相关领域如美国的好莱坞、韩国的综艺以及日本的动漫等已经逐渐形成了具有世界影响力的文化品牌，在国际上具有很高的知名度和认可度。文化品牌所产生的影响力不仅能够促进该类文化产品和服务的出口，而且有利于中国优秀传统文化的对外传播，进而带动其他产品和服务的贸易。但是目前中国文化品牌的建设力度不够，一方面，文化产品和服务的创新能力不足，产品同质化现象严重，产品和服务缺少新意；另一方面，营销观念和方式的前沿性不够，文化产业高度发达的国家早已将营销因素渗透进生产消费的各个环节，一开始就定位于国际市场，借助多样的国际化营销平台走向世界，制作模式十分成熟，而中国文化贸易的商业化运作不足。首先，对世界文化市场的了解不够深入，文化产品和服务的生产和销售缺少国际化视野，未能准确定位目标市场。其次，文化产品和服务的营销策略和方式缺乏

多样性,展览、演出等传统模式以文化交流为目的,对政府补贴的依赖度较高,未来需要引入更多的商业化推广活动来提高宣传质量。

三 中国对外文化贸易发展的对策建议

促进文化贸易高质量发展,推动中国特色文化产品和服务"走出去",对加快建设贸易强国、提升文化软实力具有重要意义。

(一)健全文化贸易相关法律体系

完善的法律法规体系是保证文化贸易持续健康发展的基础,也是减少对外文化贸易摩擦的重要保障。要加大文化产业相关领域的立法和执法力度,为中国文化产业的国际化发展提供重要的制度和法律保障。一方面,加快文化产业国际化发展相关法律的制定,并完善侵权行为责任认定标准;另一方面,促进各执法部门之间的信息交流和协调沟通,提高执法效率,避免执法漏洞。其中,完善知识产权保护的法律制度至关重要,如果侵权行为得不到有效控制,会极大地阻碍未来文化产业的创新发展。因此,中国应积极对接国际市场,完善知识产权保护立法的顶层设计,为文化产品和服务走向海外铺路。同时,严厉打击侵权行为,加大惩罚力度,为创作者提供一个良好的创作环境。此外,要积极关注文化贸易发展的新动向,针对出现的新问题新矛盾,及时完善法律法规来应对和解决。特别是针对数字技术发展所带来的一系列文化产品和服务领域的盗版现象,有关政府部门应加大数字版权保护的立法和执法力度,从法律层面对各种网络侵权行为进行惩治。

(二)推动文化科技深度融合

目前,国际文化贸易竞争越来越激烈,技术成为竞争的关键,而文化与科技的深度融合也是大势所趋,是未来文化产业的发展方向。首先,要立足于文化领域的需求,展开对核心前沿技术的研发攻关,避免文化产业领域被"卡脖子"现象的发生。因为技术的突破将会促进文化产业占据创新制高点,给产业的发展带来新变革和新优势。其次,要积极推动先进数字技术在文化贸易领域的应用,以科技力量推动文化产业的国际化发展。将科技创新融入文化产品和服务创意、生产、传播与消费的各个环节,对整个价值链进行升级改造,增加附加值,提高文化产业的国际竞争力。例如,人工智能可辅助文化内容创作,让创作者把精力更多地放在高端创意部分,提高文化产品的生产效率。同时,加强区块链等技术在知识产权保护方面的应用,不断改善数字文化产品易被侵权和对侵权者难追踪的现状。最后,积极发挥企业在文化科技融合中的作用。一方面,促进文化企业的数字化转型,将科技元素融入企业价值链,从创意生成到售后服务等各个环节都可借助数字技术实现增值;另一方面,鼓励高新技术企业进入文化领域,布局数字文化产业,借助其领先的技术优势,提高文化产业的国际竞争力。此外,针对科技企业和文化企业之间信息不对称的问题,不断加强双方的交流合作。高新技术企业对文化产业链各环节的技术需求了解不足,而文化企业对新技术及其应用方面的认知也存在一定的局限性,而通过加深技术企业和文化企业之间的沟通合作,可有效对接文化产业链和技术创新链,从而加强科技在文化领域的应用。

(三)打造优质文化品牌

文化品牌战略意义重大,可降低文化产品和服务的进入成本,也是一国对外文化形象的重要体现。品牌建设并非一朝一夕所能完成的,需要长时间的口碑积累。只有通过长时间的投入、精心运营,才能塑造出具有世界影响力的文化品牌,这些文化品牌代表着一个国家的文化特色、文化创新和具有全球视野的营销手段。对中国文化对外贸易而言,首先,文化品牌要突出中国特色。中国历史悠久,拥有深厚的文化底蕴和取之不尽的文化资源。可在此基础上,提炼出具有代表性的传统文化符号,融入文化产品和服务之中。在面向国际市场打造我国文化品牌时,要讲好中国故事,传播中国文化理念,增强中国文化的国际影响力。其次,

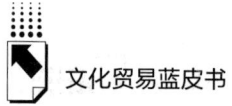

加大文化产品和服务的创新力度，不断创新文化产品的内容和形式，以高质量的文化产品和服务赢得市场，提高中国在全球文化价值链中的地位。创新具有投入大、回报慢的特点，许多企业为了短期利益注重低利润大规模的生产方式，这样不利于文化品牌的长期建设。为此，政府有关部门可推出相应的政策和平台鼓励创新活动，激发市场创新活力，鼓励企业研发出具有自主知识产权的文化产品。最后，实施精准营销。细分国际营销市场，根据不同的市场特点，实施差异化的文化品牌营销战略。一方面，可借助大数据等技术精准定位目标用户，提供个性化产品和服务；另一方面，可加强与贸易伙伴国在平台和渠道方面的合作，不断增强文化品牌的国际影响力。

（四）借助金融资本提高文化贸易竞争力

文化产业的发展和壮大及其在国际贸易中竞争力的提升均离不开金融资本的助力。一方面，可以鼓励外资和社会资本进入文化领域，助推文化产业发展。文化产业是知识密集型和资本密集型产业，充足的资金支持是保证产业健康持续发展的关键。大多数文化企业规模小，抗风险能力差，拥有的多为无形资产，面临着融资困难的风险。可以通过进一步完善文化产业的投融资机制，拓宽文化企业的融资渠道，为文化产品和服务"走出去"奠定资金基础。另一方面，加大中国的对外文化投资，为文化贸易的高质量发展提速增效。文化企业通过开拓海外文化市场，不仅可以获取较大的经济收益，也可以有效降低国家间的文化折扣。推动文化企业采取新设、并购、合资等多种方式进入国际文化市场，在输出高质量文化内容的同时，借鉴海外经验，弥补中国文化产业链条在延伸和拓展中的不足。此外，在建设文化强国进程中，要合理利用金融资本的力量，助力文化产业结构的优化和升级，提升中国文化产业在全球价值链中的国际竞争力，增强中国在国际文化贸易中的话语权。

参考文献

陈柏福、刘莹:《我国对外文化贸易竞争力状况分析——基于"一带一路"沿线国家核心文化产品贸易的比较》,《湖湘论坛》2021年第1期。

范玉刚:《提升文化贸易质量 助力新时代文化"走进去"》,《湖南社会科学》2020年第2期。

行业篇
Industry Reports

B.2 中国演艺对外贸易发展报告（2021）

张 伟*

摘　要： 2020年初突袭而至的新冠肺炎疫情对全球文化产业的发展形成了巨大的冲击，演艺产业首当其冲。报告总结了2020年中国演艺市场现状，从对外贸易路径、市场需求、政策、互联网平台等不同维度剖析了中国演艺对外贸易的特点，从演艺对外贸易发展战略、供给、演艺产品与服务、国际市场拓展、市场主体完善、演艺贸易人才培养等角度寻找优化演艺对外贸易的良策，为疫情防控常态化背景下中国演艺产业及其对外贸易克服冲击、找到新的增长点提供有效参照。

关键词： 演艺市场　对外贸易　国际发展战略　数字平台

---

* 张伟，现就职于木木美术馆，中国服务贸易研究院专家，研究方向为演艺对外贸易、艺术品交易等。

本在2019年发展向好的中国演艺市场在2020年初突然遭遇新冠肺炎疫情，疫情的持续对全球文化产业的发展形成了巨大的冲击，演艺产业首当其冲，众多演艺企业、院团面临生死存亡的挑战。

一 2020年中国演艺市场发展概况

（一）国内演艺企业面临疫情严峻挑战

受疫情影响，全国剧场于2020年1月底陆续开启停演退票模式，演艺产业处于停摆状态。据中国演出行业协会统计，截至2020年5月底，全国因疫情延迟或者取消场次超过6万场，票房损失约80亿元，演出市场总收入损失约160亿元。其中专业剧场、演唱会等传统演出取消3万余场，票房损失约50亿元；旅游演出取消近3万场，票房损失约30亿元。根据票牛网发布的《疫情对现场演出行业影响报告》，预估受疫情影响的演艺项目数量在8000个左右，根据票牛历年客单价、单场次座位数的数据计算得出，影响票房收入预估为90亿~110亿元。很多演艺企业难以抗过此次产业寒冬，启信宝数据显示，2020年1~7月全国超过1.3万家演艺公司关闭。演艺因为不是生活必需的行业，一直是最后复工、优先停工的行业，处境尴尬。国内演艺市场遭受的冲击也意味着演艺企业短期内将疲于自救，没有足够的精力、人力、财力顾及跨境演艺贸易。

具体到各演艺行业，以旅游演艺为例，作为中国旅游演艺龙头企业的宋城演艺，由于公司旗下各景区于2020年1月24日起暂停运营，直至6月12日才恢复营业，疫情对公司上半年度业绩造成不可避免的影响。2020年上半年实现营业收入2.83亿元，同比减少80.04%，实现归属于上市公司股东的净利润3984.83万元，同比减少94.92%；经营活动产生的现金流量净额为-1.24亿元，同比减少112.43%。有同样遭遇的还有丽江旅游旗下的"印象·丽江"演艺项目，2020年上半年仅演出88场，共计接待游客12.6万人次，同比减少82.74%，实现营业收入1251.33万元，同比减

少83.82%。

演艺票务平台企业对疫情的抵抗能力同样有限，对于演出类票务平台来说，无论是票务平台本身，还是其签约的分销商、票务公司，都欠缺资金储备能力，甚至即便没有疫情影响，也处于长期亏损状态。对于分销商和票务公司来说，疫情的突袭而至无疑是雪上加霜，顶住平台压力是一方面，更重要的是，没有热门演出，就只能承受更大的亏损。

（二）疫情加速演艺产业互联网化

1. 线上演出成为演艺自救主要路径

科技正为演艺的表达方式带来全新可能，但中国演艺行业在日新月异的技术面前却显得有些"后知后觉"，演艺企业明显难以跟上"新基建"发展的"快车"，传统的创作、表演、运营模式鲜有技术创新，新技术也没能成为助力文艺精品"走出去"的利器。而突如其来的疫情迫使世界各国采取严格的出入境管理措施，各地演出场馆关停，社交限制措施同样不允许大众进入剧院观演。没有场地、没有需求、无法出境，都让文艺精品无法以传统方式"走出去"，这也倒逼演艺企业更加积极地拥抱新技术，寻找自救的办法，跨越疫情藩篱与全球重新"连线"。

自疫情发生后线下演出受到影响以来，除在线上领域摸索多年的演唱会外，交响乐、民乐、话剧、传统戏曲等多种演出门类都展现出积极拥抱互联网的姿态，各种网络展示渠道便成为演出市场的主要平台，其中直播成为各演出行业先后尝试的领域。2020年国家大剧院推出的"春天在线"系列音乐会，通过在国家大剧院古典音乐频道、北京日报客户端、快手等网络平台播出，也实现较高的点击量，单场演出的点击量接近5000万次；王潮歌新剧《只有爱·戏剧幻城》开启全球云首演直播，将近两个小时的云首演，全网超过610万人观看，新浪微博相关话题阅读量超过5亿，抖音话题播放量破5863.9万，豆瓣获得了高达8.5的评分；2020年8月，抖音通过与话剧&音乐剧核心IP合作的方式，联合孟京辉工作室等，通过"线上造节"的模式，打造"抖音戏剧月"；在上海版《不眠之夜》

2020年8月"千场纪念"之际,上海文广演艺集团也首次与抖音合作,将《不眠之夜》主创团队全新策划的名为"另一个世界"的特别活动以直播的形式搬到线上;抖音还联合法国驻华大使馆文化教育合作处和猫头鹰法语机构,在2020年8月17日通过抖音平台的"一台好戏Focustage"IP直播法语音乐剧。

2. 网络助力中国传统演艺传播力跃进

即使最保守的戏曲行业,也向着线上融合做出了积极改变,在展示平台上进行表演形式创新、表演内容创新,与现代文化传播方式进行融合发展,让传统艺术能够贴合当下的文化和审美。2020年2月,"全民K歌"App携手上海京剧院打造"全民线上演唱会上海京剧院专场",1.5小时之内直播间同时在线人数超过了15万;4月,"全民K歌"组织了"全民戏曲月",与上海京剧院、江苏省昆剧院、广东粤剧院等知名戏曲院团合作,引入中国戏剧最高奖梅花奖得主石小梅、曾小敏、曾昭娟等30余位知名戏曲艺术家,其戏曲表演专场线上直播吸引到大量戏迷在线观看,其中江苏省昆剧院演出12万人在线观看,广东粤剧院演出13万人在线观看,天津评剧院演出19.4万人在线观看。西演LIVE与三意社联合推出秦腔云剧场,以"老中青演员均上,折子曲牌尽有,角色行当齐全,唱念做打全活"为特色,连续3天上演《盼子》《看女》等经典折子戏和板胡独奏等,首场演出有近2万观众同步在线观看。中国联通更是与中国木偶艺术剧院签署了《5G智慧场馆共建合作协议》,双方将发挥各自优势,基于剧场优质内容,依托中国联通5G新直播技术,重点开展基于5G VR全景直播、多视角直播、自由视角+子弹时间等新直播领域整体解决方案的商业化探索。为打造全新的智慧场馆,中国联通将基于5G新场景和XR能力的沉浸式终端体验站——5G星球搬到了木偶剧院。VR影院、VR酷游、5G魔镜等VR/AR娱乐终端产品,结合了木偶剧院的个性化IP形象,融入专门针对青少年定制开发的游戏、视频以及多样的VR体验,在展示场馆科技感的同时给予观众全新的参观、游览体验。疫情之下传统演艺领域高频率触网线上演出,在中国演艺行业称得上里程碑式的事件。互联网和演艺行业的深度融合是当今时代的发展趋势,可以有效缩小传播方与受众方之间的沟通距离，对进一步挖掘演艺市场需求，促进传统演艺的传承保护有重要的现实意义。

3. 互联网带来表演与观演方式双向变革

2020年，演艺与互联网融合程度之深，已然超出"行业自救"的范畴，而成为演艺与新媒体平台的碰撞和尝试，是演艺打破第四堵墙的"新生"。线上演出不再是一种替代线下的"临时"过渡或吸引人流的噱头，疫情给演艺行业带来的冲击与思考，已经使得线上演出作为独立演艺生态而存在。不可否认线上演出在很大程度上改变了演艺传统的表演和欣赏的方式：每个戏剧的时长大约为3.5个小时，而年轻人喜欢的短视频大多只有15秒，因此为了吸引年轻观众，很多演艺企业在尝试布局线上平台的同时，也围绕年轻观众的需求创造新的作品，相当于为他们提供一个入门的渠道。

在内容表现形式方面，线上演出的独特交互模式给演艺行业带来了全新的创作空间和更多需要做出适应性改变的挑战。如线上的演出，观众只能看到一块屏幕，这就要求在剧作设计上更加紧凑细致；在镜头切换上以特写+完整场景拍摄，在能交代整体背景的同时，营造使受众具有临场感、真切感的视角；一些歌曲的形式为伴奏+演唱，伴奏中可能有预录的对话，增强戏剧临场的效果。线上戏剧的开头有热场、打招呼、明确主题、介绍嘉宾等环节，引导观众持续关注和点赞，这些环节是线下戏剧表演所没有的。休息间隙的互动环节和探秘幕后的线上探索都能够增加观众黏性。

从技术角度看，音乐设备和视效呈现技术日新月异，灯光音响等都是线下场馆的顶级配置，在此基础上，多个机位的切换则可以捕捉线下所不能满足的表演细节，底层网络技术更是能支持演出影像以高清分辨率实时传输到全球各地。直播平台、主流音乐平台包括购票平台等从各自擅长的领域切入行业，并分别完成了不同层面的探索，推动线上演出快速成熟，整个产业的新生态也就此渐渐成形。

互联网的发展在很大程度上改变了演艺创作、生产、营销的方式，观众不仅表现了更强烈、个性化的演艺消费偏好，而且更实时地影响演艺内容的创作甚至自身成为内容的创作者、传播者。虽然互联网无法取代现场观演带来的沉浸式观感，但互联网为演艺产业发展创造的"加速度"已经远远超越传统演出能够带来的影响力。

（三）演艺企业通过跨界发展尝试自救

1. 演艺 + 综艺跨界

综艺与演艺虽然在内容、呈现方式上不同，但内容生产的核心都基于艺人、演员完成，因而存在共通性。疫情挤压了演出空间，部分演艺企业、从业者转向综艺节目来吸引观众回归演艺市场。2020 年制作完成、由爱奇艺出品的"无名"戏剧人生活生产真人秀《戏剧新生活》，邀请黄磊、赖声川、乔杉化身"戏剧委员会主任"，集结八位"无名"戏剧人齐聚乌镇戏剧公社，开启生活、创作、演出三位一体的"戏剧新生活"，以生活化的视角全面展示戏剧创意、剧本、排练、演出、售票等各个环节的全过程。《戏剧新生活》呈现了真实的戏剧创作过程，更通过综艺的形式推广戏剧，让更多人知道戏剧的存在，增进对它的了解，从而选择走进剧场。

传统演艺也在努力通过综艺培养网络新生代观众。京剧余派第四代传人王佩瑜的京剧脱口秀《瑜你台上见》围绕热映的电视剧《鬓边不是海棠红》展开，王佩瑜通过寓教于乐的讲解，带领观众了解京剧典故、京剧知识以及梨园往事。不同于京剧表演的一板一眼，王佩瑜常在节目中用当下年轻人熟知的网络语言引入话题，水牌子与躺赢、成角儿与躺赢、鼓师与 freestyle……这些京剧知识与互联网的破次元结合，大大增加了京剧的趣味性。每期节目结束时，王佩瑜还会为观众带来一段装扮完整的彩唱，加深观众对京剧的理解。脱口秀与京剧两种不同形态的文化在舞台上碰撞，收获了一票年轻观众的喜爱，首期节目上线后即占据爱奇艺站内"综艺飙升榜""脱口秀榜""曲艺榜"第一的位置。

同样，综艺也正积极寻求落地线下以开启巡演的方式将线上流量向线下演艺市场转化。综艺大多每年一季，而正好插在两季节目中的巡演，既让上一季节目的热度能够延长一段时间，也是为下一季节目进行铺垫，从不同链条挖掘 IP 的市场价值，维持节目热度和影响力，延续综艺 IP 的生命力，也为演艺市场挖掘了新的观演人群。2020年11月，综艺《明日之子乐团季》开始携节目乐队进行八城巡演；而综艺《这！就是街舞》第三季则推出"2020这就是街舞城市嘉年华"，在广州、成都等多地巡演。更有成熟的综艺完成了线上综艺—线下演出—线上新综艺的反复跨界叠加，如综艺《乘风破浪的姐姐》为成团后明星们安排了全国路演，更将完成路演任务的过程做成一档新综艺《姐姐的爱乐之程》，记录该组合在不同地区巡演、排练的过程。

2. 演艺+线上购物跨界

演艺内容的创意和极高的观赏性，也使其成为电商合作的优质对象。2020年6月，上海《不眠之夜》和天猫跨界合作了名为"新物种奇袭超级不眠之夜"的线上发布会，携手剧中演员及音乐综艺《乐队的夏天》人气爵士乐演唱组合Mr. Miss，将天猫直播间搬上全球大热的浸入式舞台剧《不眠之夜》演出地麦金侬酒店。通过与演艺结合的方式，天猫尝试用高密度优质直播内容弥补商业营销内容单调、重复的缺陷，间接增加产品的文化亲和力。在4小时的直播过程中，20个品牌的王牌单品被植入戏剧剧情，爵士乐演唱组合Mr. Miss成员身着华服来到20世纪30年代，在摇曳复古的灯光下闯进《不眠之夜》里，在一个个梦幻的空间寻觅探索，以穿越时空官的身份，一镜到底，带领直播间内的消费者寻找隐藏在各个剧情环节内的神秘新物种，同时用明星擅长的爵士乐创作为20个品牌定制歌曲花式带货。发布会当晚直播间互动数量达到384万人次，总观看量超过100万人次，全网曝光人数达3亿，微博话题声量破2亿，为品牌线上发布带来了大量的公域流量，同时也为《不眠之夜》带来了巨大的关注和广泛的传播，更为演出剧目本身创造了更多经营可能性。

（四）政府出台一系列政策扶持演艺产业发展

1. 疫情防控政策指导演艺产业复苏

随着中央到地方一系列防控政策（见表1）的出台，对演出规模、观演人数、演出形式的限制逐步放宽，为演艺企业有序复工提供了执行准则。

表1　文化和旅游管理部门2020年发布的部分防疫相关政策文件

序号	名称	发布时间	发布部门	主要内容
1	《关于做好新型冠状病毒感染的肺炎疫情防控工作的通知》	1月22日	文化和旅游部办公厅、国家文物局办公室	严格审核在境内外举办的文化和旅游交流活动项目,对已审批的项目进行复核
2	《关于应对新冠肺炎疫情影响实施部分职业资格"先上岗、再考证"阶段性措施的通知》	4月21日	人力资源和社会保障部、教育部、司法部、农业农村部、文化和旅游部、国家卫生健康委、国家知识产权局	对演出经纪人资格等5项准入类职业资格实施"先上岗、再考证"阶段性措施
3	《剧院等演出场所恢复开放疫情防控措施指南》	5月12日	文化和旅游部市场管理司	在低风险地区,经当地党委政府同意,可以举办营业性演出活动,但暂缓举办中大型营业性演出活动,暂缓新批涉外、涉港澳台营业性演出活动(演职人员已在境内的除外)。在中、高风险地区,暂缓举办营业性演出活动。恢复开放的演出场所应当严格执行人员预约限流措施。剧院等演出场所观众人数不得超过剧场座位数的30%,要间隔就座,保持1米以上距离。演员之间要保持一定距离。含有多个剧场的综合性演出场所,同时只能开一个剧场
4	《剧院等演出场所恢复开放疫情防控措施指南(第二版)》	6月22日	文化和旅游部市场管理司	暂时取消演出前后的现场互动环节。恢复开放的演出场所应当严格执行人员预约限流措施。剧院等演出场所观众人数不得超过剧院座位数的30%,应当间隔就座,保持1米以上距离。含有多个剧场的综合性演出场所,同时只能开一个剧场
5	《剧院等演出场所恢复开放疫情防控措施指南(第三版)》	8月10日	文化和旅游部市场管理司	在充分做好防疫措施的前提下,低风险地区可以举办中型及以下营业性演出活动;剧院等演出场所观众人数由不得超过剧院座位数的30%上调至50%,取消"保持1米以上距离"的要求,但仍应当间隔就座,确保安全距离;含有多个剧场的综合性演出场所,由"同时只能开一个剧场",放宽为"不同剧场之间应当实行错时错峰或者通过不同路径出入场"

续表

序号	名称	发布时间	发布部门	主要内容
6	《剧院等演出场所恢复开放疫情防控措施指南（第四版）》	9月18日	文化和旅游部市场管理司	新冠肺炎疫情低风险地区，经当地党委、政府同意，可以举办营业性演出活动。举办大型营业性演出活动，要同公安等部门加强沟通协调，根据当地疫情防控实际适当控制参加人数规模。按照科学有序原则，优先放开室外举办的大型营业性演出活动。剧院等演出场所观众人数原则上不得超过剧院座位数的75%；含有多个剧场的综合性演出场所，不同剧场之间应当实行错时错峰或者通过不同路径出入场。暂缓新批涉外、涉港澳台营业性演出活动（演职人员已在境内的除外）；暂时取消演出前后的现场互动环节。防控风险等级调整为中高风险地区的，建议暂停举办营业性演出活动

资源来源：笔者根据公开资料整理。

2. 大力发展数字演艺产业

2020年11月，文化和旅游部发布《关于推动数字文化产业高质量发展的意见》，要求推动5G+4K/8K超高清在演艺产业应用，建设在线剧院、数字剧场，引领全球演艺产业发展变革方向。建设"互联网+演艺"平台，加强演艺机构与互联网平台合作，支持演艺机构举办线上活动，促进线上线下融合，打造舞台艺术演播知名品牌。推动文艺院团、演出经纪机构、演出经营场所数字化转型，促进戏曲、曲艺、民乐等传统艺术线上发展，鼓励文艺院团、文艺工作者、非物质文化遗产传承人在网络直播平台开展网络展演，让更多青年领略传统艺术之美。培养观众线上付费习惯，探索线上售票、会员制等线上消费模式。提高线上制作生产能力，培育一批符合互联网特点规律，适合线上观演、传播、消费的原生云演艺产品，惠及更多观众，拉长丰富演艺产业链。同月，文旅部联合多部委发布《关于深化"互联网+旅游"推动旅游业高质量发展的意见》，引导云旅游、云演艺、云娱乐、云直播、云展览等新业态发展，培育"网络体验+消费"新模式。

3. 多方面深化演艺行业改革

2020年,中央从演艺人员职称、演艺审批与监督管理、演艺院团发展等多个维度推动演艺行业深化改革,为未来演艺产业发展提供更优质的发展环境、更平衡的人才供给、更有活力的市场主体。2020年发布的部分演艺改革相关政策文件见表2。

表2 2020年发布的部分演艺改革相关政策文件

序号	名称	发布时间	发布部门	主要内容
1	《关于深化国有文艺院团改革的实施意见》	6月30日	中央深改委	国有文艺院团是繁荣发展社会主义文艺的中坚力量,要以社会主义核心价值观为引领,围绕举旗帜、聚民心、育新人、兴文化、展形象的使命任务,突出问题导向,坚持分类指导,以演出为中心环节,激发国有文艺院团生机活力,创作生产思想精深、艺术精湛、制作精良的舞台艺术佳作,满足人民向往美好生活的精神文化需求
2	《关于深化"放管服"改革促进演出市场繁荣发展的通知》	9月14日	文化和旅游部	全面应用全国文化市场技术监管与服务平台开展审批,实现演出市场主体设立以及营业性演出活动审批的一网通办,提高审批效率,优化市场准入服务。允许在全国范围内设立外商独资演出经纪机构、演出场所经营单位,申请材料报文化和旅游部。允许在自由贸易试验区设立中方控股的外资文艺表演团体,申请材料报自由贸易试验区所在地省级文化和旅游行政部门。文化和旅游行政部门依据《营业性演出管理条例》等有关规定审批。推进演出票务监管服务平台建设,进一步强化票务信息监管,改善演出市场消费环境。支持举办音乐、戏剧、杂技、舞蹈等演出节(季)、赛事活动,发展具有地方文化特色的旅游演艺项目,推动文化和旅游融合发展
3	《关于深化艺术专业人员职称制度改革的指导意见》	9月28日	人力资源和社会保障部、文化和旅游部	根据艺术领域特点,设置艺术表演、艺术创作、艺术管理和技术保障等4个专业类别。重点考察艺术专业人员的政治立场、职业道德、社会责任和从业操守。进一步突出不唯论文、不唯资历、不唯学历、不唯奖项要求。畅通民营机构、自由职业等新的文艺群体从业人员职称评审渠道,确保其与国有文化艺术企事业单位艺术专业人员在职称评审上享有同等待遇。对在践行社会主义核心价值观、推动中华优秀传统文化的创造性转化和创新性发展、促进文化艺术事业繁荣发展中做出重大贡献的艺术专业人员,放宽学历、年限要求,可直接申报评审高级职称

资源来源:笔者根据公开资料整理。

二 2020年中国演艺业对外贸易发展特点

(一)受疫情影响,演艺对外贸易传统路径受到冲击

包括中国在内的全球各国在疫情防控常态化时期保持严格的出入境管理措施,大部分都没有开放正常的跨境演艺通道,全球各地演出场馆也大都保持持续停演的状态,民众也被要求遵守社交限制措施,不鼓励大众前往人员密集场所。美国百老汇宣布演出取消至2020年底;英国国内近50%的音乐厅和70%的剧院或将面临永久性关闭;德国联邦政府宣布禁止大型集会的期限延期到8月底,多个大型音乐节被取消,柏林的所有俱乐部也无限期关闭;荷兰所有交响乐团、歌剧院提前结束演出,2020年演出季及夏季音乐节取消。海外演出场地缺乏、中国演艺院团无法出境,都让演艺跨境服务难以开展。

(二)国内演艺市场需求总体向好

令人欣慰的是,疫情的冲击并没有击退全国演艺市场对于演艺消费的旺盛需求,疫情得到有效控制后,国内演艺市场积压的消费力得到了充分释放。2020年9月,文化和旅游部在剧场剧院复工指导意见中将观众限流比例提升到75%,国庆期间,全国总计演出约7500场,约480万人次观演,票房收入约8.6亿元,其中剧场及户外演出场次5500余场,180余万人次观演,平均票价200元,演出票房收入约3.6亿元;旅游演出场次约2000场,300余万人次观演,平均票价166元,演出票房收入约5亿元。

(三)自媒体有效实现了全球演艺消费群体的市场筛选

随着移动互联网和智能终端应用热潮的兴起,传统媒体的信息传播优势在面对自媒体平台爆炸式增长的过程中逐渐丧失,同时,基于网络数字技术的自媒体平台为演艺内容的对外传播提供了一种崭新的形式。与传统媒体相比，基于互联网的自媒体平台在演艺资源的内容组织、呈现形式、传播模式、效果分析等方面都有所不同。一方面，自媒体平台主要以音视频作为演艺内容的承载主体，同时自媒体平台中介绍、评论、点赞等多种交互形式都会成为演艺内容不可或缺的重要组成部分；另一方面，自媒体平台便捷、迅速的传播过程使得演艺作品可以实现传统媒体难以企及的传播效果，如自媒体平台中一段"火爆"的视频可以以较低的成本在短时间内达到百万甚至千万级别的播放量，而这种情况在传统媒体环境中是难以想象的。另外，自媒体平台强大的交互性也是有别于传统媒体的重要特征，而交互行为的存在使得自媒体平台海外演艺市场开拓面临更大的机遇和挑战。从演艺内容在海外自媒体平台中的成功推广案例来看，基于互联网的演艺对外贸易是切实可行的，并且基于自媒体平台的对外传播往往可以更好地筛选和聚焦目标观众，形成虚拟空间中的粉丝群体，辐射的受众可以比肩甚至超过传统媒体平台，但是在演艺内容目标消费群体的变现能力方面还有提升的空间。

海外YouTube、中国抖音等社交媒体平台所积累的大量全球用户，更使得演艺产品与服务在全球的爆发式传播成为可能，理论上一个加载于网络的演艺剧目可以抵达世界任何一个互联网联通的角落。而在网络内容付费的大趋势下，人们也会愿意购买互联网平台上具有创意、新奇的表演内容，而这样的内容可以来自世界任何一个角落。单个演出的线下表演频次以年为单位，百余场量级已是足具国际竞演实力的精品；而线上演艺的点击播放量以小时甚至分钟计算，万级、百万级已是惯常现象。

（四）中外剧院尝试线上跨国合作

疫情对国际市场的封锁也促使全球演艺企业"跨境抱团"，打破国界、演出门类、表演形式，寻找更多共同激活国际演艺市场的办法。受疫情影响，上海大剧院成立22年来首次取消跨年演出季，转而在5个月内将33台65场节目分别通过云上、线下等不同方式陆续奉献给观众，并首度提出打造云上"T站空间"（T，Theatre首字母）的构想，独家推出了一档流媒体节目《巡演零号站》。该节目和百老汇点播独家合作，携手英国国家歌剧院

(ENO)、英国国家芭蕾舞团(ENB)等多家顶级院团共同呈现,让观众可以第一时间领略海内外高质量的舞台演艺。这是一档基于舞台又"超越舞台"的流媒体节目,着力于传统舞台演艺"破圈":节目覆盖歌剧、芭蕾、戏剧、音乐剧、戏曲等不同表演艺术样式,探索经典艺术与当下社会的关系,结合当下热门社会议题,由中英两国流量级艺术家"穿越"演绎,打造一个"有知识""有情怀""有意思"的自制节目。

(五)中国演艺版权国际保护系统化、制度化

中国近年来在知识产权保护领域取得了长足的发展,2020年更是在演艺版权保护领域有了重大突破。2020年《视听表演北京条约》正式生效,规定表演者对其以视听录制品录制的表演享有复制权、发行权、出租权、提供权及广播和向公众传播的权利等五项经济权利,对其未录制的(现场)表演享有现场直播权和首次录制权两项经济权利,弥补了其他知识产权相关的国际条约"只保护已录制在录音制品中的表演形式,而不保护已录制在音像制品中的可视化的表演形式(视听表演)"的保护不足。《视听表演北京条约》是新中国历史上第一个以中国城市命名的知识产权领域国际条约,彰显了中国版权保护的力度和决心,也体现了国际社会对中国近年来知识产权保护成效的高度认可,更意味着中国演艺主体将在国际市场拥有更多的保障。

三 2020年中国演艺业对外贸易亟待破解的问题

(一)中国演艺剧目鲜有得到海外热门演艺市场的认可

现有演艺跨境服务都是政府主导、资助或委派,中国演艺产品多以文化交流为目的"走出去",不以营利为目的"出口",而以推广中华文化、对外宣传为宗旨。这种政府支持的演艺跨境服务,在一定程度上可以减轻演艺企业对外贸易的成本,但演出面向的主体为政府和各种非营利机构,受邀观

演人群的选择往往受国与国之间的政治因素制约，受众十分狭窄；加上普遍存在的赠票行为，不仅增加了财政成本，不具备可持续性，更扰乱了正常的价格机制，影响了海外市场对中国演艺产品与服务质量的判断。从效果看，中国演艺产品与服务在海外的传播影响十分有限。

在全球化的背景下，世界各国普遍重视展示本国文化，提升和扩大国家的影响力，利用文化交流推动演艺"跨境服务"无可非议，中国演艺产品与服务也没必要奉他国经验为圭臬，更不必唯市场论。但在中国演艺产品与服务还不具备足够的海外影响力的时候，海外市场的反应便有重要参考价值。综观国际演艺市场，真正由中国演艺企业自发推动演艺产品与服务进入海外市场的案例屈指可数。通过对国际演艺市场活力最大的地区之一的伦敦西区 2020 年 7 月至 2021 年 6 月各大剧院的日程进行梳理分析可知，90 个剧目 392 场演出的计划中没有包括任何一家中国艺术团体的表演以及任何中国主题内容的演出。其他世界知名剧院如百老汇、肯尼迪艺术中心等日常剧目演出计划中也罕见中国演艺作品的身影。通常国内产业发展到一定规模即会在对外贸易上产生外溢效应，但庞大的中国演艺行业却面临低市场化的困境。可见海外主流演艺市场并没形成对中国演艺产品与服务的固定需求，甚至尚未形成全面的认知。

（二）境内海外消费者市场远未形成规模

2018 年在中国境内工作的外国人已经超过 95 万人；2018 年共有来自 196 个国家和地区的 49.2 万名各类外国留学人员在中国高等院校学习。2019 年中国入境旅游人数达 1.45 亿人次。近年来，来华工作、学习、旅游的外籍人员数量有了大幅增长，这些人群都是潜在的文化消费客群，如果可以充分剖析在华外国人的需求偏好，有针对性地推广中国演艺产品与服务，不仅能够将海外消费潜力转化为国内产业价值，这些外籍人员无形中也会变成传播者、推广者，在往返中外的过程中更可以把中国演艺产品与服务的口碑带去海外。高校聚集的城市、国际旅游城市、跨国企业聚集的城市，都是海外消费者聚集的区域市场，具有很大的演艺贸易市场空间。但事实是，这

些在华潜在海外消费者的消费能力并没有在演艺领域得到有效释放，演艺"跨境消费"远未形成规模。

（三）演艺对外贸易不确定性增加，成本风险增高

1. 行业普遍缺少应对经验与预案

疫情之下复工困难，而演艺行业普遍缺乏应对疫情的预案。演出行业多年来都存在过于依赖单一收入来源的弊端，难以抵抗突发灾难。疫情突袭而至以来，很多演出企业开始探索"线上演出"活动，最近一段时间免费"云剧场""云演出""云艺术"等在线演艺成为很多演艺机构的应对之策，比如保利剧院的"云剧场"、摩登天空的"宅草莓"和开心麻花的"云点映"。但现有技术无法满足线上线下体验感一致的需求，线上演出的审批、收费等问题均未形成有效模式，演出单位触网暂时还不能保证长期稳定的收入来源，还是以增加用户黏性和恢复观众观演信心为主。也有小型演出公司尝试转型为MCN机构，将演员往直播、短视频平台输送，甚至有部分演出单位转行做微商，销售农副产品，偏离了公司主业。

2. 民营院团受冲击严重

民营院团一直是在国际演艺市场上格外活跃的市场主体，但是相比国有院团，民营院团本身运营完全依赖市场效益，没有政府资助，在疫情中得到的政策扶持力度又小，短期内很难从疫情冲击中恢复，甚至有的民营演艺企业直接倒闭。根据中国演出行业协会统计，截至2020年5月底，大部分国有演出单位、剧场已经恢复日常工作，未出现大量裁员情况，人员数量与疫情突袭而至前基本保持一致，接收应届毕业生数量也与2019年同期基本持平；在人员薪酬方面，与演出场次挂钩的薪酬部分受到影响，其他部分基本正常发放。而民营演出单位受疫情冲击较大，民营演出单位绝大多数是小微企业，平均人数不足50，企业自救止损能力有限。截至2020年5月底，近九成的民营演出单位尚未复工，其中以民营文艺表演团体和舞美企业受损最为严重，停业、裁员、转行等情况普遍。从从业人员方面看，多数演员和舞美技术人员待岗在家且无任何演出收入来源，演出活动恢复之前只能暂时从

事微商、主播等其他工作。

在民营演出单位中复工较早的是一级演出票务公司。多数一级票务代理已复工，主要是处理已售票的延期、退票等工作。一级票务代理由于大部分有资本方的支持，未出现大规模裁员情况，人员流动数量在正常范围之内，部分企业出现减薪情况，减薪比例为30%～50%。大量从事票务代理和销售的二级票务公司基本仍处于停业、歇业状态。

（四）演艺产业数字化缺乏统一的市场标准

国际一线剧院纷纷出台市场化的线上运营机制。百老汇开设了线上点播的流媒体服务平台，观众能在线点播观看百老汇、伦敦西区的剧目表演以及一些音乐家的个人音乐会；同时平台还具备剧目直播、举办大师课等功能，并开放一个具有互动功能的教育资源图书馆，供在线学习和讨论；观众可以在官网注册会员获取免费资源，也可按月付费，获得更多内容的访问权限。迪士尼更是斥资7500万美元购买了百老汇音乐剧《汉密尔顿》录制版在迪士尼旗下流媒体平台"Disney +"的线上播放权，观众成为"Disney +"会员每月支付6.99美元的订阅费即可在线观看《汉密尔顿》。在"Disney +"发布《汉密尔顿》的三天之内，"Disney +" App的全球下载量激增，比上月平均周末三天下载量提高了47%。

文化和旅游部于2020年5月15日至6月8日举办2020年全国舞台艺术优秀剧目网络展演，以文旅部官方网站为视频播出主平台，统一发布播出选自多个国家级文化扶持项目的22台剧目全剧视频，所有剧目均为免费观演。这也是文旅部官方首次以线上形式开展全国性展演活动，足见其对演艺产业数字化的重视。但中国线上演艺在疫情防控常态化时期丰富大众精神生活的同时，也呈现线上盈利模式不清晰、系统的定价标准缺失等市场发展的问题。例如，线上直播的传统收入方式是观众"打赏"，这也就决定了直播重流量而非重内容。不同于明星直播，演艺产品转移线上直播如果依然依靠"打赏"，则较难在短期内通过线上取得收入。

四 促进中国演艺业对外贸易发展的建议

中国演艺对外贸易还将在一个相当长的时期受疫情持续影响,因此综合考虑短期恢复和长远发展,应从"发展什么战略""贸易什么产品与服务""去哪里贸易""如何贸易""谁来贸易"五个方面着手推动演艺对外贸易发展。

(一)构建演艺对外贸易发展体系

1. 制定国际发展顶层战略

演艺对外贸易需要顶层战略性部署。近年来,西方发达国家纷纷出台新的文化政策,如英国的《文化白皮书》、荷兰的《国际文化政策纲要》、欧盟的《与欧盟议会、欧洲理事会的尖端交流——迈向欧盟国际文化关系新战略》等将本国、本地区的文化发展国际战略呈现于世,通过"文化交流""文化贸易""文化投资"等多种路径促进本国、本地区文化在全球发展。中德、中法、中英等丰富的人文交流机制使得中国与世界各国保持越来越密切的文化接触。中国成为西方国家文化发展战略的焦点,荷兰等国将中国作为文化发展国际战略中的重要合作对象,重视本国文化在中国的推广。近年来,西欧国家对中国的文化投资亦在不断增长,如德国地方政府出资支持中国文化活动的举办、中国文化主题艺术展览,英国财政拨款支持中英剧院合作开展演艺人才培训项目。西欧发达国家对中国文化市场的高度关注,以及对中国文化领域的投资大幅增加,都在推动我们将这种挑战转化为发展机遇。中国是世界第二大经济体,亟待构建中华文化发展的国际战略,细分国际文化市场,因应疫情防控常态化背景,制定合宜且富于智慧的方略。

2. 构建演艺对外贸易保障体系

建立更能与中国演艺对外贸易实际情况与需求相匹配,能够直观反映海外市场需求,更加具有国际竞争性、市场生命力和包容性的演艺精品评价体系;确立完善的演艺版权保护体系,引导企业建立完善的版权保护制度,理性开展版权贸易；加强文艺精品的确权保障工作，加强对文艺精品确权流程的规范化和对版权交易的制度化。

（二）产出具有国际交易价值的演艺产品与文化服务

1. 培育建成演艺精品资源库

演艺剧目的产生需要经历创作周期和市场打磨，需要时间积累，而过去演艺产业发展中涌现的优秀演艺剧目，至少已经完成创排环节，部分作品甚至已经经过国内市场的筛选，可以迅速试水国际市场。因此，在创造演艺产品与服务"增量"的同时应当用活"存量"，系统梳理过往文化奖项、文化财政补贴、重点文化出口项目与企业目录、文化基金资助项目中申报成功的演艺项目，筛选其中具有对外贸易竞争力、潜力、成功经历，且具备复排能力，尤其是仍在市场中演出的演艺精品，建立演艺精品库，扶持其定向进入有需求的海外市场。

2. 创作一批与时俱进的文化主题作品

在推动经典剧目走向国际市场的同时，同样应该聚焦更能引发全球共鸣的时下文化主题作品的创作。援非医疗队、新冠肺炎疫情下中国驰援多国等大爱主题，微信支付、中国高铁上发生的故事等时尚潮流主题，"得到——时间的朋友"中国给知识付费的创新创业主题，"新四大发明"等与时代发展相契合的主题，都是当下引领全球发展的包容性文化。融合中外，贯通东西，首先应该让外国人喜爱中国文化。

3. 以"+演艺"孵化一系列演艺精品多元载体

"+演艺"的核心是为其他产业赋能，拓展开放性增量。"+演艺"并不是"其他产业+演艺"的简单叠加，而是产业升级的体现。"+演艺"能够让演艺精品的附着空间更大，产业发展更灵活、高效，不要求已有的行业或技术做太多的转变来实现与演艺精品的融合，而是让制造业等主动增添演艺要素，以提升传统产业附加值。创作有关艺术家的纪录片、游戏、图书、音乐制品CD、影像制品DVD等多元产品，通过产品及服务的国际化交易，提升其国际辨识度。

（三）深入研究并细分全球文化市场

1. 有效发掘潜在目标市场

利用已建立的国际平台为中国演艺产品与服务拓展国际市场渠道。2016年中、英、美、俄、法等21个国家和地区及两个国际组织的56家成员单位共同签署了《丝绸之路国际剧院联盟北京宣言》，当下应充分利用剧院联盟优势发掘"一带一路"沿线极具潜力的目标文化市场。2020年11月15日，第四次区域全面经济伙伴关系协定（Regional Comprehensive Economic Partnership，RCEP）领导人会议以视频方式举行，会后东盟10国和中国、日本、韩国、澳大利亚、新西兰共15个亚太国家正式签署了《区域全面经济伙伴关系协定》，基于该协定，应更多地创造演艺精品国际商业推广及市场推广的可能性。

2. 持续探索成熟文化市场多层次消费需求

当前欧美日韩等高度发达的文化市场，其文化产品及服务在全球范围内处于领先地位，其也一直保持较高的文化消费需求，而随着时代的发展，其消费需求日益呈现多元化的特征。因此，应充分持续探索，深入其市场内部，在扩大演艺对外贸易规模的同时，借鉴其成功的产业化市场运作模式，做到与时俱进。同时，充分利用国家间合作交流或区域合作等相应的合作机制及机制下所形成的平台优势，使演艺精品成为未来中欧、中美等国家合作战略规划的重要内容。

3. 深研"一带一路"文化市场

做好共建"一带一路"主要国家文化市场研究，深入掌握其文化市场供求情况，了解其消费需求，实时更新其文化及对外贸易投资等政策，以现有的共建"一带一路"主要国家文化市场研究系列丛书、对外文化贸易和投资合作国别（地区）指南等研究成果为基础，进行持续更新并进一步拓展更多国别及地区的研究，同时利用"一带一路"下"中国—中东欧合作"等合作平台进一步寻求更具潜力的演艺市场。

4. 充分利用自媒体平台助力演艺精品海外传播

数字媒介技术和移动互联网络的飞速发展，深刻影响和改变了人们观察世界、记录生活和表达情感的方式。其中，在各种社交网络平台上发布的短视频，以其便捷拍摄、实时分享、互动交流等特点而深受网友喜爱，持续保持高增长态势，成为当代新媒体叙事的重要类型。因此，可充分利用YouTube等全球性的视频网络平台，以及Facebook、Twitter等社交媒体对演艺精品进行有效传播，定期以纪录片或高质量短视频的形式在各网络平台进行发布。

（四）建立演艺对外贸易数字平台

1. 制定中国演艺对外贸易的高清数字化战略

高清数字化是国际优秀剧院剧团的惯常发展模式，为演艺精品数字化提供全面的技术支持。将演艺精品剧目接入线上平台，运用合理的数字化技术，为传统演艺精品数字化制定样板或标准，避免"数字化就是数字格式"的粗放逻辑，鼓励数字技术在演艺创作中的应用。国内已有话剧《水中之书》、京剧《搜孤救孤》等演出尝试与专业的戏剧影像拍摄团队合作录制高清剧作，应当鼓励这样有专业的演出录制经验的团队为更多中国演艺精品提供技术支持。

2. 建立演艺对外贸易数字服务平台

打通线上播放国际渠道，整合全球主要线上流媒体播放平台，利用线上营销国际平台以及互联网平台的传播效率，引导演艺精品常驻互联网平台持续开展线上营销推广。构建一站式演艺对外贸易服务平台，增强服务保障力度，实现政府信息与资源的及时公布与共享，为演艺企业提供系统化的"走出去"服务。建立演艺版权跨境交易服务平台，利用线上演艺版权跨境交易服务平台为中国演艺企业和各国院团、经纪公司、采购方乃至观众提供一个全面了解国际演艺市场供求信息的平台，有效减少国际市场信息不对称。

（五）丰富国际演艺市场参与者

1. 充分发挥海外华人、华社力量

在当前传统演出形式受到疫情影响，无法进行海外活动的背景之下，应充分将海外华人华侨资源转换为演艺产品与服务国际化发展的中坚力量。华人个体与华人社团组织在中华传统文化海外传播方面发挥着重要作用。因此，一方面，要充分利用由海外华人华侨组成，以某一门类文化艺术作为自身活动中心内容的文化社团，如戏剧社、舞蹈团、武术馆等文化组织及演出团体的优势，对已有演艺精品进行进一步的传播；另一方面，要充分利用其优势建立起海外与国内的连接渠道，定期利用国内资源为其进行专业性的培训与知识普及。

2. 鼓励多元市场主体参与国际演艺市场

除了演艺院团，也应考虑鼓励演艺产业其他环节企业参与国际演艺贸易，培育和支持国际营运能力强、熟悉国际市场规则的院线运营、演艺经纪、演出票务企业，尤其是业务多元的演艺企业拓展国际市场，为中国演艺产品与服务争取更好的竞争优势和国际市场环境。充分发挥各级各类企事业单位、民间机构以及个人的力量，构建起多元立体的文化外交新格局。

（六）建立专业化人才储备与引进体系

首先，以应用型为目标，培养演艺对外贸易急需的既懂得语言文化和具备国际经济贸易、国际金融知识又通晓演艺对外贸易法律法规的全方位、复合型高级经营管理人才。其次，培养具有"中国情怀"的演艺贸易海外人才，吸纳海外演艺市场当地运营管理、法律人才，在当地提供全面的经营管理培训，支持当地人才赴中国学习、实践。最后，邀约吸引国际顶级带流量的艺术家、演艺经纪人作为咨询专家参与中国演艺精品评定，进行审看作品、咨询服务等，以其国际影响力进一步提升中国演艺精品的国际关注度。

参考文献

《半年净利润骤降95%！宋城演艺财报公布，2天市值蒸发40亿》，"道略演艺"微信公众号，2020年8月11日，https://mp.weixin.qq.com/s/h1jXDC5tfVo79woD5zSm1g。

《国庆档收官，全国演出超7500场》，"中国演出行业协会"微信公众号，2020年10月9日，https：//mp.weixin.qq.com/s/uCasUmAP4GW9R－UrCMRgNA。

《京剧掀开"互联网+戏曲"新篇章》，"道略演艺"微信公众号，2020年6月9日，https://mp.weixin.qq.com/s/X9Yi－9S_ TjJz_ _ EplVfRxw。

《一部戏剧凭什么吸引610万人同时在线观看?》，"道略演艺"微信公众号，2020年6月18日，https：//mp.weixin.qq.com/s/CNhxzlG－KIIKeb0nCowjag。

《抖音+戏剧：不是为了"上线"而上线》，"道略演艺"微信公众号，2020年8月6日，https://mp.weixin.qq.com/s/LzZOArYiP7nw7k_ NYhuYkg。

《发力线上，演出剧院变局中的开新局》，"道略演艺"微信公众号，2020年9月11日，https://mp.weixin.qq.com/s/oGDLti5ePxXZBZB3zN9Z0A。

《中国联通联手中国木偶剧院共建5G智慧场馆》，"道略演艺"微信公众号，2020年10月13日，https：//mp.weixin.qq.com/s/3eG8e26RJD8DS5q2wioXwA。

《后疫情时代，线上演出独立生态成型》，"道略演艺"微信公众号，2020年10月13日，https：//mp.weixin.qq.com/s/pMXJzUVjebm2GHdvk6ow8A。

《这家剧院欲打造云上"T站空间"，涉外演出离观众还远吗?》，"道略演艺"微信公众号，2020年8月8日，https：//mp.weixin.qq.com/s/CFzp4VBqrvH4ibtAwZTiiA。

《综艺下场巡演，会改变演出市场的格局吗?》，"道略演艺"微信公众号，2020年11月6日，https：//mp.weixin.qq.com/s/BnpmHsWlbQAf8rbvr735WA。

《盘点2020丨每一步，政策指路》，"中国演出行业协会"微信公众号，2020年12月28日，https：//mp.weixin.qq.com/s/－ENIKHdLX9zaAK1ihDWUIw。

《中央深改委：以演出为中心环节，深化国有文艺院团改革!》，"道略演艺"微信公众号，2020年7月1日，https://mp.weixin.qq.com/s/uZNS0pQG77M5oCwN3DxKpw。

《每周看世界丨全球演艺争上线，线上票到底什么价?》，"中国演出行业协会"微信公众号，2020年11月20日，https：//mp.weixin.qq.com/s/6UFTlpeN4jYo_ X－n3Xv4cQ。

B.3 中国广播影视对外贸易发展报告（2021）

范婷煜 李继东*

摘　要： 2020年，我国广播影视对外贸易将"技术"和"内容"作为发展的两大目标，加强"一带一路"国家间合作，推动中国广播影视"走出去"，加强广播电视媒体深度融合，打造国际传播制高点。2020年，我国新闻主体多元化发展，从不同角度建设中国新形象；电视产业积极搭建国际交流平台，推动中国文化在全球传播；电影产业受新冠肺炎疫情冲击较大，政府通过税收政策、专项扶持等项目扶持电影产业，取得不俗成绩；纪录片方面，中外联合创作取得新成就，抗疫纪录片成为中国广播影视对外贸易的主要渠道。总的来看，2020年我国以"视听中国"播映工程为主推动中国广播影视"走出去"，东盟国家成为我国"一带一路"经济区进行广播影视对外贸易的主要对象；信息传播技术升级成为广播影视对外贸易发展的主要动力。未来，在"十四五"规划指导下，广播影视对外贸易应立足中国视野，做好地缘广播影视文化传播；配合中国对外基建工作，推动广播影视产品本土化贸易；深入推动影视产业链"互联网+"模式进一步发展。

关键词： 广播影视　对外贸易　"一带一路"　视听中国　信息传播技术

---

* 范婷煜，中国传媒大学传播研究院硕士研究生；李继东，研究员、博士生导师，中国传媒大学传播研究院副院长。

一 2020年中国广播影视产业对外贸易发展概况

(一)多元新闻主体坚持从内容和渠道两手抓,讲好中国故事

2020年,国家广播电视总局印发了《关于加快推进广播电视媒体深度融合发展的意见》,其中强调我国在1~2年内,要集中精力推动新型传播平台建设,提高全媒体人才队伍建设发展;在此后2~3年内,深化广播电视媒体融合发展。对重点领域进行深度融合,突破改革发展的关键环节,争取在广播电视媒体发展商方面取得实质性突破。在广播电视媒体深度融合过程中,要坚持以内容建设为根本,以技术为支撑,推动媒介产业管理机制创新深化,推动全媒体体系进一步深化发展。要紧跟互联网时代发展,推动各级广电媒体协同互动,加强线上线下资源渠道内容整合,将生产要素向互联网阵地倾斜,集中精力建设主流媒体平台,建立健全全媒体传播矩阵,占据全媒体传播主流地位①。

针对广播影视对外贸易要坚持从内容和渠道两手抓。在内容方面,要提高精品内容的持续供给能力,要从创作源头发力,将全媒体渠道传播内容做精做强。在具体措施上,要牢牢掌握新闻传播的网络舆论场的主动权,推动国内媒体平台建设发展,提高国内媒体的国际传播能力,为海外媒体提供新闻信息源。在影视内容上,要做好现实题材影视内容生产工作,加强中国国际传播能力建设,用中国特色传播理论讲好中国故事,提高影视作品内容亲和力、感染力和表现力。在传播效果上,要以互联网用户思维为广播影视受众提供定制化、个性化、精准化服务。这样的形势也向广播影视内容生产商提出了更高的要求,对外贸易生产要坚持专业化深耕、垂直化运营、场景化服务,推动视听科技创新与文化创新应用,提高广播影视对外传播效果。

---

① 《国家广播电视总局印发〈关于加快推进广播电视媒体深度融合发展的意见〉的通知》,国家广播电视总局网站,2020年11月26日,http://www.nrta.gov.cn/art/2020/11/26/art_113_53991.html。

在技术方面,要主动应用新技术,用技术优化广播影视对外贸易传受流程。新时期的广播影视对外贸易要利用新兴技术推动产业发展。一方面要主动跟进社会技术发展,为我所用;另一方面也要对新兴技术保持警惕,防范新兴技术应用可能引发的风险。深度挖掘新兴技术在广播影视产业的匹配性,将新兴技术应用到广播电视业务研发额产品开发环节过程中,例如5G、高清视频技术、大数据、云计算、物联网技术,还包括区块链和人工智能等技术。利用技术发展推动行业发展,占领全媒体时代广播电视产业发展战略高地。在宣传、技术、产业、对外合作交流上坚持区域协同发展,积极对接国家重大区域战略和国际战略,坚持发展以国内大循环为主体、国内国际双循环相互促进的广播影视发展新格局①。在具体措施上,我国积极开展相关活动提高中国广播影视对外贸易发展水平,讲好中国故事②。

首先,我国积极搭建"一带一路"新闻合作平台。自习近平总书记提出要打造"一带一路"国际新闻合作联盟和人文创新合作平台以来,中国积极发展"一带一路"新闻平台建设,并成功举办"一带一路"新闻合作联盟首届理事会议,截至2020年5月,已有来自98个国家的205家媒体成为"一带一路"新闻合作联盟正式成员,通过"一带一路"新闻合作新平台,各国媒体不断加强对话交流和创新合作③。

其次,我国利用地方级媒体国际平台,向国际传播中国地方民生声音。例如,2020年两会期间,广东广播电视台国际频道推出"外眼看两会"系列报道;*Guangdong Report*(《广东报道》)等英语新闻节目开设两会专栏,做好两会动态报道;在港澳落地的南方卫视推出"共抗疫同感动"等系列

---

① 《国家广播电视总局印发〈关于加快推进广播电视媒体深度融合发展的意见〉的通知》,国家广播电视总局网站,2020年11月26日,http://www.nrta.gov.cn/art/2020/11/26/art_113_53991.html。
② 《国家广电总局国际司研究推进广电技术服务走出去工作》,国家广播电视总局网站,2020年3月24日,http://www.nrta.gov.cn/art/2020/3/24/art_114_50520.html。
③ 《贡献媒体力量,建设更美好世界——"一带一路"新闻合作联盟理事单位负责人热议倡议提出三周年》,国家广播电视总局网站,2020年5月14日,http://www.nrta.gov.cn/art/2020/5/14/art_3731_53017.html。

专题，围绕两会民生热点，着力做好主题报道，为中国形象增添了细节描绘；上海、江苏、浙江、安徽等四家广播电视主体达成《长三角地区广播电视和网络视听一体化高质量发展战略合作框架协议》，明确四家广播电视主体将携手开展广电"走出去"，办好联合展台①。

（二）电视产业积极搭建国际交流平台，推动中国文化在全球传播

根据《2020年全国广播电视行业统计公报》，2020年我国共引进国外电视剧199部，电影650部；国内制作广播节目时间821.04万小时，播出时间1580.72万小时；制作电视节目时间328.24万小时，播出时间1988.31万小时②；电视剧对外传播发展呈现新气象。2020年广播影视对外贸易"视听中国"项目作为国家整体对外发展战略、外交布局和文化"走出去"战略的一部分，将讲好中国故事、促进文明交流互鉴、夯实共建人类命运共同体的人文基础作为宣传目标，推动中国"一带一路"国家间广播影视贸易进一步发展③。

第一，在电视剧传播交流方面，积极搭建国家级电视剧交流平台。在2020年6月我国成功举办上海电视节，上海电视节征集到来自48个国家和地区的800多部报名作品，共汇集来自海内外92个国家和地区的727家影视参展商。其中，海外展商达378家，占比首度突破50%，且遍及五大洲④，并推出中国电视剧海外推广大使，推动中国电视进一步"走出去"⑤。

---

① 《沪苏浙皖四省（市）广电局签署〈长三角地区广播电视和网络视听一体化高质量发展战略合作框架协议〉》，国家广播电视总局网站，2020年10月22日，http://www.nrta.gov.cn/art/2020/10/22/art_114_53454.html。
② 《2020年全国广播电视行业统计公报》，国家广播电视总局网站，2021年4月19日，http://www.nrta.gov.cn/art/2021/4/19/art_113_55837.html。
③ 《总局发布"视听中国—中国电视节目海外播映计划"》，国家广播电视总局网站，2019年6月20日，http://www.nrta.gov.cn/art/2019/6/20/art_114_46278.html。
④ 《第26届上海电视节成功举办》，国家广播电视总局网站，2020年8月24日，http://www.nrta.gov.cn/art/2020/8/24/art_114_52594.html。
⑤ 《朱咏雷出席第二十六届上海电视节白玉兰绽放颁奖典礼》，国家广播电视总局网站，2020年8月20日，http://www.nrta.gov.cn/art/2020/8/20/art_112_52545.html。

第二,我国电视剧亮相国际电视节,受到国内外好评。2020年10月5日至11月17日,广播电视和网络视听"中国联合展台"亮相线上戛纳电视节,集中展示200余部中国优秀节目,举办7场中国内容系列推介活动,受到国际市场广泛关注。活动时长占电视节整体活动时长的14%,吸引国际买家参与度名列前茅,对内容市场新兴国家具有重要示范效应。值得称赞的是,电视节期间"中国联合展台"举办了抗疫题材时代报告剧《在一起》海外专场推介会;在纪录片单元,还重点推介了《人间世之抗疫特别节目》等作品,引发国际买家和海外网友对中国应对新冠肺炎疫情的赞赏①。

第三,中国电视剧剧场在国外电视台进行节目展播,取得不俗效果。中阿(阿联酋)卫视于2020年5月开设"北京剧场",《最美的青春》《火蓝刀锋》《射雕英雄传》等近20部不同题材的中国电视剧,成为阿拉伯国家民众在疫情防控期间观剧的主要选择。此外,《鸡毛飞上天》在葡萄牙国家电视台播出,收视率高达23.2%;《温州一家人》在古巴热播,获得古巴群众的喜爱;《金太郎的幸福生活》《媳妇的美好时代》《父母爱情》在埃及国家电视台第二频道播出,收视率均超过该频道黄金时段的平均收视率。《琅琊榜》《小别离》《欢乐颂》等电视剧在非洲地区译配成英语、法语、葡萄牙语及非洲本地语言进行播放,受到不少当地民众喜爱②。

第四,我国电视剧海外内容传播取得了新的进展,推动中国文化进一步走向全球。其中陕西文投艺达影视出品的电视剧《风起霓裳》译为英语、法语、意大利语、波兰语、葡萄牙语等10余种字幕播出,登陆YouTube "China Zone",总观看量超336万次,观众对电视剧中的盛唐景象、唐服刺绣等中国元素产生热议③。古装历史剧《大秦赋》登陆YouTube热播剧场海

---

① 《2020年广播电视和网络视听"中国联合展台"参与线上戛纳电视节受国际市场广泛关注》,国家广播电视总局网站,2020年11月9日,http://www.nrta.gov.cn/art/2020/11/9/art_ 114_ 53733.html。
② 《中国电视剧在海外受欢迎》,国家广播电视总局网站,2020年8月17日,http://www.nrta.gov.cn/art/2020/8/17/art_ 3731_ 52960.html。
③ 《"陕剧"〈风起霓裳〉海外热播》,国家广播电视总局网站,2021年2月23日,http://www.nrta.gov.cn/art/2021/2/23/art_ 114_ 55183.html。

外首播，海外首播覆盖澳大利亚、巴西、加拿大等 20 个区域频道，支持日语、韩语、英语等 15 种主要语言，形成广泛的传播覆盖和强大的播出声势①。电视剧《在远方》在韩国 OTVN 频道和中华 TV 频道正式开播，实现海外台网与国内联动播出②。根据国家广播电视总局的报告，《在一起》《老酒馆》《三十而已》《庆余年》《以家人之名》等 5 部具有中国文化特色的作品展现了中国的传统文化和社会发展特征，获选 2020 年我国海外优秀传播电视剧③。《在一起》在一年内完成剧本创作、开机拍摄、后期制作和全网上线等一系列采编播流程，深刻记录了中国战"疫"一线可歌可泣的平民英雄群像故事，其海外版权已经登陆全球，在海内外产生热烈好评④。

（三）政府专项政策扶持电影产业稳定发展，走向国际舞台

2020 年，财政部、国家税务总局为支持受到新冠肺炎疫情影响的电影行业，发布公告称 2020 年对纳税人提供电影放映服务取得的收入免征增值税⑤。不仅如此，各地针对电影行业受到的影响积极开展支持活动。北京市受新冠肺炎疫情影响明显，为此，北京市提前启动北京宣传文化引导基金（电影类）和 2020 年市级电影专项资金两项扶持资金，对电影行业增加疫情特殊补贴，对春节期间未能上映的京产影片给予一次性宣发补贴，对受疫情影响暂停的重点项目给予创作制作补贴⑥。灯塔专业版数据和猫眼数据显

---

① 《电视剧〈大秦赋〉海外首播》，国家广播电视总局网站，2021 年 1 月 4 日，http://www.nrta.gov.cn/art/2021/1/4/art_ 114_ 54596. html。
② 《中国电视剧〈在远方〉在韩国开播》，国家广播电视总局网站，2020 年 5 月 8 日，http://www.nrta.gov.cn/art/2020/5/8/art_ 114_ 51066. html。
③ 《国家广电总局办公厅关于公布 2020 年度优秀海外传播作品的通知》，国家广播电视总局网站，2021 年 2 月 23 日，http://www.nrta.gov.cn/art/2021/2/23/art_ 113_ 55178. html。
④ 《抗疫主题时代报告剧〈在一起〉国庆期间热播》，国家广播电视总局网站，2020 年 10 月 12 日，http://www.nrta.gov.cn/art/2020/10/12/art_ 114_ 53284. html。
⑤ 《关于电影等行业税费支持政策的公告》，中国政府网，2020 年 5 月 13 日，http://www.gov.cn/zhengce/zhengceku/2020 - 05/14/content_ 5511594. htm。
⑥ 《北京市出台措施助力电影业抗疫》，人民网，2020 年 5 月 1 日，http://media.people.com.cn/GB/n1/2020/0501/c40606 - 31695343. html。

示,截至2020年12月30日,中国电影2020年度票房突破200亿元人民币,其中包含12月31日上映的《送你一朵小红花》《温暖的抱抱》等影片的预售票房。2020年全球票房收入排名前五的电影均为国产电影,分别是《八佰》《我和我的家乡》《姜子牙》《金刚川》《夺冠》;内地电影票房超过北美票房,成为全球最大电影市场①。此外,曾国祥导演的电影作品《少年的你》入围奥斯卡电影节提名。

在电影影视产品交流方面,中国积极搭建国际性电影交流平台。2020年8月,第十届北京国际电影节通过与互联网、高科技的充分融合,通过线上线下共同运作的方式,顺利举办互联网云端电影节。2020年10月,第七届丝绸之路国际电影节"一带一路"电影合作与发展高峰论坛在上海召开,共有44个国家的50个机构参加,通过电影节宣传,引入50多家电影后期制作及电影产业关联企业入驻。除此之外,中国政府还积极组织影视创作公司参加布达佩斯欧洲电视节、非洲电视节等海外影视评选活动,推动中国电影走出去②。

(四)守望全球疫情,中国纪录片记录全球记忆

疫情发生以来,我国积极拍摄纪录片为全球疫情留下记忆,同全球各国一道抗击疫情、守望相助。《2020年全国广播电视行业统计公报》数据显示,2020年全国制作纪录片8.70万小时,播出时长62.10万小时,全年累计生产播出纪录片350余部,仅在互联网上线的纪录片就达259部③。央视纪录片创作从大国视角出发,推出《武汉:我的战"疫"日记》和《2020春天纪事》两部作品,获得国内外观众的一致好评。《武汉:我的战"疫"日记》采取"日记体"形式讲述身处武汉抗疫一线的医护人员、志愿者亲

---

① 《中国电影2020年年度票房突破200亿元》,深圳热线网,2020年12月31日,http://www.szonline.net/gn/20201231/202012213537.html。

② 《国家广播电视总局办公厅关于协助组织参加2020年国际电视节展"中国联合展台"有关事项的通知》,国家广播电视总局网站,2020年3月23日,http://www.nrta.gov.cn/art/2020/3/23/art_113_50500.html。

③ 《2020年全国广播电视行业统计公报》,国家广播电视总局网站,2021年4月19日,http://www.nrta.gov.cn/art/2021/4/19/art_113_55837.html。

身经历的抗疫故事，让观众第一时间看到危难之下人们守望相助的动人时刻。《2020春天纪事》用纪录长片的大体量全面揭秘中国科学战疫过程，为增进人类对新冠肺炎疫情的理解留下了宝贵影像。这些纪录片彰显出在困难面前中华民族的凝聚力和行动力，建构起以人为本、生命至上的战"疫"图景，在全球范围内广泛传播，为全球共抗疫情记录了时代片段，也为全球人类共抗疫情增添了信心①。

近年来，国产纪录片成为中国对外传播的一大主力，为塑造中国形象、传播中国文化、讲好中国故事发挥了重要力量。《舌尖上的中国》和《风味原产地·潮汕》通过流媒体平台 Netflix 在全球播出，受到海外观众的喜爱。《航拍中国》系列则通过俯拍的方式，全方位展现了中国大地辽阔的山川、壮美的风光和多元的人文风情，被许多海外观众盛赞。除了中国自主拍摄纪录片以外，中国纪录片还积极采用中外合拍方式进行对外贸易、对外传播，不仅加强了中国纪录片和世界纪录片行业的互动，而且形成了传播合力，增加了中国纪录片在海外的接受程度。由中国央视纪录国际传媒有限公司与英国野马公司联合制作的纪录片《中国宝藏》英文版亮相 BBC 世界新闻频道，面向全球首播，得到近九成观众的喜爱；五洲传播中心与美国 Discovery 探索频道、哔哩哔哩联合出品的《新冠肺炎：与魔鬼的战斗》于 2020 年 4 月初通过 Discovery 探索频道播出，到达亚洲、大洋洲、欧洲等 40 多个国家和地区②。

除了传播中国抗疫故事以外，我国还利用纪录片、微纪录片形式为全球抗疫增添信心。自 2020 年 3 月以来，中国同韩、泰、法等国制作完成并发布多部抗疫纪录片，主题有"中韩邻里情，肝胆两相照""同气连枝，中泰一家亲""亲情中法，因爱同行""中阿团结抗疫、共建命运共同体"等。10 个国家短视频和特别篇短视频以"命运与共，全球抗疫"为主旨，展现

---

① 《2020 年，中国纪录片迈入高质量发展关键期》，国家广播电视总局网站，2021 年 1 月 28 日，http://www.nrta.gov.cn/art/2021/1/28/art_3731_54961.html。
② 《国产纪录片有数量也有质量》，国家广播电视总局网站，2020 年 8 月 21 日，http://www.nrta.gov.cn/art/2020/8/21/art_3731_52940.html。

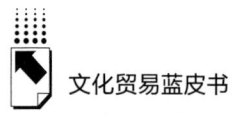

了中国与各国守望相助、共克时艰的感人画面,传递战"疫"必胜、构建人类命运共同体的正能量①。

《中国纪录片发展报告(2020)》数据显示,2020年中国纪录片呈现多点突破、质量总体提升的发展局面,进入高质量发展关键期,产业链各环节日益成熟。

二 中国广播影视产业对外贸易发展趋势

(一)深入实施"视听中国"播映工程,进一步推动中国广播影视产业"走出去"

2020年我国深入实施"视听中国"播映工程,精心策划"视听中国"公共外交系列播映活动,实施"走出去"内容品牌提升计划和广电技术服务交流合作计划。全国多个省、自治区、直辖市,以及地级市电视局将推进广播电视"走出去"作为发展目标。

以省级卫视浙江卫视为例,浙江卫视积极整合海外全媒体发行资源,实现浙产抗疫主题节目在海外多平台、多渠道推广,播出范围覆盖东南亚、北美地区,获得广泛好评。浙江卫视"出海"的抗疫主题节目涵盖新闻、纪录片、综艺、公益短片等多种节目类型,其中专题片《逆行无悔》英文版和公益短片《浙商战"疫"》英文版在美国、法国及非洲多平台播出,《众志成城,防控疫情》《逆行无悔》英文版在YouTube平台上架,《王牌对王牌》抗疫特辑在美国、加拿大、新加坡、马来西亚等国家平台播出。截至2020年5月,抗疫节目点击量已超过200万次②。

也有不少地级市加强自身媒体建设,向世界讲述中国地域发展故事。深

---

① 《广电总局协助外交部策划制作中阿团结抗疫主题短视频》,国家广播电视总局网站,2020年7月9日,http://www.nrta.gov.cn/art/2020/7/9/art_114_52057.html。
② 《浙江卫视拓宽国际视野讲好中国抗疫故事》,国家广播电视总局网站,2020年5月29日,http://www.nrta.gov.cn/art/2020/5/29/art_114_51403.html。

圳广电集团通过强化供给侧结构性改革和全媒体宣传渠道建设,通过优化《直播港澳台》栏目,做好外宣新闻报道;同时加强深圳卫视国际频道建设,用好海外社交平台;积极制播优秀外宣产品在境外全媒体渠道发布,通过以上三方面,深圳广电集团进一步提高自身国际传播能力,为讲好中国故事增添了地域细节①。

(二)东盟国家成为我国"一带一路"经济区进行广播影视对外贸易的主要对象

2020年东盟国家成为我国"一带一路"经济区进行广播影视对外贸易的主要对象。《中国—东盟自由贸易区全面建成10周年实施报告》数据显示,2020年前三季度,东盟成为我国最大的对外贸易伙伴,中国与缅甸、越南、老挝、新加坡、马来西亚等国联合摄制的影视作品陆续结出硕果。在东盟十国传播的中国影视剧仍以古装剧、年代剧为主,但出口东盟影视剧的题材正在逐渐转变,现实题材影视剧比例不断增加。部分反映中国社会发展进步、记录人民美好生活的影视剧在东盟国家取得良好传播效果,纪录片等呈现定制化、联合制播的特点,抗疫题材视听节目及时在东盟国家传播②。中国和越南合拍片《河内,河内》在越南金风筝电影节上获得最佳故事片奖;中国和老挝首部合作影片《占芭花开》在2020年的澜湄国际电影节上亮相展映,获得观众评委的一致好评。

近年来,中国与东盟国家达成多项视听节目战略合作、合作合拍等协议。中国与大多数东盟国家形成较为全面的合作合拍交流沟通机制,合作制片、联合发行成为主要合作方式。以澜湄国际电影节为例,澜湄国际电影节提供了"一带一路"开发区相关国家间相互交流的平台,为影视行业人员搭建广播影视信息交流合作平台,为创造出更多产业互赢的电影项目提供了

---

① 《深圳广电集团外宣工作取得积极成果》,国家广播电视总局网站,2020年12月21日,http://www.nrta.gov.cn/art/2020/12/21/art_114_54365.html。
② 《中国与东盟国家深化影视合作助推民心相通》,新华网,2020年11月25日,http://m.xinhuanet.com/culture/2020-11/25/c_1126782285.htm。

机会。2020年11月，中国—东盟电视周视听传播峰会在广西桂林举行。峰会期间，国家广播电视总局发展研究中心发布《中国—东盟视听节目传播智库报告》，文件分析指出，近年来，中国与东盟国家节目交流互播日益增多。在节目出口方面，中国节目在东盟国家传播内容、题材、渠道多样化。中国节目在东盟十国实现全覆盖，合作传播实现常态化，固定栏目、固定时段成为主要方式，当地华语频道是中国节目播出的重要渠道，越来越多的现实题材影视剧进入东盟各国。纪录片和文化节目呈现定制化、联合制播的特征，科教类节目传播热度提升，中国原创节目模式出口东盟国家，当地版本节目收视率较高①。

（三）推动5G、互联网平台建设等成为促进广播影视对外贸易发展的重要力量

2020年，随着互联网、人工智能、大数据、云计算、物联网、区块链等新兴科技与智能终端所掀起的数字化浪潮迅猛而来，全球数字化日益向纵深推进，广播影视产业在现实生活中发展应用场景，推动广播影视数字信息新产业、新业态的发展。

第一，5G毫米波产业标准化发展，助力广播影视信息传输。2020年10月，5G毫米波产业高峰论坛在北京举办。论坛上，GSMA（全球移动通信系统协会）正式发布了《5G毫米波技术白皮书》。5G毫米波拥有频率资源丰富、带宽极大、易与波束赋形技术结合、可实现极低时延、可支持密集化部署、可进行高精度定位、集成度高这七大技术优势，能够充分释放5G的全部潜能，成为5G下一阶段重点部署的核心技术之一。白皮书预计，在2022年北京冬奥会上，5G毫米波有望大放异彩，为观众、媒体转播者、赛事组织者、运动员和裁判员等提供优质的观赛体验和完备的服务保障。

---

① 《〈中国—东盟视听节目传播智库报告〉发布》，广西新闻网，2020年11月24日，http：//www.gxnews.com.cn/staticpages/20201124/newgx5fbcd514-19957797.shtml。

第二，5G+广播影视发展成为行业新热点，推动广播影视产业变革。2020年10月，2020年中国国际信息通信展览会在北京举办。展会的主题为"网融万物，智向未来"，重点展示5G、新基建、5G行业应用、工业互联网、数字中国、新型智慧城市等领域的最新技术和应用。未来广播影视对外贸易生产，要坚持适度超前原则，稳步推进5G网络部署，形成"以建促用"良性模式，要把握5G+超高清视频端到端关键技术，通过技术改变推动应用场景变革及发展趋势将会对广播影视产业发展起到推动作用。

第三，发展数字化信息平台，推进数字化影视产业创新发展。2020年10月，第三届数字中国建设峰会在福州召开。这次峰会关注"创新驱动数字化转型，智能引领高质量发展"，共签约海内外数字经济项目426个，总投资3316亿元，涵盖了人工智能、5G、工业互联网、区块链等前沿领域，数字化转型步伐不断加快。未来广播影视对外贸易要依托数字化信息平台进行，要不断推动工业互联网建设。

三　中国广播影视对外贸易发展的建议

《中华人民共和国国民经济和社会发展第十四个五年规划和2035年远景目标纲要》指出，在未来五年的规划中，针对广播影视行业，政府将进一步壮大网络视听产业、超高清制播能力建设、电视频道高清化改造、沉浸式视频和云转播应用、视听中国、影视精品工程、纪录片创作传播、中华文化新媒体传播、网络文艺创作传播、鼓励优秀影视剧"走出去"等广播电视和网络视听重点任务项目，以及制定相关信息网络传播视听法律法规等重大改革。积极发展对外文化贸易，开拓海外文化市场，鼓励优秀传统文化产品和影视剧、游戏等数字文化产品"走出去"，加强国家文化出口基地建设①。

---

① 《中华人民共和国国民经济和社会发展第十四个五年规划和2035年远景目标纲要》，新华网，2021年3月13日，http://www.xinhuanet.com/2021-03/13/c_1127205564.htm。

（一）立足中国视野，做好地缘广播影视文化传播

随着"一带一路"倡议不断向纵深推进，我国目前对外传播正从高数量向高质量转变。当下广播影视贸易出口更应该关注地方文化特色，立足共建"一带一路"国家广播影视文化产业特征进行。要加强自身与广播影视对外贸易国家的合作，提高外贸目标国家小成本电影合作数量，选题拍摄立足现实，注重呈现地方人文、地区特色，展现当地传统文化和中国文化，通过广播影视做好文化传播。

在具体措施上，中国要与其他国家通过探索建立产业信息互通机制，为各国相关机构提供各自的产业政策、行业机构名录广播影视产业方面的专业化信息；鼓励区域各国相关机构参加共建"一带一路"相关国家举办的国际电影节活动；鼓励区域各国电影作品通过商业渠道在共建"一带一路"相关国家电影院线、流媒体平台、电视予以发行和放映，并通过其他举措推动"一带一路"广播电视合作进程。

（二）配合中国对外基建工作，推动广播影视产品本土化

近年来，中国广播影视对外贸易发展取得良好成效，中国对非洲广播影视贸易不仅聚焦于媒介产品输出，还为非洲国家提供信息基建工作。基建工作和广播影视共同出口成为我国对外贸易的一大特色，由此也提高了我国对外传播宣传效果。

未来国际传播新局面要做好以下三个方面的工作。一是聚焦当代中国故事，阐释好中国精神和中国理念，通过广播影视产业记录中国经济社会发展的生动实践，让世界更好地理解中国精神和人类命运共同体理念。二是搭建中国国际对外传播体系，提升国际传播实效。建构中国故事传播体系，内化中国故事核心理念，破除海外受众对于中国的刻板印象，转变中国对外传播话语视角，坚持不断创新表达方式、构建融通中外的话语体系。三是推进融合传播，让互联网为国际传播赋能，为国际传播注入新动力。加快推进传播资源、渠道、平台等全要素融合，推动形成全媒体传播体系，注重广电技术

服务"走出去",充分发挥"中国联合展台"和"金熊猫"等国际传播平台、互联网平台的引导激励作用,推动形成全方位、多主体、多层次对外传播格局。

(三)深入推动广播影视产业链"互联网+"发展模式

当下,"互联网+"的思维已经贯穿了影视产业的始终,促使广播影视文化商业模式朝着一个全新的转型期发展,改变了传统思维的营销模式,也更新了人们沟通、交流的社交方式。实现信息与内容的联通,用互联网思维解读知识产业结构,探寻广播影视产业的新业态,重塑广播影视文化产业链及商业模式。互联网除了传递信息以外,更承载和联结着用户的需求。在"互联网+"时代,社会资源要素发生了新的改变,实现了传播结构的重构。互联网催生了新时代广播影视产业结构变革,创造了广播影视产业的全新业态和模式结构。未来广播影视产业发展要加强内容层次划分,运用互联网创新技术做好内容生产和内容推广,挖掘用户需求,在互联网和广播影视产业两大方面拓展新的商业模式,扩张新的影视产业版图。

(四)培养具有国际视野人才,提升行业创新力

广播影视产业竞争的关键是人才的竞争,未来我国广播影视文化对外发展中,必须重视国际影视人才的培养。应该加强政策扶持,发放优惠性政策,吸引海外国际人才为我所用。同时改革教育体制,加强本土化人才培养,鼓励学界与业界合作,联合人才培养,为培养国际化广播影视人才提供温床。

广播影视对外贸易发展的主要目的之一就是提高中国文化影响力,塑造新时代中国形象。广播影视对外贸易作为跨文化传播的实体项目,应大力培养不同文化基因的广播影视创作人才,搭建中国通往世界各国的文化桥梁,更要做好广播影视译制工作,培养广播影视译制人才,贴合播出国文化语境、社会语境,激发广播影视行业对外发展潜力。

参考文献

《中华人民共和国2020年国民经济和社会发展统计公报》,国家统计局网站,2021年2月28日,http://www.stats.gov.cn/ztjc/zthd/lhfw/2021/lh_hgjj/202103/t20210301_1814216.html。

《加快广播电视高质量创新性发展2020年全国广播电视工作会议召开》,国家广播电视总局网站,2020年1月4日,http://www.nrta.gov.cn/art/2020/1/4/art_112_49381.html。

《广电总局机关服务局部署做好管理保障服务"六大工程"》,国家广播电视总局网站,2020年6月8日,http://www.nrta.gov.cn/art/2020/6/8/art_114_51565.html。

B.4
中国电影对外贸易发展报告(2021)

罗立彬 达恬欣 廖麟玉*

摘 要: 新冠肺炎疫情冲击之下的2020年中国电影贸易呈现新的特征。进口影片的数量、票房收入和占比均出现较为明显的下降,好莱坞"大片"的吸引力继续呈现下滑趋势,但是"批片"继续为增加中国电影市场的多样性做出贡献;疫情影响之下,中国电影票房首次成为全球第一,带动中国电影位次在全球票房排行榜上继续上升,同时又有多部国产电影在海外获奖,从而提升了中国电影的国际影响力,中国资本和中国电影人继续参与全球电影制作。新冠肺炎疫情对包括中国在内的全球电影市场都带来了较大冲击,但是中国较好的疫情防控表现使中国电影市场呈现相对优势,甚至有可能转危为机。我国应充分利用中国电影市场全球份额提升的机遇,高度重视网络与数字空间的电影市场新增量,进一步提高中国电影的国际影响力。

关键词: 中国电影贸易 国际影响力 高质量发展

一 国家政策为中国影业持续发展提供支撑

2020年,受新冠肺炎疫情的影响,影视文化产业受到冲击。影片撤档、

---

* 罗立彬,教授,经济学博士,北京第二外国语学院首都对外文化贸易研究基地资深研究员,北京第二外国语学院经济学院副院长,研究方向为影视服务贸易与文化贸易;达恬欣,北京第二外国语学院经济学院国际商务专业硕士研究生;廖麟玉,北京第二外国语学院经济学院国际经济与贸易专业硕士研究生。

影院停业、宣发暂停、摄制组停拍,致使影视文化产业遭受较大损失。国家与各省市电影主管部门多次召开专题会议,研究并制定了一系列政策助力电影文化产业平稳发展。一方面,国家出台专项扶持政策,加大补贴力度,助力文化企业摆脱疫情困境;另一方面,推动文化产业高质量发展,加强内容建设,助力文化"走出去"。

财政补贴方面,国家先后出台多项财政税收优惠政策,助力电影行业走出困境。疫情发生初期,各地政府积极响应国家出台的政策,采取一系列关于应对疫情推动文化企业平稳健康发展的举措:北京市提前启动本年度市级电影专项资金项目申报工作,确保上半年资金拨付到位,同时加大对全市影院放映国产影片补贴力度,扩大资助覆盖面;江苏省按国家有关规定延期征缴和减免电影专项资金,对恢复营业的放映单位按因素法奖补;浙江省优先落实2019年度奖励放映国产影片成绩突出的影院和第四批乡镇电影院建设的补助资金,安排1000万元对因受疫情影响而停业的电影院及院线予以适当补贴,加大对防疫抗疫主题优秀电影作品宣传发行的扶持力度;四川省则加大影院补贴力度,统筹现有电影、文产相关专项资金,调整优化2020年资金使用方向,对影院应对疫情进行补贴,缓解影院人力成本、房屋租金、贷款利息等运营困难。①

2020年5月13日,财政部、国家税务总局联合发布《关于电影等行业税费支持政策的公告》。公告中指出,自2020年1月1日至2020年12月31日,对纳税人提供电影放映服务取得的收入免征增值税;对相关电影行业企业2020年度发生的亏损,最长结转年限由5年延长至8年;自2020年1月1日至2020年12月31日,免征文化事业建设费;同时,公告发布之日前,已征的按照本公告规定应予免征的税费,可抵减纳税人和缴费人以后月份应缴纳的税费或予以退还。② 同日,财政部、国家电影局联合发布《关于暂免征收国家电影事业发展专项资金政策的公告》,该公告指出,湖北省自

---

① 《2020年电影行业政策及大事件》,腾讯网,https://xw.qq.com/amphtml/20210107。
② 《财政部 税务总局关于电影等行业税费支持政策的公告》,国家税务总局网站,http://www.chinatax.gov.cn。

2020年1月1日至12月31日免征国家电影事业发展专项资金;其他省、自治区、直辖市自2020年1月1日至8月31日免征国家电影事业发展专项资金;符合本公告规定的免征条件,但缴费人在本公告发布之前已缴费的,可抵减缴费人以后月份应缴纳的国家电影事业发展专项资金或予以退还。①

内容建设方面,2020年8月,国家电影局、中国科协印发《关于促进科幻电影发展的若干意见》,提出将科幻电影打造成电影高质量发展的重要增长点和新动能,把创作优秀电影作为中心环节,推动我国由电影大国向电影强国迈进。意见要求,要加大对科幻电影剧本的培育力度,鼓励扶持原创,促进科幻文学、动漫、游戏等资源转化。此举旨在从内容建设层面,丰富国内影视内容,以更好地推动影视文化作品的海外传播。② 同年11月18日,文化和旅游部发布《关于推动数字文化产业高质量发展的意见》,意见指出,要促进文化产业与数字经济、实体经济深度融合,构建数字文化产业生态体系;加强国际交流合作,培育新形势下我国参与国际合作和竞争的新优势。其中,"深刻把握数字文化内容属性,加强原创能力建设,创造更多既能满足人民文化需求、又能增强人民精神力量的数字文化产品。培育和塑造一批具有鲜明中国文化特色的原创IP,充分运用动漫游戏、网络文学、网络音乐、网络表演、网络视频、数字艺术、创意设计等产业形态,推动中华优秀传统文化创造性转化、创新性发展,继承革命文化,发展社会主义先进文化,打造更多具有广泛影响力的数字文化品牌"的内容,进一步明确了我国应从内容建设着手,深化国际合作,推进技术、人才、资金等资源互动,培育一批具有国际竞争力的企业和一批海外年轻用户喜爱的产品。在国际合作方面,还要深化数字文化产业"一带一路"国际合作,打造交流合作平台,向"一带一路"国家和地区提供数字化服务,合作开发数字化产

---

① 《关于暂免征收国家电影事业发展专项资金政策的公告》,中华人民共和国财政部网站,http://szs.mof.gov.cn/zhencefabu/202005/t20200514_3513564.htm。
② 《关于促进科幻电影发展的若干意见》,国家电影局网站,http://www.chinafilm.gov.cn/chinafilm/contents/141/2382.shtml。

品。同时鼓励企业通过电子商务、项目合作、海外并购、设立分支机构等方式开拓国际市场。①

二 疫情影响之下进口电影票房和占比下降

(一)进口电影多项指标下滑明显

疫情影响下,2020年中国进口电影无论是数量还是票房收入都与2019年相比有较大幅度下降。根据猫眼电影数据,2020年中国共进口电影117部,比2019年减少136部;进口电影票房总计33.24亿元,远低于2019年的230.71亿元,下降了85.6%。2020年进口电影票房占全国票房总额比重为16.3%,同比下降了19.6个百分点。2020年仅有8部进口电影票房过亿,较去年的43部减少了35部。其中票房最高的电影为《信条》,票房收入为4.56亿元,在全国票房总额的排名中居第11位,这与2019年有2部进口电影进入票房总额排行榜前10,最高票房收入为42.50亿元(《复仇者联盟4:终局之战》)的情况相比有明显下滑。

2020年进口电影中,北美电影依旧在数量和票房两方面保持绝对优势:电影数量一共有53部,达到进口电影总数的45.3%;总票房收入为24.78亿元,占进口电影总票房的74.5%,其中票房亿元以上的共7部,总票房为18.11亿元。与2019年相比,进口美国电影数量减少了32部,票房亿元以上的电影数量减少22部,但其依然在中国进口电影中保持绝对的领先地位。与2019年相同,在进口电影票房前10名中,除第7位的日本电影《数码宝贝:最后的进化》之外,其余全部是来自美国的电影。此外,中国还从英国、法国、德国、意大利等多个国家进口电影,表1列举了2020年中国进口电影来源制片地区及其他相关情况。

---

① 《文化和旅游部关于推动数字文化产业高质量发展的意见》,中华人民共和国文化和旅游部网站,http://zwgk.mct.gov.cn/zfxxgkml/zcfg/zcjd/202012/t20201205_915493.html。

表 1　2020 年中国进口电影来源制片地区及其他相关情况

单位：亿元，部

国别	总数量	票房过亿电影数量	总票房	票房过亿电影与去年相比数量变化
美国	53	7	18.11	-22
日本	18	1	3.38	-17
英国	16	0	1.31	-10
法国	9	0	0.07	23
德国	3	0	0	-17
印度	1	0	0	-11
俄罗斯	2	0	0.22	-9
泰国	1	0	0	-5
西班牙	4	0	0	-2
意大利	4	0	0.94	0
土耳其	1	0	0.18	1

资料来源：根据猫眼电影数据整理。

（二）进口分账片票房下降较大

2020 年中国共进口分账片 22 部，总票房为 21.92 亿元，占进口电影总票房的 65.9%。与 2019 年相比其数量减少 18 部，总票房下降了 89%。2020 年进口的 22 部分账片全部来自美国。其中有 7 部电影票房过亿，全部为美国六大制作公司的大制作影片。它们分别是《信条》（4.56 亿元）、《疯狂原始人 2》（3.48 亿元）、《心灵奇旅》（3.24 亿元）、《花木兰》（2.78 亿元）、《神奇女侠 1984》（1.66 亿元）、《多力特的奇幻冒险》（1.36 亿元）、《变身特工》（1.03 亿元）。其中票房最多的为《信条》，票房为 4.56 亿元，在全国票房总额的排名中居第 11 位。全国票房总额排名前 20 的影片中，分账片有 3 部，分别是《信条》（第 11 位）、《疯狂原始人 2》（第 15 位）、《花木兰》（第 19 位）。

（三）进口好莱坞"大片"吸引力持续走低

2020 年中国电影票房排行榜中前 10 名全部为国产影片，而票房最高的进口电影是《信条》，排名仅第 11 位。这也是自 1994 年以来，中国电影史上第一次出现年度票房排名前 10 的电影中没有进口片的情况。近年来，进

口电影票房占比持续下降,从2017年的46.2%下降到2019年的35.9%,2020年又迅速下降到17.1%,其中既有疫情短期冲击的原因,同时也有部分是长期趋势的表现。

首先是疫情的短期冲击影响。疫情导致不少进口电影出现国内外影院档期错位、院网上映档期错位等之前从未遇到过的问题。比如多部2020年1~3月海外公映的好莱坞影片,由于国内同期疫情的原因无法在国内同步或准同步上映,而是到了7月复工之后才陆续获得内地公映机会,延迟上映造成其票房流失。一些获得同步上映机会的好莱坞大片也出现院网上映档期错位的问题。比如一直被寄予厚望的迪士尼中国故事大电影《花木兰》在中国内地影院上映之前一周就通过迪士尼+在全球网络平台公映,虽然给迪士尼+带来了较大幅度的会员增量,但是也导致了剧情提前泄露,影响影片口碑,部分导致其国内票房成绩并不理想。此外,疫情也导致一些大投资电影在综合考虑全球市场规模之后决定更改档期,比如原本预计2020年公映的《007:无暇赴死》《速度与激情9》《黑寡妇》《哥斯拉大战金刚》《永恒族》等大制作电影纷纷选择撤档,并将档期改至2021年。通过对2020年中国上映的进口分账电影预算与2019年的情况进行比较(见表2),会发现2020年大预算电影数量明显下降,预算最大的《信条》为2.05亿美元,而2019年的《复仇者联盟4:终局之战》预算高达3.56亿美元;在2020年中国上映的进口分账电影中,预算达到或超过1亿美元的电影为13部,数量占比为59.1%,而2019年为25部,数量占比为69.4%。从经验来看,大预算电影数量及占比下降也是进口电影票房占比下降的原因之一。

表2 2019年与2020年中国进口分账电影预算情况

单位:亿美元

序号	2019年		2020年	
	片名	预算	片名	预算
1	《复仇者联盟4:终局之战》	3.56	《信条》	2.05
2	《星球大战9:天行者崛起》	2.75	《心灵奇旅》	2.00
3	《狮子王》	2.60	《神奇女侠1984》	2.00

续表

序号	2019 年		2020 年	
	片名	预算	片名	预算
4	《X 战警:黑凤凰》	2.00	《花木兰》	2.00
5	《玩具总动员 4》	2.00	《寻梦环游记》	1.75
6	《速度与激情:特别行动》	2.00	《多力特的奇幻冒险》	1.75
7	《沉睡魔咒 2》	1.85	《1/2 的魔法》	1.75
8	《终结者:黑暗命运》	1.85	《星际穿越》	1.65
9	《阿拉丁》	1.83	《盗梦空间》	1.60
10	《阿丽塔:战斗天使》	1.70	《隐形人》	1.50
11	《小飞象》	1.70	《野性的呼唤》	1.35
12	《哥斯拉 2:怪兽之王》	1.70	《哈利·波特与魔法石》	1.25
13	《惊奇队长》	1.60	《变身特工》	1.00
14	《蜘蛛侠:英雄远征》	1.60	《极速车王》	0.976
15	《大侦探皮卡丘》	1.50	《魔法精灵 2》	0.9
16	《冰雪奇缘 2》	1.50	《绝地战警:疾速追击》	0.9
17	《双子杀手》	1.38	《刺猬索尼克》	0.85
18	《大黄蜂》	1.35	《疯狂原始人 2》	0.65
19	《驯龙高手 3》	1.29	《理查德·朱维尔的哀歌》	0.45
20	《勇敢者游戏 2:再战巅峰》	1.25	《喋血战士》	0.45
21	《死侍 2:我爱我家》	1.10	《小妇人》	0.4
22	《黑衣人:全球追缉》	1.10	《乔乔的异想世界》	0.14
23	《掠食城市》	1.00		
24	《雷霆沙赞》	1.00		
25	《决战中途岛》	1.00		
26	《乐高大电影 2》	0.99		
27	《神奇乐园历险记》	0.9		
28	《爱宠大机密 2》	0.8		
29	《愤怒的小鸟 2》	0.65		
30	《波西米亚狂想曲》	0.52		
31	《骡子》	0.5		
32	《霹雳娇娃》	0.48		
33	《昨日奇迹》	0.26		
34	《巨鳄风暴》	0.135		
35	《唐顿庄园》	0.13		
36	《密室逃生》	0.09		

资料来源:根据 imdb.com 上的数据整理。

其次，从中长期来看，好莱坞"大片"在中国的相对吸引力也在逐渐下降。中国电影市场进入"增速放缓"的高质量发展阶段，进口电影与国产电影之间的相互"挤出效应"正在逐渐显现，而且国产电影的优势正在不断显现。其中一个很重要的原因是中国观众——尤其是一线二线城市的电影观众——的年均观影次数在增加。虽然从全国来看，中国观众年人均观影次数只有1.23次，远低于北美观众的3.59次和韩国观众的4.24次，① 但是一线二线城市的电影观众的观影次数已经较高。2018年一线城市已高达4.2次，接近国际第一梯队；二线城市为2.4次，也是两倍于全国均值；而一线二线城市票房就占全国票房总额的60%以上②。随着人们进入影院观影的频率越来越高，人们对于影片类型的需求也更加多样化，而并不再局限于好莱坞"大片"式的那种强调视觉效果的大预算电影。近年来，好莱坞大制作电影在国内的票房下降很快，在票房排行榜前10名中的数量逐渐减少，票房占比也迅速下降，2020年中国电影票房排行榜前10名中甚至没有任何进口电影（见表3）。

表3 2017~2020年中国电影票房排行前10名的电影

排名	2017年		2018年		2019年		2020年	
	片名	国产/进口	片名	国产/进口	片名	国产/进口	片名	国产/进口
1	《战狼2》	国产	《红海行动》	国产	《哪吒之魔童降世》	国产	《八佰》	国产
2	《速度与激情8》	进口	《唐人街探案2》	国产	《流浪地球》	国产	《我和我的家乡》	国产
3	《羞羞的铁拳》	国产	《我不是药神》	国产	《复仇者联盟4:终局之战》	进口	《姜子牙》	国产
4	《功夫瑜伽》	国产	《西虹市首富》	国产	《我和我的祖国》	国产	《金刚川》	国产

① 《"2019中国电影产业研究报告"发布，年人均观影1.23次远不及北美》，搜狐网，https://www.sohu.com/a/322030887_114733。
② 2019年，一线城市票房占比20.1%；二线城市票房占比40.8%，两者相加达到60.9%；见刘汉文、陆佳佳《2019年中国电影产业发展分析报告》，《当代电影》2020年第2期。

续表

排名	2017年		2018年		2019年		2020年	
	片名	国产/进口	片名	国产/进口	片名	国产/进口	片名	国产/进口
5	《西游伏妖篇》	国产	《复仇者联盟3：无限战争》	进口	《中国机长》	国产	《夺冠》	国产
6	《变形金刚5：最后的骑士》	进口	《捉妖记2》	国产	《疯狂的外星人》	国产	《拆弹专家2》	国产
7	《摔跤吧！爸爸》	进口	《毒液：致命守护者》	进口	《飞驰人生》	国产	《除暴》	国产
8	《芳华》	国产	《海王》	进口	《烈火英雄》	国产	《宠爱》	国产
9	《加勒比海盗5：死无对证》	进口	《侏罗纪世界2》	进口	《少年的你》	国产	《我在时间尽头等你》	国产
10	《金刚：骷髅岛》	进口	《前任3：再见前任》	国产	《速度与激情：特别行动》	进口	《误杀》	国产
前10名中进口电影数量（部）	5		4		2		0	
前10名中进口电影票房占比（%）	38.63		32.02		19.88		0	

资料来源：猫眼电影数据。

（四）"批片"继续为增加电影市场多样性做出重要贡献

疫情影响之下，2020年中国上映的进口"批片"数量也大幅减少（见表4），只有43部，是2019年的一半。但是"批片"在增加电影市场供给多样性方面继续发挥重要作用。2020年的"批片"使中国观众有机会在影院中看到土耳其、意大利、俄罗斯、马来西亚、巴基斯坦、哥伦比亚、爱尔兰、塔吉克斯坦等国家出口的"小语种"电影。2020年日本连续第2年超过美国成为中国"批片"第一大来源国，其"批片"数量占总量的1/4以上。

表4 2020年中国内地进口"批片"来源地区及票房分布情况

单位：部，元

国家	电影数量	票房总额
日本	11	2.89亿
美国	7	2.24亿
英国	5	1.31亿
法国	5	802万
意大利	4	9421万
中国香港	2	105万
加拿大	1	7620万
德国	1	3342万
土耳其	1	1792万
俄罗斯	1	1188万
马来西亚	1	338万
爱尔兰	1	72万
塔吉克斯坦	1	10万
巴基斯坦	1	146万
哥伦比亚	1	141万
总计	43	8.9377亿

资料来源：根据灯塔专业版数据整理。

三 疫情影响下的中国电影票房规模扩大及国际影响力提升

（一）中国电影票房规模跃居全球第一，中国电影位次在全球电影票房排行榜上迅速上升，但电影放映地区数仍然有限

在疫情冲击之下，2020年全球电影市场惨淡，而中国由于相对较好地对疫情进行了控制，成为支撑全球电影市场的最重要力量。北美电影市场票房规模从2019年的113.2亿美元直线下降到2020年的22亿美元，同比下降了80.6%。① 2020年全球票房为120亿美元，同比锐减72%；而中国则

---

① 参见Box Office Mojo by IMDbPro网站，https://www.boxofficemojo.com/year/? ref_ = bo_nb_di_secondarytab，最后访问日期：2021年2月26日。

成为全球最大的票房市场,2020年全年票房为30亿美元①,占全球票房总额的比重高达25%②。

中国提前成为全球电影最大的票仓,也带动中国电影位次在全球电影票房排行榜上继续提升。2019年全球电影票房排行榜前20名中华语电影有4部,2020年则增加为8部;2019年国产电影票房冠军《哪吒之魔童降世》只排在全球票房排行榜的第12名,但是2020年全球电影票房前10名中国产电影就有4部,国产电影票房冠军《八佰》更是以4.61亿美元的票房成绩成为冠军(见表5、表6)。

虽然华语电影的票房成绩在全球电影市场中十分突出,但是从放映地区数看,华语电影在全球影院中的影响力仍然比较有限:2020年位于全球票房排行榜前10名的4部中国电影中,没有1部的放映地区数超过10个;放映地区数最多的《八佰》也只有9个,而其他3部则都在5个或5个以下,这种情况与2019年相比没有什么大的变化。放映地区数少一方面可能是因为疫情的突袭而至导致全球多地影院关闭,但另一方面也说明中国电影在传统影院领域的影响力仍然有限。与之形成鲜明对比的是美国电影,虽然总票房成绩不如中国电影,但是放映地区数则比中国多得多,比如《绝地战警:疾速追击》放映地区数高达81个,放映地区数最少的《疯狂原始人2》也达到11个,即使是在全球多地影院遭遇疫情冲击而关闭的情况下也是如此(见表5)。

表5 2020年全球电影票房排行前20位的电影

单位:美元,个

排名	片名	制片地区	全球票房	上映地区数
1	《八佰》	中国内地	461339528	9
2	《绝地战警:疾速追击》	美国	426505244	81
3	《我和我的家乡》	中国内地	422390820	4
4	《鬼灭之刃 剧场版 无限列车篇》	日本	352796561	4

---

① 《国家电影局发布数据:2020年全国电影市场票房204.17亿元》,网易网站,https://www.163.com/dy/article/FVC345840S17DKB7.html,最后访问日期:2021年3月9日。

② 参见"2020 Theme Report",https://www.motionpictures.org/wp-content/uploads/2021/03/MPA-2020-THEME-Report.pdf,最后访问日期:2021年3月22日。

续表

排名	片名	制片地区	全球票房	上映地区数
5	《信条》	美国	363129000	37
6	《刺猬索尼克》	加拿大	319715683	57
7	《多力特的奇幻冒险》	美国	245295766	68
8	《姜子牙》	中国内地	240655522	5
9	《猛禽小队和哈莉·奎茵》	美国	201858461	44
10	《送你一朵小红花》	中国内地	182800000	1
11	《拆弹专家2》	中国内地	163575776	5
12	《金刚川》	中国内地	161047608	2
13	《神奇女侠1984》	美国	148000000	27
14	《隐形人》	加拿大	143151000	70
15	《1/2 的魔法》	美国	141951092	53
16	《疯狂原始人2》	美国	139797455	11
17	《野性的呼唤》	美国	110954519	53
18	《温暖的抱抱》	中国内地	103799872	3
19	《除暴》	中国香港/中国内地	80542950	3
20	《心灵奇旅》	美国	71200000	17

表6 2019年全球电影票房排行前20位的电影

单位：美元，个

排名	片名	制片地区	全球票房	上映地区数
1	《复仇者联盟4:终局之战》	美国	2797800564	57
2	《狮子王》	美国	1656943394	56
3	《冰雪奇缘2》	美国	1450026933	55
4	《蜘蛛侠:英雄远征》	美国	1131927996	75
5	《惊奇队长》	美国	1128274794	56
6	《小丑》	美国	1074251311	44
7	《星球大战9:天行者崛起》	美国	1074144248	54
8	《玩具总动员4》	美国	1073394593	56
9	《阿拉丁》	美国	1050693953	56
10	《勇敢者游戏2:再战巅峰》	美国	800059707	75
11	《速度与激情:特别行动》	美国	759056935	56
12	《哪吒之魔童降世》	中国内地	726063471	6
13	《流浪地球》	中国内地	699856699	6
14	《驯龙高手3》	美国	521799505	67
15	《沉睡魔咒2》	美国	491730089	55

续表

排名	片名	制片地区	全球票房	上映地区数
16	《小丑回魂2》	美国	473093228	43
17	《大侦探皮卡丘》	美国	433005346	47
18	《爱宠大机密》	美国	430051293	67
19	《中国机长》	中国内地	416953262	3
20	《我和我的祖国》	中国内地	405979670	6

资料来源：www.boxofficemojo.com。

（二）多部中国电影入围或获得国际电影大奖引发关注

在国际电影节获奖一直是中国电影引起国际关注的最重要渠道之一，2020年又有若干华语电影入围或获得国际知名电影节奖项。《七人乐队》和《野马分鬃》入围第73届戛纳电影节官方片单。中国台湾导演蔡明亮的作品《日子》获得第70届柏林国际电影节泰迪熊评审团奖以及金熊奖提名，还获得第68届圣塞巴斯蒂安国际电影节开放电影大奖提名。中国导演赵婷的英语电影作品《无依之地》获得第77届威尼斯电影节金狮奖，还获得第45届多伦多国际电影节人民选择奖、第68届圣塞巴斯蒂安国际电影节观众选择奖第三名、第21届美国电影学会奖年度佳片、第23届英国独立电影奖最佳国际独立电影。华人导演许鞍华获得第77届威尼斯电影节终身成就金狮奖，她也成为全球首位荣获该奖项的女性导演。王晶导演、贾樟柯监制的《不止不休》则获得第77届威尼斯电影节地平线单元最佳影片奖提名，这部电影同时还获得第45届多伦多国际电影节发现单元最佳影片奖提名。范帆编剧和导演的《杀死大明星》获得第77届威尼斯国际电影节最佳VR故事片大奖，也是中国大陆首部在国际A级电影节获奖的VR作品。李冬梅导演的《妈妈和七天的时间》获得第77届威尼斯国际电影节欧洲电影联盟奖—威尼斯日最佳影片提名。导演董性以凭借作品《歌声缘何慢半拍》获得第68届圣塞巴斯蒂安国际电影节最佳新导演提名。导演周子阳的《乌海》获得第68届圣塞巴斯蒂安国际电影节费比西国际影评人奖。导演郑陆心源的电影《她房间里的云》获得第49届鹿特丹国际电影节老虎奖,还获得第44届香港国际电影节新秀电影竞赛火鸟大奖。导演周洲的电影《花这样红》获得第49届鹿特丹国际电影节国际影评人费比西奖。

(三)中国资本积极参与全球电影拍摄

2020年,中国电影企业依旧积极参与拍摄外国电影,与美国、加拿大、英国、澳大利亚等国家进行电影的合作拍摄。表7列举了2020年中国企业参与国际电影拍摄的相关情况。

表7 2020年中国公司参与拍摄英语电影情况

单位:个

英文名	中文名	中国公司	合拍国	上映地区数
Dolittle	《多力特的奇幻冒险》	完美世界影视	美国、英国	68
Police	《警察》	博纳影业	法国、比利时	9
Brahms: The Boy II	《灵偶契约2》	华谊兄弟传媒	美国、加拿大、澳大利亚	39
All My Life	《我的一生》	完美世界影视	美国	8
Over the Moon	《飞奔去月球》	东方梦工厂	美国	22
News of the World	《世界新闻》	完美世界影视	美国	28
Greyhound	《灰猎犬号》	正夫影业	美国、加拿大	18
Monster Hunter	《怪物猎人》	腾讯影业	美国、德国、日本	29
The Secret Garden	《秘密花园》	博纳影业	英国、法国、美国	26
The Photograph	《爱之情照》	完美世界影视	美国	15

资料来源:根据imdb.com上的数据整理。

(四)中国电影人继续出现在国际电影制作中

中国电影票房占全球票房总额的比重的提升也推动中国和华裔电影人出现在国际电影的制作中,如迪士尼真人电影《花木兰》于2020年9月在全球上映①,采用全亚裔制作班底,电影中有刘亦菲、巩俐、李连杰、甄子丹

---

① 这部电影于2020年9月4日在美国通过网络在线上映,9月11日在中国大陆影院上映。

等众多华人演员。中国故事继续受到全球电影制片方的关注,如美国流媒体平台网飞(Netflix)宣布投资拍摄中国四大名著之一的《水浒传》。亚裔元素也继续受到全球制片方的重视,如迪士尼拍摄的亚裔元素动画电影《寻龙传说》将于2021年在全球上映。

四 中国电影业的高质量发展

(一)高质量发展的中国电影市场:全球存量市场的"主要增量"与本地市场效应显现

自2016年以来,中国电影市场和产业进入高质量发展阶段。[①] 虽然与之前相比,电影票房增长放缓,但是放在全球市场范围内来看,中国电影市场依然具备非常突出的优势。

首先,中国市场持续成为全球电影票房这个"存量市场"上的主要增量,促使中国观众的需求偏好在影院领域受到最大重视。全球电影总收入渠道大致可分为影院、实体影碟和数字媒体3个部分。其中影院渠道代表的是传统的"存量市场",近年来其整体增速较慢。而这个传统"存量市场"的最主要增量就来自中国。如果剔除中国市场的增量,全球影院票房则是一个增长非常缓慢甚至下降的局面。从2013年到2019年,中国之外地区的票房只增长了1.9%,而同期中国票房增长率高达158.3%(见图1);中国电影票房增量占全球票房增量的比重多数年份都超过70%,在比重最高的2014年甚至达到240%[②]。与此同时,中国电影票房规模占全球票房的比重已经超过22%,2020年更是达到了25%。在这种情况下,中国成为全球电影竞相争夺的市场空间,这就进一步导致了两个结果。

---

① 罗立彬、廖麟玉、宋晋冀:《中国电影对外贸易发展报告(2020)》,载李嘉珊主编《中国国际文化贸易发展报告(2020)》,社会科学文献出版社,2020。
② 江小涓、罗立彬:《网络时代的服务全球化——新引擎、加速度和大国竞争力》,《中国社会科学》2019年第2期。

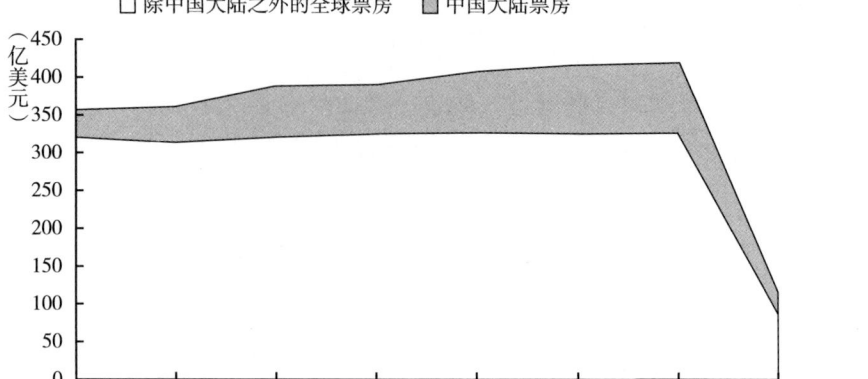

图 1　2013～2020 年全球电影票房情况

资料来源：根据 https：//www.motionpictures.org/ 上各年的 Theme Report 的数据整理。

一是中国文化元素成为全世界电影的重要投入要素。以全球市场为目标市场的好莱坞电影中的中国元素和或者亚裔元素持续出现；各大电影公司都推出与中国故事有关的电影，比如迪士尼的《花木兰》、漫威的《尚气》、网飞筹拍《水浒传》等就是证明。中国文化元素也伴随着这些电影的全球发行而传播到全球各地。二是中国电影在国内市场竞争中的优势逐步显露出来，国产电影的票房份额逐年提高。随着中国观众年人均观影次数逐渐提升，尤其是一、二线城市观众年人均观影次数已经接近甚至超过部分发达国家，以及国产电影质量的迅速提升，主打视觉效果的好莱坞"大片"在中国大陆市场的吸引力正在迅速下降，国产电影正在既迅速又平稳地"收复"曾经被好莱坞"大片"占据的国内市场份额。再加上中国国内市场体量本身就很大，所以票房成绩好的国产电影更加容易在国际上产生影响。当下中国电影海外上映地区数量虽然总体仍然比较少，但是正在稳步的提升，与此同时巨大的国内市场支撑了电影质量的提升并使国产电影形成了国际竞争力，这种"本地市场效应"正在逐渐显现。

(二)疫情冲击下中国成为第一大票仓,有利于国产电影的全球发行

疫情虽然使得中国电影市场总体规模下降,但却使其在全球中的比重提高了近3个百分点,并成为全球第一大票仓。这会带来如下几个重要影响:

首先,中国电影的位次在全球年度电影票房排行榜上迅速提升,有利于提升头部影片的全球知名度和影响力。如果一部国产电影在国内获得了非常高的票房成绩,就更加容易引起国外市场的关注,这对于电影的海外分销将产生有利影响。其次,当前状况更有利于中国电影充分发挥经济属性的优势特征,加强国产电影的海外发行。电影重要的经济特征是"规模经济效应明显""边际成本极低"。如果一部电影可以在国内收回成本,就很有利于其在国外发行。而从当前疫情冲击下的全球电影市场环境来看,最有可能在国内收回成本的电影就是中国电影。这是因为从目前情况来看,疫情防控状况已使得中国电影市场恢复了。

此外,疫情影响下全球票房规模下降,使得一些超大预算的全球性电影无法在影院上映,这有利于改善中国电影在全球影院的竞争状况。全球票房下降使其可以支撑的电影预算规模也下降,一些超大预算电影此时在影院上映将导致其回收成本的风险加大。图2给出了自2004年以来各年全球电影总票房与冠军电影的票房成绩,可以看到两者之间有较为明显的正相关关系。特别是2020年,当疫情影响下的全球票房规模大幅度缩水时,冠军电影的票房也出现巨大下滑。这说明此时一些超大规模预算的国际"大片"在选择影院上映档期的时候会非常谨慎。对于已经拍摄完成的超大投资的电影来说,其在可能的情况下会推迟档期。① 这就使得中国电影在全球发行的时候,具备一个更好的竞争环境。尤其是以视觉效果为主要"卖点"的国产"大片"以及一些国产动画片,由于不太容易与投资额更大的原本以全球市场为目标市场的国际"大片"产生竞争,反而有可能获得进入全球影院市场的更好机会。

---

① 事实上,疫情开始之后,已经有多部好莱坞"大片"的上映档期多次推迟。

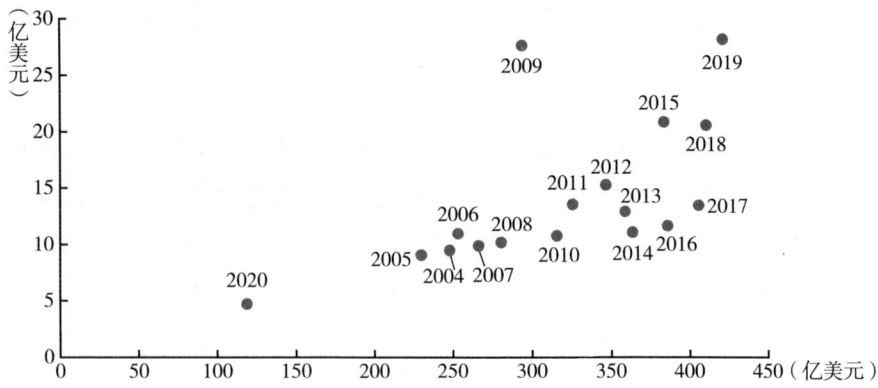

图 2　2004~2020 年全球电影总票房与单片冠军电影票房

注：①从图中可见，除 2009 年之外，其他年份的全球电影总票房与冠军票房之间呈现非常明显的正相关关系。

②2020 年全球电影票房从 2019 年的 422 亿美元下降到 120 亿美元，冠军电影票房也从 27.98 亿美元下降到 4.61 亿美元。

资料来源：www.boxofficemojo.com 和 www.motionpictures.org。

（三）全球数字流媒体市场高速增长，作为最主要渠道的地位更加稳固，应得到足够重视

从全分销渠道来看，2020 年，数字流媒体平台不仅是全球电影市场主要增量的主渠道，也已经成为分销渠道的主流，而且仍在保持较高的增速，特别是 2020 年在疫情的冲击之下增长速度尤其明显。2019 年数字流媒体平台已经成为所有三种渠道（影院、实体影碟和数字媒体）中收入占比最高的渠道，比重达到 48%；2020 年则又同比增长了 31%，部分抵消了全球影院票房的损失，也使数字媒体整体收入占比迅速提高了 28.5 个百分点，达到 76.5%①，正式成为三种渠道中的最主要渠道。

数字流媒体带来的增量市场对于中文电影这种目前仍然相对"小众"

---

① 参见 "2020 Theme Report"，https://www.motionpictures.org/wp-content/uploads/2021/03/MPA-2020-THEME-Report.pdf，最后访问日期：2021 年 4 月 4 日。

的电影来说重要性毋庸置疑，① 应得到充分重视。首先，对于电影这种规模经济效应和网络外部性很强的文化产品来说，增量市场是容纳更多多样性的主要市场空间。相对而言，增长已经非常缓慢的传统影院领域属于"存量市场"，竞争格局已经非常稳定，中国电影希望通过"存量替代"的方式获得成功可以说是难上加难。其次，流媒体平台有提供更多多样性的能力。一方面，流媒体平台"范围经济"效应非常显著，具备不断增加产品多样性的能力，这可以增加其与其他渠道竞争过程中的优势。一个典型案例就是"诺莱坞"电影。"诺莱坞"电影是尼日利亚电影，这些原本只在非洲地区流行的低成本电影，却也可以在网飞平台上出现，② 从而有机会被全世界观众看到，就是因为平台本身具备不断增加多样性产品的能力。另一方面，流媒体平台也正在与制片方以及传统影院进行竞争，其既希望将业务延伸到电影制作领域以增加影响力，也希望提供一些影院中无法大范围上映但是比较优质的电影，从而在与影院竞争中获得优势。由于流媒体与传统制片方存在竞争关系，一些制片方开始拒绝将他们在影院中放映的"大片"给流媒体放映，这可以说是为其他制片方——比如中国的制片方的电影登陆流媒体平台提供了非常好的机会。再次，中国电影目前仍然处在培育国外市场的阶段，此时应该重视到达国外观众的机会。中国电影在无法大范围进入国外影院的情况下，如果可以在多家流媒体平台同时上映，并配以适当的宣传，也会形成较好的影响力。尤其是在疫情发生后，流媒体平台更可能成为观影的主渠道，中国电影应该抓住这个机会。

---

① 虽然中文文化市场规模近年来迅速增长，但是和英语文化市场相比，中文文化市场目前仍然"相对小众"。如2019年中国电影票房占全球比重高达22.04%，但是如果剔除进口电影票房，纯国产电影票房占全球比重仅为14.1%，而且几乎全部产生于中国大陆地区，2012年以来所有在全球电影票房排行榜中获得出色成绩的中国电影，中国大陆票房所占比重都超过95%。参见罗立彬《网络与数字空间驱动下文化市场增量与中国文化影响力提升》，《学术论坛》2021年第1期。

② 网飞平台上至少有17部由尼日利亚制作的"诺莱坞"电影。

B.5 中国图书版权对外贸易发展报告(2021)

孙俊新　卢映庐*

摘　要： 本报告主要基于2010~2019年的数据重点分析了新冠肺炎疫情前后图书版权对外贸易的特征、机遇与挑战，并据此提出对策建议。整体而言，图书贸易稳步发展，国际竞争力逐步提升；图书版权对外贸易逆差不断缩小，结构不断优化；疫情加速了出版的数字化转型，并影响了读者的阅读习惯；图书版权对外贸易的政策利好，展会在图书版权对外贸易中发挥了重要的平台作用。对标国际标准，回应时代发展要求，出版业有必要重视和发展专业出版，增强服务属性，强化出版和技术的深度融合，延长价值链，促进图书出版对外贸易提质增效。

关键词： 图书版权　版权贸易　数字出版　服务贸易

一　现状分析

文化贸易分为文化产品贸易和文化服务贸易，具体到出版领域，图书贸易对应于产品贸易，包括图书出口和图书进口；版权贸易属于服务贸易，包括版权输出和版权输入。出版一直被视为文化产业发展的基础和源头，为其他文

---

* 孙俊新，博士，北京第二外国语学院经济学院教授，首都国际服务贸易与文化贸易研究基地研究员，研究方向为国际文化贸易与投资、国际服务贸易与投资；卢映庐，北京第二外国语学院国际商务专业2020级硕士研究生，研究方向为创意经济与文化贸易。本报告得到国家社科基金青年项目（项目编号：20CJL013）的资助。

部门的发展提供了重要的内容和创意,也因此无论是图书贸易还是版权贸易,各文化部门都非常重视,政策支持体系不断完善,贸易的规模和市场化程度不断提升,特别是面对疫情的冲击,各出版主体主动作为,不断创新贸易方式、拓宽贸易渠道和增加贸易对象,带动出版贸易呈现新的发展特征。

(一)图书贸易规模稳中有升,国际竞争力稳步提升

1. 中国图书进口规模和占比双增长

中国图书进口数量和进口金额双增长(见图1)。在图书进口数量方面,2019年中国图书进口3139.18万册,相较于2010年增长452.12%。在图书进口金额方面,2019年达到24174.74万美元,相较于2010年增长157.12%。

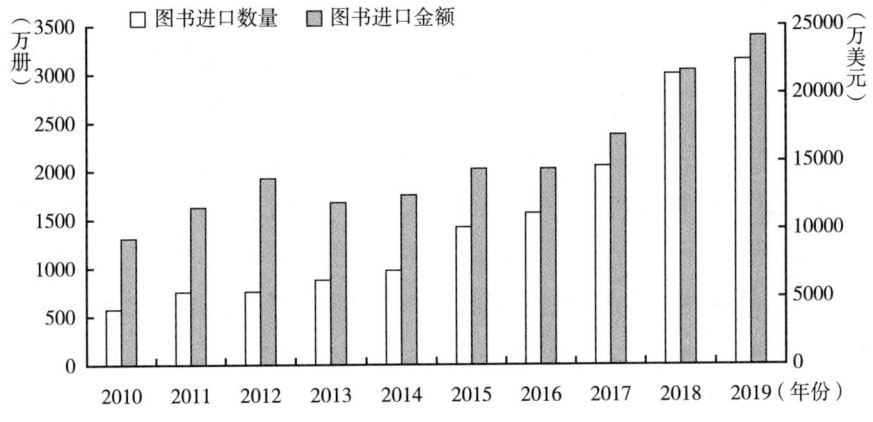

图1 2010~2019年中国图书进口数量及进口金额

资料来源:《中国统计年鉴2020》。

图书进口数量和进口金额在中国出版物总进口中占比均上升(见图2)。中国出版物进口包括图书、期刊、报纸与音像、电子出版物四类,而2017~2019年图书进口规模明显上升。从进口数量来看,2019年图书进口数量占所有出版物进口数量的比重达到74.43%,相比2010年上升约55个百分点。从进口金额来看,2019年图书进口金额占所有出版物进口金额的比重达到30.33%,相比2010年上升约5.2个百分点。图书连续多年超过报纸成为最主要的进口出版物。

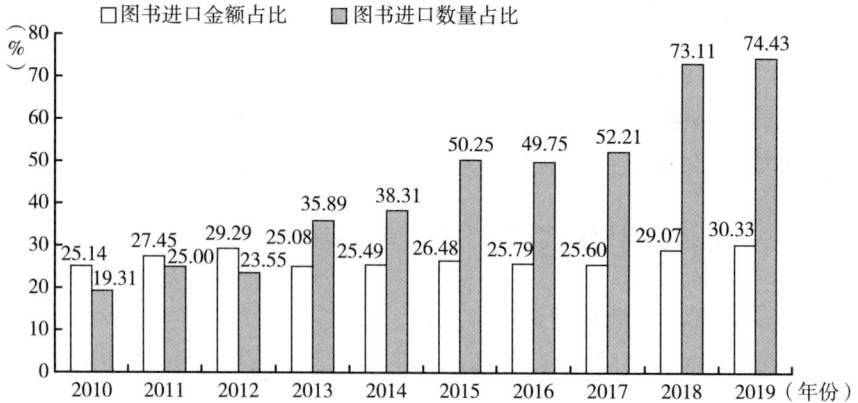

图 2　2010~2019 年中国图书在出版物进口数量和进口金额中的占比

资料来源：笔者根据《中国统计年鉴 2020》数据计算得到。

中国图书进口的增长是近年来中国进口，特别是文化产品进口增长的一个缩影。全球金融危机后，贸易保护主义等逆全球化思潮蔓延，特别是新冠肺炎疫情冲击下，全球贸易萎缩。在此背景下，中国主动承担国际责任，同世界各国共享发展机遇，进口规模逐年扩大，成为世界第二大产品进口国，年进口金额占比已在全球 10% 以上，并已经成功举办四届中国国际进口博览会。中国图书进口的增长是可持续的，这不仅缘于中国未来将继续扩大文化领域对外开放的努力，也缘于中国庞大的国内消费市场，可以预见中国图书进口将在未来一段时间继续保持高位运行。

2. 中国图书出口竞争力有所提升

中国图书出口单价上升。《中国统计年鉴 2020》提供了历年中国图书出口数量和出口金额，2019 年图书出口数量为 1134.37 万册，相较于 2010 年增长 60.40%；2019 年图书出口金额为 5521.35 万美元，相较于 2010 年增长 70.83%（见图 3）。以图书出口金额除以图书出口数量可以得出中国图书出口单价，2017 年、2018 年和 2019 年图书出口单价分别为 4.43 美元、4.76 美元和 4.87 美元（见图 4）。价格作为市场竞争力的一种反映，价格越高代表市场认可度越高，在出口规模保持基本稳定的同时，中国图书出口价格的上升不仅代表中国图书出口质量的上升，也代表世界各国对中国图书的认可。

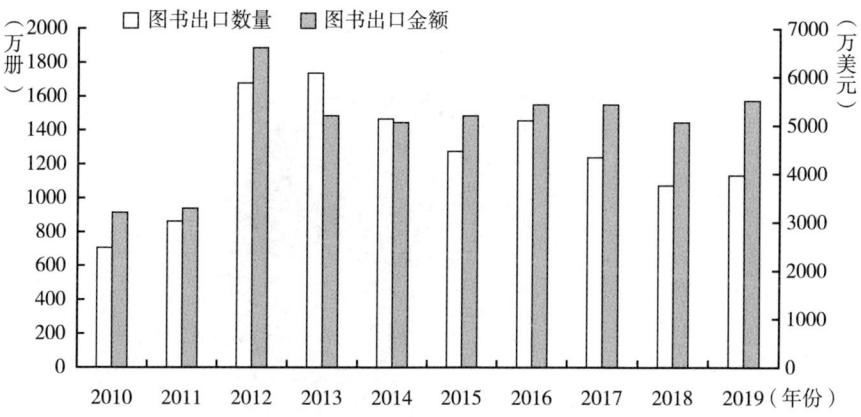

图 3　2010~2019 年中国图书出口数量及出口金额

资料来源：《中国统计年鉴 2020》。

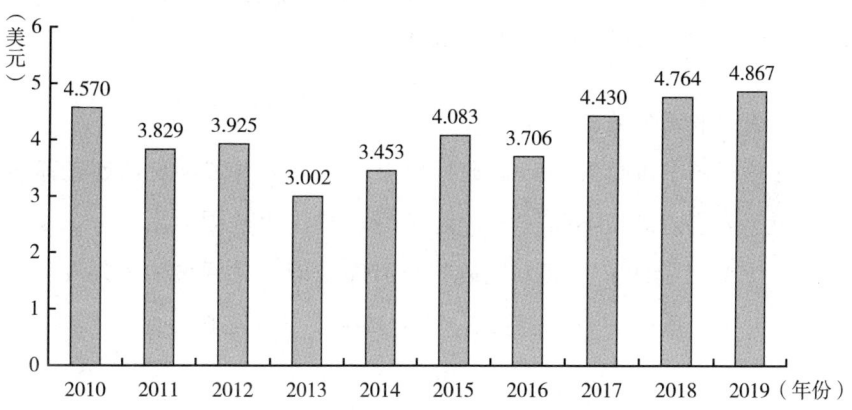

图 4　2010~2019 年中国图书出口单价

资料来源：笔者根据《中国统计年鉴 2020》数据计算得到。

少儿读物出口持续占据主导地位，学术类图书出口明显偏少（见图 5）。中国图书出口中占比最高的是少儿读物，2015~2019 年平均占比达 45%，自然、科学技术类占比最低，2015~2019 年平均占比仅 4%。究其原因，少儿读物主要具有通俗易懂、价格低廉、易于流通等特点，且拥有较小的文化折扣。这使得中国少儿读物备受海外消费者青睐，需求量较大，导致出口数量逐年快速增长。

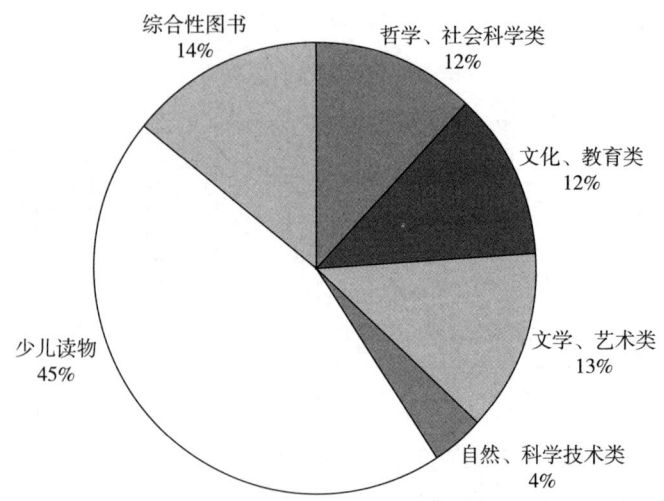

图5　2015~2019年各类图书出口数量在总数中的占比

资料来源:《中国统计年鉴2020》。

3.中国图书贸易逆差有所扩大

对比中国图书进口和出口的数据可以得出,图书贸易长期处于逆差状态,且近年来逆差规模不断扩大(见图6),这主要是因为图书进口规模的增加。考虑到"十四五"规划明确提出有序推动文化领域的对外开放,并

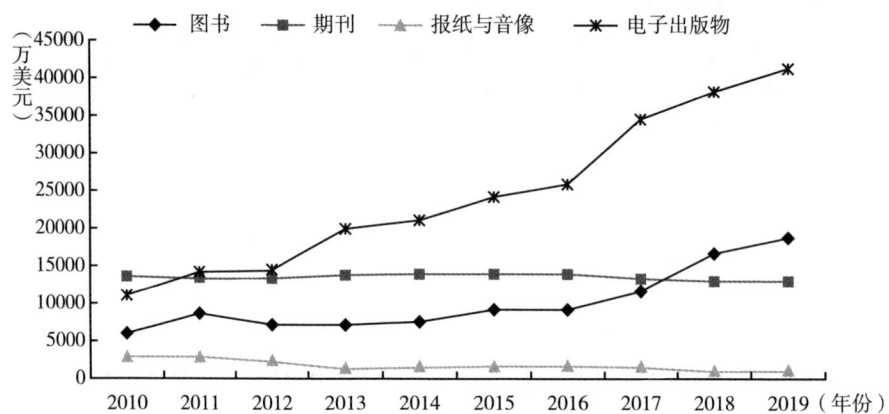

图6　2010~2019年图书、期刊、报纸与音像、电子出版物的贸易逆差额

资料来源:《中国统计年鉴2020》。

考虑中国图书市场的现有开放程度，未来几年中国图书贸易逆差仍可能继续存在，逆差规模的缩小必须依托中国图书出口规模的扩大。

（二）图书版权对外贸易逆差不断缩小，结构不断优化

1. 图书版权引进、输出双增长，贸易逆差有所缩小

近年来，中国图书版权引进数量保持基本稳定，输出数量稳步上升，图书版权引进、输出项数各自占版权引进、输出总项数的比重总体上都在上升（见表1）。图书版权对外贸易是一种知识产权的贸易，被认为比图书贸易更能反映一国出版业的国际竞争力，因此图书版权引进数量在2018～2019年的下降和输出的总体增长可以被视为中国图书贸易的一种进步，既保证了引入国外图书资源丰富国内文化市场，实现文明的交流互鉴，又缓和了行业的冲击，对中国出版市场主体竞争力的提升起到缓冲作用。

从引进输出比看，因为中国图书版权对外贸易起步晚，初始国际竞争力较弱，引进输出比过大，曾在2003年达到15.43∶1，此后伴随"中国图书对外推广计划"等重大出版工程项目的实施和出版业市场化程度的提升，引进输出比总体在下降，2019年为1.15∶1（见表1）。

表1　2011～2019年图书版权引进、输出情况

指标	2011年	2012年	2013年	2014年	2015年	2016年	2017年	2018年	2019年
图书版权引进（项）	14708	16115	16625	15542	15458	16587	17154	16071	15684
图书版权引进占比（%）	88.39	91.62	91.51	93.09	93.87	96.15	94.67	95.50	97.17
图书版权输出（项）	5922	7568	7305	8088	7998	8328	10670	10873	13680
图书版权输出占比（%）	76.09	80.81	70.23	78.58	76.38	74.80	77.23	85.09	86.76
引进输出比	2.48∶1	2.13∶1	2.28∶1	1.92∶1	1.93∶1	1.99∶1	1.61∶1	1.48∶1	1.15∶1

资料来源：笔者根据《中国统计年鉴2020》数据计算得到。

2. 图书版权对外贸易区域高度集中，输出内容结构不断优化

中国图书版权引进主要来自发达国家，其中美国是最主要的来源国，2019年引进美国的图书版权为4234项，占当年图书版权引进总项数的27.00%。中国图书版权输出主要面向周边国家和地区，并随着"一带一路"建设的深化，在其他共建"一带一路"国家赢得了更大的市场，表现为2019年中国输出到这些国家的图书版权7017项，占全年图书版权输出总项数的51.29%。因此，可以想见，中国图书版权对外贸易逆差主要来自发达国家，特别是美国和英国等传统出版强国。

在世界范围内，图书版权的主要输出国高度集中在发达国家，特别是以英语为母语的国家，因此这些国家的国内市场竞争也是最激烈的，其他国家的图书版权以市场化手段进入这些国家也被视为最困难的。可喜的是，越来越多反映中国治理、科技成果、社会风貌的图书开始在北美、欧洲的市场上市，如《习近平谈治国理政》《新型冠状病毒肺炎预防手册》等，向世界输出中国经验和中国方案，服务人类命运共同体建设和世界文明交流互鉴。

输出内容结构的改善也帮助中国出版进一步打开世界市场，特别是共建"一带一路"国家的市场。共建"一带一路"国家大多是发展中国家，开展包括图书版权在内的文化贸易的目的主要是促进经济增长，而中国治理和经济发展的经验、减贫抗疫的经验对这些国家的政府和人民有着强大的吸引力。类似内容的图书版权输出到共建"一带一路"国家将有助于增进其对当今中国的了解，拉近彼此的距离。需要注意的是，同这些国家的图书和版权贸易不宜存在大额顺差，而应尽量保持贸易平衡，在输出的同时增加输入，提升中国人民对共建"一带一路"国家的感情，培养熟悉对象国国情的人才，赋能中国经济社会的国际化发展，发挥出版对国民经济体系的综合带动作用。

（三）数字化转型加速，疫情影响阅读习惯

疫情前，数字出版已经呈现蓬勃发展的态势。2019年，中国数字出版

产业整体收入为9881.43亿元,比上年增长11.16%。① 图7显示了中国电子出版物版权引进、输出的情况,从一个侧面展现了这一时期中国数字出版贸易的发展。

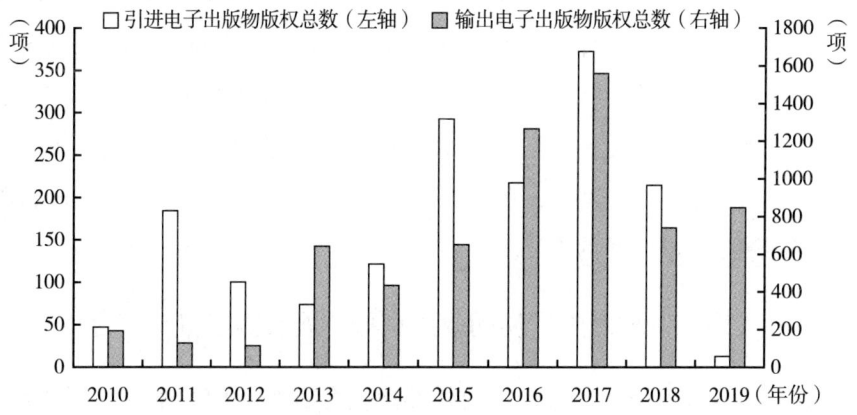

图7　2010~2019年中国引进与输出电子出版物版权总数

资料来源:《中国统计年鉴2020》。

疫情改变了人们的生活、工作方式,出版从业人员居家办公,图书印制延迟,书店大量停业,传统出版的编辑、印刷、流通渠道受到较大冲击。为此中国出版社迅速行动,加大了数字出版力度,如商务印书馆发布了"抗击疫情湖北方言通"小程序、中文在线搭建了防疫抗疫电子书平台、多家出版社涉足线上直播售书,为大众了解疫情动态、学习疫情防控知识以及全社会尽快走出危机提供了重要支持。

数字出版产业的发展为数字出版贸易夯实了基础。在2020年中国新闻出版研究院组织的"数字出版走出去"沙龙上,一批出版人讲述了所在单位布局的数字出版领域,在争议的国际环境中发出中国防疫抗疫声音的努力。2020年8月的北京国际图书博览会改为线上举办,以视频、直播、录播等线上线下相结合的方式开展各类图书宣传推介活动,并联合京东、快

---

① 中国新闻出版研究院中国数字出版产业年度报告课题组:《出版业融合发展效益初现:2019—2020年中国数字出版产业年度报告》,《中华读书报》2021年1月6日,第6版。

手、腾讯、搜狐等多家互联网平台进行同步推送。作为世界最大的图书展会，2020年法兰克福书展同样采取线上办展的方式，并认为线上线下办展将成为未来的新常态。

疫情防控时期人们的阅读习惯也在发生变化，表现在购书意愿增强、更加钟爱电子书、阅读时长增加等方面。受疫情影响，实体书店纷纷停止营业，但线上图书销售火热，2020年前三个月京东图书实现两位数的同比增长；在日本和德国，疫情防控时期20%以上的人增加了阅读。这些变化也为出版机构提供了一个契机，加速其数字化转型，并在商业活动限制取消后助力国际图书版权市场的恢复。

（四）图书版权对外贸易的政策利好，展会搭建贸易平台

政府政策为出版业营造良好的外部环境。2019年中共中央、国务院印发《关于强化知识产权保护的意见》，2020年修改后的《著作权法》公布并于2021年6月实施，适应时代发展需要、回应实践发展诉求，为新时代著作权及与著作权有关的权益的保障提供了依据。

数字出版作为出版业转型升级的重要方向，受到政府高度重视。作为数字创意产业的组成部分，数字出版已被纳入《战略性新兴产业分类（2018）》；"十四五"规划提出要加快发展数字出版产业；2020年46个项目入选数字出版精品项目，为数字出版树立学习标杆。

政府始终高度重视图书版权的对外贸易。自2003年提出新闻出版业"走出去"战略，2019年又推出亚洲经典著作互译计划，至此形成七大重大出版工程项目的布局，涉及图书创作、营销等多个环节，覆盖机构和个人等多元市场主体，点面结合，方式多样，共同推进中国图书版权的对外贸易。以亚洲经典著作互译计划为例，截至2021年6月，中国已与新加坡等5国签署经典著作互译出版备忘录，选取双方经典著作翻译出版，增进两国文化交流，加深两国人民的理解。

展会是中国同世界出版界交流的重要渠道。"十三五"期间，国内出版机构积极参与法兰克福、伦敦、纽约等地的国际图书展会，其中政府组织参

加的约58场,并多次在展会上开展中国主宾国活动。同时,北京国际图书博览会自1986年举办以来,发展到现在已经成为中外图书版权交流贸易的重要平台,是全球第二大国际书展。

二 机遇与挑战

(一)对标国际标准,出版单位面临转型压力

第一,服务属性凸显。过去,出版单位主要从事图书、报刊的生产发行,但随着数字技术的发展,新的内容提供方式越来越多,人们获取内容的渠道越来越广,传统出版单位有必要重新定位。世界贸易组织将出版业视为服务业,一些大型出版机构也将自身重新定位为知识信息服务提供商,联合信息公司整合原有知识产权,创新开放获取、单次付费、订阅模式等商业模式,赢得新的商机。

第二,专业出版有待加强。总结世界出版强国的出版结构,专业出版、教育出版、大众出版往往三者均分天下,且专业出版是出版的核心竞争力,特别是这次疫情发生以来,世界各国还是最信任《自然》《科学》《柳叶刀》等顶级学术期刊上的文章。中国出版部门应加强对专业出版的重视,学术著作、学术期刊的市场转化效率偏低,花钱发表、补贴出版等现象仍非常普遍。《"十四五"文化产业发展规划》提出,文化产业"深度融入国民经济体系"。出版在文化强国建设中具有基础性地位,出版有必要在赋能经济社会发展方面发挥更大的作用,并为出版贸易提供坚实的产业基础,满足海外市场对中国出版物的需求。

(二)数字基础设施和配套环境仍需完善

数字出版作为出版业未来的发展方向已经获得认可,但数字出版的长远发展依赖社会整体数字环境的建设。比如图书馆一直是出版物的重要流向,但目前在图书馆的馆配中对数字版权的采购较少,这主要受数字版权产品管

理权限不明、产品分界模糊的影响，尽管数字版权能够满足读者更广泛、更多样的借阅需求。

正如国际展会为图书版权对外贸易提供了重要平台，数字出版的贸易也依赖平台的建设。现在数字出版的推介延续了纸质书的推荐和监管模式，其好处是简单快捷，能够最迅速地搭建数字版权的国内外交易平台，但也存在权责不明、盗版成本低、维权困难、无法充分发挥数字出版特点的问题。当前，各地已经进行了一定的尝试，如北京推出的"版权链－天平链"，在一定程度上克服了数字版权易篡改和伪造、难以溯源和传递的缺点。

人才也是数字出版面对的一大痛点。数字出版对人才的要求颇高，需要兼具数字技术和出版知识，并掌握国际贸易、外语、法律等知识。各出版主体通过举办人才培训来应对这一挑战，但培养规模较小，未形成系统化的培训机制，且部门分割严重，缺乏系统协调。

（三）面临内容创新和国际合作深化的压力

中国传统文化资源丰富，当今经济社会的发展也为文化创作提供了丰富的素材，如何深入经济社会将这些文化资源转变为可交易的文化产品和服务并实现其在海外的有效传播，一直是困扰文化产业和文化贸易发展的现实问题。在信息碎片化时代，只有优秀的作品及有力的宣传才能更好地吸引读者的注意，而国际合作无疑将提高传播的效率，不仅能够根据市场需求找到适合的作品，而且作品能够迅速进入对方国家的主流市场。疫情条件下，国际交往模式发生深刻变化，国际读者的阅读兴趣和阅读习惯也在改变，强化国际合作敏锐捕捉这种变化，对中国图书出版对外贸易大有裨益。

三　对策建议

（一）优化图书出版内容，做大做强专业出版

各市场主体已经意识到专业出版的重要性。2021年6月中宣部、教育

部、科技部发布《关于推动学术期刊繁荣发展的意见》,引导加强学术出版能力建设,其中特别提到了开放办刊、开拓国际市场,从国际人才、出版语言、学术期刊数据库建设等方面强化国内外学术出版机构的合作,提高期刊的国际化水平。接下来要进一步引导出版部门深化对专业出版重要性的认识,推动专业出版的市场化建设,学习、消化和吸收国外成熟的专业出版运作模式,打通专业出版的国内外交流、销售渠道。

筑牢内容根本,提高服务能力。优质的内容和深度的阅读是出版的优势,未来中国出版有必要继续强化内容优势,特别是将出版同其他产业深度融合,创作无愧于时代的作品。伴随互联网时代的到来,消费者从单纯的知识的接受者可能同时变为知识的生产者和传播者,因此同读者之间的互动也变得重要,这不仅满足读者的需求,也将有助于内容的完善升级。面对日益个性化的需求,要求出版机构基于大数据的竞争定位,为不同圈层的读者提供差异化的知识。这种服务意识不仅限于国内,在国际市场也是一样的,如选取贸易对象国感兴趣的内容,提供有深度的知识内容,强化出版后的配套服务,延长出版的价值链。

(二)完善数字基础设施和平台建设

数字时代,传统书店和纸质出版物减少,出版数字化已经成为不可避免的趋势。中国图书要想进入海外市场,必须适应当地读者的习惯,培育数字贸易优势,这不仅是因为数字出版在内容附加值、传播效率等方面具有优势,也是因为纸质出版消耗巨大资源。我国纸生产量和消费量年超亿吨,占全球1/4,远超美日之和,其中图书、报刊用纸量约700万吨。[①] 为此,要加强同国际出版集团的交流,消化、吸收外方数字图书馆建设和数字出版的经验,同时要善用国外网络平台,如在脸谱、推特等平台开立账号,与读者进行实时互动,做好信息的传递和推广。

中国拥有13.19亿移动互联网用户,这为数字出版产业发展提供了有利

---

① 李建臣:《出版业的昨天、今天和明天》,《国际出版周报》2021年1月11日,第6版。

条件,特别是中国在5G、人工智能和云计算等科技应用层面的领先地位,也为数字出版的发展提供了强劲的技术支持。按照中国信息通信研究院的分类,数字贸易分为三个层次,最初以货物贸易为主,之后开始涉及服务贸易,最高阶段是加入新兴数字产业。中国已经进入第三层次的数字贸易,从传统图书、期刊、报纸内容的数字化,向深层次的研发、生产、消费等的数据分析和云计算、人工智能等数字出版服务拓展。下一步要继续强化出版和科技的深度融合。一方面运用科技突破出版困境,比如区块链在国际版权保护中的应用、建立版权贸易数字平台等;另一方面要适应科技需求,提供有针对性的出版内容和出版形式,比如适应国外读者电子阅读的习惯,加大电子出版物的输出。

(三)深化国际合作,繁荣出版贸易

第一,营造良好的行业营商环境是版权贸易发展的基础,加强版权贸易中版权的保护是其中重要的一环。海外盗版成本低,维权工作难,为此有必要加强同当地出版单位的合作,充分发挥贸易对象国合作方的作用,维护海外版权。第二,繁荣市场主体,丰富民营出版机构的海外推广渠道,在政府部门的支持下,建立民营机构与共建"一带一路"国家出版机构和新媒体渠道的联系。第三,加强"产学研"合作,满足出版特别是数字出版对人才的需求。高校可以考虑在现有编辑出版专业和国际文化贸易专业开设版权贸易相关课程,也可以通过设置短训班、小学期、实习实践课等方式,同出版单位合作培养和提升从业人员素质。第四,完善贸易统计制度。目前的统计仅公布少数发达国家出版贸易的数据,未能充分反映共建"一带一路"国家在出版贸易中的地位变化,未来可以考虑逐步增加公布的数据国别。

参考文献

董方冉:《北京自贸区:当好服务贸易"领头羊"》,《中国金融家》2020年第10期。

范军：《"十三五"以来我国出版走出去的"四个新"》，《中国新闻出版广电报》2020年9月25日。

范军、邹开元：《"十三五"时期我国出版走出去发展报告》，《中国出版》2020年第24期。

黄庆平、李猛：《"十四五"时期数字出版产业在探索建设自由贸易港中的推进策略》，《科技与出版》2021年第3期。

李婷、韩建民、杜恩龙：《"十四五"中国出版"走出去"的展望与思考》，《科技与出版》2021年第1期。

梁红艳：《图书版权输出优化策略探究》，《编辑之友》2020年第3期。

林丽颖、许惟一：《国际书展"旧时代"已过　线上线下融合成未来趋势》，《国际出版周报》2020年10月19日。

林伟丽：《数字出版：提升出版文明的一场革命》，《新西部》2021年第1期。

戚德祥：《"十三五"时期中国出版"走出去"的成效与思考》，《中国编辑》2020年第12期。

汪雪君：《图书版权引进存在的问题及解决对策》，《中国管理信息化》2020年第19期。

王民：《推动媒体融合　全力推进数字化出版转型升级》，《国际出版周报》2020年12月28日。

王玉凝：《新时代我国图书版权贸易中存在的问题和应对策略》，《传播与版权》2019年第10期。

邬书林：《坚持高质量发展　服务创新型国家战略　加快推进出版强国建设》，《中国出版》2021年第1期。

叶金龙：《自贸区在"双循环"新发展格局中的主要任务》，《国际商务财会》2020年第10期。

张恩慧：《中国图书版权贸易及影响因素研究》，硕士学位论文，河南财经政法大学，2019。

张竞艳：《书展停摆之年，国际版贸未来何去何从？》，《出版人》2020年第10期。

张平平：《我国图书版权输出存在的问题、成因及对策研究》，硕士学位论文，北京印刷学院，2020。

张晴：《由"图书版权输出奖励计划"实施情况看出版走出去》，《出版参考》2017年第8期。

赵强：《政策扶持助力中国出版走出去》，《中国新闻出版广电报》2020年8月27日。

周慧虹：《图书互译助力文化共赢》，《中国审计报》2020年1月8日。

周仕参、李婷：《新时期中国出版"走出去"尚需破解的难题》，《编辑学刊》2021年第2期。

B.6
中国动漫产业对外贸易发展报告（2021）

林建勇　张　珊*

摘　要： 作为我国文化产业的重要组成部分，动漫产业在我国文化贸易发展过程中发挥着重要作用。当前我国动漫产业和贸易进入快速发展阶段，呈现产业规模持续扩大、进口规模有所减小、国家扶持政策持续出台等特点，但同时我国动漫产业和贸易发展面临 IP 精品力作稀少、品牌影响力和价值不高、动画电视制播生态畸形、行业人才匮乏以及产业链发展不够完善等难题。为了促进我国动漫产业和贸易的持续健康发展，本报告提出了落实扶持政策、加强 IP 衍生和授权、依托网络平台发展和结合民族文化等建议。

关键词： 动漫产业　IP 授权　动漫产业链　民族文化

一　中国动漫产业对外贸易发展概况

（一）产业规模持续扩大，国内产业基础日益坚实

我国动漫产业起步较早，早在 20 世纪 20 年代中国动漫先驱万氏兄弟便

---

* 林建勇，博士，北京第二外国语学院经济学院讲师、首都对外文化贸易研究基地研究员，研究方向为国际文化贸易、跨国公司与对外直接投资等；张珊，北京第二外国语学院经济学院 2020 级国际商务硕士研究生，研究方向为文化贸易。

开始研究动画制作,并于1935年推出了国内第一部动画作品《大闹画室》。但此后由于国内外诸多不利因素的影响,中国动漫产业的发展之路日渐崎岖,陷入了长期停滞阶段,与日本、美国等动漫大国的差距逐渐拉大。近年来,随着国内小说改编、漫画改编动画取得巨大成功,我国动漫产业进入持续快速发展阶段。

从产业规模来看,自2015年起我国动漫产业总产值逐年增长,年均增长率一直维持在10%以上。即使在2020年新冠肺炎疫情席卷全球、诸多行业面临寒冬危机的情况下,我国动漫产业规模整体仍保持扩大趋势,2020年同比2019年增长13.96%达到2212亿元,年总产值首次突破2000亿元,相比2015年几乎翻了一番(见图1)。

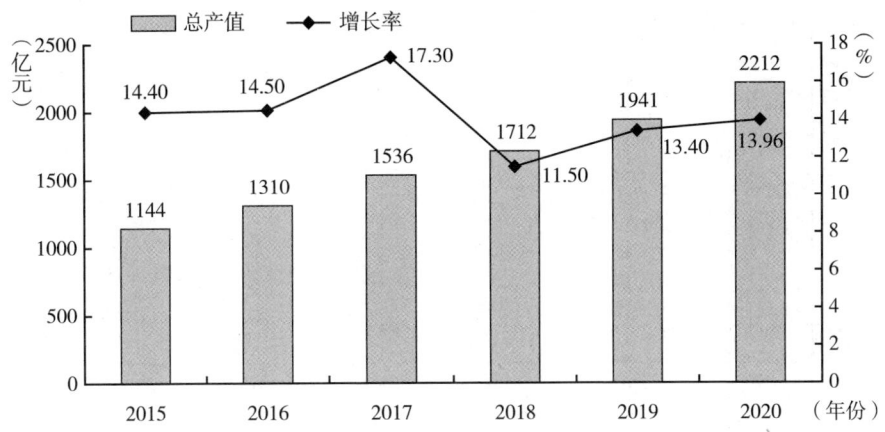

图1 2015～2020年我国动漫产业总产值与年均增长率情况

资料来源:笔者根据公开资料整理。

从产业质量来看,近年来,我国动漫的制作理念逐渐由低龄化转向成人化乃至全龄化。动漫受众群体的增多也使得动漫主题类型变得丰富,产品质量越来越高,涌现了一大批优秀的动漫作品。特别地,随着近年来我国国产动画电影迅速崛起,出现了不少质量好、票房高的佳作,如《西游记之大圣归来》(2015年,9.56亿元票房)、《大鱼海棠》(2016年,5.75亿元票房)、《哪吒之魔童降世》(2019年,50.36亿元票房)、《白蛇:缘起》(2019年,

4.63亿元票房)、《罗小黑战记》(2019年,3.15亿元票房)、《姜子牙》(2020年,16.03亿元票房),① 其中《哪吒之魔童降世》更是斩获了2019年我国国产电影票房总冠军和中国电影票房总榜第二名(《你好,李焕英》上映后,现为第三名)的佳绩,是我国近年来的一部现象级动画电影。

随着我国互联网的普及和二次元用户数量的增长,在动画电影之外,依托于互联网发展的国漫番剧也迎来了飞速发展的阶段,我国每年新出国产动漫四十部左右。现下国产动漫番剧异常火热,受到了诸多年轻人的追捧,如《刺客伍六七》《一人之下》《天官赐福》《狐妖小红娘》《斗罗大陆》等。这些火热的动漫作品很多被改编成了真人影视并进行了衍生品的开发,发展成了非常火热的IP。其中《斗罗大陆》2020年年度播放量达到了惊人的119亿。

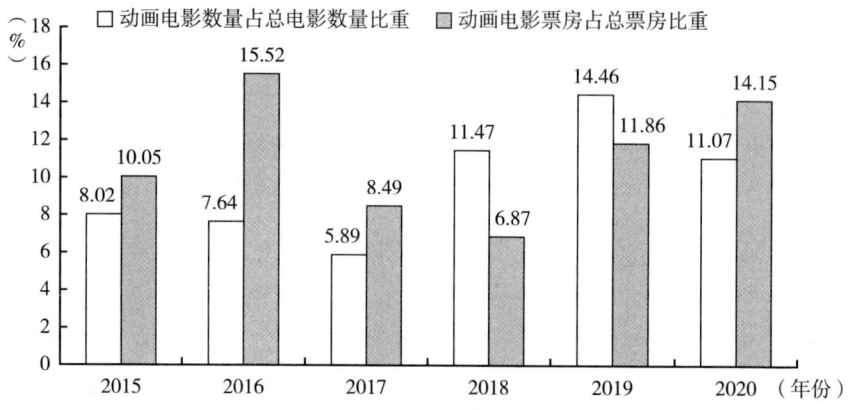

图2 2015~2020年我国动画电影票房和数量占比情况

资料来源:笔者根据灯塔专业版App统计相关数据整理。

(二)进口规模有所减小,国产动漫竞争力进一步提升

《中国统计年鉴》数据显示,我国动画电视进口额在2018年前都呈逐年增加的趋势,在2018年达到最大值25.06亿元,2019年大幅度回落至

---

① 票房数据来自灯塔专业版App。

10.83亿元。2019年进口额下降可能是因为我国动漫产业发展速度加快、质量提高，更能得到国内观众的认可。就动画电视占全年电视节目进口额的比例来看，2014年为5.26%，2018年则迅速增长到69.50%，虽然2019年出现了一定幅度的下降，但动画电视依然是我国电视节目进口的主要类型（见图3）。而就进口来源而言，我国动画电视主要进口国为日本和美国。

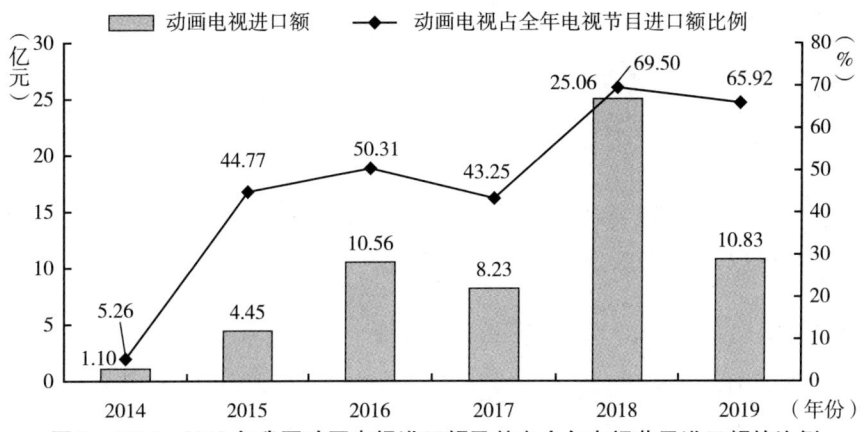

图3 2014~2019年我国动画电视进口额及其占全年电视节目进口额的比例

资料来源：《中国统计年鉴》。

从动画电影来看，2015~2019年进口动画电影数量占我国该年度上映动画电影数量的比重逐年上升，而在2020年则下降到45.45%。虽然进口动画电影数量较多，但进口动画电影票房占该年度动画电影票房的比重在2016~2019年逐年下降，从2016年的81.26%降至2019年的38.33%（见图4）。进口动画电影票房占比下降的背后是我国涌现越来越多的优秀国产动画电影，如《西游记之大圣归来》《哪吒之魔童降世》《姜子牙》等都取得了不错的票房成绩。这些成功的国产动画电影除了制作精良还有一个共同的特点就是取材于中国古代神话故事，有浓厚的传统文化色彩。

（三）新冠肺炎疫情给我国动漫产业和贸易发展带来冲击和契机的双重影响

2020年新冠肺炎疫情席卷全球，世界经济受到全方位冲击，各行各业

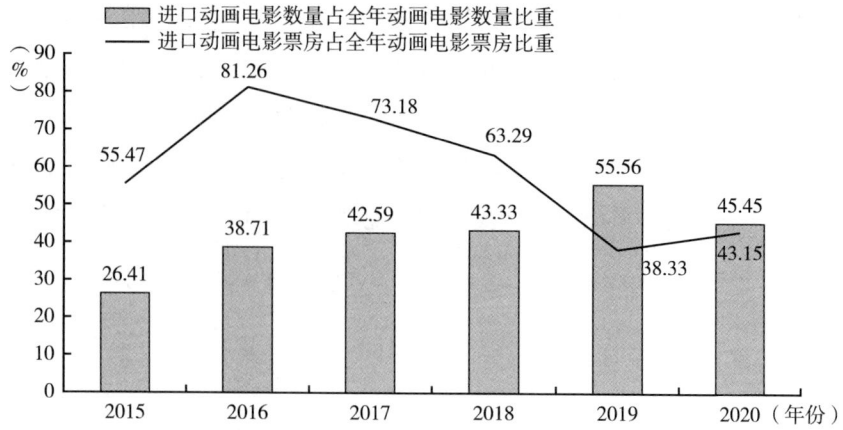

图 4　2015～2020 年我国进口动画电影数量及票房占全年动画电影的比重

资料来源：笔者根据灯塔专业版 App 相关数据整理。

都因此遭受重创，尤其是对外贸易和服务业，动漫行业也未能幸免。从全球来看，不少国家相继出台了娱乐场所停业或缩减营业时间等疫情防控政策，而这直接对线下电影行业造成了巨大冲击。以中国为例，全国所有电影院积极响应和配合国家对疫情防控的科学决策和布控措施全部停止营业，因此2020 年上半年动画电影全部撤档择期上映，直至当年 7 月份才有动画电影在线下院线上映，这导致 2020 年全年动画电影上映数量和票房较 2019 年都有大幅度下滑：2020 年共上映动画电影 33 部，总票房 30.38 亿元。①

疫情在对线下观影造成负面影响的同时为线上动漫的发展带来了新的契机。以中国为例，由于疫情防控政策的落实和全民居家抗疫持续了两三个月的时间，动画电视的收视率和线上国漫番剧的播放量进一步提高。从动画电视收视率来看，根据国家广播电视总局 2020 年的视听大数据，我国 75 部动画片单集收视率超 0.5%，平均每个电视用户观看动画片时长为 14.4 分钟。② 其中，主流少儿（卡通）频道播放的动画片中国产动画片占据主流地位，压制了早前国外动画片的播出和收视狂潮，说明优秀的国产动画片越来

---

① 笔者根据灯塔专业版 App 整理。
② 参见中国视听大数据网，http://www.cavbd.cn/。

越受到观众的喜爱,这其中动画片质量的提高功不可没。在电视上播出的动画片收视率最高的是《熊出没》系列,3部作品进入动画片每集平均收视率前十,其中最优秀的是《熊出没之冬日乐翻天》。[①] 此外位于收视率前列的还有《宇宙护卫队》《哪吒传奇》《熊熊乐园》等。

(四)国家对动漫产业和贸易发展的扶持政策持续出台

文化产业是一国文化软实力和国际影响力的象征,在对外贸易中占据重要地位,是我国经济发展新的增长点,推动文化产业和贸易发展对增强我国经济实力和国际影响力具有重要意义。因此,自"十一五"以来,我国对文化产业和贸易的发展给予了很多政策上的支持:2006年以来,文化部认真贯彻落实《国家"十一五"时期文化发展规划纲要》,相关部门展开对文化产业的扶植工作。动漫产业是文化产业的重要构成部分,在我国文化产业发展中占据重要地位,2008年,文化部发布了《文化部关于扶持我国动漫产业发展的若干意见》,第一次从政策上阐述了我国对于发展动漫产业的指导性意见并提出了诸多建议和具体措施以解决当前动漫产业发展中存在的问题。[②] 此后,我国更是出台了一系列政策措施从宏观环境、资本资金、税收优惠、产业扶持等各个方面推动和扶持我国动漫产业和贸易的发展。2017年文化部出台的《动漫游戏产业"一带一路"国际合作行动计划》提出了推动手机动漫标准成为国际标准的目标要求,以期促进我国手机动漫的"走出去"。2020年2月,为了应对疫情的影响,北京市委出台《关于应对新冠肺炎疫情影响促进文化企业健康发展的若干措施》。6月,文化和旅游部、财政部、国家税务总局公布了2019年通过认定的动漫企业名单,通过认定的动漫企业即可享受国家的相关优惠政策。12月,文化和旅游部发布《关于推动数字文化产业高质量发展的意见》,就数字文化产业、

---

① 参见中国视听大数据网,http://www.cavbd.cn/。
② 《〈文化部关于扶持我国动漫产业发展的若干意见〉解读》,中华人民共和国文化和旅游部网,2008年10月15日,https://mct.gov.cn/whzx/zcjd/201711/t20171103_801828.htm。

发展平台经济等方面给出了指导性意见,有利于动漫产业数字化发展。① 随着一系列政策措施的出台,我国动漫产业和贸易在快速发展的过程中也迎来了新的发展契机。

二 我国动漫产业对外贸易发展面临的困境

(一)IP精品力作稀少,品牌影响力和价值不高

虽然近年来我国动漫产业发展迅速,出现了不少口碑较好的动漫作品,但影响力大的精品力作不多,像《哪吒之魔童降世》等兼具我国传统文化和创新型发展的优秀作品较少且没有形成具有较高品牌价值和国民度的IP。参考欧美和日本等动漫产业发达的国家和地区的发展经验,优质动漫作品的开发和制作需要高端人才和先进技术,产品制作完成后也需要营销团队来推向市场,市场反应良好后更要有专业团队进行后续衍生品的开发和版权经营。因此当前动漫产业的发展不仅需要好的制作团队,也需要相关团队从开发、营销、运营等多个方面全方位打造动漫IP。但是精品IP的打造需要较高的资本投入和精准的投资眼光,而对小说和漫画等原创内容的开发制作需要较长的周期,市场反响也存在诸多不确定性,因此即使对于头部企业来说,在激烈的市场竞争中投资培育动漫IP仍旧有很大的风险。例如知名的动画作品《喜羊羊与灰太狼》系列的出品方奥飞娱乐股份有限公司旗下的广州奥菲文化传播有限公司在经历了产品爆火的营收高潮后营收额自2017年至今大幅下滑,2019年营收额仅为1.44亿元,是其巅峰数据的1/4。② 产品热度降低、创新度不足、衍生品开发滞后、产业链不完备等都是IP投资过程中面临的难题。如何解决这些难题,打造IP精品力作,从而提高品牌影响力和品牌价值,是我国动漫产业走向国际化发展亟须解决的一大难点。

---

① 《文化和旅游部关于推动数字文化产业高质量发展的意见》,中华人民共和国文化和旅游部网,http://zwgk.mct.gov.cn/zfxxgkml/cyfz/202012/t20201206_916978.html。
② 笔者根据奥飞娱乐网站数据整理,https://www.gdalpha.com/。

（二）动画电视制播生态畸形

从用户角度来看，动漫产品大致可以分为付费观看和免费观看两种类型。动画电影和漫画书刊等采取的是用户付费购买观看的盈利模式，动画电视则采取了用户免费观看，广告商承担产品购买费用的盈利模式。两种盈利模式的不同在根本上影响着两类动画产品的质量和发展：付费模式可以通过市场的反馈有效促进产品的质量提升和内容的选择，进而形成生产—传播—消费的正向激励机制；而免费观看模式则割裂了市场和生产者的直接联系，导致产品质量和内容更加依赖广告商，无法被市场选择。因而后者无法形成正向的激励机制，使得动画电视制播生态日益畸形，进入恶性循环：电视台播放的动画作品热度不高、没有观众导致广告商愿意支付的购买价格降低，缺少资本的投入导致行业人才愈发稀少、制作成本下降，更加难以创作出优质的动画作品，从而用户群体越来越少，动画片采购价格更加低廉，整个动画电视行业的发展陷入困境。国家虽然陆续出台了一系列政策加以干预和扶持，但由于诸多因素并没有取得长远的效果，经济效益持续下降。经济效益的持续下降可能会导致后期动画作品的制作成本投入不足，进而影响到动画作品的质量，从而对我国动画电视对外贸易产生影响。

（三）动漫行业人才持续匮乏

人才是产业发展的基石，需要长时间的积累，在我国动漫产业高速发展的过程中动漫人才无论是质量还是数量都无法满足这种快速发展的需要。因此不可避免地出现了人才匮乏的问题。我国动漫产业人才匮乏问题主要体现在以下三个方面。

一是整个动漫市场人才缺口较大。我国动漫产业蓬勃发展的同时必然带来大量的就业岗位和人才需求，这是无法在短时间内补齐的，需要长时间的培养和积累。

二是缺乏新型动漫人才。随着我国动漫产业的快速发展，越来越多的动漫企业开始注重产业链的发展并开启了泛娱乐化布局，因此全面打造动漫

IP为这个行业带来了岗位和技术上的细分,需要包括影视游戏、数据分析、市场营销等新型动漫人才。

三是缺乏创作型人才。由于我国动漫产业近年来才迎来高速发展和资本注入,发展时间较短,而高端创作型人才除了本身的创意和创造性外还需要经验的累积,是个长期的过程。虽然我国许多高校如清华大学、北京电影学院等看中动漫产业的发展前景相继开设了与动漫产业相关的课程,但由于学校教育定位更偏向于动画制作,实际上对创新型人才的缺口并没有有效补足。动漫创意人才和新型人才的缺乏是制约我国动漫产业走向国际化的关键因素之一。

(四)动漫产业链发展不完善

从世界范围来看,动漫产业链的构成大体分为上游、中游、下游三个环节。上游是制作方,负责动漫产品的开发设计和制作,这部分内容以创意为核心加之优良的动画制作技术;中游是发行方,负责动漫作品在电视台、电影院线、网络视频平台的宣传和发行;下游是衍生品开发方,负责动漫IP的运营、代理以及衍生品的开发。① 我国动漫产业上游开发目前存在的方式是从我国古代神话故事中取材(如《哪吒之魔童降世》)、小说延伸(如《斗罗大陆》)、直接创作动漫产品(如《熊出没》)等,但由于创作型人才的匮乏,优质的原创内容远没有达到市场需求量。动漫产业中游的宣发对于动漫作品与市场的结合起到至关重要的作用,再好的作品也需要宣传才能广为人知,因此强大的宣发团队是必不可少的。动漫产业链下游的衍生品开发是动漫产业盈利模式中利润最高的一环,而当前我国动漫衍生品的开发只停留在简单的纪念品和粗制滥造的衍生游戏层面,并没有相对成熟的产业链。中国现今的动漫产业格局完善了许多,当前中国的IP生态也较为完整,在这一基础上,注重于其附加产物的发展,可以带来更可观的利润。但与日本、欧美等成熟完善的动漫产业链相比,我国动漫产业链在各个环节仍有不同程

---

① 赵航:《日韩动漫产业链运作模式与衍生品开发分析——以"哆啦A梦"和"爆笑虫子"为例》,《出版广角》2020年第22期。

度的不足、技术的稀缺、对粗制滥造剧本的放纵以及各方利益争夺都有可能令动漫产业链发生崩裂，从而影响我国动漫产业和贸易的持续快速发展。

三 促进我国动漫产业对外贸易进一步发展相关建议

（一）进一步落实相关扶持政策

自"十一五"以来，我国各级政府部门相继出台了多项政策对动漫产业和贸易的发展从多个方面给予扶持，包括实施原创动漫复制计划、完善产业链体系、加强平台建设、加强市场监管和内容监管、优化人才结构等。有了国家在政策上的扶持，还要将政策落到实地才能从根本上推动我国动漫产业的发展。在众多扶持政策出台后，要注重市场监管，坚决抵制某些企业为了享受国家优惠政策而产出垃圾作品进行"套利"的行为，在确保动漫企业能接受到优惠政策的同时点到为止，防止恶性竞争，鼓励企业自主经营和良性竞争，在不断的学习过程中成长为具有国际竞争力的优秀的动漫企业，创造出优质的动漫作品。

（二）提高动漫产品质量，加强IP衍生和授权

我国动漫产业的发展已经过了盲目追求数量的阶段，当前我国动漫的发展路径应该是更加注重产品的质量和搭建完善的产业链。因此如何提高产品质量、精心培育IP、打造成熟的品牌是重中之重。从提高产品质量方面来说，需要加强对创新型人才的培育、增加资本投入、加强市场细分和增加宣发投入等。从IP衍生和授权来说，创作高质量的产品不应仅仅是单独的一部作品，而应该打造一个完整的动漫IP。动漫IP指的是动漫作品的知识产权，一般从小说、漫画等作品中取材，二次创作为动画形式，由于互联网普及和二次元用户群体增加，动漫作品中的人物形象可以利用互联网成为流量巨大的动漫IP，通过IP授权进行衍生品开发则可使动漫IP规模化发展，提

升品牌影响力。例如具有全球影响力的迪士尼品牌就是IP产业链的完美教科书，其涵盖了动漫作品和与动漫相关的玩偶、服饰、主题乐园等诸多衍生品，迪士尼IP的授权也成为其母公司盈利的主要手段。动漫IP授权是近年来动漫产业发展的新趋势，但我国在这方面的发展滞后，还没有达到主力盈利渠道的程度，潜在开发价值巨大。国内不少动漫企业已经认识到IP授权巨大的市场潜力，着手开发和培育。例如近年来腾讯动漫依托母公司强大的资金实力和泛娱乐平台的运营经验，一直走在动漫IP培育和授权的前列，《狐妖小红娘》《斗罗大陆》均取得了不错的成绩。这有利于提升我国动漫作品的国际竞争力。

（三）依托网络平台发展国产动漫

在我国动漫产业的发展进程中，动漫产品的种类日益增多，而随着互联网技术的快速发展和"90后""00后"成为二次元观影主力，网络动漫成为重要的动漫载体，受到新一代广大青少年的喜爱。网络动漫相对于主要面向低龄群体的电视动画而言面向的群体更为广泛和大众，相对动画电影而言又无须付费和线下观看，节省用户的时间和成本，具有相当大的传播优势，且无须线下宣发和广告投入，极大降低了宣发成本。近年来我国的原创动漫通过互联网传播取得了不错的效果，其中最广为人知的便是《斗罗大陆》，累计播放量超过百亿且仍在连载。网络动漫除了传播更加方便和迅速外，在选材方面也更加广泛和多样，有利于创作团队的取材多样化，且网络动漫普遍单集时长短，采取边制作边播出的形式，大大节省了制作团队的时间和成本。因此利用网络平台发展国产动漫前景广阔，也有利于IP的开发和经营，像腾讯动漫、哔哩哔哩、优酷、爱奇艺等视频网站纷纷开启原创动漫的开发制作和IP运营模式。这些网络平台依托于成熟的平台运营体系、专业的制作团队和本身已有的用户群体，内容优质的动漫作品往往能带来大额的播放量，例如腾讯动漫的《斗罗大陆》《狐妖小红娘》，哔哩哔哩的《天官赐福》《刺客伍六七》等都是播放量巨大的原创国产动漫。在这些先驱企业的带领下，我国动漫产业与网络平台的结合发展道路会更加顺畅和有效。

（四）结合民族文化打造中国独有的动漫特色

近几年国产动漫出现了两次票房神话：其一是 2015 年《大圣归来》横空出世，是第一部票房超过 3 亿元的国产动画电影，最终票房近 10 亿元；其二是 2019 年《哪吒之魔童降世》以 50.36 亿元的票房斩获中国电影票房总榜第二名，创造了票房神话。受疫情影响的《姜子牙》还取得了 16.03 亿元票房的佳绩。这些取得票房佳绩的动画电影全都取材于中国古代神话或民间传说，在此基础上进行加工创作，产生一个与原来神话故事或民间传说中的人物相关却截然不同的新故事。这样既保持了取材的大众接受度又在此基础上进行了主题的升华，是近年来我国动漫产业发展的独特路径。例如 2020 年上映的动画电影《姜子牙》取材于我国具有神话传说性质的小说《封神演义》中的人物，却颠覆了原有的故事和人设进行了二次创作，讲述了一个"一人不救何以救苍生"的有关天下苍生的故事，探讨了信仰、体制、社会、公平的深刻问题，提升了思想高度。我国动漫产业要想走向世界，必须形成国家和民族独有的文化特征，必须从我国实际出发，结合目标市场观众的需求，在拥有了现代精神和国际视野以后，回归民族文化和传统艺术，在新与旧、世界与本土、传承与创新的融合中重建一个新的中国动画学派。① 除了在取材和立意方面和民族文化结合外，国产动漫在艺术形式、风格方面也可以和民族化相结合，例如我国独有的水墨动画、剪纸动画和折纸动画等，依托传统的动画题材结合现在的动画技术进行融合和创新也是一个不错的选择，可进一步将中国文化推广到全世界。

---

① 盘剑：《中国动漫产业和动画艺术的发展趋势与流变》，《人民论坛》2021 年第 1 期。

B.7
中国游戏产业对外贸易发展报告（2021）

孙 静*

摘　要： 2020年，中国游戏对外贸易收入在全球新冠肺炎疫情的影响下依然保持了增长趋势。本报告聚焦中国游戏文化对外贸易，从市场规模、用户画像、游戏厂商、游戏产品等方面描述了2020年全球游戏市场和中国游戏文化出口的现状，并以此为基础指出了中国游戏出口产品存在两个主要问题：一是游戏品类单一，难以满足海外玩家的多样化需求；二是游戏精品短缺，缺少高水平的旗舰产品，其根源在于国内的游戏素养较低，缺乏对海外游戏文化产业的深度理解。最后，本报告针对上述问题提出了可行性建议，包括推动游戏研究，为游戏对外贸易提供学术支持；发展游戏教育，为游戏对外贸易提供产业人才；促进产业创新，为游戏对外贸易进行产品升级，最终提升中国游戏文化产品在海外市场的核心竞争力。

关键词： 游戏文化　对外贸易　游戏产业　游戏教育

一　2020年中国游戏文化对外贸易现状

根据中国音数协游戏工委在2020年12月27日发布的《2020年中国游

---

* 孙静，游戏研究者，文学博士，现任完美世界游戏研究中心主任，研究方向为游戏文化、新媒体与社会。

戏产业报告》，中国游戏用户数量已达到6.65亿人，同比增长3.7%，2020年中国游戏市场实际销售收入为2786.87亿元，涨幅较大，比上年提升20.71%。①

（一）海外游戏市场概览

1. 市场规模

受全球新冠肺炎疫情影响，2020年全球游戏市场总收入为1593亿美元，涨幅为2015年以来最低，增长率仅为4.7%（见图1）。从地区分布来看，亚太地区依然是全球最大的游戏市场，贡献了近50%的份额，年收入为784亿美元；第二梯队为北美和欧洲，年收入分别为400亿美元和296亿美元，分别占全球市场份额的25%和19%；第三梯队为拉美与中东和非洲，年收入分别为60亿美元和54亿美元（见图2、图3）。

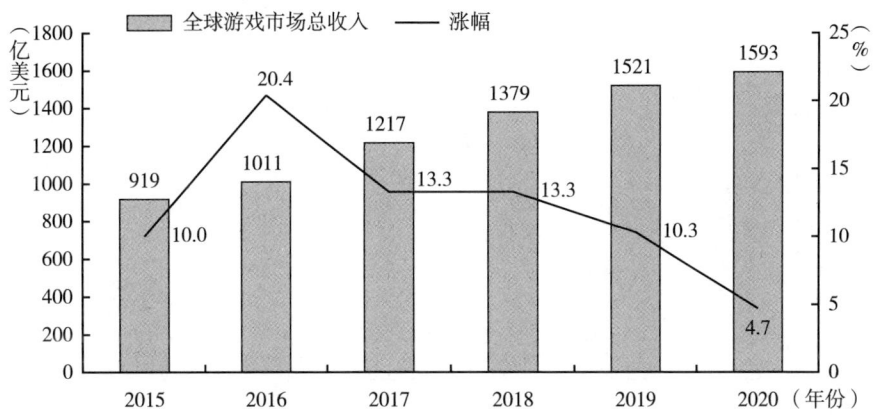

图1　2015~2020年全球游戏收入变化趋势

资料来源：Newzoo, *2020 Global Games Market Report*（*Free Version*），2020, p17; Newzoo, *2019 Global Games Market Report*（*Free Version*），2019, p13; Newzoo, *2018 Global Games Market Report*（*Free Version*），2018, p14; Newzoo, *2017 Global Games Market Report*（*Free Version*），2017, p8。

---

① 《〈2020年中国游戏产业报告〉正式发布（附下载链接）》，游戏产业网，2020年12月18日，http://www.cgigc.com.cn/gamedata/22132.html。

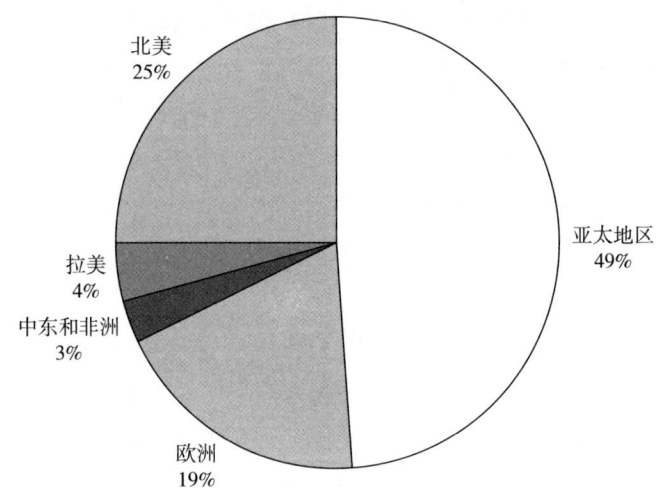

图 2　2020 年全球游戏收入地域分布概览

资料来源：Newzoo，*2020 Global Games Market Report*（*Free Version*），2020，p16。

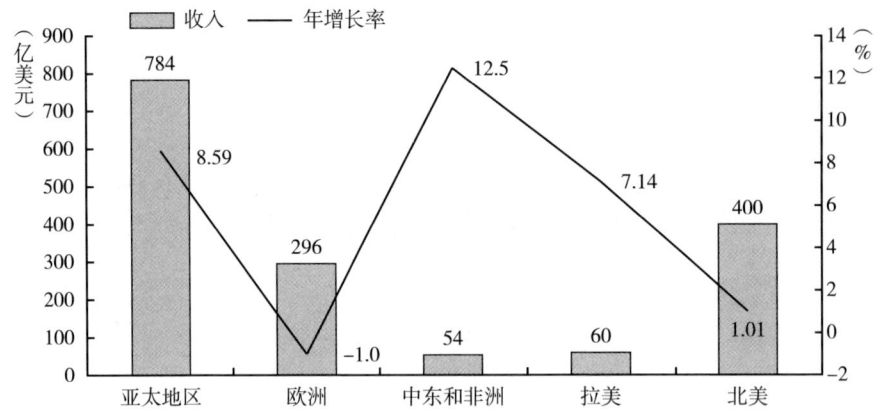

图 3　2020 年全球游戏各地区市场收入概览

资料来源：Newzoo，*2019 Global Games Market Report*（*Free Version*），2019，pp. 29 - 31；Newzoo，*2020 Global Games Market Report*（*Free Version*），2020，p16。

值得注意的是，除亚太地区及中东和非洲两个区域的增长率较上一年有小幅增长外，其他地区增幅皆有所下降。拉美地区增幅为 7.14%，北美地区增幅从 2019 年的 11.70% 下降至 2020 年的 1.01%，欧洲地区甚至出现了负增长，从 2019 年的 25.10% 骤降至 2020 年的 -1.00%（见图 4）。

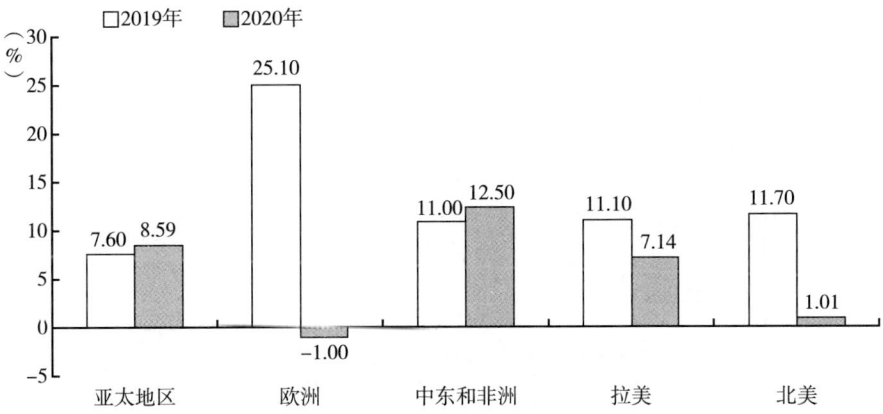

图4 2019年与2020年全球游戏各地区市场收入增长趋势对比

资料来源：Newzoo, *2018 Global Games Market Report* (Free Version), 2018, pp. 19-20; Newzoo, *2019 Global Games Market Report* (Free Version), 2019, pp. 29-31; Newzoo, *2020 Global Games Market Report* (Free Version), 2020, p16。

2. 用户画像

根据Newzoo发布的《2020年全球游戏市场报告》(*2020 Global Games Market Report*)，全球游戏用户数量依然呈增长态势，2020年有近27亿人（见图5）。其中，亚太地区涨幅最大，从2019年的约13.3亿人增长至2020年的约14.5亿人，欧洲、北美、拉美、中东和非洲等地区增幅皆不足2000万人（见图6）。

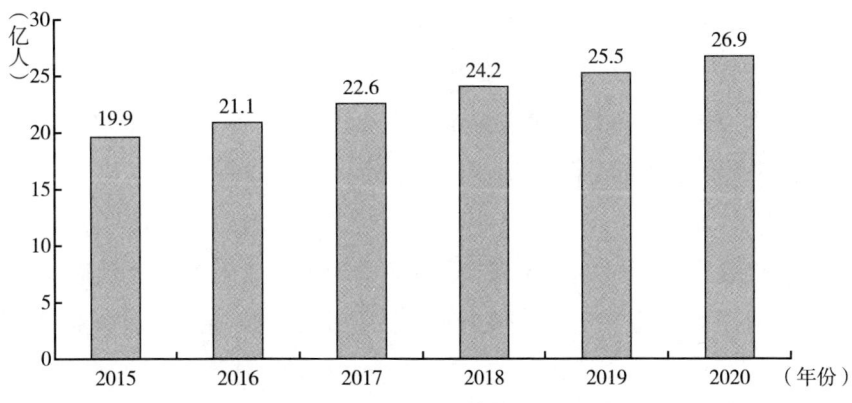

图5 2015~2020年全球游戏用户人数变化趋势

资料来源：Newzoo, *2020 Global Games Market Report* (Free Version), 2020, p19。

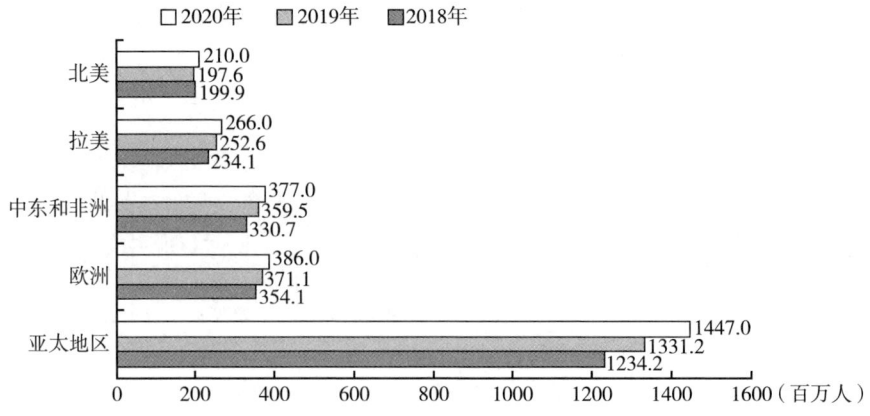

图6　2018～2020年全球各地区游戏用户人数变化趋势

资料来源：Newzoo, *2019 Global Games Market Report*（*Free Version*），2019, pp.29-31; Newzoo, *2020 Global Games Market Report*（*Free Version*），2020, p17。

根据Facebook的市场调查报告，高达70%的受访者表示，在疫情影响下，自己使用智能手机玩游戏的时间变长，47%的人表示用笔记本电脑玩游戏的时间变长。值得注意的是，玩家用智能音箱、智能手表和智能电视/其他流媒体设备玩游戏的时间也有不同程度的增加（见图7）。

另一方面，虽然疫情造成玩家使用不同设备玩游戏的时长有所增加，但大部分地区的玩家付费额度却有所下降。如图8所示，只有德国玩家月平均付费额出现了大幅增长，从2020年3月前的8.74美元增长至2020年3月后的17.21美元，涨幅近一倍。在其他国家，该数字皆有不同程度的下跌，如美国从23.30美元下降至17.00美元，英国从6.98美元下降至4.20美元，韩国从22.17美元下降至16.41美元。

3. 游戏企业

根据权威数据机构App Annie公布的全球下载量及相关统计数据，在2020年全球下载量前30名游戏发行商中，中国及美国游戏企业分别占据了5个席位，土耳其和法国分别有3家企业榜上有名，越南、以色列、俄罗斯分别有2家企业上榜，新加坡、瑞士、立陶宛、芬兰、德国、白俄罗斯、巴西、爱尔兰等国家各有1家游戏公司入围该榜单（见表1、图9）。

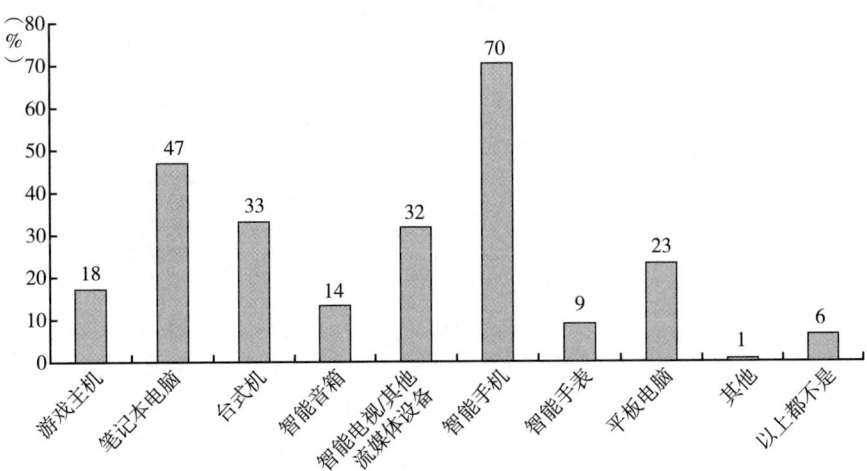

图 7　在疫情影响下不同游戏设备使用时长增加的玩家所占比例

资料来源：Facebook Gaming, Facebook IQ, *Games Marketing Insight for 2021*, Jan. 2021, p21。

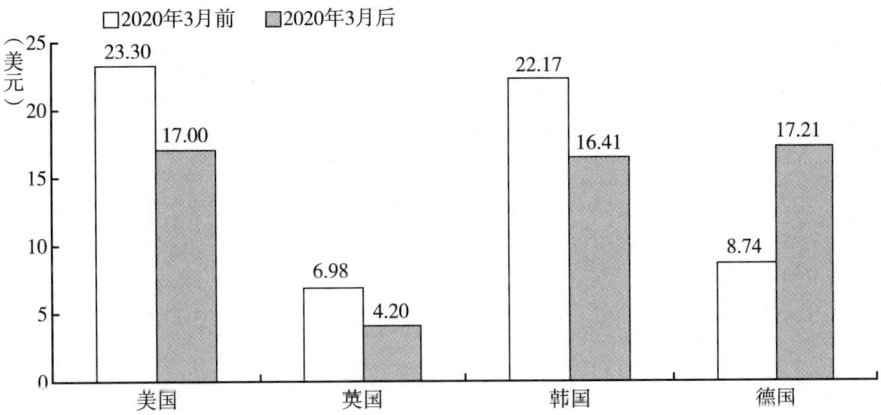

图 8　2020 年 3 月前后部分国家的游戏玩家平均每月付费额对比

资料来源：Facebook Gaming, Facebook IQ, *Games Marketing Insight for 2021*, Jan. 2021, p17。

表1 2020年全球下载量前30名游戏发行商

排名	公司	总部所在国家
1	Voodoo	法国
2	Applovin	美国
3	Crazy Labs	以色列
4	金科文化-Outfit7	中国
5	SayGames	白俄罗斯
6	Playgendary	德国
7	Azur Interactive Games	俄罗斯
8	Miniclip	瑞士
9	宝宝巴士	中国
10	Playrix	爱尔兰
11	Good Job Games	土耳其
12	Amanotes	越南
13	涂鸦移动	中国
14	ironSource	以色列
15	Wildlife Studios	巴西
16	OneSoft	越南
17	腾讯	中国
18	Ubisoft	法国
19	Activision Blizzard	美国
20	Electronic Arts	美国
21	vivendi	法国
22	Sea	新加坡
23	Zynga	美国
24	Supercell	芬兰
25	Ruby Game	土耳其
26	Rollic	土耳其
27	常春藤移动	中国
28	TotoTOONS	立陶宛
29	Naxeex	俄罗斯
30	InnerSloth	美国

注：根据全球iOS应用商店及谷歌游戏数据统计。

资料来源：App Annie, Top 30 Game Publishers Worldwide ǀ Downloads, in Top Publisher Awards 2021, https://www.appannie.com/cn/apps/ios/top/level-up-rankings/all/all/top-30-game-publishers/? rankType = annual。

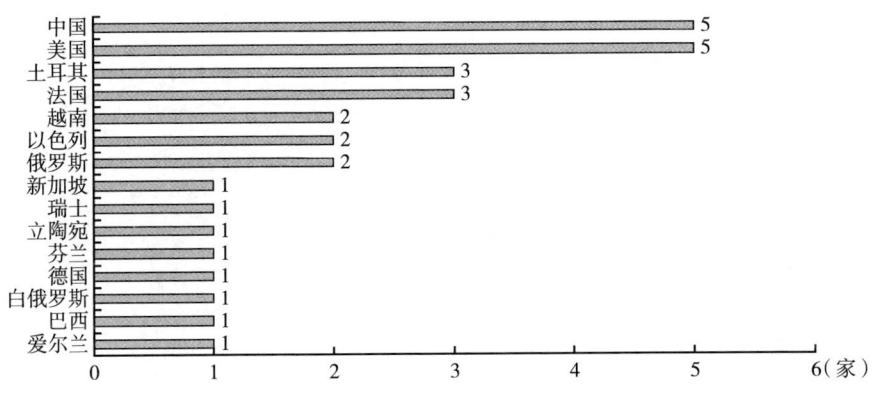

图9　2020年全球下载量前30名游戏发行商总部所在国家分布

注：根据全球iOS应用商店及谷歌游戏数据统计。
资料来源：App Annie，Top 30 Game Publishers Worldwide ｜ Downloads，in Top Publisher Awards 2021，https：//www.appannie.com/cn/apps/ios/top/level-up-rankings/all/all/top-30-game-publishers/?rankType=annual。

根据2020年收入排名，在全球收入前52名游戏发行商中，美国企业占据16个席位，包括动视暴雪（Activision Blizzard）、艺电（Electronic Arts）、微软（Microsoft）等全球知名游戏企业。中国以15家企业的数量位列第二，腾讯和网易更是分别夺得该榜单的第一、第二位。日本和韩国分别占据10个和4个席位，以色列有两家公司上榜，爱尔兰、澳大利亚、俄罗斯、芬兰、新加坡则各有一家企业入围该榜单（见表2、图10）。

表2　2020年全球收入前52名游戏发行商

排名	企业	总部所在国家
1	腾讯	中国
2	网易	中国
3	Playrix	爱尔兰
4	Activision Blizzard	美国
5	Zynga	美国
6	BANDAI NAMCO	日本
7	Supercell	芬兰

续表

排名	企业	总部所在国家
8	Netmarble	韩国
9	Playtika	以色列
10	Sony	日本
11	Google	美国
12	莉莉丝	中国
13	SQUARE ENIX	日本
14	Aristocrat	澳大利亚
15	趣加游戏	中国
16	LINE	日本
17	Niantic	美国
18	NCSOFT	韩国
19	Roblox	美国
20	mixi	日本
21	KONAMI	日本
22	Disney	美国
23	Moon Active	以色列
24	字节跳动	中国
25	CyberAgent	日本
26	阿里巴巴	中国
27	Match Group	美国
28	Scopely	美国
29	百度	中国
30	InterActiveCorp（IAC）	美国
31	AT&T	美国
32	NEXON	日本
33	GungHo Online Entertainment	日本
34	Sea	新加坡
35	米哈游	中国
36	Electronic Arts	美国
37	IGG	中国
38	Amazon	美国
39	Microsoft	美国
40	SciPlay	美国
41	欢聚集团	中国
42	Netflix	美国
43	Glu	美国
44	友塔网络	中国
45	DeNA	日本

续表

排名	企业	总部所在国家
46	龙创悦动	中国
47	三七互娱	中国
48	游族	中国
49	GAMEVIL	韩国
50	博乐科技	中国
51	Mail. Ru Group	俄罗斯
52	DoubleU	韩国

注：根据全球 iOS 应用商店及谷歌游戏数据统计。
资料来源：App Annie, Top 52 Overall Publishers Worldwide ǀ Revenue, in Top Publisher Awards 2021，https：//www. appannie. com/cn/apps/ios/top/level‐up‐rankings/all/all/top‐52‐overall‐publishers/。

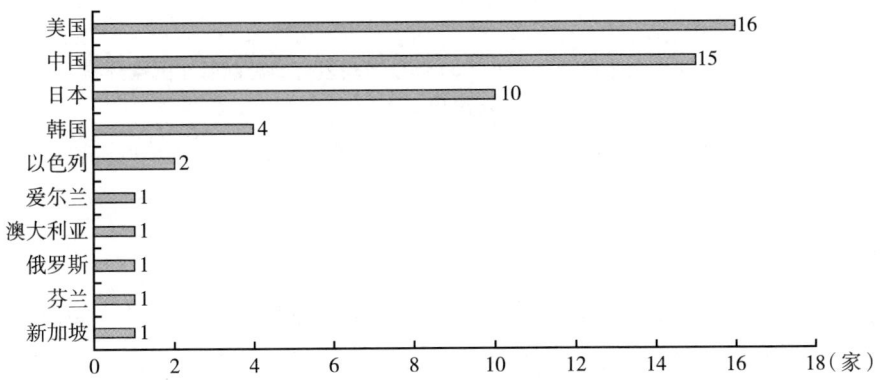

图10　2020年全球收入前52名游戏发行商总部所在国家分布

注：根据全球 iOS 应用商店及谷歌游戏数据统计。
资料来源：App Annie, Top 52 Overall Publishers Worldwide ǀ Revenue, in Top Publisher Awards 2021，https：//www. appannie. com/cn/apps/ios/top/level‐up‐rankings/all/all/top‐52‐overall‐publishers/。

根据App Annie和谷歌共同发布的《2020年中国移动游戏出海驱动力报告》，在2020年上半年海外游戏用户支出前1000名的游戏发行商中，日本厂商位居榜首，占21.5%；中国以微弱差距紧随其后，占21.2%；再次是美国，占18.5%。此外，有7.0%的发行商来自韩国，5.8%来自英国，芬兰和以色列厂商各占4.7%（见图11）。

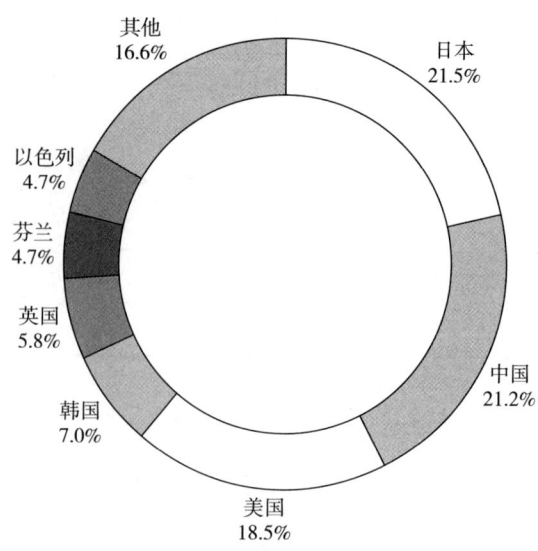

图 11 2020 年上半年海外 Top1000 移动游戏发行商总部所在国家分布（按用户支出）

资料来源：App Annie、谷歌《2020 年中国移动游戏出海驱动力报告》，2020，第 7 页。

4. 游戏产品

从游戏设备类型来看，手机游戏依然最受全球玩家欢迎，占比为 40%，其次是主机游戏和电脑游戏，分别占比 28% 和 21%。与之相比，平板游戏占比为 9%，占比最低的是网页游戏，仅为 2%（见图 12）。可见，手机和主机正成为全球玩家青睐的游戏设备。

在 2020 年上半年海外游戏下载量前 1000 名的游戏作品中，下载量最多的游戏类型是超休闲游戏①（Hyper-Casual Games），较上年同比增长 78%。与之相比，其他益智休闲游戏的增幅更大，接近一倍，是第二大受欢迎类型。其他类型依次为第一人称射击游戏、跑酷（街机游戏）、其他模拟游

---

① 所谓超休闲游戏，是指一种移动游戏类型，此类游戏易学易玩，容易让玩家沉迷其中，只需要投入极少的时间和注意力，近年来极为流行，主要开发商为英国的 Kwalee、法国的 Voodoo 等。参见 KC Karnes, "Hyper-Casual Games: Mobile Gaming's Greatest Genre Redefining the Future of Mobile Gaming," CleverTap, 22 Jun. 2021, https://clevertap.com/blog/hyper-casual-games/。

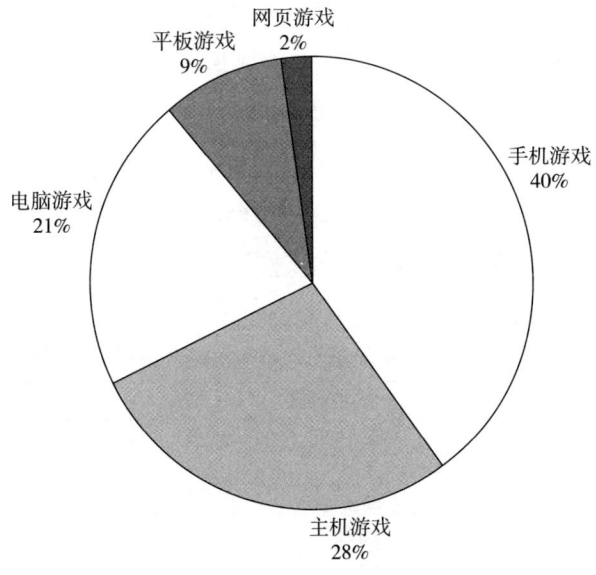

图 12　2020 年全球游类型分布

资料来源：Newzoo，*2020 Global Games Market Report*（*Free Version*），2020，p15。

戏、棋牌益智游戏、运动类模拟经营游戏、电子宠物（模拟游戏）、旋律＆音乐（街机游戏）和吃鸡（动作游戏），其中，棋牌益智游戏增幅最大，为65%，增幅最小的是吃鸡（动作游戏），仅为3%（见表3）。

表 3　2020 年上半年海外用户下载 Top1000 游戏的类型分布

排名	细分游戏品类	与2019年同比变化（%）
1	超休闲游戏	+78
2	其他益智休闲游戏	+92
3	第一人称射击游戏	+45
4	跑酷(街机游戏)	+23
5	其他模拟游戏	+54
6	棋牌益智游戏	+65
7	运动类模拟经营游戏	+9
8	电子宠物(模拟游戏)	+52
9	旋律＆音乐(街机游戏)	+22
10	吃鸡(动作游戏)	+3

资料来源：App Annie、谷歌《2020年中国移动游戏出海驱动力报告》，2020，第12页。

从用户付费角度看，在2020年上半年海外前1000名移动游戏中，海外玩家支出最多的游戏类型为各类角色扮演游戏，如回合制角色扮演游戏（第一名，较上年增幅4%）、动作类角色扮演游戏（第三名）、团队战斗（角色扮演游戏）（第八名，较上年增幅31%）、益智战斗（角色扮演游戏）（第九名，较上年增幅21%）。此外，虽然经典三消（益智游戏）较2019年出现负增长（增幅-3%），但依然在该榜单排名第四位（见表4）。

表4　2020年上半年海外用户支出Top1000游戏的类型分布

排名	细分游戏品类	与2019年同比变化（%）
1	回合制角色扮演游戏	+4
2	城战策略游戏	+21
3	动作类角色扮演游戏	0
4	经典三消（益智游戏）	-3
5	老虎机（博弈游戏）	+26
6	消除+建造（益智游戏）	+46
7	吃鸡（动作游戏）	+21
8	团队战斗（角色扮演游戏）	+31
9	益智战斗（角色扮演游戏）	+21
10	运动类模拟经营游戏	+22

资料来源：App Annie、谷歌《2020年中国移动游戏出海驱动力报告》，2020，第12页。

根据Facebook发布的调查报告，在2020年，解谜类游戏是美国、英国、德国和韩国玩家最欢迎的游戏类型（见图13至图16）。游戏类型的偏好也存在地域差异。在美国最受喜爱的五类游戏中，博彩类游戏受到了新老用户的欢迎，但运动类游戏却没有上榜（见图13）；与之不同，运动类游戏是英国新老用户都偏好的游戏类型，而博彩类游戏却没有上榜（见图14）。此外，即便在同一个国家，游戏用户的偏好也在不同程度上存在差异。例如，韩国的老用户偏爱射击、运动和策略类，但新用户更喜欢博彩、模拟和竞速类游戏（见图15）；在德国，一些老用户更喜欢超休闲类游戏，而新用户则更喜爱射击类游戏（见图16）。

2020年，由于疫情影响，部分游戏颁奖礼暂停或延期，如全球游戏开发者大会的游戏开发者选择奖（Game Developers Choice Awards）和电子娱

中国游戏产业对外贸易发展报告（2021）

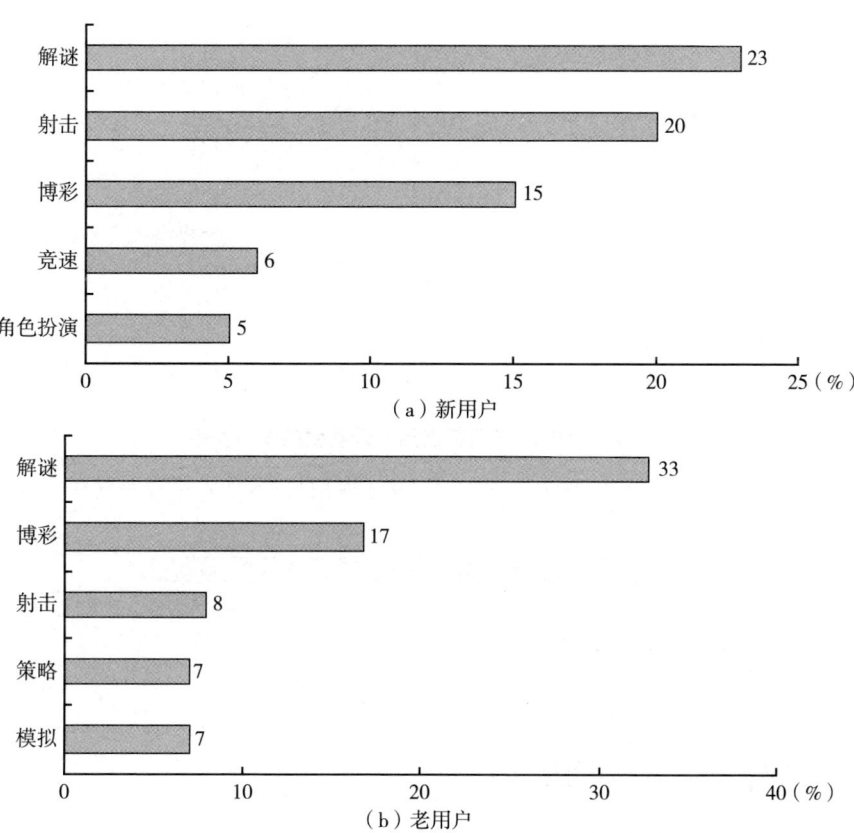

图 13　2020 年美国新老用户最喜爱的游戏类型

资料来源：Facebook Gaming, Facebook IQ, *Games Marketing Insight for 2021*, Jan. 2021, p8。

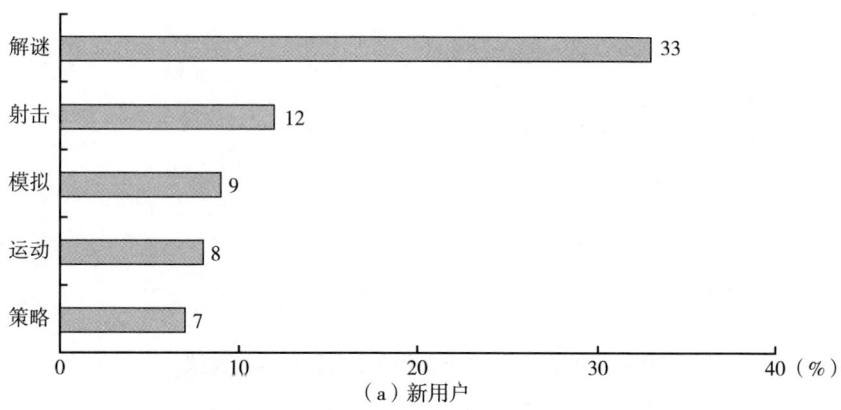

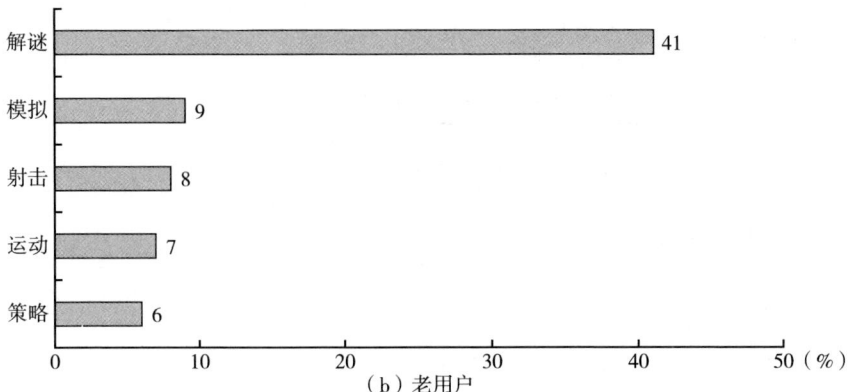

(b) 老用户

图 14　2020 年英国新老用户最喜爱的游戏类型

资料来源：Facebook Gaming, Facebook IQ, *Games Marketing Insight for 2021*, Jan. 2021, p8。

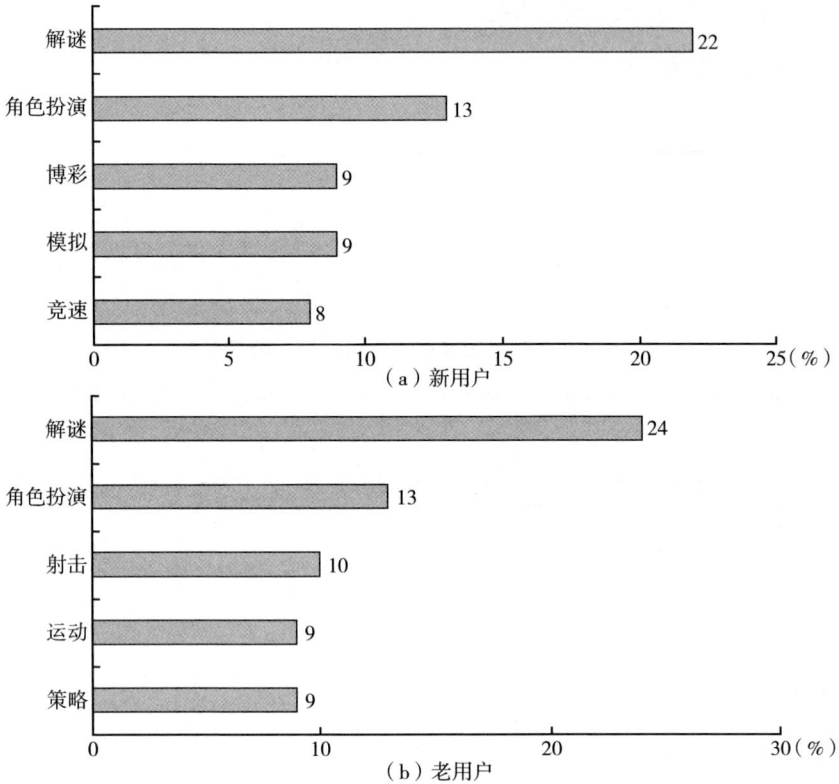

图 15　2020 年韩国新老用户最喜爱的游戏类型

资料来源：Facebook Gaming, Facebook IQ, *Games Marketing Insight for 2021*, Jan. 2021, p8。

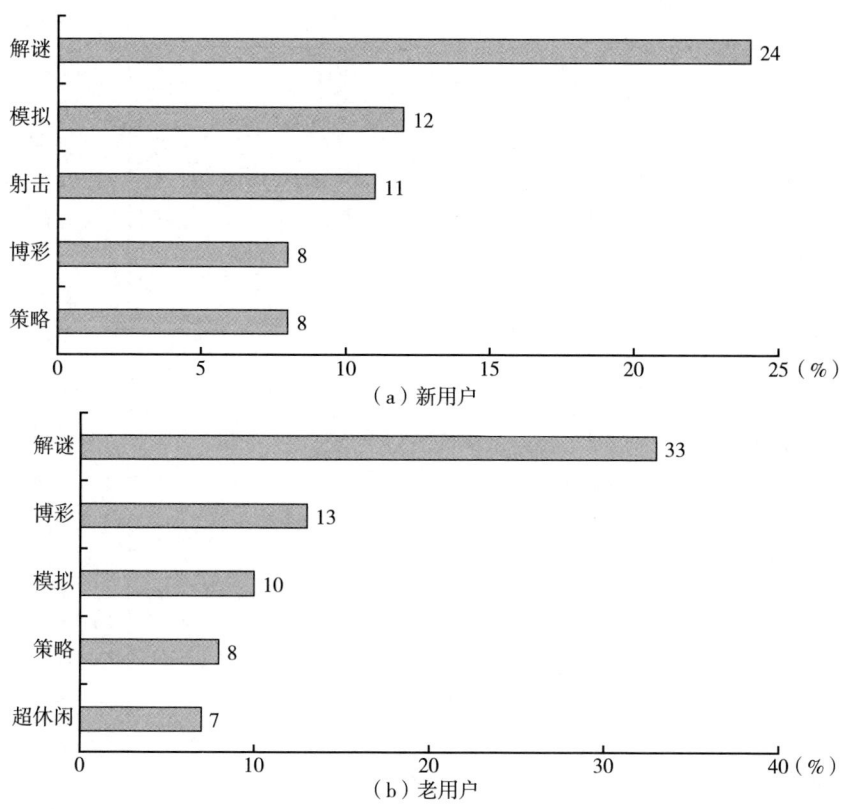

图 16　2020 年德国新老用户最喜爱的游戏类型

资料来源：Facebook Gaming, Facebook IQ, *Games Marketing Insight for 2021*, Jan. 2021, p8。

乐展会（The Electronic Entertainment Expo，E3）的游戏评论家奖（Game Critics Awards），但"全球游戏大奖"（The Game Award，TGA）如期公布了获奖名单（见表5）。

表 5　2020 年全球游戏大奖（TGA）获奖名单

奖项	获奖作品	国家*
年度最佳游戏	《最后生还者：第二部》	美国
最佳游戏指导	《最后生还者：第二部》	美国
最佳游戏叙事	《最后生还者：第二部》	美国
最佳艺术指导	《对马岛之魂》	美国

续表

奖项	获奖作品	国家*
最佳游戏音乐	《最终幻想7:重制版》	日本
最佳音效设计	《最后生还者:第二部》	美国
最佳表演奖	Laura Bailey(饰演《最后生还者:第二部》中的Abby)	美国
最佳社会影响力游戏	《谓何》	法国
最佳持续运营奖	《无人深空》	英国
最佳独立游戏	《哈迪斯》	美国
最佳移动端游戏	《我们之中》	美国
最佳社区支持	《糖豆人:终极挑战赛》	英国
最佳VR/AR游戏	《半条命:爱莉克斯》	美国
无障碍创新奖	《最后生还者:第二部》	美国
最佳动作	《哈迪斯》	美国
最佳动作/冒险游戏	《最后生还者:第二部》	美国
最佳角色扮演游戏	《最终幻想7:重制版》	日本
最佳格斗游戏	《真人快打11》	美国
最佳家庭游戏	《集合啦!动物森友会》	日本
最佳模拟/策略游戏	《微软飞行模拟》	法国
最佳体育/竞速游戏	《托尼霍克职业滑板1+2》	美国
最佳多人游戏	《我们之中》	美国
年度内容创作者	VALKYRAE	美国
最佳处女作	《恐鬼症》	美国
最佳电竞选手	HEO"SHOWMAKER"SU	韩国
最佳电竞教练	DANNY"ZONIC"SORENSEN	丹麦
最佳电竞赛事	《英雄联盟》世界赛2020	美国
最佳电竞游戏	《英雄联盟》	美国
最佳电竞主持/解说	Eefje"Sjokz"Depoortere	比利时
最佳电竞战队	G2 Esports	西班牙

注:*国家划分以游戏开发商所在国家为标准。
资料来源:https://thegameawards.com/nominees。

此外,在第24届互动艺术与科学协会奖(D.I.C.E. Awards)的提名名单中,依然没有出现中国游戏作品。其中,有超过半数作品来自美国游戏厂商,除了上文提及的《最后生还者:第二部》,《对马岛之魂》《哈迪斯》《蜘蛛侠:迈尔斯·莫拉莱斯》也表现优异。日本和英国的游戏作品分别占据13席，前者如《集合啦！动物森友会》，后者包括《小奥菲斯》等。此外，来自新兴市场的游戏作品也榜上有名，如印度尼西亚的《咖啡店的谈话》、阿根廷的《繁星路》等（见表6、图17）。

表6　第24届互动艺术与科学协会奖（D.I.C.E. Awards）提名游戏

奖项	提名作品	国家*
动画杰出成就奖	《最终幻想7：重制版》	日本
	《最后生还者：第二部》	美国
	《蜘蛛侠：迈尔斯·莫拉莱斯》	美国
	《精灵与萤火意志》	奥地利
	《灵魂远去》	加拿大
艺术指导杰出成就奖	《对马岛之魂》	美国
	《哈迪斯》	美国
	《最后生还者：第二部》	美国
	《蜘蛛侠：迈尔斯·莫拉莱斯》	美国
	《精灵与萤火意志》	奥地利
角色杰出成就奖	Eivor Varinsdottir《刺客信条：英灵殿》	加拿大
	Zagreus《哈迪斯》	美国
	Abby《最后生还者：第二部》	美国
	Ellie《最后生还者：第二部》	美国
	Miles Morales《蜘蛛侠：迈尔斯·莫拉莱斯》	美国
原创音乐作品杰出成就奖	《红怪》	波兰
	《对马岛之魂》	美国
	《小奥菲斯》	英国
	《精灵与萤火意志》	奥地利
	《无路之旅》	美国
音效设计杰出成就奖	《梦想大创造》	英国
	《对马岛之魂》	美国
	《最后生还者：第二部》	美国
	《精灵与萤火意志》	奥地利
	《麻布仔大冒险》	英国
故事杰出成就奖	《十三机兵防卫圈》	日本
	《对马岛之魂》	美国
	《哈迪斯》	美国

续表

奖项	提名作品	国家*
故事杰出成就奖	《肯塔基0号路TV版》	美国
	《最后生还者:第二部》	美国
《技术杰出成就奖》	《梦想大创造》	英国
	《对马岛之魂》	美国
	《最后生还者:第二部》	美国
	《马里奥赛车实况》	美国
	《微软飞行模拟》	法国
年度动作游戏	《毁灭战士:永恒》	美国
	《哈迪斯》	美国
	《半条命:爱莉克斯》	美国
	《蜘蛛侠:迈尔斯·莫拉莱斯》	美国
	《仁王2》	日本
年度冒险游戏	《刺客信条:英灵殿》	加拿大
	《对马岛之魂》	美国
	《肯塔基0号路TV版》	美国
	《最后生还者:第二部》	美国
	《精灵与萤火意志》	奥地利
年度家庭游戏	《集合啦!动物森友会》	日本
	《宇宙机器人:游戏间》	日本
	《梦想大创造》	英国
	《糖豆人:终极淘汰赛》	英国
	《麻布仔大冒险》	英国
年度格斗游戏	《EA体育格斗赛4》	加拿大
	《碧蓝幻想》	日本
	《真人快打11》	美国
	《它们的格斗牧群》	美国
年度竞速游戏	《尘埃5》	英国
	《F1赛车2020》	英国
	《马里奥赛车实况》	美国
年度角色扮演游戏	《赛博朋克2077》	波兰
	《最终幻想7:重制版》	日本
	《女神异闻录5》	日本
	《废土3》	美国
	《如龙7》	日本

续表

奖项	提名作品	国家*
年度体育游戏	EA SPORTS FIFA 21	加拿大
	MLB The Show 20	美国
	NBA 2K21	美国
	PGA TOUR 2K21	加拿大
	《托尼霍克职业滑板1+2》	美国
年度策略/模拟游戏	《十字军之王3》	瑞典
	《赏金奇兵3》	德国
	《微软飞行模拟》	法国
	《怪物列车》	美国
	《繁星路》	阿根廷
沉浸现实技术成就奖	《半条命:爱莉克斯》	美国
	《马里奥赛车实况》	美国
	《奇妙现实博物馆》	加拿大
	《纸兽》	法国
	《暴风雨》	美国
年度沉浸现实游戏	《掉进无底洞》	瑞典
	《半条命:爱莉克斯》	美国
	《纸兽》	法国
	《房间:黑暗物质》	英国
	《行尸走肉:圣徒与罪人》	美国
独立游戏杰出成就奖	《咖啡店的谈话》	印度尼西亚
	《哈迪斯》	美国
	《如寻获》	爱尔兰
	《肯塔基0号路TV版》	美国
	《女巫》	芬兰
年度移动游戏	《全息之境》	美国
	《符文之地传奇》	美国
	《小奥菲斯》	英国
	《盛开之歌》	德国
	《极圈以南》	英国
年度网络游戏	《集合啦!动物森友会》	日本
	《使命召唤:黑色行动冷战》	美国
	《糖豆人.终极淘汰赛》	英国
	《对马岛之魂》	美国
	《俄罗斯方块:效应》	日本

续表

奖项	提名作品	国家*
《游戏设计杰出成就奖》	《对马岛之魂》	美国
	《哈迪斯》	美国
	《半条命:爱莉克斯》	美国
	《最后生还者:第二部》	美国
	《蜘蛛侠:迈尔斯·莫拉莱斯》	美国
游戏指导杰出成就奖	《对马岛之魂》	美国
	《哈迪斯》	美国
	《半条命:爱莉克斯》	美国
	《肯塔基0号路TV版》	美国
	《最后生还者:第二部》	美国
年度游戏	《集合啦!动物森友会》	日本
	《最终幻想7:重制版》	日本
	《对马岛之魂》	美国
	《哈迪斯》	美国
	《最后生还者:第二部》	美国

注：*国家划分以游戏开发商所在国家为标准。

资料来源：https://www.interactive.org/news/24th_annual_dice_awards_finalists_revealed.asp。

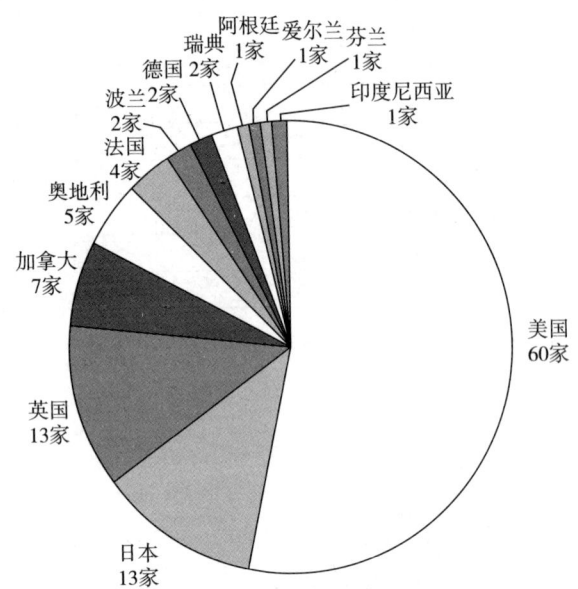

图17 第24届互动艺术与科学协会奖（D.I.C.E. Awards）提名游戏开发商所在国家分布

资料来源：https://www.interactive.org/news/24th_annual_dice_awards_finalists_revealed.asp。

(二）中国游戏对外贸易概览

1. 市场规模及地域分布

2020 年，中国自主研发网络游戏的海外收入及增长率皆有所提升，海外市场年度总收入由上年的 115.95 亿美元增长为 154.50 亿美元，增幅从上年的 20.95% 提升至 33.25%（见图 18）。

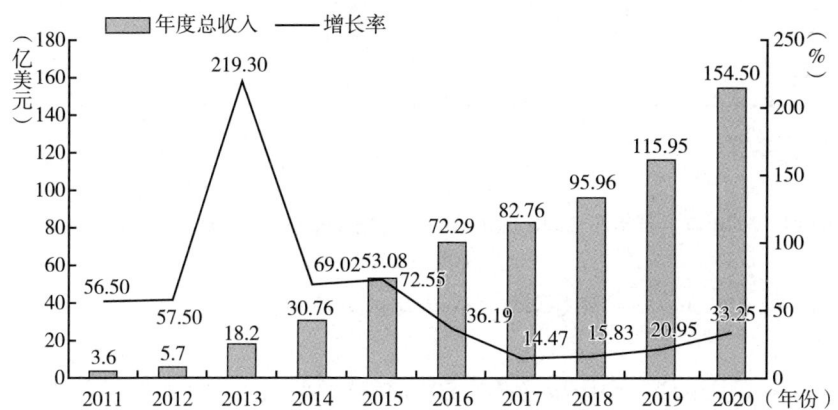

图 18　2011~2020 年中国自主研发网络游戏海外市场年度总收入

资料来源：中国音数协游戏工委（GPC）、CNG 中新游戏研究（伽马数据）、国际数据公司（IDC）《2018 年中国游戏产业报告（摘要版）》，中国书籍出版社，2018，第 46 页；中国音数协游戏工委（GPC）《2020 年中国游戏产业报告（摘要版）》，游戏产业网，2020年12月18日，http://www.cgigc.com.cn/gamedata/22132.html。

从地区分布看，根据 2020 年上半年全球各国用户支出前 250 名移动游戏排行榜，中国出口游戏产品在东南亚市场表现得最为出色，在当地前 250 名游戏中占比达 50%，占俄罗斯市场三成，在印度市场及韩国市场的相应榜单分别占 28%。与之相比，中国发行商在西欧、日本和北美等成熟市场占比略低，分别为 21%、20% 和 17%（见图 19）。

根据 Sensor Tower 公布的 2020 年中国游戏出口数据，从年度总收入看，中国游戏产品在日本市场的表现最为抢眼，年度总收入高达 28 亿美元，较上年提升 81%。从增长幅度看，中国游戏在新加坡收入涨幅最大，高达

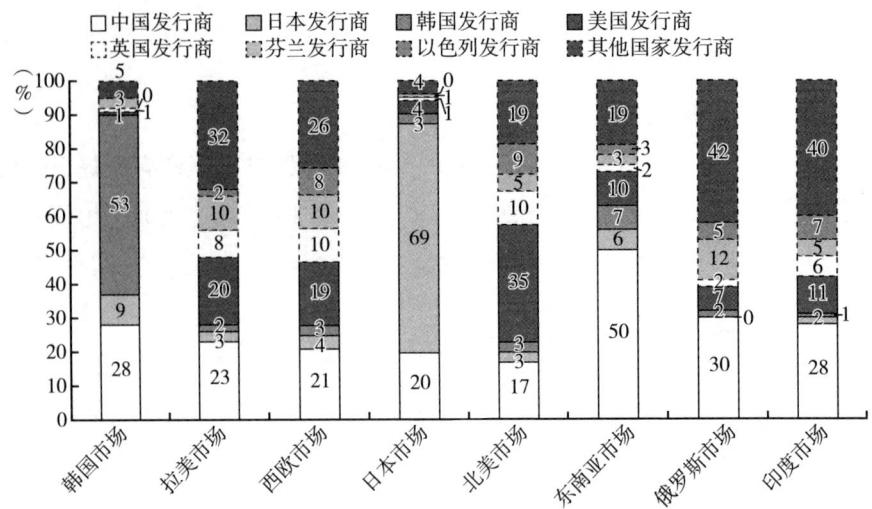

图 19　2020 年上半年部分国家和地区在各市场 Top250 移动游戏市场份额占有率（按用户支出）

资料来源：App Annie、谷歌《2020 年中国移动游戏出海驱动力报告》，2020，第 9 页。

93%。在美国市场，中国游戏产品 2020 年度总收入仅次于日本，接近 25 亿美元，增长率为 47%。此外，虽然中国手机游戏在德国、英国、加拿大、沙特阿拉伯的年度总收入均不足 5 亿美元，但依然呈现增长态势，其中，沙特阿拉伯的增长幅度高达 70%（见图 20）。

进一步看中国游戏在日本市场的表现，根据酷量信息发布的相关数据，在 2020 年日本游戏免费榜中，有 31% 来自中国厂商（见图 21）；在同年的畅销榜中，中国游戏产品占比为 27%（见图 22）。

2. 游戏厂商

根据谷歌发布的数据，在 2020 年中国全球化品牌 50 强中，有 12 家游戏企业榜上有名。其中，第一梯队为腾讯、趣加游戏和创智优品，分别以 454 分、438 分和 396 分的品牌力得分位居该榜单第 16、18 和 19 位；第二梯队包括莉莉丝、沐瞳科技、网易、IGG、智明星通和龙创悦动，品牌力得分为 240~340 分；其余为第三梯队，包括 Tap4fun、壳木游戏和龙腾简合，品牌力得分为 180~200 分（见表 7）。

中国游戏产业对外贸易发展报告（2021）

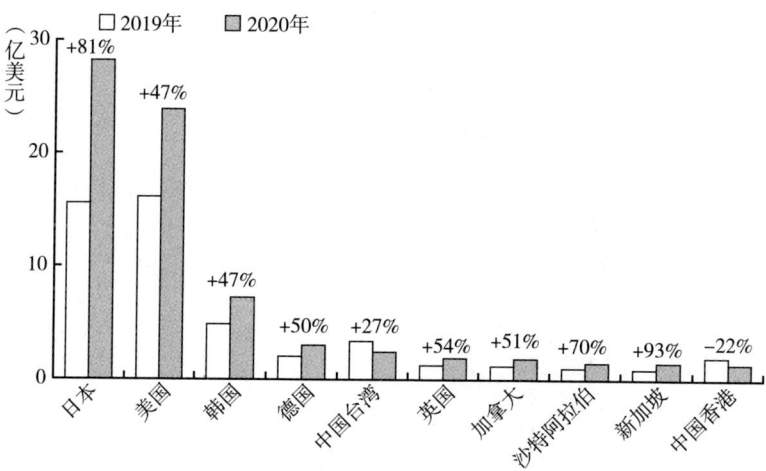

图20　2020年中国手机游戏出海市场地区分布

注：根据全球iOS应用商店及谷歌游戏数据统计。

资料来源：《2020中国手游出海年度盘点——37款手游海外收入超过1亿美元》，Sensor Tower微信公众号，2021年2月1日，https：//mp. weixin. qq. com/s/zvyJsx48qRiDf0OJgMM_ WA。

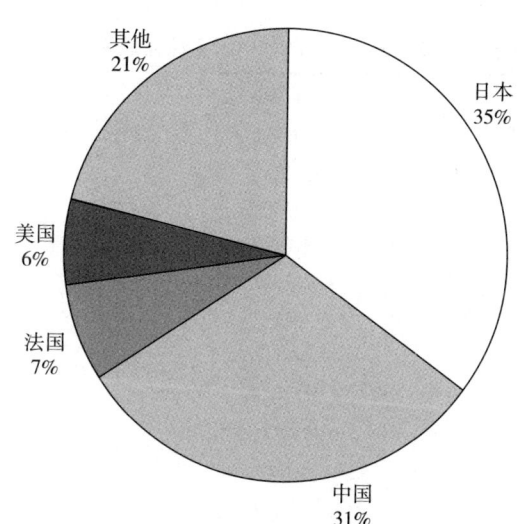

图21　2020年日本游戏App主要国家分布（免费榜）

资料来源：《2020全球App市场洞察——出海成熟市场篇》，酷量信息网，2020年10月23日，http：//www. dotcunitedgroup. com/news. php？id＝421。

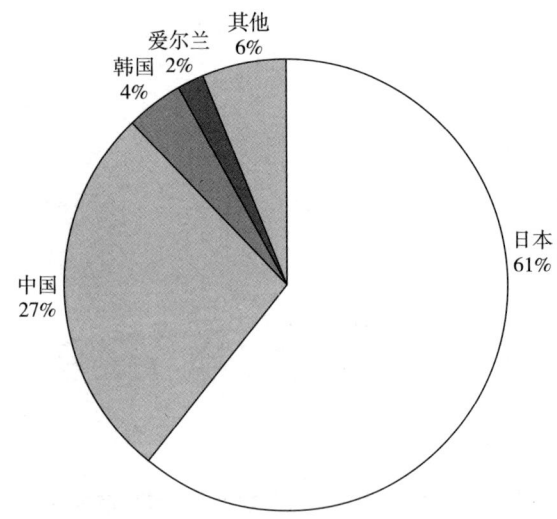

图 22　2020 年日本游戏 App 主要国家分布（畅销榜）

资料来源：《2020 全球 App 市场洞察——出海成熟市场篇》，酷量信息网，2020 年 10 月 23 日，http：//www.dotcunitedgroup.com/news.php? id = 421。

表 7　2020 年 BrandZ™ 中国全球化品牌 50 强

排名	品牌	品牌力得分
16	腾讯	454
18	趣加游戏	438
19	创智优品	396
23	莉莉丝	310
24	沐瞳科技	298
25	网易	295
28	IGG	254
29	智明星通	250
30	龙创悦动	247
43	Tap4fun	194
49	壳木游戏	186
50	龙腾简合	185

资料来源：《跨境通旗下 ZAFUL、Gearbest 再登 BrandZ™ "中国全球化品牌 50 强" 榜》，新浪网，2020 年 7 月 17 日，http：//finance.sina.com.cn/stock/relnews/cn/2020 - 07 - 17/doc - iivhvpwx5961905.shtml。

在由游戏工委主办的 2020 年中国"走出去"优秀游戏企业评比活动中，完美世界、网易、祖龙、米哈游等十家优秀出海企业获得提名，有三家企业最终获得该奖项，分别是三七互娱、莉莉丝和腾讯（见表 8）。

表 8　2020 年中国"走出去"优秀游戏企业

企业名称	获奖或提名情况
芜湖三七互娱网络科技集团股份有限公司	获奖
上海莉莉丝科技股份有限公司	获奖
上海蛮啾网络科技有限公司	提名
广州网易计算机系统有限公司	提名
游族网络股份有限公司	提名
完美世界股份有限公司	提名
祖龙（天津）科技股份有限公司	提名
米哈游（上海）网络科技股份有限公司	提名
北京龙创悦动网络科技有限公司	提名
深圳市腾讯计算机系统有限公司	获奖

资料来源：《2020 年度中国"游戏十强"评选获奖名单》，游戏产业网，2020 年 12 月 23 日，http：//www.cgigc.com.cn/info/22162.html。

此外，App Annie 以游戏收入及下载量为标准，分别列出了中国游戏厂商出海前 30 名榜单。值得注意的是，趣加游戏、腾讯、网易、IGG、字节跳动四家企业在两个榜单中皆榜上有名（见表 9、表 10）。

表 9　2020 年中国游戏厂商出海 30 强收入榜

排名	公司名称	排名	公司名称
1	趣加游戏	9	米哈游
2	莉莉丝	10	博乐游戏
3	腾讯	11	4399
4	网易	12	悠星网络
5	IGG	13	壳木游戏
6	友塔游戏	14	游族网络
7	欢聚集团	15	三七互娱
8	龙创悦动	16	沐瞳科技

续表

排名	公司名称	排名	公司名称
17	Magic Tavern	24	龙腾简合
18	字节跳动	25	掌趣科技
19	有爱互娱	26	梦加网络
20	智明星通	27	心动网络
21	乐元素	28	紫龙游戏
22	爱奇艺	29	易幻网络
23	创酷互动	30	点触科技

资料来源：《年度中国厂商出海 30 强收入榜》，https：//www.appannie.com/cn/apps/ios/top/level-up-rankings/all/all/top-30-china-headquartered-overall-publishers/? rankType=annual。

表 10　2020 年中国厂商出海 30 强下载榜

排名	公司名称	排名	公司名称
1	字节跳动	16	格像科技
2	影笑科技	17	美图
3	宝宝巴士	18	趣维科技
4	欢聚集团	19	网易
5	涂鸦移动	20	趣加游戏
6	快手	21	红海无限
7	腾讯	22	Blockman Go
8	阿里巴巴	23	IGG
9	凤眼科技	24	波克
10	小米集团	25	光锥元
11	创智优品	26	夜神数娱
12	Enjoy Mobi	27	MOUNTAIN GAME
13	沐瞳科技	28	合合信息科技
14	Shein	29	度摩科技
15	掌游天下	30	Hua Weiwei

资料来源：《年度中国厂商出海 30 强下载榜》，https：//www.appannie.com/cn/apps/ios/top/level-up-rankings/all/all/top-30-china-headquartered-overall-publishers-2/? rankType=annual。

3. 游戏产品

与之相应,大多表现优秀的出口游戏产品也由上述游戏企业研发。根据 Sensor Tower 的统计数据,2020 年共有 37 款中国手机游戏的出口额超过 1 亿美元。其中,既有典型的"吃鸡"类游戏,如腾讯的《绝地求生:刺激战场》、网易的《荒野行动》等,也有末日生存题材作品,如趣加游戏的《生存防御战》;既有数年来在海外市场表现优秀的游戏,如莉莉丝的《万国觉醒》、IGG 的《王国纪元》、趣加游戏的《阿瓦隆之王》,也有米哈游的《原神》等新作品(见表 11)。

表 11　2020 年中国手游海外市场收入前 30 名

排名	游戏	发行商
1	《绝地求生:刺激战场》	腾讯
2	《万国觉醒》	莉莉丝
3	《荒野行动》	网易
4	《使命召唤手游》	动视暴雪 & 腾讯
5	《生存防御战》	趣加游戏
6	《黑道风云》	友塔网络
7	《剑与远征》	莉莉丝
8	《王国纪元》	IGG
9	《原神》	米哈游
10	《无尽对决》	沐瞳科技
11	《放置少女》	有爱互娱
12	《阿瓦隆之王》	趣加游戏
13	《守望黎明》	龙创悦动
14	《火枪纪元》	趣加游戏
15	《明日方舟》	鹰角网络 & 悠星网络 & 心动网络
16	《奇迹之剑》	4399
17	Matchington Masion	Magic Tavern
18	Age of Z Origins	壳木游戏
19	Cash Frenzy Casino	博乐科技
20	《龙族幻想》	祖龙 & 腾讯

续表

排名	游戏	发行商
21	《第五人格》	网易&心动网络
22	《明日之后》	网易&心动网络
23	Be The King	创酷互动
24	《风之大陆》	紫龙游戏&NEOCRAFT
25	《偶像梦幻祭！！Music》	乐元素
26	《江山美人》	三七互娱
27	《碧蓝航线》	悠星网络
28	《战火与秩序》	壳木游戏
29	《帝国纪元》	龙创悦动
30	《仙境传说RO》	心动网络&GungHo

注：根据全球iOS应用商店及谷歌游戏数据统计。
资料来源：《2020中国手游出海年度盘点——37款手游海外收入超过1亿美元》，Sensor Tower微信公众号，2021年2月1日，https：//mp. weixin. qq. com/s/zvyJsx48qRiDf0OJgMM_WA。

从游戏类型看，在2020年上半年海外市场下载量前250名的中国游戏中，其他益智游戏是最受海外玩家欢迎的游戏类型，较上年同比增长超过一倍。与此同时，吃鸡（动作游戏）和城战策略游戏的增幅虽然不大，分别为3%和10%，但依然位居该榜单的前三位。此外，涨幅较大的游戏类型还包括其他休闲游戏和棋牌（益智游戏），分别增长了227%和166%。值得注意的是，虽然消除+建造（益智游戏）也属于益智游戏这一大品类，但呈现下降趋势，降幅为9%（见表12）。

表12 2020年上半年海外用户下载Top250中国游戏的类型分布

排名	细分游戏品类	与2019年同比变化(%)
1	其他益智游戏	+111
2	吃鸡(动作游戏)	+3
3	城战策略游戏	+10
4	其他休闲游戏	+227
5	其他儿童类游戏	+74

续表

排名	细分游戏品类	与2019年同比变化(%)
6	运动类模拟经营游戏	+79
7	棋牌(益智游戏)	+166
8	MOBA/动作即时战略游戏	+35
9	教育(儿童类游戏)	+36
10	消除+建造(益智游戏)	−9

资料来源：App Annie、谷歌《2020年中国移动游戏出海驱动力报告》，2020，第13页。

若以用户支出为标准排序，海外用户支出最多的中国游戏类型是城战策略游戏，较上年同比增长了35%。吃鸡（动作游戏）位列第二，呈增长态势，涨幅为29%。就增长幅度而言，涨幅最大的是塔防（策略游戏）和老虎机（博弈游戏），分别为183%和130%（见表13）。

根据酷量信息发布的市场调查数据，在印度、印度尼西亚、土耳其和美国四个国家中，中国游戏出口产品的类型分布趋势较为一致。其中，占比最大的游戏类型是策略类，比重均超过了1/3，在美国市场占比超过了半数。其次是角色扮演类、博彩类和动作类（见图23）。

表13 2020年上半年海外用户支出Top250中国游戏的类型分布

排名	细分游戏品类	与2019年同比变化(%)
1	城战策略游戏	+35
2	吃鸡(动作游戏)	+29
3	动作类角色扮演游戏	+24
4	其他角色扮演游戏	+27
5	放置类角色扮演游戏	+84
6	老虎机(博弈游戏)	+130
7	回合制角色扮演游戏	+4
8	塔防(策略游戏)	+183
9	团队战斗(角色扮演游戏)	+5
10	MOBA/动作即时战略游戏	+43

资料来源：App Annie、谷歌《2020年中国移动游戏出海驱动力报告》，2020，第13页。

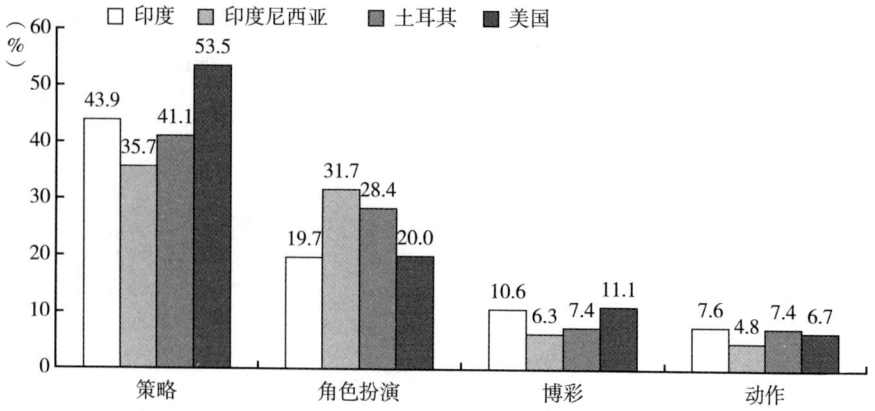

图23　2020年印度、印度尼西亚、土耳其及美国游戏App榜
中国产品主要类型（畅销榜）

资料来源：《2020全球App市场洞察——出海成熟市场篇》，酷量信息网，2020年10月23日，http://www.dotcunitedgroup.com/news.php？id=421；《全球新兴游戏市场观察：中国出海RPG&策略合占土耳其市场七成份额》，网易网，2021年4月1日，https：//www.163.com/dy/article/G6GIFQPV05268BP2.html。

二　中国游戏文化国际贸易的主要问题

（一）游戏品类单一，难以满足海外玩家的多样化需求

2020年，中国游戏出口产品类型与海外玩家的需求依然存在不同程度的偏差。根据Facebook发布的游戏市场调查报告，虽然解谜类游戏在美国、英国、德国和韩国都是最受欢迎的游戏类型，但不同国家的游戏用户偏好也呈现多样化的态势，即便是在同一个国家，新老用户对游戏类型的偏好也存在不同程度的差异。例如，在美国，虽然新老用户都喜欢解谜、射击和博彩类游戏，但竞速类游戏和角色扮演类游戏在新用户中更受欢迎，而老用户则往往选择策略类游戏和模拟类游戏。与美国和德国不同，英国用户对博彩类游戏并不热衷，而是更偏好运动类游戏。在韩国，新老用户的偏好差异较大，老用户更喜欢射击类、运动类和策略类，而新用户则偏爱博彩、模拟和竞速类。

然而如上文所述，2020年中国游戏对外贸易的优势产品主要类型集中在城战策略类、动作类角色扮演游戏等，鲜少涉及解谜类游戏，且类型较为同质化，很难精准匹配上述地区玩家的游戏需求。根据酷量信息发布的全球游戏市场数据，无论是在美国这样的成熟游戏市场，还是在印度、印度尼西亚、土耳其等新兴市场，①中国最大的游戏品类分布都较为趋同，所占比例从大到小分别为策略类、角色扮演类、博彩类和动作类。其中，所占比例最高的游戏类型都是策略类，而且占比都超过了35%，在美国更是高达53.5%。

如此一来，同质化问题势必无法满足不同地区玩家以及同一地区不同群组玩家的多样性需求，进而会对游戏产品在海外市场的竞争力产生极大负面影响。以日本为例，在当地游戏App免费榜中，中国游戏与日本本土游戏仅存在4%的微弱差距；而在日本游戏App畅销榜中，日本游戏作品却占据绝对优势，比中国游戏产品高出34%。

（二）游戏精品短缺，缺少高水平的旗舰产品

在2020年全球游戏大奖获奖名单中，所有奖项依然被欧美日韩等国家和地区包揽，没有出现中国游戏作品的身影。其中，美国的游戏作品获得了近六成的奖项，仅《最后生还者：第二部》就夺得七项大奖，包括年度最佳游戏、最佳游戏指导、最佳游戏叙事、最佳音效设计、最佳表演奖、无障碍创新奖、最佳动作/冒险游戏。此外，来自日本的《最终幻想7：重制版》也夺得了最佳游戏音乐和最佳角色扮演游戏两项大奖。与此同时，与电子竞技相关的奖项则被比利时、西班牙、丹麦、韩国等国家收入囊中。上述国家游戏产品和游戏社群文化的成熟度可见一斑。

（三）游戏素养较低，欠缺对海外游戏文化的深度理解

2020年，与游戏相关的优秀中文研究成果依然比较匮乏。按照关键

---

① 有关成熟市场和新型市场的详细界定，参见李嘉珊主编《中国国际文化贸易发展报告（2020）》，社会科学文献出版社，2020。

词搜索，CNKI数据库中包含"游戏产业"的中文学术期刊条目仅有524条、学位论文80条、学术辑刊10条，远远低于"电影产业"的中文研究数量（学术期刊总数为1255条、学位论文151条、学术辑刊33条）（见图24）。值得注意的是，若以"海外游戏产业""游戏出海""游戏对外贸易"等关键词搜索，则没有任何研究成果。

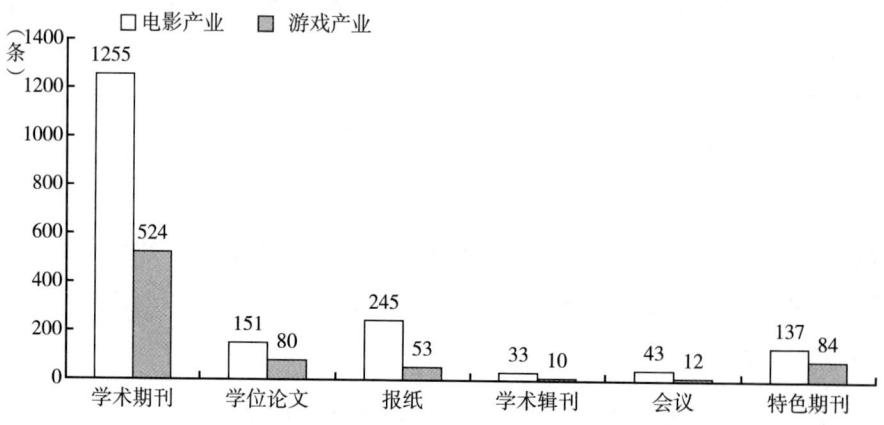

图24 CNKI数据库"电影产业"和"游戏产业"中文研究成果数量对比（关键词搜索）

资料来源：CNKI数据库，数据采集日期为2021年4月10日。

进一步看，这在很大程度上源于国内缺乏对游戏相关的科研支持。根据CNKI的统计数据，当前有关电影产业研究的科研基金数量为120个，既有国家级别的权威基金项目，如国家社会科学基金、国家自然科学基金、国家留学基金、国家重点研发计划，也有地方各级科研资助项目，如北京市哲学社会科学规划项目、上海市教育委员会曙光计划项目、天津市哲学社会科学规划项目等。与之相比，游戏产业相关的科研基金总数却不足电影产业研究的1/6，包括4项国家社会科学基金、4项国家自然科学基金、2项教育部人文社会科学研究项目、1项国家重点研发计划等（见表14）。其中，没有针对游戏对外贸易的科研资助项目。

中国游戏产业对外贸易发展报告（2021）

表14 CNKI数据库中"电影产业"与"游戏产业"科研基金数量对比
（关键词搜索）

单位：项

科研基金名称	电影产业	游戏产业
国家社会科学基金	62	4
国家自然科学基金	13	4
教育部人文社会科学研究项目	7	2
全国艺术科学规划课题	6	—
北京市哲学社会科学规划项目	5	1
江苏省教育厅人文社会科学研究基金	3	1
江苏省教育厅高等学校哲学社会科学基金项目	3	—
浙江省哲学社会科学规划课题	3	—
国家重点研发计划	2	1
上海市教育委员会曙光计划项目	2	—
国家留学基金	2	—
浙江省自然科学基金	2	—
佛山市哲学社会科学规划项目	2	—
陕西省教育厅科研计划项目	2	—
天津市哲学社会科学规划项目	2	—
教育部新世纪优秀人才支持计划	1	—
安徽省软科学研究计划项目	1	—
广东省哲学社会科学规划项目	1	—
贵州省科技计划项目	1	—
中央高校基本科研业务费专项资金项目	—	1
福建省教育厅科技项目	—	1
广东省教育厅科学研究项目	—	1
全国统计科学研究计划项目	—	1
全国教育科学规划课题	—	1
黑龙江省科技攻关计划	—	1
总计	120	19

资料来源：CNKI数据库，数据采集日期为2021年4月10日。

与此同时，国内依然缺乏完善成熟的游戏教育体系，尤其是高层次的游戏课程和学位项目，游戏产业人才培养的职能在更大程度上集中在专科（高职）院校。目前国内与游戏相关的专业仅有一个，名为"游戏设计"，属于文化艺术大类下的艺术设计类，共有45所院校开设了这一专业，有约

45%为民办学校（见表15）。其中，除四川传媒学院等4所普通本科院校，其他41家皆为专科（高职）院校，列入"双高计划"的院校有8所，包括深圳职业技术学院、九江职业技术学院等。

表15 国内开设游戏设计专业的院校

序号	学校名称	办学类型	院校类型	是否公办	院校特色
1	深圳职业技术学院	专科（高职）	综合类	是	双高计划
2	九江职业技术学院	专科（高职）	理工类	是	双高计划
3	广东轻工职业技术学院	专科（高职）	其他	是	双高计划
4	深圳信息职业技术学院	专科（高职）	理工类	是	双高计划
5	上海工艺美术职业学院	专科（高职）	艺术类	是	双高计划
6	石家庄职业技术学院	专科（高职）	综合类	是	双高计划
7	福州职业技术学院	专科（高职）	综合类	是	双高计划
8	湖南工艺美术职业学院	专科（高职）	艺术类	是	双高计划
9	四川文化产业职业学院	专科（高职）	综合类	是	—
10	北京青年政治学院	专科（高职）	语言类	是	—
11	牡丹江大学	专科（高职）	综合类	是	—
12	山东传媒职业学院	专科（高职）	综合类	是	—
13	海南软件职业技术学院	专科（高职）	理工类	是	—
14	长江职业学院	专科（高职）	理工类	是	—
15	山东电子职业技术学院	专科（高职）	理工类	是	—
16	上海交通职业技术学院	专科（高职）	理工类	是	—
17	马鞍山职业技术学院	专科（高职）	理工类	是	—
18	广东文艺职业学院	专科（高职）	艺术类	是	—
19	无锡工艺职业技术学院	专科（高职）	艺术类	是	—
20	四川艺术职业学院	专科（高职）	艺术类	是	—
21	湖北科技职业学院	专科（高职）	综合类	是	—
22	哈尔滨科学技术职业学院	专科（高职）	综合类	是	—
23	天津工艺美术职业学院	专科（高职）	艺术类	是	—
24	河北工艺美术职业学院	专科（高职）	其他	是	—
25	重庆艺术工程职业学院	专科（高职）	艺术类	否	—
26	上海工商外国语职业学院	专科（高职）	语言类	否	—
27	四川科技职业学院	专科（高职）	综合类	否	—
28	厦门南洋职业学院	专科（高职）	综合类	否	—
29	上海思博职业技术学院	专科（高职）	财经类	否	—
30	厦门软件职业技术学院	专科（高职）	综合类	否	—
31	上海邦德职业技术学院	专科（高职）	综合类	否	—

续表

序号	学校名称	办学类型	院校类型	是否公办	院校特色
32	上海电影艺术职业学院	专科（高职）	艺术类	否	—
33	广州松田职业学院	专科（高职）	综合类	否	—
34	青岛求实职业技术学院	专科（高职）	综合类	否	—
35	泉州轻工职业学院	专科（高职）	综合类	否	—
36	合肥信息技术职业学院	专科（高职）	理工类	否	—
37	江西泰豪动漫职业学院	专科（高职）	综合类	否	—
38	福州软件职业技术学院	专科（高职）	综合类	否	—
39	吉林城市职业技术学院	专科（高职）	理工类	否	—
40	安徽绿海商务职业学院	专科（高职）	财经类	否	—
41	黑龙江三江美术职业学院	专科（高职）	艺术类	否	—
42	四川音乐学院	普通本科	艺术类	是	—
43	四川传媒学院	普通本科	艺术类	否	—
44	河北美术学院	普通本科	艺术类	否	—
45	安徽文达信息工程学院	普通本科	理工类	否	—

资料来源：中国教育在线，https：//gkcx.eol.cn/special/928？special_type=3&sort=1&province=，最后访问日期：2021年4月10日。

此外，随着电子竞技产业的快速发展，国内有64所院校开设了"电子竞技运动与管理"专业，比开设游戏设计的学校数量多了42%，超过60%为民办学校。其中，除上海第二工业大学、四川传媒学院等10所普通本科院校，其余皆为专科（高职）学校（见表16）。

表16 国内开设电子竞技运动与管理专业的院校

序号	学校名称	办学类型	院校类型	是否公办
1	上海第二工业大学	普通本科	理工类	是
2	云南经济管理学院	普通本科	财经类	否
3	南昌职业大学	普通本科	综合类	否
4	四川传媒学院	普通本科	艺术类	否
5	四川电影电视学院	普通本科	艺术类	否
6	安徽新华学院	普通本科	综合类	否
7	江西工程学院	普通本科	理工类	否
8	江西软件职业技术大学	普通本科	其他	否

续表

序号	学校名称	办学类型	院校类型	是否公办
9	西安欧亚学院	普通本科	综合类	否
10	西安汽车职业大学	普通本科	理工类	否
11	三明医学科技职业学院	专科(高职)	综合类	是
12	三门峡社会管理职业学院	专科(高职)	其他	是
13	上海出版印刷高等专科学校	专科(高职)	综合类	是
14	上海电子信息职业技术学院	专科(高职)	理工类	是
15	哈尔滨科学技术职业学院	专科(高职)	综合类	是
16	安徽体育运动职业技术学院	专科(高职)	体育类	是
17	山西体育职业学院	专科(高职)	体育类	是
18	常州纺织服装职业技术学院	专科(高职)	理工类	是
19	广西国际商务职业技术学院	专科(高职)	财经类	是
20	江西青年职业学院	专科(高职)	综合类	是
21	河北软件职业技术学院	专科(高职)	理工类	是
22	河南物流职业学院	专科(高职)	其他	是
23	海南体育职业技术学院	专科(高职)	体育类	是
24	淮北职业技术学院	专科(高职)	综合类	是
25	湖北工业职业技术学院	专科(高职)	综合类	是
26	湖北财税职业学院	专科(高职)	财经类	是
27	湖南体育职业学院	专科(高职)	体育类	是
28	湖南大众传媒职业技术学院	专科(高职)	综合类	是
29	牡丹江大学	专科(高职)	综合类	是
30	苏州健雄职业技术学院	专科(高职)	理工类	是
31	荆州理工职业学院	专科(高职)	理工类	是
32	锡林郭勒职业学院	专科(高职)	综合类	是
33	黑龙江商业职业学院	专科(高职)	财经类	是
34	九江理工职业学院	专科(高职)	综合类	否
35	云南经贸外事职业学院	专科(高职)	其他	否
36	内蒙古能源职业学院	专科(高职)	理工类	否
37	南昌影视传播职业学院	专科(高职)	综合类	否
38	厦门安防科技职业学院	专科(高职)	综合类	否
39	合肥信息技术职业学院	专科(高职)	理工类	否
40	合肥共达职业技术学院	专科(高职)	理工类	否
41	嘉兴南洋职业技术学院	专科(高职)	综合类	否

续表

序号	学校名称	办学类型	院校类型	是否公办
42	四川托普信息技术职业学院	专科(高职)	理工类	否
43	四川文化传媒职业学院	专科(高职)	综合类	否
44	四川科技职业学院	专科(高职)	综合类	否
45	大连枫叶职业技术学院	专科(高职)	理工类	否
46	天府新区信息职业学院	专科(高职)	综合类	否
47	广东创新科技职业学院	专科(高职)	理工类	否
48	广州华南商贸职业学院	专科(高职)	综合类	否
49	广州涉外经济职业技术学院	专科(高职)	综合类	否
50	广西理工职业技术学院	专科(高职)	理工类	否
51	昆明艺术职业学院	专科(高职)	艺术类	否
52	曹妃甸职业技术学院	专科(高职)	综合类	否
53	武汉光谷职业学院	专科(高职)	综合类	否
54	民办万博科技职业学院	专科(高职)	综合类	否
55	泉州华光职业学院	专科(高职)	综合类	否
56	浙江长征职业技术学院	专科(高职)	综合类	否
57	湖北开放职业学院	专科(高职)	理工类	否
58	福州软件职业技术学院	专科(高职)	综合类	否
59	重庆交通职业学院	专科(高职)	理工类	否
60	重庆传媒职业学院	专科(高职)	综合类	否
61	重庆信息技术职业学院	专科(高职)	理工类	否
62	重庆资源与环境保护职业学院	专科(高职)	理工类	否
63	钟山职业技术学院	专科(高职)	理工类	否
64	长春健康职业学院	专科(高职)	综合类	否

资料来源：中国教育在线，https：//gkcx.eol.cn/special/928？special_type=3&sort=1&province=，最后访问日期：2021年4月10日。

从地域分布看，开设游戏设计专业的院校大多集中在上海、四川、福建、山东等地，而开设电子竞技运动与管理专业的院校通常分布在四川、安徽、江西、湖北等省份。值得注意的是，四川省共有5所开设游戏设计专业的院校和6所开设电子竞技运动与管理专业的院校，相关本科层次院校数量也多于其他省份，如四川传媒学院（见图25）。

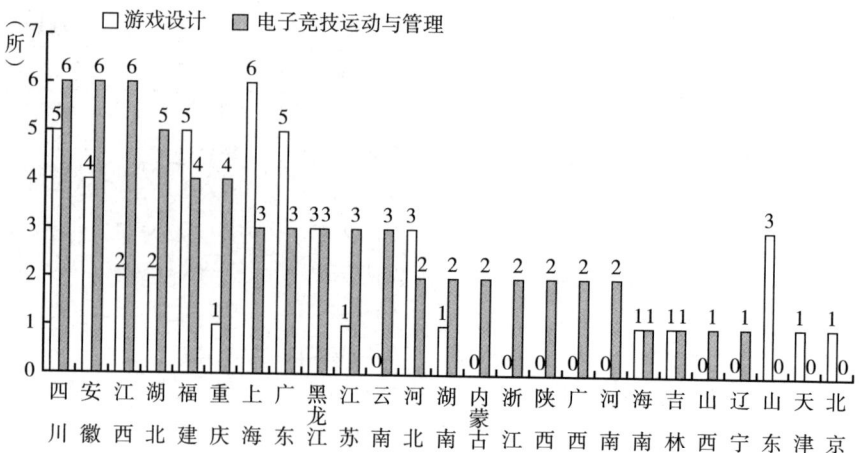

图25 国内开设游戏设计与电子竞技运动与管理专业的院校地域分布

资料来源：中国教育在线，https：//gkcx. eol. cn/special/928？ special_ type = 3&sort = 1&province = ，最后访问日期：2021年4月10日。

不难看出，我国还没有形成成熟的游戏素养生态。一方面，国内游戏研究缺乏足够的科研支持和发布平台，导致国内学者缺乏足够的研究主动性，鲜少推出高质量的中文研究成果，更不用说针对游戏对外贸易的深度剖析。另一方面，研究者及研究成果的匮乏，进一步影响了国内游戏教育体系，"教什么"与"谁来教"成为国内游戏专业亟待解决的两大重要问题，会严重影响各大院校向游戏产业输送优秀人才，最终造成国内游戏企业很难推出更具创造性和多样性的游戏产品。

三 促进中国游戏对外贸易发展的建议

（一）推动游戏研究，为游戏对外贸易提供学术支持

2020年，国内出现了一些有关游戏文化的原创研究成果及科研项目。6月，完美世界游戏研究中心启动了"中国游戏资料保存项目"，邀请了多位国内外优秀的游戏学者，力图通过严肃的学术研究，从多个维度来深度解读中国游戏文

化,相关研究成果以图书形式出版。同月,由宗争、董明来合著的《游戏符号学文集》由四川大学出版社出版。7月,中文核心期刊《新闻记者》推出了游戏研究专题,包括《"消费者"·"玩家"·"玩工"·"生产者"——基于模组游戏〈我的世界〉的研究》(郭建斌、姚健明)、《MMORPG网络游戏批判——关于游戏币以及游戏乌托邦的历史考察》(邓剑)等5篇文章。同月,邓剑编译的《探寻游戏王国里的宝藏:日本游戏批评文选》一书由上海书店出版社出版。与此同时,在《澎湃新闻》的"思想市场"栏目,游戏研究专栏"游戏论"持续更新发布了10余篇文章,包括游戏历史、游戏批评、游戏文化等多个主题,内容涵盖韩国、日本、美国、英国等多个地区。

以此为基础,我国相关机构应加大对游戏研究的科研支持力度,为中国游戏对外贸易打下坚实的理论基础。第一,推动国外优秀游戏研究成果的译介工作,尤其是针对海外各地区游戏文化的高水平图书及论文,消除中国游戏产业从业者了解海外市场及文化逻辑的语言壁垒。第二,将游戏研究纳入高校科研体系,提供专项科研基金,鼓励研究者结合自身优势,从不同学科出发针对游戏产业、游戏产品、玩家社群进行深度研究。第三,设立中文游戏研究学术期刊,打破学术圈层,鼓励年轻学者和硕博研究生推出高水平的本土原创成果,为其提供文章发表的多样化平台。第四,支持与游戏研究相关的国际学术活动,鼓励国内学者参与海外权威国际会议,同时倡导有条件的国内高校及研究机构组织线上或线下的游戏研究国际会议,了解全球研究前沿,并介绍国内优秀的研究成果。

(二)发展游戏教育,为游戏对外贸易提供产业人才

目前,欧美多个国家已经建立了成熟的游戏教育体系。以美国南加利福尼亚州大学(University of Southern California)为例,该校开设了多个与游戏相关的专业,涉及文、理多个学科,涵盖本科、硕士研究生等多个层次(见表17)。就课程体系而言,该校互动娱乐艺术本科专业为学生提供了38门课程,兼顾理论与实践,涵盖游戏策划、游戏技术、游戏艺术、用户研究、游戏发行、商业管理等多个领域(见表18)。此外,该校不仅设立了以

游戏与健康方向为特色的硕士研究生专业,开设了"互动娱乐、科学与医疗"等课程,而且提供了多个与游戏相关的辅修专业,供其他专业的学生了解游戏思维,并进一步培养跨学科的游戏产业人才。

表17 美国南加利福尼亚州大学游戏相关专业

专业名称	专业类型
互动娱乐艺术	本科主修专业
计算机科学(游戏方向)	本科主修专业
计算机科学(游戏开发方向)	硕士研究生专业
艺术硕士	硕士研究生专业
互动娱乐艺术(游戏与健康方向)	硕士研究生专业
电影艺术(媒体艺术、游戏与健康方向)	硕士研究生专业
游戏动画	本科辅修专业
游戏声音	本科辅修专业
游戏企业	本科辅修专业
游戏研究	本科辅修专业
游戏用户研究	本科辅修专业
沉浸式媒体	本科辅修专业
游戏设计	本科辅修专业
电子游戏设计与管理	本科辅修专业
电子游戏编程	本科辅修专业

资料来源:https://catalogue.usc.edu/search_advanced.php?cur_cat_oid=12&ecpage=1&cpage=1&ppage=1&pcpage=1&spage=1&tpage=1&search_database=Search&filter%5Bkeyword%5D=game&filter%5B31%5D=1&filter%5B1%5D=1&filter%5B30%5D=1,最后访问日期:2021年4月15日。

表18 美国南加州大学互动娱乐艺术本科专业课程

课程类型	课程名称	学分
必修	编程导论	4
	程序媒介基础	2
	影视艺术的多样性图景	4
	电影导论	4
	游戏开发导论	4
	中级游戏开发	4
	游戏设计工作坊	2
	中级游戏设计工作坊	4
	数字媒体工作坊	4
	影视传播	4,6

续表

课程类型	课程名称	学分
选修 （至少6学分）	电子游戏编程	4
	游戏原型设计	4
	3D 动画及游戏角色开发	2
	3D 电脑动画导论	2
	高级游戏	2
	游戏界面设计	2
	游戏可用性测试	2
	互动项目制作	2
	角色扮演桌面游戏	2
	互动媒体优化及发行	2
	主题式娱乐设计	4
	游戏企业及管理	2
	游戏研究沙龙	2
	游戏及互动媒体指导	2
	社交游戏设计	2
	高级游戏开发	2
	替代性控制工作坊	2
	高级游戏项目2	2
	高级游戏团队	2
选修 （至少一门）	跨媒体娱乐	4
	主题式娱乐调查	4
	批判理论与游戏分析	4
	游戏角色开发及叙事	4
	改变社会的新媒体	4
	量化分析沙龙	4
选修 （至少一门）	游戏产业工作坊	4
	高级游戏项目	4
	实验游戏专题	4

资料来源：https：//catalogue.usc.edu/preview_program.php?catoid=12&poid=12577&returnto=4078，最后访问日期：2021年4月15日。

除了本科及硕士研究生课程，国外也出现了不少与游戏相关的博士研究生课程。例如约克大学（University of York）、伦敦大学金史密斯学院（Goldsmiths，University of London）等多家英国高校联合开设的"智能游戏

与游戏智能"博士专业,研究方向包括严肃游戏、游戏设计与开发、游戏人工智能、电子竞技、游戏数据、沉浸技术等。①

以此为参考,我国应建设高水平游戏教育体系,为我国游戏对外贸易培养具有国际视野的优秀游戏从业者。第一,在本科高校,尤其是公办重点高校,开设游戏相关专业及课程,让一流高校成为国内游戏教育的引领者,从而提升游戏教育的效能;第二,培养高水平游戏教育师资,构建游戏教育师资的常规培训机制,以国际交流、短期学习或工作坊的形式,学习国外游戏教育经验,鼓励国内游戏研究者、游戏产业专家、相关学科高校教师开设与游戏相关的精品课程;第三,为游戏专业的学生以及对游戏感兴趣的学生提供多样化的教学资源,为学生提供海外交流学习奖学金,提供有效的实习实训机会及职业指导,鼓励学生参加限时游戏开发大赛及国内外游戏设计大赛。

(三)促进产业创新,为游戏对外贸易进行产品升级

严谨扎实的学术研究和完善成熟的教育体系,能够为我国游戏产业提供优质的产业人才,从而有效推动中国游戏出口产品的升级,推出更多具有创新性的多样化的游戏作品,最终提升中国游戏对外贸易产品的质量和国际竞争力。

2020年8月,国产游戏团队游戏科学公布了旗下3A游戏《黑神话:悟空》(*Black Myth:Wukong*)的实录视频。虽然该视频只有13分钟,但一经发布,便引发玩家及从业者的热烈讨论,在国外硬核玩家中也好评如潮。例如,国外知名游戏媒体《欧洲玩家》(Eurogame.net)发文称,该游戏的角色设计、画面及动画效果、场景及动作设计,都"令人惊艳"。② 可以说,无论是从视觉效果上看,还是从游戏机制上说,该游戏既不同于传统的中国

---

① 参见iGGi网站,https://iggi.org.uk/research。
② Wesley Yin-Poole, "Chinese Action Game Black Myth: Wukong Is Taking the Internet by Storm," Eurogamer, 21 Aug. 2020, https://www.eurogamer.net/articles/2020-08-21-chinese-action-game-black-myth-wukong-is-taking-the-internet-by-storm。

风MMORPG，也与当前主流的手机游戏类型完全不同，它同时契合了海内外一批玩家的游戏趣味，而这些玩家是在《英雄无敌》等3A游戏的浸润中成长起来的。因此，《黑神话：悟空》以其创新性精准地锚定了海内外玩家群体，同时包括欧美等成熟游戏市场的游戏用户，在众多游戏中脱颖而出。

不可否认，当前手机游戏更受中国游戏出海企业的青睐，其能够在相对较短的周期内实现巨大的商业收益。然而从长期来看，想要让中国游戏出口产品获得国外玩家的深度认同，一方面，我国的游戏从业者应在大型电脑游戏和主机游戏品类上进行探索，包括VR/AR游戏，用高质量的3A级游戏作品吸引付费意愿更强的国外玩家群体；另一方面，相关机构和组织应为中国的独立游戏开发者提供更大力度的扶持，包括资金、发行、海外市场本土化等方面的支持，从而推动游戏机制及美术风格上的创新，最终为中国游戏对外贸易提供更具多样性的游戏产品。

综上所述，2020年虽然受到全球疫情的影响，但中国游戏对外贸易依然呈现小幅上升趋势，在东南亚等新兴市场的份额进一步提升。值得注意的是，我国游戏出口产品依然呈现同质化的倾向，品类单一，缺少具有国际竞争力的旗舰精品，其原因主要是缺乏完善的游戏研究及游戏教育体系，进而严重掣肘了国内的游戏素养生态。为解决上述问题，我国需要推动兼具国际视野和本土观照的游戏学术研究，以一流院校为主体构建高水平的游戏教育体系，从艺术和技术两方面推动游戏产业创新，以实现游戏出口产品的升级，最终让游戏成为国际文化交流的纽带。

B.8
中国文化旅游服务贸易发展报告（2021）

王海文　熊　睿*

摘　要： 2020年是国际文化旅游服务市场充满挑战的一年。在新冠肺炎疫情的冲击下，国际文化旅游服务贸易中断，全球旅游行业遭受重创，但支撑中国文化旅游服务市场长期趋势向好的基础仍然存在并且强劲。在疫情防控工作取得极大成就的条件下，中国旅游服务市场率先恢复，迎来弯道超车的好时机。然而在提升中国文化旅游服务贸易竞争力的同时，必须看到文化旅游服务的供给存在区域不平衡、产品形态较为单一、公共服务体系尚不完善等问题。在全球旅游业进入复苏转型期和变革发展期之际，中国应着眼于文化旅游服务市场及其贸易的长远发展，进一步推动供给侧结构性改革，切实提升中国文化旅游服务贸易的国际竞争力。

关键词： 文化旅游　服务贸易　服务市场

突如其来的新冠肺炎疫情对2020年中国文化旅游市场产生了重大影响。然而变局和危机也孕育着新局和新机。总的来看，在中国疫情防控取得重大成就以及社会经济高质量发展持续推进的背景下，中国文化旅游服务贸易长

---

* 王海文，复旦大学经济学博士，北京第二外国语学院经济学院教授，首都国际服务贸易与文化贸易研究基地研究员，研究方向为文化贸易、服务贸易；熊睿，北京第二外国语学院国际文化贸易学专业硕士研究生，研究方向为文化贸易。

中国文化旅游服务贸易发展报告（2021）

期向好、增长潜力和动力强劲的基本面并没有改变。全面分析2020年中国文化旅游服务贸易发展现状、问题，并提出对策建议，对于促进文化旅游深度融合以及服务贸易的健康发展具有重要意义。

一 中国文化旅游服务贸易发展现状

（一）文化旅游服务市场长期趋势向好

受新冠肺炎疫情影响，2020年跨境文化旅游服务贸易活动几乎停止，中国旅游经济受到重大冲击，但是长期来看，支撑中国文化旅游服务市场长期向好的基础仍然存在并且强劲。随着生活水平的不断改善和提高，旅游消费已经成为人民群众美好生活的"刚需"。近年来，国内旅游市场和出境旅游市场稳步增长，2019年旅游经济增速高于GDP增速，全年国内旅游人数60.06亿人次，出入境旅游总人数3亿人次。2019年旅游总收入达6.63万亿元，旅游业对GDP的综合贡献为10.94万亿元，占GDP总量的11.05%。① 不仅如此，发展文化旅游成为全国各地区激发经济活力的重要手段，因旅游的经济带动效应大，各地区积极开发本地文化资源和旅游资源，大力推动文化旅游发展。例如某县将非遗文化与旅游深度融合发展，自2010年举办旅游节以来旅游接待人次和旅游收入持续攀升，2018年旅游综合收入超过50亿元，对精准扶贫、乡村振兴、产业发展起到了积极的推动作用。特别是近年来《关于实施旅游服务质量提升计划的指导意见》《文化和旅游规划管理办法》《关于促进旅游演艺发展的指导意见》等一系列政策陆续出台，为文化旅游的发展给予政策指导、政策支持和政策保障。此外，文化旅游正借助互联网产品和技术不断提升其影响力、便利度和丰富性，不断刺激人们的文化旅游需求。由此可见，尽管文化旅游服务市场短期受到疫情的冲击，但需求强劲，供给有力，加之市场机制不断完善，政策支持

---

① 《2019年旅游市场基本情况》，中华人民共和国文化和旅游部网站，2020年3月10日，https://www.mct.gov.cn/whzx/whyw/202003/t20200310_851786.htm。

力度持续加大,因此其长期向好的大趋势不会改变。2012~2020年中国旅游收入变化情况见图1。

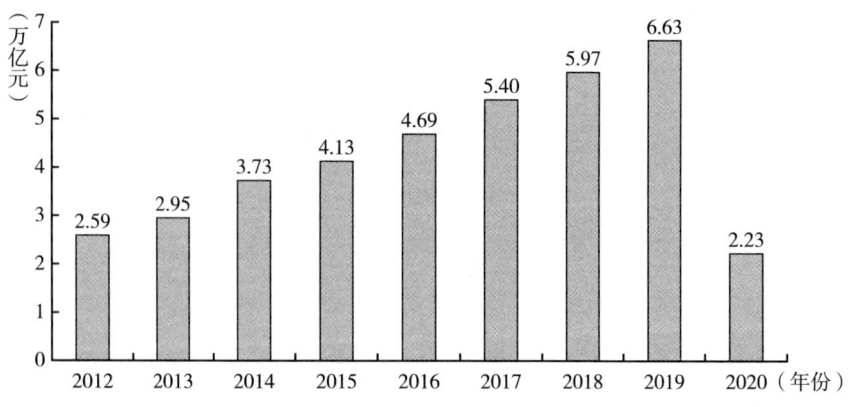

图1　2012~2020年中国旅游收入变化

资料来源:根据中华人民共和国文化和旅游部网站公布的历年《文化和旅游发展统计公报》相关数据整理所得。

(二)贸易活动短期受疫情影响

2020年疫情的冲击使世界文化旅游服务遭受了巨大打击。根据联合国世界旅游组织(UNWTO)发布的数据,受疫情影响,2020年全球入境总人次较2019年减少10亿人次,同比下降74%,致使2020年全球旅游业收入损失1.3万亿美元。[①] 至2021年3月,全球约1/3的旅游目的地对国际游客"完全关闭",约1/3的旅游目的地实行管控。中国因率先控制住疫情,国内旅游于2020年下半年开始逐步恢复。2020年度国内旅游人数28.79亿人次,国内旅游收入2.23万亿元,尽管分别同比下降了52.1%和61.1%[②],但是恢复的速度和程度依然领先于全球主要国家。由于海外疫情形势依

[①]《2020年全球旅游业收入损失1.3万亿美元》,新华网,2021年1月30日,http://www.xinhuanet.com/world/2021-01/30/c_1211003140.htm。

[②]《2020年国内旅游数据情况》,中华人民共和国文化和旅游部网站,2021年2月18日,http://zwgk.mct.gov.cn/zfxxgkml/tjxx/202102/t20210218_921658.html。

然严峻，全球旅游经济的大门仍处于紧闭状态，国际文化旅游服务贸易的有序重启还需要较长时期。值得注意的是，尽管疫情影响下文化旅游服务贸易活动的中断是短期的，但不可避免地将对文化旅游服务业带来长期、深远的影响。疫情不仅给从事跨境旅游服务的市场主体带来前所未有的打击，未来还将重塑国际文化旅游市场的格局，例如，国家层面对出入境规则的调整、行业层面对公共卫生要求的提高、消费者层面对目的地的选择更加谨慎等。

（三）国内文化旅游消费需求进一步释放

国内消费者对文化旅游有较高的需求，在疫情防控期间海外旅游无法实现的情况下，对海外旅游的需求转变为对国内旅游的需求，国内文化旅游消费需求进一步释放。从2020年第二季度起，在国内疫情防控取得较大成就的前提下，国内文化旅游业开始有序恢复，周边游成为游客旅游新选择，夜间游成为旅游新风潮，国内的小众旅游目的地开始受到关注。根据马蜂窝发布的《2020年全球自由行报告》，三亚、成都、北京成为2020年国内旅游热度最高的城市，延庆、安吉、桐庐等地成为最受欢迎的周边游目的地，青海东台吉乃尔湖等新兴旅游目的地开始崛起。根据中国旅游研究院发布的《2020年旅游经济运行分析与2021年发展预测》研究报告，2020年全国旅游服务质量超预期增长，游客满意度稳中有升，散客综合满意度评价指数为83.61，同比增长3.36%；跟团游客综合满意度评价指数为84.25，同比增长2.29%。[①] 可以看出，短期内跨境游无法实现，国民出游需求聚焦国内市场，国内文化旅游消费需求进一步释放，红色文化旅游、具有中医养生文化特色的康养文化旅游以及具有教育意义的博物馆旅游、研学游等持续恢复，将更多高消费能力游客的出境游需求转变为国内游需求。在新冠疫苗防疫较为顺利的条件下可以期待2021年的国内文化旅游市场将更加乐观。

---

① 《马蜂窝发布年度自由行报告，预测2021三大旅游消费新趋势》，"华夏时报"百家号，2021年2月8日，https：//baijiahao.baidu.com/s?id=1691122613395452437&wfr=spider&for=pc。

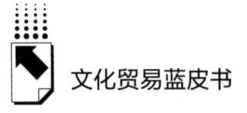

（四）文化旅游的国际合作趋势进一步加强

加强文化和旅游的对外交流合作能释放文旅开放的积极信号，是文化旅游服务贸易发展的重要推手。近年来，中国主动参与了多项对外文旅交流合作项目，2019年是文化和旅游对外交流成果丰硕的一年。首先，组织参加了各类国际旅游展，成功举办了"葡萄牙中国文化节""中国—太平洋岛国旅游年"等形式丰富的文化交流和旅游推介活动。其次，在马来西亚、罗马尼亚、卢森堡新设3家中国文化中心，加强了海外文化交流阵地建设。举办了第四届丝绸之路（敦煌）国际文化博览会和第九届敦煌行·丝绸之路国际旅游节，并扶持了45个"一带一路"文化产业和旅游产业国际合作重点项目，有力推动了"一带一路"文化共同体建设。2020年受疫情的影响部分活动停止，但有些活动依然借助线上的形式举行，例如，2020中国国际旅游交易会采用线上线下双平台的形式举办，线上线下同步开展专业洽谈，为海内外旅游业者搭建起了畅通无阻的展示推广平台和高效交易平台。尽管文化旅游服务贸易活动在一定时期内中断，但未来文化和旅游的对外交流仍然会以多样化的形式继续开展。在全球共同抗疫的背景下，人类命运共同体的观念更加深入人心，为推动全球旅游业的复苏转型，文化旅游业的国际合作意愿将持续增强，而中国将在国际合作中起到更显著的主导作用和引领作用。

（五）科技推动文化旅游行业发展

科技对文化旅游产业链的渗透同样是全面的，文化旅游服务业借助科技和互联网的力量不断提质增效，持续创新，逐渐向智慧旅游发展。互联网和科技对文化旅游产业链的重塑体现在多个方面。旅游景点管理方面，通过旅游大数据建设，采集并分析景区数据、交通数据、气象数据等，对景区进行数字化管理。公共服务设施方面，通过景区物联网建设，打造智能票务系统、安防传感系统和智能停车系统等，提升景区的便捷程度。游客体验方面，设置更多的交互式体验内容，例如全息投影、VR游戏、AR导览等，为游客带来更多新奇的体验。宣传营销方面，打造多元化的互联网互动营销工具矩阵，借助微信、抖音、微博等主流社交平台，扩展营销场景范围。未来，科技对文旅行业的变革将更加深刻，"十四五"规划中将"智慧文旅"列为未来5年重点发展的十大数字化应用场景之一，提出推动景区、博物馆等发展数字化体验产品，建设景区检测设施和大数据平台，提供沉浸式体验、虚拟展厅、高清直播等新型文旅服务。尽管文化旅游的本质是对景色和文化的实际、深入体验，其本质无法被科技取代，但是科技能够对文化旅游产业起到提质增效、丰富体验的作用，未来文化旅游产业将持续探索新科技的应用场景，深化与科技的融合。

二 中国文化旅游服务贸易存在的问题与不足

（一）资源分布不均匀，区域发展不平衡

中国文化旅游服务贸易区域发展不平衡现象显著，主要体现为中部和西部地区落后于东部经济发达地区。落后的原因主要在于西部和中部地区相较于东部旅游资源开发落后，经济发展水平低，公共服务基础设施落后，且市场机制和市场规范不完善。还在于西部和中部地区文化旅游资源集中度较低且分布不均匀，加之发展文化旅游所需的人才、技术等要素缺乏，因此资源整合利用程度落后。据中国旅游研究院数据，2020年东部和西部区域旅游接待和潜在出游力上的差距开始出现缩小的趋势，前三季度游客接待量复苏，超过全国平均水平的19个省域中，西部、中部、东北和东部分别占据10席、4席、3席和2席，该年客源地潜在出游力在东中西三大区域之间的比例大约为6.0∶2.6∶1.4，相较于长期处于"7∶2∶1"的三级阶梯状分布格局继续呈现收敛趋势。① 但值得注意的是，西部文化旅游发展能力基础整体仍薄弱，竞争力相对低且海外知名度不足，区域发展不平衡的状态在较长一

---

① 夏日、陈相利、石丽云：《2021中国旅游经济发展预测：今年旅游收入3.3万亿元？》，"人民日报人民文旅"百家号，2021年2月24日，https://baijiahao.baidu.com/s?id=1692544102159783826&wfr=spider&for=pc。

段时间内仍将存在。未来需要基于不同地区文化旅游资源的特性，进一步挖掘并发展区域特色文化旅游资源，通过走差异化、特色化的发展道路缩减发展差距。

（二）国际知名度有限，海外吸引力不足

我国历史悠久、地域辽阔、民族多样，拥有丰富的文化资源和旅游资源，名胜古迹众多、非物质文化遗产丰富、名山大川遍布，但是部分文旅资源在国际文化旅游服务贸易市场上却没有应有的知名度。海外游客对中国文化旅游存在刻板印象，对中国文化旅游景点的认知也普遍停留在长城、故宫和东方明珠塔，而在海外旅行目的地的选择上较偏好于日本、泰国等旅游业相对发达的国家。为塑造国家旅游品牌，日本在文化和旅游的对外宣传上做出了很多努力和尝试，不仅以政策指引、资金支持的方式鼓励日本文化的对外输出，还通过视频网站、社交媒体、节目等多种渠道对外介绍日本的历史、风景和特产，并且每年对访日的外国游客动向进行调查以掌握外国游客的旅游需求趋势和偏好。相比之下，中国文化旅游对外宣传的力度不够，供需双方信息不对称现象显著，作为旅游目的地的国际知名度有限，因此对海外游客的吸引力有限。可以看到我国文化旅游的对外宣传也在不断改进，2020年11月，新版"中国旅游海外推广网"在经过技术改版后以崭新的面貌呈现给海内外业界和公众，用7种语言为海外游客提供权威、丰富、准确、及时的文化旅游资讯。但是应该认识到文化旅游对外宣传的手段及内容应该更加多元化，同时加强对海外游客的认知了解，以开展更精准的文旅营销。应以不断强大的文化软实力和文化自信作为支撑，强化顶层规划，系统性加强国际文化旅游宣传，以中国特有的文化魅力和自然魅力征服更多的国际游客，尤其是共建"一带一路"国家或地区的游客。

（三）公共服务体系不完善，便利性程度有待提高

公共服务体系是否完善是游客选择旅游目的地的主要考虑因素之一，完善的公共服务体系能为游客带来便捷、舒适、安心的体验，是高质量旅游服务供给的基础。旅游公共服务体系包括旅游公共信息服务体系、旅游安全保障服务体系、旅游交通便捷服务体系、旅游便民惠民服务体系、旅游市场环境综合监管服务体系。目前中国的旅游公共服务体系正在逐步完善，但也面临着挑战。首先是旅游目的地对公共服务体系的提升进程落后于游客对旅游公共服务不断增长的需求，难以满足部分游客对旅游公共服务较高的要求。其次是区域之间旅游公共服务发展不平衡现象显著，落后的旅游公共服务体系不仅会降低服务质量和游客的接待能力，还是造成文化旅游服务贸易区域发展不平衡的重要原因。一些经济发展较为落后或者地理位置偏远的地区，即使文化资源和旅游资源丰富，也因公共服务体系落后、旅游便捷程度不高而失去了对游客的吸引力。

（四）文旅融合创新能力不足，产品供给形态单一

目前各地大力发展文化旅游，将其作为刺激地方经济活力的重要手段。但很多地方文旅融合创新能力欠缺，对文旅融合的发展规律认知不足，在文旅融合发展的过程中，将文化资源和旅游资源简单融合、随意融合、胡乱融合的现象层出不穷。以影视基地为例，目前中国影视城总量已经超过千家，将中国多个历史朝代的风格建筑仿建完毕，但是由于创新能力不足，大部分影视基地缺乏明确的定位和完整的发展模式，导致建筑风格、人造景观及基础设施高度雷同，最终陷入亏损状态。此外，尽管许多地方坐拥独特的资源，却没有将其充分开发利用，走差异化的发展道路，从而打造出独具特色的文旅品牌和别具一格的文旅产品，反而对自身发展文化旅游的优劣势不加考虑，一味跟风模仿，向市场提供同质化的文旅产品，导致市场竞争能力缺乏。

三 促进中国文化旅游服务贸易的对策

（一）拓展文化资源范畴，深度挖掘地域资源

文化资源的分布不均是文化旅游服务贸易区域发展不均衡的重要原因之

一,但是必须意识到,文化资源的内涵十分丰富,并不局限于历史文化资源和民族文化资源,农业文化、商业文化、手工技艺等都能作为独具特色的文化资源加以开发利用。地区发展文化旅游的前提是对本地区的文化资源和旅游资源做充分的调研,先挖掘出本地域的资源禀赋优势,再在此基础上对文旅发展做出因地制宜的规划。为了防止资源开发的低效率以及景区建设的同质化,应向地方文旅发展提供专家指导,深度挖掘地域资源。还应梳理并公布各地文旅发展经验,总结发展规律,从而为地方政府提供有价值的经验借鉴。此外,应开展区域合作和区域联动,将地理位置相近的文化旅游景点相互串联,为游客提供"多景点一站式"服务,让大景点带动周边小景点发展,在促进区域协调发展的同时,也为游客提供更丰富的文旅产品,提升了游客的体验感。

(二)加强国际宣传力度,扩大开放合作空间

中国的文化旅游服务"走出去"首先要解决的是供需双方信息不对称的问题,必须要意识到国际文化旅游服务贸易"酒香也怕巷子深",随着中华文化软实力的不断增强以及文化旅游业的逐步发展,对中国文化旅游的宣传也要随之跟进。有必要创新宣传的手段、形式和内容,尝试利用新的技术、媒介和形式,制作人们喜闻乐见的内容,以新颖、友善的表达方式对外宣传中国的文化和旅游,从而以润物细无声的效果让国际游客对中国产生向往。例如,网红博主李子柒在Youtube上发布的中国式田园生活的视频收获了创吉尼斯世界纪录的1410万订阅量,对中华文化的传播起到了意想不到的效果,值得更深入的思考和借鉴。同时,进一步扩大旅游市场的开放合作空间,加强文化旅游的国际合作,尤其是在"一带一路"文化旅游服务需求旺盛的背景下,针对共建"一带一路"国家或地区进一步深化文化旅游的交流合作,通过文化旅游促进文化交流。

(三)完善公共服务体系,提升游客友好度

完善的公共服务体系和规范的旅游市场是文化旅游业持续健康发展的坚

实保障，不仅能为游客带来良好的体验从而增强对游客的吸引力，还有助于塑造好的旅游品牌和旅游形象，进而形成文化旅游服务贸易核心竞争力。因此要继续完善公共服务体系建设，满足游客对旅游公共服务的需求，从而提升游客友好度。首先要建立多元化供给机制，引导各类市场主体参与到旅游公共服务体系的供给中来，以充分满足游客多样化、个性化、特色化和精致化的需求。其次要健全现代旅游治理机制，将相关部门纳入旅游公共服务体系的建设中，并通过现代信息技术开展更精准、更科学的旅游治理，提高公共服务的供给效率。此外，应主动应用"互联网+"思维，推进旅游信息化水平建设，升级旅游公共软件服务体系，用现代科技提升旅游公共服务供给质量。

（四）创新文旅融合方式，丰富文旅产品形态

目前，旅游业发展动力正在从资源要素驱动转向融合创新驱动。针对文旅融合认知缺乏、产品供给形态单一的问题，首先地方要对文旅融合有科学、正确的认知，在充分学习标杆案例的基础上，结合本地资源禀赋和发展基础，因地制宜创新文旅融合方式，将文化资源优势转变为品牌优势、发展优势和竞争优势。在创新文旅产品和服务过程中，通过地方特色文化赋能旅游来形成该地旅游业的核心吸引力，从而达到延长消费者停留时间、增强消费体验的目的。此外，应主动适应消费市场变化，研究文化旅游各个细分市场的需求痛点，以需求倒推文旅产品种类和商业模式，通过针对性供给激发更多潜在需求，充分释放不同群体的消费潜力。并且，积极探索科技在文旅中的应用场景，采用最新的全息投影、AR及VR等技术等来丰富文旅产品形态，通过差异化的产品打造核心竞争力。只有各地区走最适合的文旅融合之路，提供差异化的文旅产品，中国文旅市场才会生机勃勃，百花齐放，中国文化旅游服务的核心竞争力才能提高。

（五）着眼长期发展，应对疫情冲击

文化旅游服务贸易短期受疫情影响而中断，尽管文化旅游服务市场长期

趋势向好,但是疫情冲击带来的影响却长久且深远,促使旅游业进入一个新的复苏转型期和变革发展期。因此中国必须着眼于文化旅游服务市场以及文化旅游服务贸易的长远发展来应对此次疫情冲击带来的影响,为旅游业未来的复苏及变革奠定基础。首先,加快恢复国内旅游市场以重振旅游业和游客的信心。其次,推动旅游业供给侧结构性改革,在对未来旅游业发展趋势和变革趋势准确把握的基础上,采取政策和措施引导文旅业在疫情防控常态化阶段中的改革和发展方向。另外,积极采取措施为国际文化旅游服务贸易的后续恢复奠定基础,例如在公共卫生规则上制定行业通用的防疫措施和安全标准,在出入境政策上根据全球疫情形势做出灵活调整等。得益于中国有效的疫情防控,国内的文化旅游市场先于世界恢复,应在危机中抓住机遇,进一步提升中国文化旅游服务贸易的国际竞争力。

参考文献

杨祎、梁修存:《文化旅游产品开发的路径与模式研究》,《南京社会科学》2015年第3期。

严伟、严思平:《新冠疫情对旅游业发展的影响与应对策略》,《商业经济研究》2020年第11期。

耿献辉、张武超:《我国旅游服务贸易国际竞争力及其影响因素分析》,《价格月刊》2018年第10期。

夏杰长、徐金海:《以供给侧改革思维推进旅游公共服务体系建设》,《河北学刊》2017年第3期。

B.9
中国艺术品对外贸易发展报告（2021）

程相宾 吴育薇*

摘 要： 2020年由于全球疫情及国际经济不确定性的外部影响，国内外艺术品市场规模均有所缩减。目前，中国艺术品市场正处于深度调整阶段，全年交易额依然有下滑趋势。在艺术品贸易方面，我国艺术品进出口总额第一、第二季度同比有所下降，但在国内疫情防控取得一定成效之后逐渐回升。同时，疫情加速了艺术品数字化的趋势，2020年中国艺术品线上销售、拍卖等交易额均呈井喷式增长，线上交易迎来新的发展机遇。随着艺术品市场的繁荣，一些问题也开始显现。主要表现为：艺术品增值税过高、线上交易相关法律法规还未完善、知识产权保护体系有待加强等。对此，本报告建议下调艺术品增值税、完善流转税收制度，规范艺术市场线上线下交易行为，同时业内业外多方合作、加大版权保护力度。

关键词： 艺术品市场 拍卖市场 艺术品进出口

一 经济环境与宏观政策

2020年，面对复杂严峻的全球发展形势和新冠肺炎疫情的严重冲击，

---

* 程相宾，北京第二外国语学院经济学院讲师、硕士生导师，中国服务贸易研究院研究员，研究方向为文化产业、文化贸易；吴育薇，北京第二外国语学院经济学院国际商务专业硕士研究生，研究方向为文化贸易。

中国经济在党中央、国务院的统筹部署下，长期向好的基本面仍未改变，经济增长中枢仍然处于稳定运行通道。据国家统计局初步核算，2020年我国国内生产总值约为101.6万亿元，比2019年增长2.3%。在全球经济深度衰退的情况下，我国经济仍保持正向增长。

在疫情防控的影响下，文化产业也受到巨大冲击，各行业发展均有所受限，直至2020年下半年开始好转，人们被压抑的文化需求得以释放。2020年北京保利秋拍，明代画家吴彬的《十面灵璧图》最终成交价超5.1亿人民币，创下国内古代书画艺术品拍卖成交纪录。综合来看，2020年，全国规模以上文化及相关产业企业营业收入比2019年增长2.2%，与第一季度、上半年、前三季度分别下降13.9%、6.2%、0.6%相比，全年最终实现正增长。预计2021年，随着我国国民经济持续稳定恢复，文化消费需求将进一步释放，文化产业规模将继续扩大，文化市场复苏态势将不断巩固。

2020年亦是"十三五"规划收官之年。"十三五"时期，我国的文化产业取得了极大突破，文化产业总量持续快速增长，占GDP比重日益上升，在推动经济发展、优化经济结构中发挥着越来越重要的作用。2019年全国文化及相关产业增加值为44363亿元，比2018年增长7.8%，占GDP的比重为4.5%，比2018年提高0.02个百分点。而从对经济增长的贡献角度看，2004~2012年，文化产业对GDP增量的年平均贡献率为3.9%，2013~2018年进一步提高到5.5%。

与此同时，随着数字技术的进步，数字技术在文化产业中的应用程度日渐加深，也给文化产业带来了新的生机。国务院发展研究中心等单位发布的《中国数字文化产业发展趋势研究报告》①显示，2017年，我国数字文化产业总产值为2.85万亿元至3.26万亿元，到2020年，产值规模将达8万亿元。对于数字文化产业的崛起，国家明确释放出鼓励数字文化产业发展的信号。自2016年数字创意产业首次被纳入国家战略性新兴产业起，国家多个

---

① 《国内首份数字文化产业报告发布：数字文化产业处于爆发式增长前夜》，"中国青年网"百家号，2019年8月4日，https://baijiahao.baidu.com/s?id=1640928445203126670&wfr=spider&for=pc。

部门相继出台促进数字文化产业发展的政策措施。2020 年 11 月文化和旅游部出台的《文化和旅游部关于推动数字文化产业高质量发展的意见》[①] 明确指出要提升数字文化装备实力，支持文物和艺术品展陈、保护、修复设备产业化及应用示范。

在艺术品贸易方面，国家也接连出台了相关措施鼓励艺术品国际交易。2019 年国务院发布的《国务院关于促进综合保税区高水平开放高质量发展的若干意见》[②] 指出要促进文物回流，优化文物及文化艺术品从境外入区监管模式。2020 年国务院发布的《国务院关于印发北京、湖南、安徽自由贸易试验区总体方案及浙江自由贸易试验区扩展区域方案的通知》[③] 提到要积极研究调整现行进口税收政策，探索创新综合保税区内国际高端艺术展品担保监管模式。2021 年由国家发改委、商务部联合发布的《国家发展改革委 商务部关于支持海南自由贸易港建设放宽市场准入若干特别措施的意见》[④] 提出要支持建设海南国际文物艺术品交易中心，为共建"一带一路"国家优秀艺术品和符合文物保护相关法律规定的可交易文物提供开放、专业、便捷、高效的国际化交易平台。

党的十九届五中全会提出要繁荣发展文化事业和文化产业，提高国家文化软实力。习近平总书记也多次就文化产业发展做出重要指示。2020 年在湖南考察调研时，习近平总书记指出，文化和科技融合，既催生了新的文化业态、延伸了文化产业链，又集聚了大量创新人才，是朝阳产业，大有前途。目前，文化产业竞争是当今世界国与国之间综合竞争的重要内容之一。

[①]《文化和旅游部关于推动数字文化产业高质量发展的意见》，中国政府网，2020 年 11 月 18 日，http：//www.gov.cn/zhengce/zhengceku/2020 – 11/27/content_ 5565316.htm。

[②]《国务院关于促进综合保税区高水平开放高质量发展的若干意见》，中国政府网，2019 年 1 月 25 日，http：//www.gov.cn/zhengce/content/2019 – 01/25/content_ 5361158.htm。

[③]《国务院关于印发北京、湖南、安徽自由贸易试验区总体方案及浙江自由贸易试验区扩展区域方案的通知》，中国政府网，2020 年 9 月 21 日，http：//www.gov.cn/zhengce/content/2020 – 09/21/content_ 5544926.htm。

[④]《国家发展改革委 商务部关于支持海南自由贸易港建设放宽市场准入若干特别措施的意见》，中国政府网，2021 年 4 月 7 日，http：//www.gov.cn/zhengce/zhengceku/2021 – 04/08/content_ 5598516.htm。

因此，在"十三五"时期的基础上，"十四五"时期需进一步坚定文化自信，健全公共文化服务体系和文化产业体系，充分发挥文化产业对经济的支撑作用，加快建设社会主义文化强国。

二 产业概况

受疫情影响，2020年艺术品市场规模大幅缩减。上半年我国的艺术品市场近乎停滞，大量线下展览、拍卖等活动被迫延期或取消，国内一级市场和二级市场均受到严重打击，直至下半年疫情得到控制后才有所好转。在艺术品市场受到重创的情况下，政府和企业积极采取危机应对措施，从申请减免房租、降薪裁员等一系列控制成本的措施，到借助互联网实现直播带货、线上拍卖、线上展览等新方式开源，2020年的艺术市场可谓机遇与挑战并存。

（一）一级市场

根据艺术经济学家麦克安德鲁撰写的报告《新冠肺炎疫情对画廊行业的影响》（*The Impact of COVID-19 on the Gallery Sector*)①，2020年上半年的全球画廊销售额同期平均下降36%。各地受到的影响不同，其中亚洲地区画廊销售额平均下降41%，美国和英国等较大艺术市场的画廊销售额下降幅度接近全球平均水平，法国画廊则平均下降约32%。美国艺术经销商协会（ADAA）的调查显示，美国画廊业在2020年第一季度总体损失31%；法国专业画廊委员会的调查数据显示，从3月到6月，与2019年相比法国画廊预计损失1.7亿元，法国1/3的画廊或因疫情永久关闭；联邦德国美术馆协会等发布的针对中欧国家艺术市场的报告指出，疫情带来的禁售情况使画廊的收入在2020年下降40%左右。但同时，线上销售渠道火热。根据麦

---

① 巴塞尔艺术展和瑞银集团（UBS），"The Impact of COVID-19 on the Gallery Sector," Sep. 2020，https://www.ubs.com/global/en/our-firm/art/collecting/art-market-report.html。

克安德鲁的报告，2019年全球在线销售额仅占画廊销售额的10%，但在2020年上半年，其销售额占到了总额的37%。

就国内市场而言，雅昌《疫情下的中国艺术品市场调研报告（2020年春）》① 显示，2020年上半年，全国（不含港澳台地区）画廊数量共有4045家，同比下降3.59%。其中，北京地区画廊数量远远领先其他地区，共1219家，占比30.14%；山东地区居于第2，画廊数量为486家，占比12.01%；上海地区排名第3，数量为404家，占比10%。此外，国内画廊市场成交作品以3万元以下成交额为主，占比45%，同比提升9%；3万元至10万元成交作品占37%，同比提升10%；10万元至20万元成交作品占15%，同比减少11%；20万元至50万元成交作品占2%，同比减少16%；50万元以上成交作品占1%，同比下降14%。

此外，由于疫情，2020年第一、第二季度，仅有为数不多的艺术馆和画廊举办过线下展览，大部分则是通过线上自有网站或者艺术品交易平台进行展览和销售。同时，为了应对危机，全国主要艺博会主办方也积极拓展线上艺博会等业务。据雅昌艺术监测中心不完全统计，2020年上半年共计举办了8场较有影响力的线上艺博会。线上模式不仅能够吸引更多潜在的客户群体，使观展人群不受时空限制，容易实现更广泛的影响，也可以提供更便捷的购买渠道。但由于艺术品具有极其依赖线下直观体验及辨别的特殊性质，而线上展览仍存在一些问题和限制，无法完全代替线下。因此，预计在疫情防控常态化阶段，更多的是线上线下结合的交易模式，这也将会对整个行业带来更多的便捷和优化。

（二）二级市场

全球艺术品拍卖市场自2000年到2007年迅速扩张，但由于国际金融危机的抑制，2007年至2009年，拍卖市场价值缩水了44%。在此过程中，蓬

---

① 雅昌艺术市场监测中心（AMMA）：《疫情下的中国艺术品市场调研报告（2020年春）》，2020年9月29日。

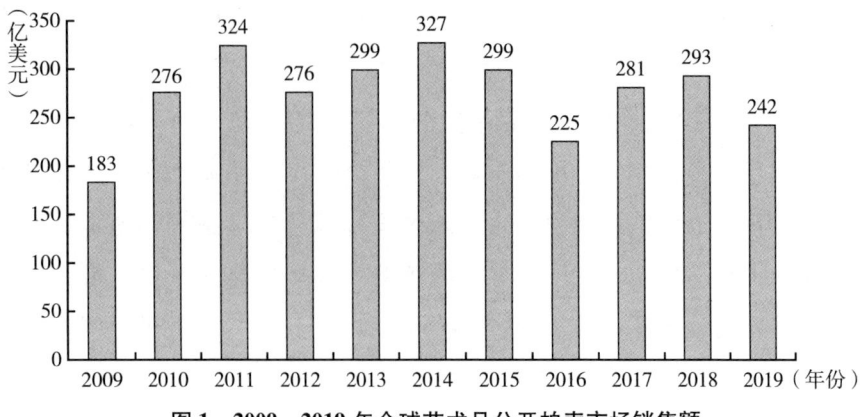

图1　2009～2019年全球艺术品公开拍卖市场销售额

资料来源：第四版《巴塞尔艺术展与瑞银集团环球艺术市场报告》。

巴塞尔艺术展和瑞银集团（UBS）：第四版《巴塞尔艺术展与瑞银集团环球艺术市场报告》，2020年3月，https：//www.ubs.com/global/en/our‐firm/art/collecting/art‐market‐report.html。

勃发展的中国和美国市场的快速复苏促进了全球艺术品拍卖市场的恢复。2010年起，艺术品拍卖市场不断波动，直至2014年销售额达327亿美元的高点（见图1）。但在2016年市场却回落至2009年以来的最低水平。在连续两年的增长之后，2018年销售额达到了293亿美元。但是，随着销量增加，2019年的高价拍卖品数量却有所下降，这也导致了拍卖市场在2019年的降温。2019年艺术品的公开拍卖销售额达242亿美元，同比大幅下降17%。美国、中国和英国这三个最大的拍卖市场中心在2019年保持其主导地位，合计占据了84%的市场份额，但也因为中美贸易存在的不确定性因素，对公开拍卖市场的艺术品贸易产生了负面影响。

根据商务部发布的《中国拍卖行业发展报告2019》①，2019年我国文物艺术品的拍卖成交额为221.63亿元（不含佣金），相较于2018年下降15%，同时，这也是我国艺术品拍卖市场10年间的最低成交额（见图2）。我国文物艺术品拍卖市场成交额已连续2年下降，且下降幅度分别为23%、

---

① 商务部服务贸易和商贸服务业司：《中国拍卖行业发展报告2019》，2020年11月，http：//images.mofcom.gov.cn/fms/202012/20201217202045925.pdf。

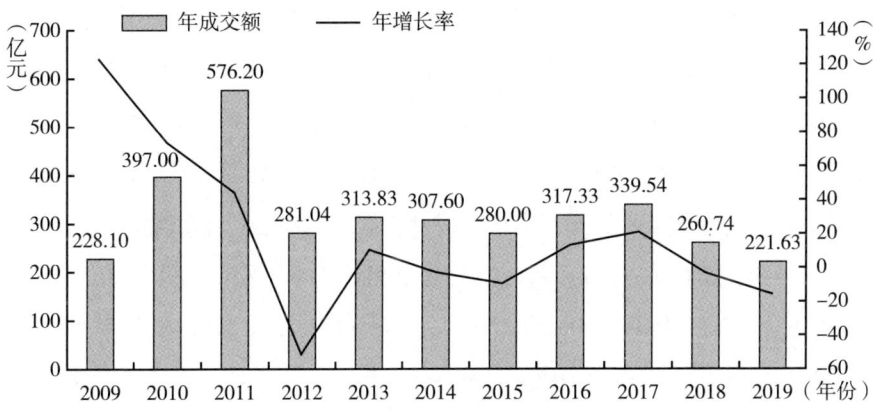

图 2　2009~2019 年中国文物艺术品拍卖年成交额及年增长率
资料来源：中拍协网站。

15%，高价作品正在减少是一个重要原因。而根据中拍协发布的 2020 年拍卖行业各季度简报，文物艺术品拍卖业务由于受疫情影响较大，上半年成交额仅为 6.88 亿元，同比下降 81.99%；第三季度成交额为 14.88 亿元，同比下降 24.6%，是本季度下降幅度最大的板块；第四季度文物艺术品成交额为 30.71 亿元，同比下降 46.37%，是该季度成交额下降的唯一业务板块。此简报虽只是初步统计，但仍能看出 2020 年我国艺术品拍卖市场整体情况并不乐观。

影响中国艺术品拍卖市场较为重要的原因：一是从全球宏观经济角度来看，世界经济遭遇瓶颈期，整体发展速度开始放缓甚至下降，而艺术品作为满足精神需求的产品，受宏观经济环境影响较大；二是中美贸易摩擦加剧使外汇订单大幅减少，国内民营企业效益降低，企业家资金紧张，间接导致了中国艺术品拍卖市场下行；三是供需双方都更加谨慎，现阶段艺术品很难创出高价，也因此卖家惜售，导致整体上拍量有所下降，而买家经济实力也有所减弱，拍卖行征集难度加大。

从区域市场来看，北京仍然是全国艺术品拍卖市场的中心，北京这种"一家独大"的市场地位在 2019 年得到了进一步强化。根据中拍协发布的《2019 中国文物艺术品拍卖市场统计年报》，2019 年京津地区共计上拍拍品

242226件（套），成交109865件（套），成交率45.36%，成交额154.64亿元，占全国艺术品拍卖市场成交总额的67.48%。其中北京艺术品市场的成交额就达到152.17亿元，占全国艺术品拍卖市场成交总额的66.4%。而2019年，长三角地区上拍176772件（套），成交102569件（套），成交率58.02%，成交额52.38亿元，占全国成交总额的22.86%，同比提升了1.13%。尽管长三角地区的交易有所活跃，但与北京相比仍有不小的差距。2019年，珠三角地区（广东）上拍30506件（套），成交14604件（套），成交率47.87%，成交额为15.31亿元，占全国成交总额的6.68%，同比下降了2.53%。珠三角地区成交额的下降其实与珠三角拍卖公司的"北上"有一定关系。

从中国书画、瓷玉杂项和油画及当代艺术这三大主要市场板块来看，2019年市场总体成交额的下降，主要是因为中国书画和油画及当代艺术这两个板块的成交额均有所下降。2019年拍卖市场共上拍了210656件（套）书画，同比减少21531件（套），成交86909件（套），同比减少10361件（套）；成交率41.26%，同比下降了0.63个百分点；成交额为123.07亿元（见图3），同比降低了8.46%；上拍量、成交量、成交额、成交率四项指标都是自2011年以来的最低值。油画及当代艺术上拍11915件（套），成交6289件（套），成交率52.52%，成交额19.87亿元，较2018年下降9.85%，市场份额占比8.67%。瓷玉杂项板块在2019年上拍了123954件（套），成交了62920件（套），成交率50.76%，同比增加了1.05个百分点，成交额62.24亿元，同比增长2.98%，市场份额占比27.16%；成交量、成交率和成交额这三项指标均呈现增长态势。因此，瓷玉杂项是2019年三大板块中行情唯一增长的板块。2020年瓷玉杂项板块仍然保持这种小幅增长的态势。

值得关注的是，由于2020年疫情的特殊影响，线上拍卖销量猛增。根据"Hiscox Online Art Trade Report 2020"①，受调查的全球艺术品买家中超

---

① Hiscox, "Hiscox Online Art Trade Report 2020," Mar. 2021, https：//www.hiscox.co.uk/online-art-trade-report.

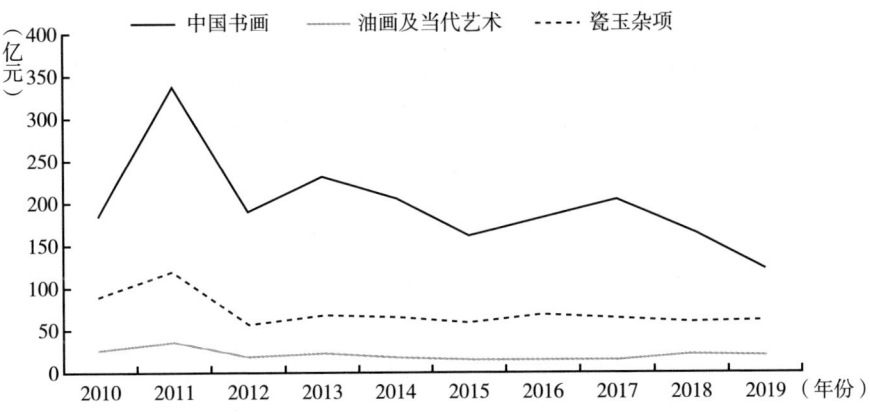

图 3　2010～2019 年中国艺术品三大主要板块成交额

资料来源：《2019 中国文物艺术品拍卖市场统计年报》。
《2019 中国文物艺术品拍卖市场统计年报》，中国拍卖行业协会网站，2020 年 11 月 6 日，http：//www.caa123.org.cn/zyjg/ywh_article_model.jsp?contentid=14824。

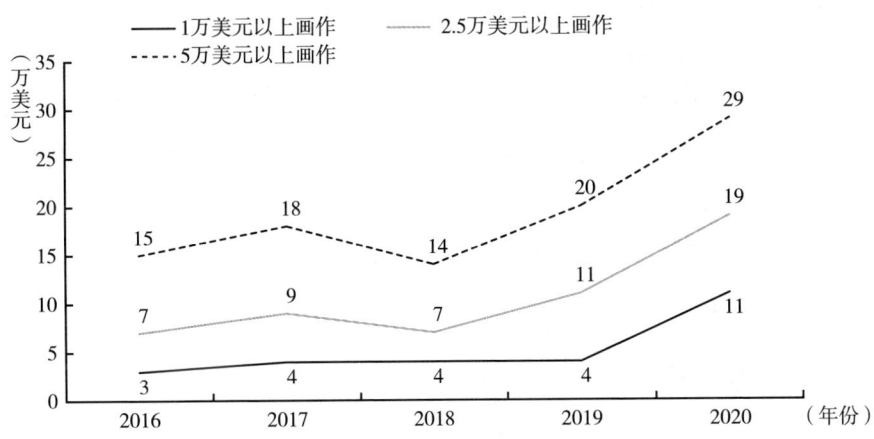

图 4　2016～2020 年全球在线买家比例

资料来源：*Hiscox Online Art Trade Report* 2020。

过 2/3 的人 2020 年 3 月至 9 月在网上购买艺术品，高于 2019 年同期的 44%。而根据 Art Tactic 的报告，与 2019 年全年相比，佳士得、富艺斯和苏富比的艺术品在线销售在 2020 年前 8 个月激增了 240%，从 9440 万美元上升到 3.21 亿美元。国内，中拍协艺委会于 2020 年 2 月 13 日发布

《关于应对新冠肺炎疫情支持文物艺术品拍卖企业开展网络拍卖的公告》①，联合相关网络平台、科技公司、物流企业等，利用技术创新、费用减免等多种方式，支持拍卖企业通过自行开发平台或第三方平台开展线上拍卖活动。一年来，嘉德、保利、荣宝、华艺、中贸等诸多拍卖企业线上拍卖业务得到快速增长并已成为常规性拍卖活动，年度内网络拍卖成交额保守估计超过12亿元。

三 贸易概况

如图5所示，我国2020年的艺术品进口贸易额为66940万美元，相比2000年789.43万美元的进口额，进口贸易额在20年内扩大了约85倍，实现年均增长24.9%，进口贸易额的上升趋势也从侧面反映出国内对艺术品需求的增加。在出口方面，我国2020年的艺术品出口贸易额为69494.18万美元，相比2000年2341.75万美元的出口额，出口贸易额是20年前的29.7倍，年均增长率为18.5%，这说明我国国内的艺术作品越来越得到国际认可。总体来看，我国的艺术品贸易进出口总额相对于过去十几年整体呈上升趋势，但自2013年起出现大幅度下跌，且一路下降，直到2018年才开始回升。此外，我国的艺术品贸易除2019年外，基本呈顺差状态。

（一）进口概况

根据海关总署数据统计，我国2020年艺术品进口总额为66940万美元，相比2019年总体下降20.4%。2020年上半年，受疫情影响，国内外艺术品贸易市场均不容乐观，我国的艺术品进口市场也受到打击，相比2019年进口额大幅下降。5月起，国内疫情得到管控，形势有所好转，艺

---

① 《关于应对新冠肺炎疫情支持文物艺术品拍卖企业开展网络拍卖的公告》，中国拍卖行业协会网站，2020年2月13日，http://www.caa123.org.cn/main/article_model.jsp?contentid=14399。

中国艺术品对外贸易发展报告（2021）

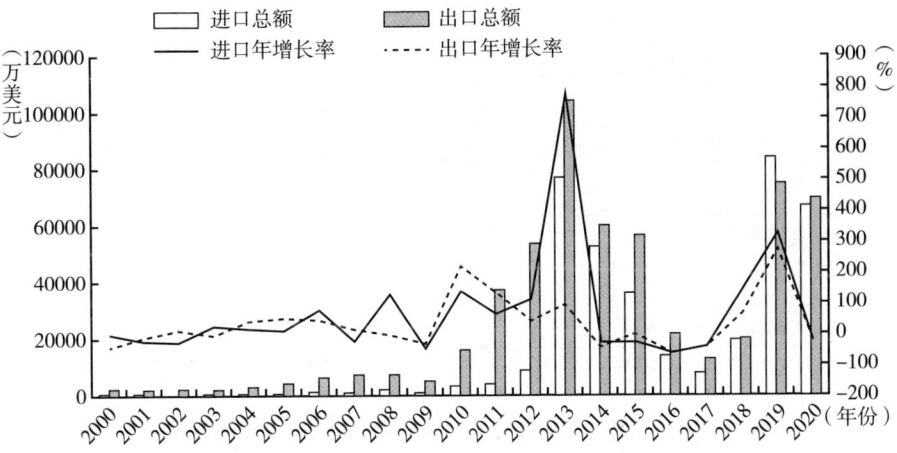

图5　2000～2020年中国艺术品进出口总额及年增长率

资料来源：联合国贸易数据库。

术品市场也开始复苏，进口额开始显著增加，并在6月、11月和12月超过2019年同期水平（见图6）。然而由于国外疫情依然严峻，加之中美贸易摩擦加剧带来的中美双方对艺术品加征关税的影响，艺术品贸易总额仍低于2019年。

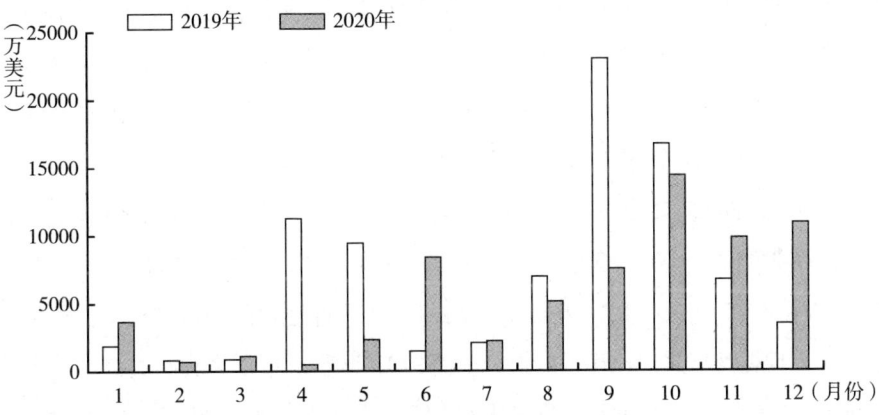

图6　2019～2020年中国艺术品进口额

资料来源：中华人民共和国海关总署。

163

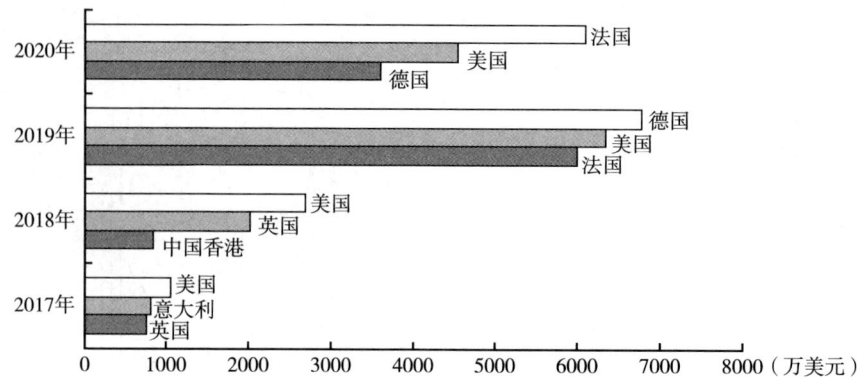

图7 2017~2020年中国艺术品进口额排名前3的国家及地区

资料来源：中华人民共和国海关总署。

海关总署的统计数据显示，我国2020年艺术品进口额排名前3的国家分别为法国、美国和德国，而2019年我国艺术品进口额排名前3的国家则为德国、美国和法国（见图7）。美国、英国、德国、法国等艺术品市场发达国家是我国主要的艺术品贸易伙伴。自2018年我国艺术品进口关税再次下调之后，我国的艺术品进口情况也有了一定改善，对主要贸易国家的进口额均有提升。另外，美国过去一直是我国最大的贸易伙伴，但2019年、2020年连续两年美国都退居我国第二艺术品贸易伙伴，这其中中美贸易摩擦加剧导致双方针对艺术品贸易互相加征关税是重要原因。针对艺术品的高昂关税是影响艺术品进出口贸易的重要因素。

海关总署的统计数据显示，我国艺术品2020年进口结构为9701类占比77%，9702类占比1%，9703类占比14%，9704类占比2%，9705类占比1%，9706类占比5%（见图8）。9701类书画艺术品一直是我国进口结构中占比最多的一类，且近几年进口比例不断提升。而9703类雕塑品则是我国进口结构占比中排名第2的一类，且近几年进口比例有所下降。这种进口结构与书画自身的高投资价值有关。由于书画作品同时具有消费和投资双重属性，人们既可能是出于对书画本身的欣赏、追求其带来的精神价值，也可能是以书画为载体进行财富的保值和增值，使书画艺术品一直占据艺术品拍卖和贸易的重要地位。

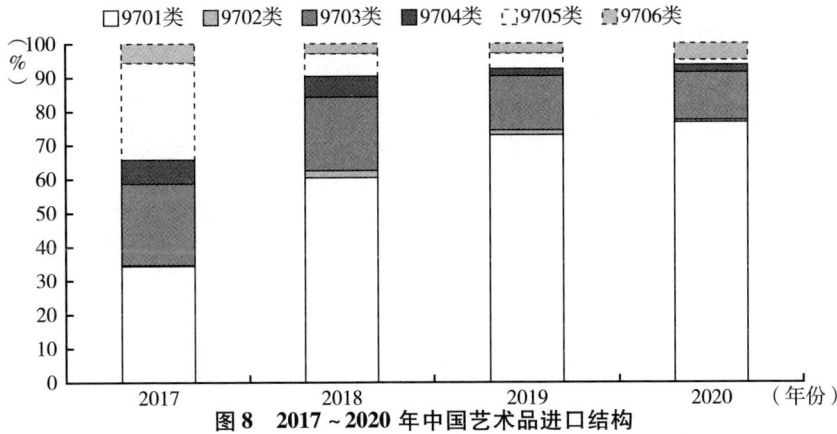

图8　2017~2020年中国艺术品进口结构

资料来源：中华人民共和国海关总署。

根据海关总署统计的数据，2020年我国艺术品进口地区前两名仍是上海和北京（见表1），且上海市的进口额占我国艺术品总进口额的68.9%，上海既有得天独厚的地理位置与优越的政策条件，又具有保税区和自贸区的叠加优势，这让文化艺术产业贸易更为便捷。而第2名北京则占总进口额的9.9%，艺术品进口地区前10名合计占总进口额的99.5%。此外，各地区相对2019年同期进口额变化也较大，北京2020年进口额仅为2019年的48%，山东省2020年进口额则比2019年增长了9.25倍。

表1　2020年艺术品进口分布地区（前10名）

排名	地区	进口额(万美元)	年增长率(%)	排名变动
1	上海市	46118.872	-10	—
2	北京市	6608.516	-52	—
3	重庆市	5168.0722	18	↑1
4	广东省	3889.0837	231	↑1
5	山东省	1862.5465	925	↑4
6	江苏省	1349.0687	311	↑1
7	福建省	978.2461	-92	↓4
8	浙江省	254.1773	-23	↓2
9	海南省	210.8921	10	↓1
10	湖南省	158.3099	412	↑4

资料来源：中华人民共和国海关总署。

（二）出口概况

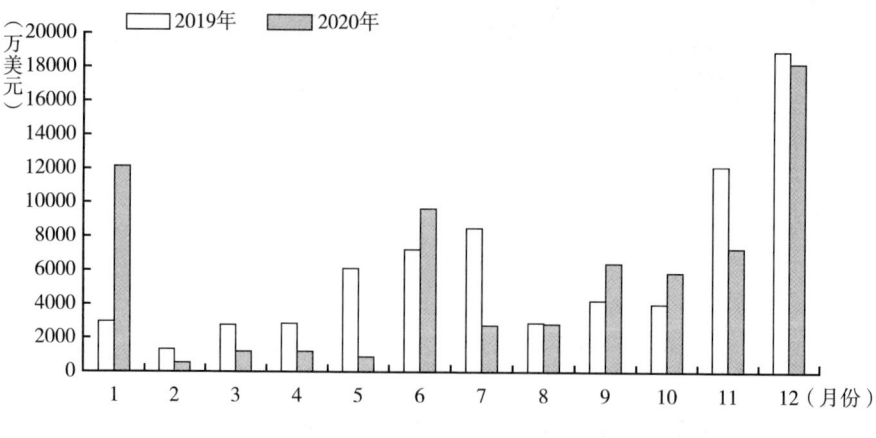

图9　2019～2020年中国艺术品出口额

资料来源：中华人民共和国海关总署。

海关总署统计数据显示，2020年我国艺术品市场出口总额为69494.18万美元，同比下降6.5%。如图9所示，2020年1月，我国艺术品出口额是2019年同期的4倍，而自2月起，由于疫情突袭而至，我国艺术品出口额受到影响大幅下降，直至6月才有所好转。与进口总额相比，出口总额下降幅度并不大，这是因为我国疫情比国外更早得以控制。

海关总署的统计数据显示，我国2020年艺术品出口额排名前3的国家及地区分别为中国香港、美国和中国台湾，2019年艺术品出口额排名前3的国家及地区分别为中国香港、美国和英国（见图10）。数据显示，美国、中国香港一直是我国主要的艺术品贸易出口对象。而近几年的数据显示，我国最大的几个艺术品出口国家及地区出口额变动幅度并不算太大，这也是因为这几个国家及地区的艺术品市场已经趋于稳定状态。但中国香港地区的艺术品出口额却在2019年相比2018年增长了14倍，2020年由于疫情，对中国香港地区的艺术品出口额虽有所下降，但仍是出口额排名第2的美国的

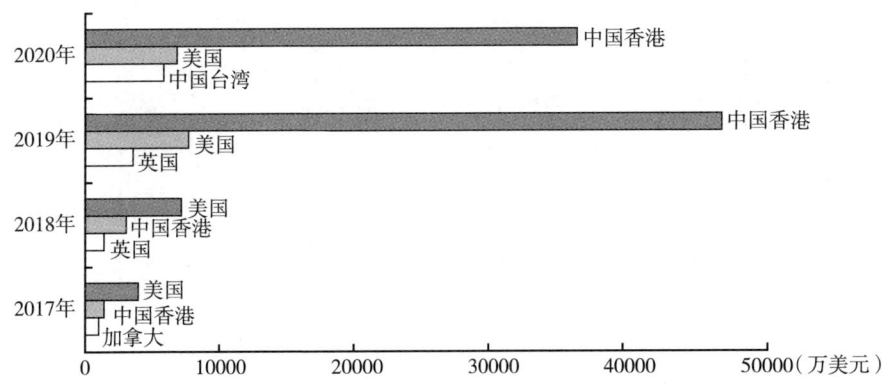

图 10　2017~2020 年中国艺术品出口额排名前 3 的国家及地区

资料来源：中华人民共和国海关总署。

5.3 倍。中国香港地区作为自由贸易港，相对于内地又拥有无比便利的地理位置条件，这都有利于中国内地与香港地区保持密切的贸易往来。最近几年中国香港地区艺术品市场占据天时地利的环境优势更加凸显，境内外优秀的画廊、艺博会和拍卖行越发向中国香港地区聚集。中国香港地区作为中西方文化交融之地，已成为全球重要的艺术品交易市场之一。

根据海关总署的统计数据，2020 年我国艺术品出口结构为：9701 类占比 68.8%，9702 类占比 0.3%，9703 类占比 1.9%，9704 类占比 0.003%，9705 类占比 0.4%，9706 类占比 28.7%（见图 11）。在出口方面，与进口相反，9701 类书画艺术品结构占比份额近几年不断下降，这与近年来受宏观经济影响，艺术市场低迷有关，而书画作品具有高保值性，因此收藏家更愿意在这个时期入手而不是出手。另一个值得关注的地方是 9706 类古物的出口比例在不断提升，古物占出口结构的比例从 2017 年的 6.4% 提升至 2020 年的 28.7%。

2020 年，我国艺术品出口地区前 10 名发生较大变化。第 1 名仍然是上海，且上海出口额占据我国艺术品出口总额 44%（见表 2）。随着上海自贸区艺术品保税仓库、保税展示等政策的实施，上海已成为国内艺术品进出口贸易的重要口岸。第 2 名则由北京变为福建省，福建省出口额占我国艺术品

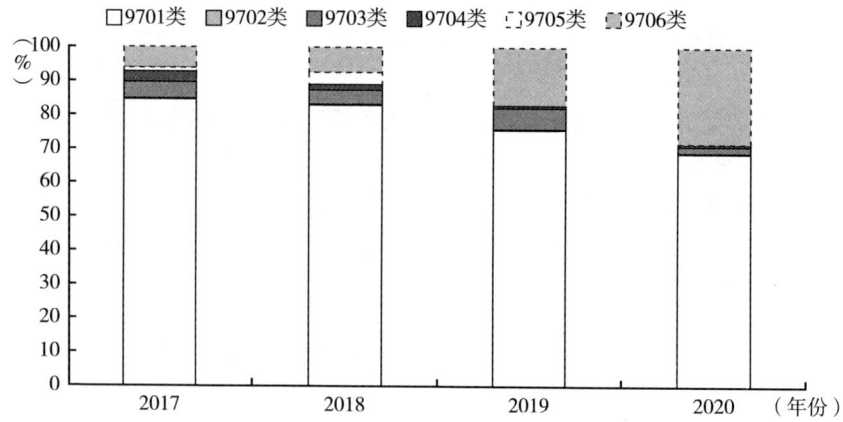

图 11　2017～2020 年中国艺术品出口结构

资料来源：中华人民共和国海关总署。

出口总额的 10.6%；重庆、山东省、河南省相比 2019 年分别上升 8 个、7 个、10 个位次，其中河南省在疫情影响下出口额仍有 15 倍增长。2020 年，河南自贸区国际艺术品保税仓正式开仓。这是全国第一座集艺术品仓储、保税展示、拍卖交易等功能于一体的艺术品保税仓，也是全国第二个在海关特殊监管区域外的艺术品保税仓。在我国艺术品贸易高关税高增值税的现状下，艺术品保税区成为我国艺术品"引进来、走出去"的重要通道。此外，我国艺术品出口仍呈现地区差异明显的特征，2020 年艺术品出口地区前 10 名份额共占我国艺术品出口总额的 90.3%。

表 2　2020 年艺术品出口分布地区（前 10 名）

排名	地区	出口额（万美元）	年增长率（%）	排名变动
1	上海市	30506.694	-25	—
2	福建省	7391.133	139	↑2
3	重庆市	6972.0802	584	↑8
4	北京市	3707.628	-59	↓2
5	广东省	3514.252	-47	↓2
6	湖南省	2405.2565	29	—

续表

排名	地区	出口额（万美元）	年增长率（%）	排名变动
7	浙江省	2287.8718	52	↑1
8	山东省	2205.4152	242	↑7
9	江苏省	2018.3932	5	↓4
10	河南省	1760.7332	1528	↑10

资料来源：中华人民共和国海关总署。

四 发展特点

（一）艺术市场仍处于深度调整阶段

商务部《中国拍卖行业发展报告2019》显示，2019年我国全年文物艺术品拍卖成交221.63亿元（不含佣金），较2018年下降15%。根据雅昌艺术市场监测中心统计，2020年1~8月，上拍作品共67352件，同比减少66.42%；其中成交36330件，同比减少61.68%；成交额105.89亿人民币，同比减少60.80%，市场规模较2019年缩水近60%。近几年各拍卖行的上拍场次、数量都有所减少，最终成交额也在减少。艺术品是极度依赖外部宏观经济环境的行业，种种迹象已表明中国艺术市场，尤其是艺术品拍卖市场，在经过前几年的爆发式增长后，已进入调整阶段，且目前仍处于深度调整阶段。一方面，高端价位的藏品表现良好，依然是受到追捧的对象。虽然交易频次较低，但价格并没有大幅下降的趋势，在目前的很多拍卖公司中，这类拍品的成交额已经占了整体交易额的绝大部分。而另一方面，市场火热时出现的中低端价位藏品成交价、成交率高于预估的现象，如今已基本不存在，并且价格可能持续下跌。受疫情影响，这种状况可能还将持续，艺术品两极分化仍是未来一段时期艺术市场的常态。

文化贸易蓝皮书

（二）艺术品市场结构存在倒挂现象

目前，我国艺术品的一、二级市场界限并不明显，作为二级市场的拍卖行为了扩大上拍数量和压低价格，因此在征集拍品的过程中与艺术家有太多交集，这将会使二级市场深入一级市场领域，进一步挤压一级市场的生存空间。而艺术家长期稳定的作品风格和个人发展离不开画廊的影响及塑造，从长期来看，艺术品一、二级市场的倒挂不利于艺术品市场的良性发展。此外，由于我国特殊的市场环境，画廊多集中于发达地区，且总数仅有4000多家。画廊背后缺乏强大资金保障，消费者更习惯去拍卖行高价买作品，而不是直接去画廊买艺术作品。这进一步导致一些画廊放弃对艺术家发展的持续关注，不再注重对艺术家及其作品的长期推广，而更关注短期倒卖赚取差价，缺少了一级市场的重要职能。

（三）艺术品数字化趋势明显增强

为了应对疫情带来的压力，促进了艺术与数字技术的深度结合，线上展览、线上拍卖等模式迎来新的发展机遇。根据雅昌艺术市场监测中心（AMMA）不完全统计，上半年国内线下艺术博览会仅举办两场。但同时，大陆地区上半年共计举办8场较有影响力的线上艺博会，实现了线上艺博会、云端艺术品交易的新突破。同时，疫情期间大部分艺术机构都开通了微信小程序、网络平台的线上交易入口。2020年3月4日，北京市文物局公布了《北京市文物局关于新冠肺炎疫情期间支持文物拍卖企业依法开展网上拍卖的意见》[1]，围绕"精简申报材料，缩短审批时间"，详述了简化后网上申报拍卖会的流程，这也是疫情发生后多个线上拍卖会得以举办的原因之一。

---

[1] 《北京市文物局关于新冠肺炎疫情期间支持文物拍卖企业依法开展网上拍卖的意见》，北京市文物局网站，2020年3月5日，http：//wwj.beijing.gov.cn/bjww/362679/362686/1714797/index.html。

五 存在的问题

(一)艺术品进口综合税率高于国际平均水平

目前,我国已两次下调艺术品进口关税,最新进口最惠国税率最高为6%。然而,这与一些艺术品市场发达国家的零关税政策仍有较大差距。同时,我国艺术品的增值税税率一直居高不下,13%的增值税税率也是阻碍艺术品进口的一大问题。除此之外,由于中美贸易摩擦的加剧,美方对我国输美"艺术品、收藏品及古董"等商品加税10%。而我国针对美方艺术品进口也加征了特别税10%~29%不等。近期人民币兑美元汇率波动较大,2019年底人民币兑美元汇率一度破7,然而2020年底人民币兑美元汇率升值到6.5左右。2020年的人民币升值对于艺术品进口会抵消一部分额外成本,但是对中国出口到美国的艺术品,美国海关加征的关税若加上人民币升值的幅度,会对中国出口企业造成更加严重的负担。因此,对于到美国拍卖场上购买古玩艺术品的收藏家和到美国征集艺术品回中国拍卖的内地拍卖行来说,海关加征关税与人民币的汇率波动形成双重压力,进一步阻碍了中美艺术品贸易。

(二)艺术品交易市场尚未形成规范

目前,随着线上交易模式的兴起,我国艺术市场主要通过线上和线下进行交易,然而从整体来看,艺术市场的交易仍然存在不规范的地方。就线下市场而言,以画廊为主体的一级市场被实为二级市场的拍卖行挤占了大部分生存空间,一级市场与二级市场混乱,存在倒挂现象,这都导致了我国艺术市场的发展不健全。除此之外,私人交易对一级市场造成极大冲击,引发税收流失,私下交易等乱象严重,也影响了我国一级市场的发展。藏家与卖家的私下交易,不仅扰乱了艺术品市场的价格体系,更影响了行业规范与秩序,这是中国艺术品市场健全发展过程中所遭遇的最为严峻的问题。在线上市场方面，随着疫情突袭而至，线上拍卖、线上展览等模式兴起，线上交易的规范性和合法性逐渐暴露出问题。首先，线上拍卖主体和流程是否合法、拍卖平台是否合规，目前还尚无明确章程可依。其次，线上拍卖过程中缺乏传统的线下展示与宣传阶段，且目前暂无详细的审核机制，导致拍卖平台难以对买卖双方资质与物品的真实性予以保证。新型拍卖形式发展过快，还未被纳入我国艺术品市场的监管体系，法律对互联网拍卖的约束力还存在缺陷，线上交易的合规性成为一个亟待解决的问题。

（三）艺术品市场知识产权保护体系有待完善

内容创作是文化产业的核心内容，而版权保护是内容创作的重要保障。然而，目前我国艺术品市场的侵权行为仍然层出不穷，伪造艺术品、抄袭艺术品等问题屡禁不止，国内艺术品市场知识版权保护体系亟待改善。当下，艺术法在立法、普法等方面尚存在不足，围绕作品本身及其创作活动何为复制、抄袭、借鉴等现象的界定和判断问题往往存在争议。艺术家版权保护意识薄弱也导致艺术作品版权纠纷案件多存在举证难等问题，包括没有在作品上署真名，没有对作品进行版权登记等。2019~2020年，我国虽然在知识版权保护上有所重视，2019年出台了《关于强化知识产权保护的意见》①等政策，并于2020年修订了《中华人民共和国专利法》《中华人民共和国著作权法》等，但针对艺术品领域仍缺乏对症措施。艺术品知识产权涉及人群广泛，关联的行业众多，版权问题的重要性不言而喻。所有从事艺术行业的人，无论是画廊经营者、艺术家还是收藏家，都需强化艺术品知识产权保护的意识，打造一个健康的艺术品市场和贸易环境。

---

① 《中共中央办公厅　国务院办公厅印发〈关于强化知识产权保护的意见〉》，中国政府网，2019年11月24日，http://www.gov.cn/xinwen/2019-11/24/content_5455070.htm。

六 对策建议

（一）下调艺术品增值税，完善流转税收制度

我国艺术品进口过高的关税和增值税一直是痛点和难点，应尽快出台相关政策，减轻艺术品进口税率，促进艺术品市场国际化发展。从艺术品进口环节起就要实行严格的鉴定、估价、登记备案等措施，并根据艺术品进口目的执行差别化税收政策。除降低进口关税、增值税以外，也应该完善国内流转税收制度，对非营利目的的艺术品可免除进口税收，而艺术品进入我国后在交易过程中买卖双方按照现行税收制度缴纳增值税、所得税等。同时，应建立完善的艺术品交易追踪体系和企业个人征信体系，在对企业或个人减轻税负的同时确保国家税收不被侵害。对于画廊或拍卖行等场所进行的公开交易，流转过程中的税收相对容易征缴；对于个人交易，则可以通过如实申报交易信息缴纳税款可享受"税收抵扣""税收减免"等方式增强经济行为主体的纳税意识。

（二）规范艺术市场交易，线下线上结合发展

艺术品一级市场发育不成熟，一个主要的原因是画廊多为中小企业，这些企业往往会因为现金流的短缺、资本运作能力的不足而捉襟见肘。因此，国家需要在一定程度上对画廊等企业进行扶持，如鼓励画廊如实报税，每年按纳税额度进行返税等。除此之外，推动建立艺术品市场的合作和契约精神，一方面画廊要加强与艺术家本人的联系，规范合作协议，通过艺博会、艺术展览等方式推介画家；另一方面，艺术家和艺术机构各负其责，艺术家通过社交媒体提高自己的知名度，交易环节则由本人主动申报或由艺术机构代理，规范交易环节是艺术市场健康发展的重要前提。此外，在未来较长的一段时间内，线上拍卖会将是艺术市场中的重要支柱，艺术品朝向数字化发展的趋势无法避免。尤其是在线上技术普及之后，未来艺术市场的交易在很

大程度上会采用线上线下结合的方式。因此，需要尽快出台相关法律法规，加强监管、引导和规范服务，保障网络安全，完善线上拍卖规则，建立配套服务和长效机制，让艺术品拍卖更加规范和完善。

（三）加大版权保护力度，多方合作共建屏障

在对艺术品的知识产权保护方面，首先要完善相关的政策法规，针对艺术品领域的抄袭、伪造等行为制定明确的定义及惩罚措施，加强艺术品确权问题研究；其次要转变公众对版权的观念，积极推动加强社会公众和艺术界相关人员对艺术品的版权保护意识；最后要加强艺术品的鉴别手段，去伪存真，并采取有效的防伪措施。目前中国的艺术品真伪认定还停留在辨别层次，工作重心在于辨伪而不是防伪。因此，也要适当地将视线聚焦在防伪问题上，多方面遏制艺术品赝品层出现象。艺术品的版权保护离不开法律、技术和业内人士的共同努力，立法是根本，技术是手段，而业内的参与是艺术品维权的基础。艺术品侵权行为在当今市场环境中仍然极为猖獗，盗版欺诈现象随处可见。而版权保护和防伪工作并非朝夕之间即可见效，需要社会各界长期不懈的坚持，但也只有加强对艺术品的知识产权保护，才能推动艺术市场长远发展。

参考文献

赵冰：《中国艺术品拍卖市场的现状及问题》，《未来与发展》2008年第6期。
倪进：《我国艺术品市场发展研究》，《山东社会科学》2011年第1期。
王长松、杨裔：《中国艺术品进出口贸易分析》，《湖南社会科学》2014年第3期。
林诺：《"互联网+"视角下艺术品电商模式创新策略》，《商业经济研究》2017年第15期。

B.10
中国创意设计对外贸易发展报告（2021）*

刘霞 邓常越**

摘 要： 在经济全球化进程不断深化、数字技术飞速发展的现实背景下，中国创意设计产业方兴未艾。近年来，中国创意设计对外贸易在总体上呈现不断增长的发展态势，且基本维持贸易顺差的状态。其中，中国珠宝设计对外贸易呈现先增长后减少的发展趋势，而建筑设计总体上表现为持续小幅波动的变化趋势。与此同时，中国创意设计产业目前仍存在创意设计产权保护制度不完善、创意设计人才培养机制缺失、创意设计出口存在文化折扣效应等方面的问题与挑战。因此，针对以上问题，本报告从建设创意设计市场治理体系、规范创意设计产权保护机制、改善创意设计人才培养方式、构建创意设计贸易共同体等方面提出了相应的对策建议，为中国创意设计产品和服务的高质量发展提供了重要支撑。

关键词： 创意设计 对外贸易 高质量发展

---

* 本文系北京市社会科学基金决策咨询一般项目"优化营商环境服务北京国际交往中心功能建设的策略研究"（项目编号：20JCC062）的成果。
** 刘霞，北京第二外国语学院经济学院讲师，首都国际服务贸易与文化贸易研究基地研究员，经济学博士，研究方向为国际文化贸易、世界经济等；邓常越，北京第二外国语学院硕士研究生，研究方向为文化贸易与创意经济。

随着全球经济的不断繁荣，中国文化产业取得了持续快速的发展，文化产品对外贸易规模也得到进一步扩大，由2002年的345亿美元增长至2019年的1023亿美元，在中国GDP中的占比为4.3%。特别是"十四五"规划时期，中国文化产业将迈入高质量发展的新阶段。面对新冠肺炎疫情突袭而至、国际贸易保护主义抬头等复杂多变的国际形势，中国政府始终保持对文化产业的高度重视。党的十九大报告指出，"健全现代文化产业体系和市场体系，创新生产经营机制，完善文化经济政策，培育新型文化业态"。而创意设计产业作为文化产业中最重要的组成部分之一，也在经济全球化进程中得到了蓬勃发展，创意设计产品在国际贸易中的积极作用日益凸显。中国高度重视创意产业的发展，2019年司法部公布的《中华人民共和国文化产业促进法（草案送审稿）》为我国创意产业发展指明了方向，之后由前瞻产业研究院发布的《2020—2025年中国文化创意产业园区域发展模式与产业整体规划研究报告》也对当前中国创意产业发展现状进行了高度概括和总结，并提出了现存问题和解决对策。[①] 由此可见，创意设计也已经成为中国文化产业结构优化升级以及文化经济快速发展的重要推动力，对推动中国对外文化贸易结构改革、增强中国文化的国际影响力、实现2035年建成社会主义文化强国战略目标具有非常重要的意义。

一 中国创意设计对外贸易状况概述

在经济和科技高质量发展的新时代，"创意经济"正在不断打破传统意义上的商业模式，其中创意设计产业也已经成为世界各国增强国际竞争力的一个关键因素。按照联合国贸易和发展会议（UNCTAD）对创意文化产品和服务的划分标准，将核心的创意设计产品分为建筑设计（Architecture）、时尚设计（Fashion）、玻璃器具设计（Glassware）、室内设计（Interior）、珠宝设计（Jewellery）、玩具设计（Toys）六类。本报告将基于中国创意设计对

---

① 尹鉴、衣保中：《以创意产业集群推动区域经济发展的路径》，《人民论坛·学术前沿》2021年第3期。

外贸易总体发展现状,就其中珠宝设计和建筑设计这两大类的对外贸易发展现状进行系统分析。

(一)中国创意设计对外贸易的总体发展现状

从贸易总量上看,根据联合国贸易和发展会议的统计数据,中国创意设计的进出口总额从 2002 年的 237.80 亿美元逐步增加到 2015 年的 1281.35 亿美元,总体平均增长率为 13.83%。具体发展趋势如图 1 所示,中国创意设计产品对外贸易进出口总额在 2002~2015 年虽然偶有下降,但总体上呈现上升的趋势。其中,2002~2008 年,中国创意设计对外贸易进出口总额呈现逐年稳步小幅增加的趋势,平均增长率为 16.22%;而 2008~2009 年,出现了第一次小幅度下降,主要原因是 2008 年全球金融危机导致国际市场发生波动,中国在创意设计产品上的需求也受到了一定程度的影响。随着全球经济的复苏,我国创意设计对外贸易达到一次增长高峰,进出口总额由 2009 年的 545.61 亿美元快速增长到 2014 年的 1541.93 亿美元,达到 14 年来的最大值,年均增长率达 23.09%。而在 2014~2015 年,创意设计对外贸易进出口总额出现了第二次下降,并且下降幅度较大,这与 2015 年世界经济形势的发展密切相关。

针对中国创意设计核心类产品的出口贸易而言,2002~2008 年,中国创意设计出口额从 227.75 亿美元稳步增加到 560.63 亿美元,平均增长率为 16.20%。而 2008~2009 年,中国创意设计核心类产品出口额出现小幅下降的趋势。在 2009 年之后,中国创意设计核心类产品出口额呈现飞速稳定上涨趋势,且在 2014 年达到出口额的最大值,为 1486.11 亿美元。尽管 2014~2015 年创意设计产品的出口贸易出现了一定程度的回落,但是 2015 年中国的创意产品出口额为 1685.07 亿美元,位居世界第一。在贸易总量上,2015 年中国创意产品出口额是美国的四倍[①],在国际市场上仍具有较

---

① 李巧明、李文军、叶思晖:《创意经济、知识产权保护和市场效应:来自中国创意产品贸易的证据》,《产业经济评论》2021 年第 1 期。

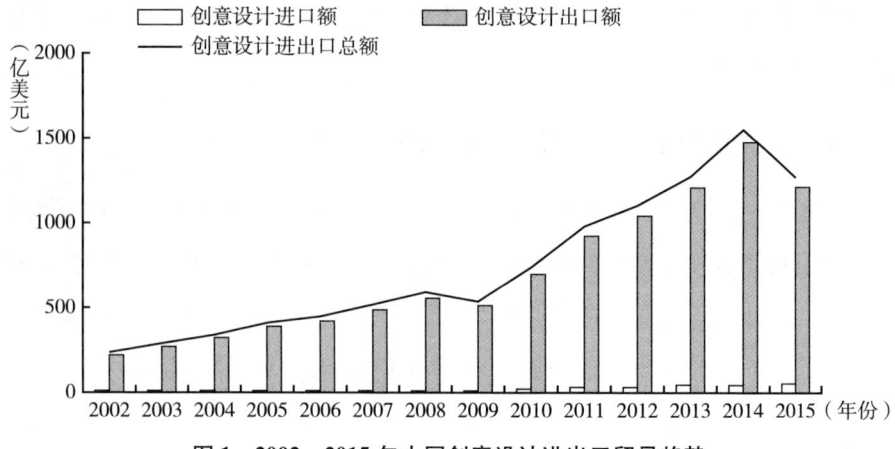

图1 2002~2015年中国创意设计进出口贸易趋势

注：由于联合国贸易和发展会议数据库中关于各国创意设计六大类产品进出口贸易的数据只更新到2015年，因此本报告对创意设计产品对外贸易总体发展现状的分析仅到2015年。

资料来源：联合国贸易和发展会议（UNCTAD）。

大的影响力。而对于中国创意设计核心类产品的进口贸易，从整体上看，2002~2015年始终保持着逐年稳步上升的变化趋势。尽管在2008年全球金融危机时期世界经济形势出现了波动，中国对外贸易总体呈现一定的回落趋势，但是创意设计产品的进口额仍保持平稳的发展态势。2009年之后，中国创意设计产品的进口贸易增长率出现了稳步上升的趋势，进口额从2010年的28.56亿美元逐步增加至2015年的最大值57.78亿美元。

此外，综合分析中国创意设计产品进出口状况，可以看出中国创意设计产品的进出口贸易多年来一直为贸易顺差的状态。2002~2008年，顺差额由217.70亿美元逐年稳步增加到537.65亿美元，虽然2009年出现了小幅回落，但2009~2014年依然得到了快速增长，最终增长至2014年的1430.29亿美元，与中国创意设计对外出口额呈现基本一致的变化趋势。

（二）中国珠宝设计对外贸易的发展状况

根据联合国商品贸易统计数据库（UN Comtrade）的统计数据，中国珠宝设计对外贸易整体上呈现先增长后减少的发展趋势（见图2）。具体而言，从出口额角度分析，2007~2014年中国的珠宝设计出口额基本上表现为上涨趋势，且2007~2010年增速较为平稳，由2007年的27.77亿美元增长至2010年的71.66亿美元。而2010年之后，出口额得到了大幅度增长，由71.66亿美元增长至2014年的最高值504.25亿美元，但与此同时，增速却表现为逐年递减的趋势，2010~2011年增速达125.36%，之后逐渐放缓，但总额依然呈现不断增加的趋势。而自2015年开始，受国际经济形势的影响，中国珠宝设计出口额急速回落，但在2018~2019年呈现小幅增加的趋势。从进口额角度分析，在2007~2016年，中国珠宝设计进口额基本与出口额呈现相同的变化趋势，由2007年的18.15亿美元增至2014年的146.24亿美元，之后又下降至2016年的94.80亿美元，在2019年达到进口规模的最大值。但与珠宝设计出口贸易不同的是进口额在2016年之后呈现逐年增加的态势，并在2018年超过出口额，说明国内市场对进口珠宝设计产品需求有所上升。从顺逆差角度来看，在2018年之前，中国珠宝设计产品对外贸易始终保持顺差，但从2018年开始转为逆差，并在2019年呈现进一步扩大的趋势。

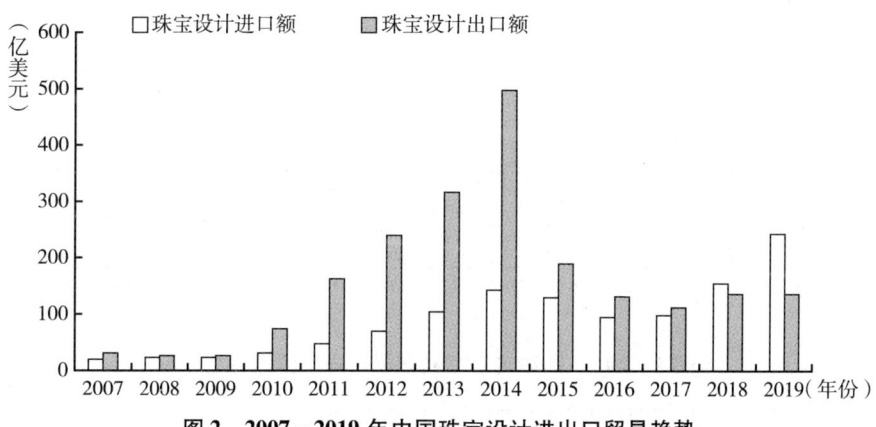

图2　2007~2019年中国珠宝设计进出口贸易趋势

资料来源：联合国商品贸易统计数据库（UN Comtrade）。

（三）中国建筑设计对外贸易的发展状况

对于中国建筑设计这类创意设计产品而言，其在核心类创意设计产品中的占比较小，进出口总额基本保持在1.5亿美元左右。根据联合国商品贸易统计数据库的统计数据，中国建筑设计对外贸易总体上呈现小幅波动的变化趋势（见图3）。具体而言，从出口额角度分析，2007年建筑设计出口额是近年来的最大值，约为3.58亿美元。2008~2013年，出口额变化较为频繁，总体上呈现两次上升趋势。而2013年之后，出口额基本上表现为下降趋势，但在2017年和2019年出现了两次小幅的增加。从进口额角度分析，2007~2013年，中国建筑设计进口额也处在波动式的变动趋势中，但总体上保持增长态势，由2007年的0.52亿美元增至2013年的最大值1.03亿美元。但从2014年开始，进口额呈现下降的趋势，直至2019年都保持在0.5亿美元以下的较低水平。从顺逆差角度来看，在2007~2019年，中国建筑设计产品对外贸易始终保持顺差的状态。

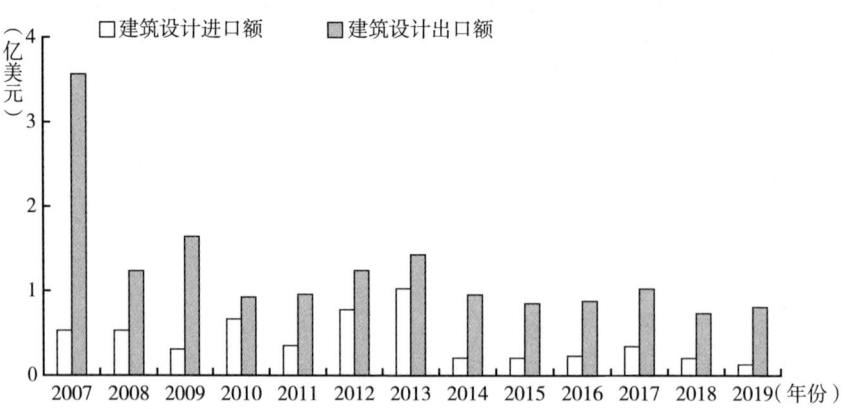

图3 2007~2019年中国建筑设计进出口贸易趋势

资料来源：联合国商品贸易统计数据库（UN Comtrade）。

二 中国创意设计对外贸易发展面临的问题与挑战

尽管中国的创意设计产品和服务快速发展，在中国对外贸易中占有非常重要的地位，但是在其发展过程中，仍存在以下三个方面的问题与挑战。

（一）创意设计市场管理制度不完善，产权保护有待进一步加强

与发达国家相比，中国创意设计市场发展较慢，起步也较晚，目前尚未形成具有国际竞争力的创意设计产业治理体系。现阶段，中国创意设计市场治理机制不完善，市场法制化建设水平不高，市场管理制度的不完善极大制约了创意设计市场的长足发展，也不利于中国创意设计产品国际竞争力的提升。其中，最为突出的一个问题是，中国创意设计产业对知识产权的保护力度有待进一步加大。创意设计产品的本质就是对人的思维、智力、想象力等抽象概念进行加工，进而映射到现实当中的产物，其价值和内涵正是通过这种创意创新活动的获益来体现的。然而，创意设计产品往往具有复制成本低、传播速度快的特点[1]，特别是随着互联网和数字经济的不断发展，知识产权的可复制性进一步得到强化，知识产权侵权行为也变得更加隐蔽，互联网文化产业知识产权保护面临新的挑战[2]。一旦创意设计被大量无偿复制、传播、利用，其产品价值就会大幅下降，轻则降低相关企业和从业者的经济收益，影响其继续从事创意设计产品研发的意愿，重则导致整个产业的发展受阻，对中国创意设计产品的对外贸易和国际地位造成不利影响。因此，知识产权保护是创意设计产业进一步发展的基础，只有不断营造良好的制度环境，加强创意设计产品的知识产权保护，才能从根本上保障创意设计者的自身权益，带动创意设计产业整体的发展。

---

[1] 《创意产业发展呼唤知识产权保护》，人民网，2013年7月24日，http://theory.people.com.cn/n/2013/0724/c40531-22304202.html。

[2] 孙玉荣：《互联网文化产业发展与知识产权保护》，《北京联合大学学报》（人文社会科学版）2016年第2期。

（二）创意设计人才培养机制缺失，教育理念有待优化

目前，尽管中国文化产品的生产和制造已经位于世界前列，中国文化产品在世界市场上的竞争力不断提升，但是相比于很多发达国家，中国创意产业就业人数占比较低，甚至不足1‰。① 创意设计人才的数量在飞速发展的文化产业中所产生的需求缺口已经成为制约中国文化创意设计产业对外贸易持续发展的一个重要因素。一方面，创意设计领域专业人才的培育机制还不够完善，相较于其他制造业等成熟产业，创意设计人才极度匮乏；并且大部分从业者都是参与执行环节，即将已经生成的抽象创意思维生产成实体产品的环节，而能够自主地将创意理念和内涵进行创造性转化的创意设计人才就更为稀少。另一方面，创意设计产业在一定程度上存在资源错配的问题。创意设计产业人才主要集中在经济及文化产业发达的东部沿海地区，而中西部地区创意设计人才则严重缺失。低端人才相对过剩、高端人才相对不足的矛盾现象并存。② 此外，中国创意设计产业还存在人才总体质量不高、缺乏领军人才和培养体制机制不畅等问题，直接影响中国创意设计产业体系的培育和对外贸易的发展。③ 创意设计人才不足与人才分布地区间的不平衡将导致创意设计产业的发展需求难以很好地得到满足，也无法发挥创意设计人才的最大价值。因此，如何改善创意设计人才的培养模式、优化创意设计人才培养理念是未来创意设计产业发展的关键。

（三）创意设计产品文化差异明显，文化折扣有待进一步弱化

创意设计产品不同于一般的国际贸易产品，创意设计的核心是文化内涵，而创意设计产品对外贸易的关键则是文化吸引力。在国际市场上，一国消费者是否选择消费某一创意设计产品与其所处的文化背景息息相关，这就

---

① 《聚焦人才培养：解读国内创意人才的生存现状》，搜狐网，2018年1月31日，https://www.sohu.com/a/220127111_757761。
② 孟东方：《现代文化产业体系的政策效应、问题及发展对策》，《中国行政管理》2018年第12期。
③ 褚光荣：《论文化产业人才培养机制创新》，《开放导报》2014年第5期。

导致了在创意设计产品对外贸易中"文化折扣"现象的产生。文化折扣是指由于文化差异和文化认知程度的不同,国际市场上的消费者在接受不熟悉的文化产品时,其理解能力、认同能力等都会有所降低。① 因此,创意设计产品作为一种文化产品,面临非常现实的文化内涵融合困境。具体而言,每个创意设计产品都具备自身的文化属性,这与其出口国家或地区独有的文化密切相关。② 当创意设计产品出口到其他国家时,很可能因为语言、文化等方面的差异导致在内涵解读或文化传播方面出现问题。相比于其他出口产品,创意设计产品最大的特质就是其蕴含的文化属性。只有让国际市场了解和认同中国文化,才能让中国出口的创意设计产品有更广泛的市场。因此,要为中国创意设计产品创造更多"走出去"的机会,不断减小文化折扣的阻碍,增强中国创意设计产品对国外消费者的吸引力。

三 中国创意设计对外贸易发展的对策建议

基于中国创意设计对外贸易过程中存在的问题与挑战,本报告将从以下四个方面提出相应的对策建议。

(一)建设创意设计市场治理体系,完善市场管理制度

完善的市场管理制度是构建文化市场体系的必然条件和重要内容,是建立健全我国现代文化市场体系的保障和制度基础。③ 但目前公共部门对于培育新兴产业准备不足,开放式创新和敏捷管理文化的能力不够,存在较多模仿性政策的问题亟待解决。④ 为促进我国创意设计产业快速发展、保障创意设计市场稳定运行,推进其治理体系和治理能力现代化是重中之重。国家治

---

① Colin Hoskins, Rolf Mirus, "Reasons for the US Dominance of the International Trade in Television Programmes," *Media, Culture & Society* 10 (1988): 499.
② 马国华:《我国文创产品贸易现状、机遇和优化举措研究》,《价格月刊》2020年第7期。
③ 顾江、陈鑫、郭新茹、张苏缘:《"十四五"时期健全现代文化产业体系的逻辑框架与战略路径》,《管理世界》2021年第3期。
④ 意娜:《数字经济影响下的国际文化创意产业发展研究》,《中国人民大学学报》2020年第6期。

理体系改革的目标应落实到创意经济领域，利用好政府这只"看得见的手"，进一步提高对创新文化的治理能力、完善治理方式。一方面，要强化政府对于政策改革、市场监管、社会服务、公共管理的统领作用，提高创意设计市场管理的科学化水平和治理效率；另一方面，要积极建设法治体系，推进创意经济领域的立法建设和执法监督，充分发挥法律法规对市场的规范、监管和调节作用。除此之外，还可以加强政府部门与相关文化企业、文化机构和文化组织的通力合作，在国家治理体系建设的整体框架下，不断推进国家创意经济产业制度的科学化、专业化、法治化的建设过程。①

（二）规范创意设计产权保护机制，提高自主创新能力

创意设计产品的核心竞争力是文化内容的创造性转化，但是由于创意知识在转移中比较易于被模仿，所以对知识产权的保护关乎创意设计产业链和供应链的每一个环节，对该产业的持续发展至关重要。正如"世界创意产业之父"约翰·霍金斯所说："知识产权是创意经济的中央银行，知识产权保护是创意经济的货币。"只有保护知识产权，才能保证创意设计产品的持续出口。目前各国都愈加重视对知识产权的保护，在顺应国际大环境的同时开创具有中国特色的产权保护制度，促进中国创意设计产品和服务的对外贸易发展，具有非常重要的现实意义。

首先，应以现有知识产权法律制度为基础，结合创意设计产业或企业的特征，制定和完善适合创意文化产业的相关法律法规制度；还可以根据创意设计产业的六个子分类，分别确定每一个细分行业需要进行保护的关键点，并制定相应的政策措施。其次，需要提升创意设计企业的自主创新能力，并强化其知识产权创造与保护意识，为创意设计产品提供生产源泉。目前中国企业普遍缺乏对知识产权的保护意识，从而制约了创意经济发展和中国创意设计产品"走出去"的发展进程。因此，要加强相关宣传教育，增强全社会的知识产权保

---

① 李媛媛：《国家治理现代化视阈下的文化制度体系建设与创新》，《行政管理改革》2020年第11期。

护意识,让保护知识产权成为一种自主的活动,优化产业营商环境,进一步推动创意设计产业的发展,改善我国创意设计产品的国际贸易形势。

(三)改善创意设计人才培养方式,增强国际竞争实力

创意设计产业作为新兴的产业形态,相比于传统的产业模式,其最特殊之处就在于它是以设计者自身的思维、天赋、想象力、创造力等精神层面的因素来实现创意和文化内涵创造性转化为核心竞争力,创意设计产业具有很高的上限,但对于创意设计人才的培养却是一个十分漫长的过程。因此,创意设计人才短缺的状况在世界范围内普遍存在。

对中国而言,为了克服创意设计人才紧缺与创意产业蓬勃发展的失衡以及创意设计人才要素错配等问题,中国需要引进创意设计领军人物,同时注重本土创意设计者及重视基层文化创意人才队伍的建设。① 可以参考英国的文化创意人才培养模式,培育集创意设计、文化贸易等多种专业知识和技能于一体的应用型、复合型人才,充分利用高校资源为业界培养创新型人才。强调自由的创新理念与产业化并重,通过设立专业训练团队等方式推动创意设计的产业化。同时,中国政府应高度重视创意设计相关领域人才的培养,不断完善创意设计人才的培养机制和政策,加快创意设计专业人才的培养步伐。在创意人才的培养过程中,社会实践的环节不可或缺。作为高端创意设计人才,只有拥有把理论知识转换成实际操作的能力,才能真正实现自主创造,生产出蕴含价值和竞争力的优秀产品。从创意设计产业整体发展角度来看,创意设计人才的培养不仅是高校或某一部门的特定任务,还需要社会各个层面的通力合作,建立多元化、系统化的人才培养渠道,并能够最终接轨国际市场,在世界范围内输出中国文化。这样才有可能缓解我国创意人才不足的问题,为我国创意设计产业的可持续发展提供根本保障。②

---

① 郑正真:《文化创意产业高质量发展的内涵与路径研究——以成都市为例》,《中共合肥市委党校学报》2020年第6期。
② 《创意产业发展呼唤知识产权保护》,人民网,2013年7月24日,http://theory.people.com.cn/n/2013/0724/c40531-22304202.html。

（四）构建创意设计贸易共同体，缓解文化折扣效应

在发展创意设计产品对外贸易的过程中，不能忽视文化折扣所产生的影响。一方面，在选择出口市场时，可以重点考虑与中国文化距离较近、文化折扣效应较低的国家，如新加坡、韩国、日本等。受相同文化传统的影响，这些市场对于中国出口的文化产品偏好较强，可以充分挖掘这些国家出口市场的潜力，进一步提高对这些国家创意设计产品的出口强度。同时，中国应积极推进亚太自由贸易区的建设进程，争取在世界范围内的话语权，为中国创意设计产品进一步开拓国际市场提供政策上的支持。另一方面，中国需要在长期内积极采取有效措施，提升中国创意设计产品在国际市场上的吸引力，努力缓解文化折扣效应的影响。在国际范围内，有许多国家都采取了如文化外交等多种措施来推动本国文化在其他国家的广泛传播，从而提升本国文化影响力、促进自身文化产品出口。中国也应积极借鉴他国的相应措施，进一步提升中国文化在国际市场上的吸引力和认知度。例如，可以积极开展多元化的国际文化交流项目，把国内外多方面的力量结合起来，拓宽中国文化传播的渠道和途径等。

专题篇
Special Topics

B.11
中国演艺产业国际化发展现状、困境与路径

李嘉珊 张筱聆*

摘 要： 十八大以来，中国演艺市场延续繁荣又逐步升级，其国际化发展也实现了极大提升。与此同时，当前演艺产业国际化发展依然主要依赖文化交流，但在现今市场主导的经济全球化背景下，演艺产品及服务供需不符导致观众不理解、难接受，资源配置效率低，收效甚微，局限性逐渐凸显，从而缺乏较强的国际竞争力。认知失调、传统国际化发展模式的局限、技术应用的滞后、新冠肺炎疫情的冲击，都促使我们对中国演艺产业国际化发展的有效路径重新进行思考。本报告首先就中国演

---

* 李嘉珊，北京第二外国语学院教授，中国服务贸易研究院常务副院长，国家文化发展国际战略研究院常务副院长，首都国际交往中心研究院执行院长，首都对外文化贸易研究基地首席专家，国家文化贸易学术研究平台专家兼秘书长，研究方向为国际文化贸易等；张筱聆，北京第二外国语学院国际文化贸易交叉学科专业硕士研究生，国家文化发展国际战略研究院研究助理。

艺产业国际化发展特征进行剖析，其次结合实际情况与数据分析，详细阐述当前中国演艺产业国际竞争力要素，进一步总结其面临的问题与挑战，从而有针对性地提出中国演艺产业国际化发展的现实策略，如加强战略部署、强化内容建设、激发市场活力、完善人才培养体系、打造线上服务平台等。

关键词： 演艺产业　国际竞争力　产业融合

一　中国演艺产业国际化发展现状

（一）演艺市场规模持续扩大

2002~2015年全球演艺相关创意产品进出口总额增长了57.7%，2015年贸易总额为138.3亿美元，① 全球演艺产品贸易规模持续扩大。自党的十八大以来，中国演艺市场延续繁荣又逐步升级，整体不断向着更加优化、更加稳定的市场结构发展。在各类利好政策的支持、引导与管理之下，中国演艺市场规模从2011年的233.30亿元增长至2019年的572.28亿元。演艺企业海外市场突围的尝试也较有成效：2019年中国赴海外演出收入为34.55亿元，国外来华演出收入为55.09亿元。

（二）演艺产业国际化发展模式多元

自新中国成立以来，演艺一直是文化跨境服务的最主要形式，得到了大力支持。现有演艺跨境服务大部分以文化交流为目的，不以营利为目的，以推广中华文化、对外宣传为宗旨，如每年的"欢乐春节"文化交流活动。"境外消费"，即"出口不出国"，通过在中国境内的境外消费者的演艺消费实现演艺对

---

① UNCTAD数据库。

中国演艺产业国际化发展现状、困境与路径

外贸易，具有很大的演艺贸易市场空间。上海"时空之旅"就充分利用全球资源，立足"出口不出国"的运营理念，在国内长年演出市场站稳脚跟，吸引了源源不断的国际旅行者前来观看，不出国门就实现中国演出产品的"出口"。除此以外，互联网的发展在很大程度上改变了演艺创作、生产、营销的方式，以YouTube网站上非常有中国文化特色的自媒体团队"自得琴社"为例，截止到2021年4月23日，"自得琴社"在YouTube网站中已发布短视频80部，总观看量达4482余万次，平均每部短视频播放量近56万次，可见利用网络数字技术的自媒体平台为演艺内容的"走出去"提供了一种崭新的形式。

（三）演艺产业积极创新实践探索

首先，立足实际，引进海外优秀演出，以"引进来"带动"走出去"，是在中国国内演艺产业提升国际竞争力的有效举措，"纪念中华人民共和国成立70周年·中国爱乐乐团与世界著名交响乐团国际合作"系列项目即中外合作演艺的有益尝试，其"中国指挥+海外名团"的模式，大大降低了海外演出的成本，并取得了更好的市场效果。其次，国际艺术节、展会等是短期内集中呈现中国演艺作品的最佳平台。自2012年起，三拓旗剧团连续参加阿维尼翁戏剧家"OFF"部分，每年都带去1部风格迥异的原创小剧场作品，连续参加阿维尼翁戏剧节让三拓旗剧团获得了稳定的观众和良好的口碑。最后，演艺对外投资也有利于演艺企业在国际市场上向产业上游拓展，聚橙网2007年在深圳成立，目前已发展成中国最大、行业领先的民营演出机构之一，参投百老汇这样的顶级演艺机构的剧目，也会为未来聚橙网代理的中国剧目甚至剧本、演员进入欧美市场提供更多的可能。

二 中国演艺产业国际竞争力分析

在竞争力模型"钻石模型"中，资源要素，需求条件，辅助行业，企业组织、战略和竞争等相关的四个基本要素（技术要素）决定了该产业的竞争优势。同时，政府功能和外部机遇是两个主要的辅助因素，也起着重要作用。因此,以这六个要素为基础可以全面分析中国演艺产业国际竞争力。

(一)资源要素——文化资源丰富,人才资源匮乏

根据传统理论,生产要素可以分为初级生产要素(行业通常需要)和高级生产要素(特定行业的特殊需求)。对于知识密集型产业,先进的生产要素由于其稀缺性可以成为产业竞争优势的关键要素。就演艺产业而言,优质的文化资源及演艺人才资源可以说是其特需的高级生产要素。就文化资源而言,中国有5000多年的历史,不仅拥有丰富的演艺资源,如传统乐器演奏(古筝、琵琶等)、各时期的舞乐表演(唐乐舞等)、民间演出(杂技等)等,各地区还拥有特色地域文化资源,如少数民族歌舞、地方戏曲等。在演艺的内容创作上,丰富的文学文本资源更是为演艺产业链上游环节奠定了坚实的基础。但目前中国在这些资源的创新性发展和创造性转化方面仍有所欠缺,具有影响力的可供交易的演艺产品及服务更是少之又少。就演艺人才资源而言,演艺产业的创作人才、演艺人才和营销人才呈现两头小、中间大的特点。相比较而言,创作人才和高级经营管理人才匮乏。相关人才的匮乏,制约着中国演艺产业国际化发展的效率与效益。相较于伦敦、纽约等著名的国际化演艺大都市,中国演艺人才的培养和市场的应用与实践严重脱节,缺少对整个演艺产业发展现状的清晰认识以及对整个产业链全局的把握,不能及时对演艺市场的需求做出反应与调整,无法实现人才供需的有效对接。

(二)需求条件——消费潜力巨大,市场把握不足

当某个行业范围相对较大或市场规模相对较大时,市场需求可以帮助其建立竞争优势,从而刺激公司不断改进和创新。从全球演艺市场来看,以不同地区为例,在欧洲,英国、德国和法国等世界上大多数先进的资本主义国家,不仅经济发展水平在世界中处于前列,而且文化产业的发展带动了全球文化和经济的发展。英国政府数据显示,该国成功的创意产业在2018年为

英国贡献了1117亿英镑的收入，相当于每天3.06亿英镑。在亚洲，日本和韩国是演艺产业运营经验最成熟的国家，演艺产业甚至已成为其主要的盈利产业，2018年，韩国演艺产业的总销售收入约为119.6万亿韩元。2017年美国演艺产业的产值为8778亿美元，占国内生产总值的4.5%。与建筑、运输仓储、旅游等产业相比，演艺产业对国民经济的贡献更大。由此可见，海外需求市场庞大，但当前中国演艺服务贸易仍处于逆差状态，国外团体"引进来"仍然是吸引国内消费的形式之一，有效的国际化传播推广及营销途径仍未形成。

（三）辅助行业——关联产业强劲，产业融合向好

优势产业并不是独立存在的，而是与其他产业并存的。与演艺市场密切相关的产业包括电影、电视、出版等文化产业。此外，旅游、技术等与表演艺术也越来越紧密地结合在一起，它们都为中国演艺产业的发展提供了丰富的资源。就具体行业而言，2019年中国全国电影票房收入为642.66亿元，同比增长5.4%，电影市场扩容趋势明显；动漫产业总产值已经达到1914亿元，同比增长13.38%，市场规模接近2000亿元；旅游演艺也迅猛发展，根据中国演出行业协会的统计，2018年中国旅游演艺行业票房收入达到37.5亿元，同比增长9.3%。同时UNCTAD的数据显示，2002～2015年中国演艺相关产业产品国际贸易额整体呈现增长趋势，2015年中国演艺相关产业产品国际贸易额达到23.8亿美元（见图1），其中出口18.1亿美元，进口5.7亿美元。

（四）企业战略——欧美主流垄断，亟待加强培育

企业的管理实践和组织模式对于其获得竞争优势至关重要。同时，强大的竞争者的存在也是企业不断创造竞争优势的主要动力来源。就演艺企业而言，目前国际演艺市场主要由欧美等的一些大型演艺集团主导，并经过发展形成了特有的商业化、集群化及规模化经营模式。以百老汇为例，其总票房保持增长趋势，从1984～1985年度的2.09亿美元到2018～2019年度的18.29亿美元，增

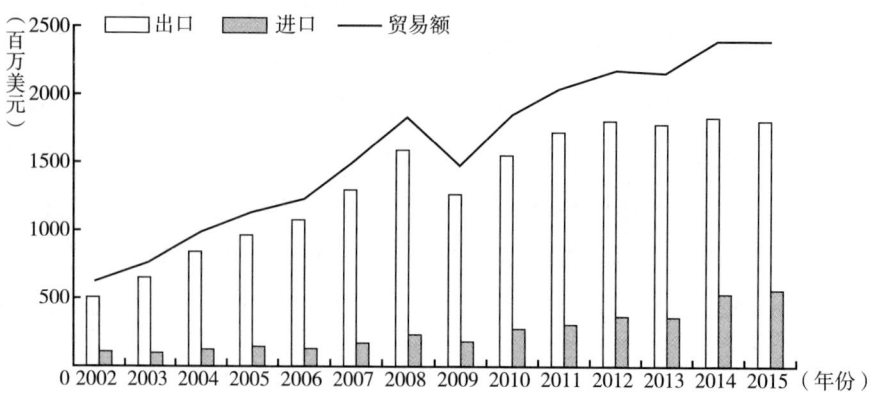

图1 2002~2015中国演艺相关产业产品国际贸易额

资料来源：UNCTAD数据库。

长了7.8倍。2019年其总收入为17.58亿美元，出席人数达到1462万人次。其巡回演出呈现相同的特征，百老汇的巡回演出总收入在2018~2019年度为16.33亿美元，是1984~1985年度（2.26亿美元）的7.2倍。反观中国演艺企业的发展情况，虽然国有、民营、合资、合作等各类市场主体发挥各自优势，中央及地方国有院团和民营演艺机构也成为演艺产业国际化的活跃主体，在国际演艺交流与合作方面成效显著，但中国没有真正在国际演艺市场中具有高度话语权与竞争力的演艺市场主体。根据Pollstar公布的2019年全球票房收入前200的剧院及前100的演艺公司名录，无中国剧院或相关演艺公司位列其中，欧美剧院或相关演艺公司仍占据主体地位。

（五）外部机遇——数字技术赋能，潜力有待激发

外部机遇也是影响产业竞争力的重要因素之一，抓住重要机遇能够为产业发展提供巨大的推动力。对于演艺产业而言，数字技术就是前所未有的一个巨大发展机遇，5G通信技术的推出，VR、AR和MR技术的日常应用快速发展与升级，带来了演艺与技术之间的更多交集。例如，舞台的光影技术，通过声音、光和电艺术创作的结合，带给观众不一样的感受。数字技术也使得演出在一定程度上超越了时间与空间。2015年6月19日，风靡全球

的英国国家剧院现场在中国落地。此后3年间，除英国国家剧院现场之外，英国皇家歌剧院、皇家莎士比亚剧院、莎士比亚环球剧团、莫斯科大剧院、百老汇高清等多个全球演出现场录制播出品牌相继落地中国，在北京、上海、广州、台北等大中华区20余个城市的近60个放映场所播放演出超过2000场，观影人次超过24万，充分显示了数字技术的巨大潜力。同时，2020年9月出台的《关于扩大战略性新兴产业投资 培育壮大新增长点增长极的指导意见》也提及要加快数字创意产业融合发展，鼓励数字创意产业与生产制造、文化教育、旅游体育、健康医疗与养老、智慧农业等领域融合发展，激发市场消费活力。

（六）政府功能——院团改革持续，资金资助稳定

早在2009年，中宣部、文化部就下发了《关于深化国有文艺演出院团体制改革的若干意见》，以加快国有文艺演出院团转企改制工作步伐，积极培育新型演艺市场主体。2020年6月，为进一步激发国有文艺院团升级活力，中央全面深化改革委员会第14次会议通过了《关于深化国有文艺院团改革的实施意见》，这也是对国有文艺院团做出的顶层设计。近年来，中国在文艺人才选拔与培养、文艺作品的创作与生产等方面投入了巨大的人力物力财力，这也成为很大一部分艺术团体的主要收入来源。国家艺术基金2019年度资助立项的1100个项目中，有629个项目来自演艺行业，占比达到57%，不仅专门设有针对演艺的小型剧（节）目和作品创作资助项目、大型舞台剧和作品创作资助项目类别，在青年艺术创作人才资助项目、艺术人才培养资助项目、传播交流推广资助项目中也有相当一部分的演艺类项目获得立项。

三 中国演艺产业存在的问题及挑战

（一）国际化与市场化水平不足

国际化和市场化一直是中国演艺产业存在的两个瓶颈。演艺产品及服务

文化贸易蓝皮书

国际认可度不足,多年来形成"国内热热闹闹,国际冷冷清清"的局面,在海外有演出、有观众被作为"走出去"的评估评价标准。在英国剧院数据库(Internet UK Theatre Database)的127768条记录中仅可以搜索到54条与关键词"China"相关的演出数据(含国外演出团体的相关演出数据),其中51条有具体的演出时间信息,明确涉及中国主题的演艺项目非常有限。演出的市场化水平也有所不足,往往凭借文化交流模式实现"走出去",市场在演艺资源配置方面起到的作用仍微乎其微,即大部分不是以市场交易方式完成,能够真正被国际演艺市场接受的文艺出口项目非常有限,直接导致演艺产业国际化成效不足。

(二)演艺市场主体实力有待提升

1. 主体单一、羸弱

缺少优秀的演艺品牌。缺少具有国际竞争力的中国演艺品牌仍是中国演艺产业发展关键的制约因素。国内演艺市场不乏具有一定口碑、票房的优秀剧目,但具有国际影响力和持久演艺活力的院团、剧目甚至艺术家品牌依然是凤毛麟角、难成规模。

缺少演艺市场运营类企业。国际营运能力强、熟悉国际市场规则的院线运营、演艺经纪、演出票务企业共同"走出去"参与市场竞争,能够为中国演艺产品及服务创造更多国际竞争优势。面对激烈的国际竞争,仅是演艺院团实现"走出去",其不仅需要自己寻找演出场地,也缺少市场推广渠道,在当地市场重新寻找合作伙伴更会平添许多不确定性。

2. 演艺市场主体对海外市场缺乏了解

演艺企业作为"走出去"的主体,海外发展保守、动力不足。中国演艺企业普遍缺乏"走出去"的直接动力。出于对国际市场风险高、成本高、利润低的判断,对于国内演艺企业来说,海外市场似乎还没有形成足够的吸引力。这恰恰是因为演艺企业不了解海外需求,找不到适销对路的国别市场。

3. 民营、国有演艺企业发展失衡

国有企业、民营企业、混合所有制企业在演艺市场中都发挥着不可替代的作用。在政府支持或主导的演艺产业国际化发展当中，国有演艺企业凭借雄厚的人力、物力和财力，长期以来发挥着中坚作用，但也存在应对国际市场变动反应相对迟缓的短板。民营演艺企业虽然普遍规模小，但运营机制灵活，对市场敏感度更高、适应性更强，同样拥有得天独厚的优势。在当下中国海外演出的市场主体中，鲜有民营演艺企业的身影。

（三）有效渠道尚未完全打通

1. 缺乏公共服务平台

公共服务平台的缺乏，导致演艺企业面临了解的国际市场信息不全和了解渠道缺失的困扰。海外演出需要提前对目标市场的相关法律法规、各类政策和市场环境有充分的了解。当前全国及地方尚未搭建起由政府牵头，学术机构以及公关、财务、法律等专业咨询服务公司携手的专门性演出公共服务平台，特别是能实质性地推动演艺企业开展业务、为企业牵线搭桥方面的服务欠缺，无法提供丰富的信息和渠道，导致演艺企业前期沟通成本较高，风险较大。

2. 版权意识仍旧有待加强

近些年，国内演艺企业或团体对文艺作品确权工作的关注度不断提高，特别是在商业合作活动中，能够做到对版权保护的重视。但是在个人或小团队性质的演艺活动，特别是基于互联网的数字化演艺作品的版权保护方面，仍旧有所欠缺。在数字化平台中，作品复制和传播都更加容易，侵权事件的取证和合法权益的保障都更加困难，数字化平台中仍旧存在版权意识淡薄的问题。一旦演艺作品获得了互联网平台用户的广泛关注，特别是流量增长带来了实际的经济利益，这类作品涉及的侵权问题往往就会暴露出来，给互联网中好不容易成为精品的演艺作品进一步推广带来很大的负面影响。

（四）疫情增添不确定性风险

1. 国内演艺市场受创，导致"走出去"乏力

据中国演出行业协会的统计，2020年中国演出市场总体经济规模为262.87亿元，同比下降54.07%，其中演出票房收入为49.55亿元，同比下降75.28%。专业剧场演出4.01万场，同比下降67.42%；票房收入为28.10亿元，同比下降66.68%。大型演唱会、音乐节演出0.01万场，同比下降96.71%；票房收入为9.92亿元，同比下降76.72%。旅游演出1.43万场，同比下降83.62%；票房收入为11.53亿元，同比下降84.37%。演艺产业不是生活必需行业，处于最后复工、优先停工的状态，处境尴尬。国内演艺市场遭受冲击也意味着演艺企业短期内将疲于自救，没有足够的精力、人力、财力顾及国际市场。另外，疫情防控常态化时期部分演艺企业难以熬过"寒冬"，而这些演艺企业的淘汰将给整个演艺市场带来更加深远和严重的影响。

2. 全球出入境通道关闭，封杀国际化传统路径

包括中国在内的全球各国在疫情发生后保持着严格的出入境管理措施，大部分没有开放正常的跨境演艺通道，全球各地演出场馆也大都处于持续停演的状态，民众也被要求遵守社交限制措施，不鼓励大众前往人员密集的场所：美国百老汇宣布演出取消至2021年初；英国国内近50%的音乐厅和70%的剧院或将面临永久性关闭；荷兰所有交响乐团、歌剧院停止营业，整个2019~2020演出季及夏季音乐节取消。没有场地、缺乏需求、无法出境等，都让演艺跨境服务无法开展。

3. 行业缺少应对经验与预案

复工遥遥无期，也反映了演艺行业普遍缺乏应对疫情的预案。演出行业多年来都存在过于依赖单一收入来源的弊端，难以抵抗突发灾难。疫情发生以来，很多演出企业开始探索"线上演出"形式，免费"云剧场""云演出""云艺术"等在线演艺成为很多演艺机构的应对之策，比如保利剧院的"云剧场"、摩登天空的"宅草莓"和开心麻花的"云点映"，但现有技术无法满足线上线下体验感一致,线上演出的审批、收费等均未形成有效模式。

4. 民营演艺企业受冲击严重

根据中国演出行业协会的统计,截止到 2020 年 5 月底,大部分国有演出单位、剧场已经恢复日常工作,未出现大量裁员情况,与演出场次挂钩的薪酬部分受到影响,其他部分基本正常发放。而民营演艺企业受疫情冲击巨大,民营演艺企业绝大多数是小微企业,平均人数不足 50 人,企业自救止损能力有限。截至 2020 年 5 月底,近九成的民营演艺企业尚未复工,其中以民营文艺表演团体和舞美企业受损最为严重,停业、裁员、转行等情况普遍。多数演员和舞美技术人员待岗在家,无任何演出收入来源。

四 中国演艺产业国际化发展的现实策略

(一)逐步恢复演艺市场,做好战略部署

为恢复演艺产业基础,对国内演艺市场的恢复重在挽救有国际竞争潜力的演艺企业,其中又以受冲击最大的民营演艺企业为重点。在整个演艺产业层面,应当长远规划,尽快制定演艺产业不同发展阶段的应对方案。在企业层面,对演艺企业应加大扶持,对及时开展业务的民企及被市场接受的演艺项目进行定向扶持,激发市场活力。同时,制定海外拓展支持政策,探索多元创新机制,制定评估标准,优化宣传推广方式,针对不同目标市场进行差异化运营设计,注重内外有别。

(二)强化演艺内容建设,夯实演艺产业实力基础

加强高质量演艺内容建设。在创造"增量"的同时应当用活"存量",系统梳理过往获得文化奖项、文化财政补贴,成功申报重点文化出口项目与企业目录、文化基金资助项目的演艺项目,筛选其中具有走向海外实力、潜

力、成功经历,且具备复排能力,尤其是仍在市场中演出的演艺产品,扶持其定向进入有需求的海外市场。孵化中国演艺品牌。在中国文化海外影响力尚未形成的情况下,应多选择不同文化背景下人类的共同主题,打造既具有本土化内容又能与国际需求普遍接轨的演艺产品与服务品牌。加强演艺确权保障工作。使演艺产品及服务确权流程规范化和使版权交易制度化,同时从政府和行业协会层面对版权保护和确权工作提供相应的指导和服务,特别是版权保护意识较为薄弱的个人或小团体,更需要专业化的指导和帮助。

夯实演艺产业的版权基础建设。确立完善的演艺版权保护体系,对演艺企业进行关于专业版权知识以及各国版权法律法规要求的培训,引导企业建立完善的版权保护意识,理性开展版权贸易。调动行业协会、组织在版权贸易中的媒介作用,畅通政府、企业、国际市场之间的沟通渠道。建立演艺版权跨境交易服务平台,为中国演艺企业和各国院团、经纪公司、采购方乃至观众提供一个全面了解演艺产品市场供求信息的平台,有效减少国际市场信息不对称。

(三)激发市场活力,增强市场主体国际竞争力

鼓励演艺业态多元发展。以"境外消费"模式国际化发展的演艺企业,应充分发挥国内市场优势,积极拓展多元商业业态,形成演艺场馆与周边商业共生的演艺群落,充分延长海外消费者驻留时间,提高消费转化率,提高演艺市场效益。鼓励演艺企业在国际化过程中开拓衍生业务。在"走出去"的过程中应适当结合演出场地、市场反响、推广手段开拓衍生业务,进一步激发海外市场消费潜力,提高中国演艺的知名度、品牌声誉,增加海外创收。鼓励不同市场主体同步发展。除了演艺院团,也应考虑鼓励演艺产业其他环节企业的发展,培育和支持国际营运能力强、熟悉国际市场规则的院线运营、演艺经纪、演出票务企业,尤其是业务多元的演艺企业拓展国际市场,争取更好的竞争优势和国际市场环境。

（四）建立专业化的国际演艺营销人才培养和储备体系

推动演艺贸易复合型人才培养。以应用型为目标，推动教育主管部门指导、扶持高校开设文化贸易等专业，鼓励有条件的高校在人才培养方案中设立演艺对外贸易方向，创新培养模式，形成特色培养体系，奠定厚实的专业发展基础。充分利用已建立的文化贸易人才培养平台，多渠道、多向度培育文化贸易人才队伍；整合海外资源推动演艺人才的国际联合培养。培养有"中国情怀"的演艺贸易国际化人才。吸纳海外演艺市场当地运营管理、法律人才，在当地提供全面的经营管理培训，支持当地人才赴中国学习、实践，为其提供了解中国演艺产业的多方渠道，增强其对中国文化的认识，增进海外人才对中国文化的理解与热爱，充分发挥其了解当地文化环境与政策、法规的优势，发挥其专业知识、市场经验、文化背景优势推动中国演艺产业国际化发展。

（五）打造线上服务平台，不滥用数字技术

为演艺产业提供上线技术支持。为传统演艺产品数字化制定样板或标准，鼓励数字技术在演艺创作中的应用，探索虚拟技术与线下舞台融合的演出形式。充分了解海外市场的国际播放标准，保证数字技术使用时的国际通用性。在网络安全层面，通过有效的网络监管，保障企业在海外网络环境中可以稳定实现数字化运营。打通线上播放国际渠道，整合全球主要线上流媒体播放资源，依托超高清4K、超高速5G网络、沉浸式全景互动视频等前沿新媒体技术，利用网络社交媒体推动"线下演出、线上演播"，搭建线上演艺服务平台，增强服务保障力度。汇聚政产学研各方资源，在税收、外汇、海关等领域为演艺企业提供法律咨询、市场分析与建议等技术支持和专业化服务。建立涉外演艺企业名录，为企业编制并定期发布务实的演艺服务贸易实操指南，实现政府信息与资源的及时公布与共享，引导企业有序开展演艺对外贸易。疫情发生之后，演艺产品及服务的生产仍然是演艺市场的根本，因此需要特别注意数字技术滥用的问题。

（六）深研国际演艺市场，了解最新动态

开展主要国家文化市场研究。在"走出去"地理方向上，中国演艺产业应在持续进驻欧美等成熟演艺市场、维持市场份额的基础上，深耕细作东南亚、印度等新兴文化市场，积极探索潜力文化市场特别是中东欧国家文化市场。深研各国演艺市场需要发动海内外研究智库，剖析当地演艺市场需求结构与偏好，编撰演艺市场国别文化市场研究，指导演艺企业根据全球各国、地区的演艺市场成熟度、对中国文化接受度的不同，有针对性、分主次、适时适度地开拓海外演艺市场。尤其做好共建"一带一路"国家演艺市场研究，利用已建立的丝绸之路国际剧院联盟、世界剧院联盟等国际平台，结合《区域全面经济伙伴关系协定》（RCEP）等更多利好，充分利用好国际展会、艺术节等集中呈现中国演艺产品及服务的最佳平台，为其创造更多进入全球市场的可能性。

参考文献

马明、李艺璇：《新时期中国对外演出贸易的挑战及路径》，《对外传播》2018 年第 6 期。

余琪：《国内大型主题性旅游演艺产品开发初探》，硕士学位论文，华东师范大学，2009。

李建设：《演艺产业的经济效益管理路径研究》，《产业科技创新》2019 年第 33 期。

陈明敏、彭兴莲：《"一带一路"背景下我国对外文化投资：机遇、挑战及策略》，《对外经贸实务》2019 年第 8 期。

B.12
中国功夫的海外传播与贸易实践

李嘉珊 田嵩 刘昂 胡心怡*

摘 要: 长期以来,中国功夫都是中华传统文化海外传播的重要代表,无论是功夫电影、功夫演艺、功夫图书,还是在世界各国落地的大量功夫学习以及健康养生机构,都在海外群体中产生了巨大的影响,也具有可观的贸易价值。同时,中国功夫的海外传播和对外贸易也面临着诸多的问题。本报告通过分析中国功夫在海外传播的典型案例,总结其在对外传播和贸易实践中的特征与优势,并提出针对性建议,以期为中华传统文化的国际化发展提供更加有价值的方案。

关键词: 中国功夫 海外传播 文化贸易

中国功夫是中华文化最具代表性的元素之一,狭义的中国功夫是指起源自中国古代的格斗技术,包括各类拳法、摔法、器械用法等,还可以包括遍布中国各地的武术门派、团体组织等。从广义上看,中国功夫是从中国武术延伸而出的一整套文化体系,兼具中国古代哲学、宗教、医学、养

---

* 李嘉珊,北京第二外国语学院教授,国家文化发展国际战略研究院常务副院长,中国服务贸易研究院常务副院长,交叉学科国际文化贸易学科负责人,首都国际服务贸易与文化贸易研究基地首席专家,国家文化贸易学术研究平台专家兼秘书长,京剧传承与发展(国际)研究中心主任,首都对外文化贸易与文化交流协同创新中心秘书长,研究方向为国际文化贸易;田嵩,北京第二外国语学院副教授,首都对外文化贸易研究基地研究员,研究方向为大数据分析、新媒体技术;刘昂,北京第二外国语学院国际文化贸易专业硕士研究生;胡心怡,北京第二外国语学院国际文化贸易专业硕士研究生。

生等元素,具有厚重的传统文化内涵。① 可以说,中国功夫是以中国武术为核心的中国传统文化的集合,涉及竞技技法、文学作品、影视艺术、舞台演出、中医养生、休闲旅游等众多领域。同时,中国功夫中鲜明的中华文化基因,使其在海外传播与对外贸易过程中,成为扩大中国文化影响力的重要载体。

中国功夫源远流长,千百年来开枝散叶、蓬勃发展。以李小龙功夫电影为开端,更多的海外群体开始了解和认识中国功夫,但是在这一过程中,海外群体对中国功夫的认知是否存在偏差,以中国功夫为核心的文化贸易是否得到有效开展,需要我们进一步了解和分析。本报告通过总结中国功夫海外传播的典型案例,找出中国功夫在海外传播、对外贸易过程中的特征和优势,并就当前中国功夫进一步"走出去"所面临的困难提出针对性建议,以期为中华文化在全球范围内的有效传播提供更加有价值的策略和方案。

一 中国功夫的发展历史与现状

(一)中国功夫的发展历史

武术的萌芽早在原始社会就已经出现,当时的人们为应对野兽侵袭和部落争斗,渐渐学会用"拳打脚踢"的方式来实现自我保护,这便是武术的起源。已发掘出的石器时代的石斧、石铲等,则是武器的前身。商周时期,由于军事斗争的需要,较为系统的"拳术"开始形成,并成为士兵训练的基础内容。同时随着冶铜技术的发展,制式武器也相继出现。春秋战国时期战争频发,兵家大行其道,涌现出许多军事、兵法著作。虽然这个时期人们主要追求武术的对抗作用,但也慢慢开始注意到其强身健体的功效,中国古代的养生思想和理论也开始出现,并在漫长的发展过程中逐渐与武术相融合,为习武之人所崇尚,最终形成了中国特有的武术文化。晚清时期,国家

---

① 邱丕相、曾天雪、刘树军:《武术发展的国际化方略》,《上海体育学院学报》2010年第4期。

积贫积弱，民间掀起了此起彼伏的反帝反封建浪潮。在此期间，各类拳术流派百花齐放，武术得到了空前的发展，"功夫"一词作为武术的别称开始出现。民国初期，一些武术家将武术改良成适合体育教学的"中国式体操"，为后人发展和传承中国功夫提供了极大的便利。

二战以后，全球用"体育经济"的方式消除战后戾气，各种竞技化格斗赛事都开始了标准化的发展之路，如跆拳道、柔道、拳击等。新中国同样顺应国际形势，举全国之力发展竞技体育，武术作为一种比赛和经济模式也得到了充分的发展，但是在标准化和国际化方面与部分成熟的竞技赛事相比还有较大的发展空间。实际上，虽然各国都有具有自己民族特色的竞技比赛活动，但是从历史发展的角度来看，中国功夫的发展脉络最为完整，最成体系，其中不仅包含了格斗技法，同时还蕴含了从中国功夫衍生出来的一整套功夫哲学以及功夫美学。

（二）中国功夫的典型代表

提到中国功夫，最为直观的认识就是遍布祖国大地的武术门派与拳法技艺。传统门派中最具代表性和知名度的当属少林派和武当派，同时得益于李小龙开创的截拳道，咏春拳也有一定的知名度。

少林功夫是一套庞大的武术体系，其特点可以概括为"禅拳一体、神形一片、硬打快攻、齐进齐退"，动作整体表现为全身上下、内外协调一致。

与少林气功所呈现的"硬"不同，武当功夫则以太极拳的"柔"为精髓。关于太极拳的起源与创始人说法不一，有唐朝许宣平、宋朝张三峰、明朝张三丰、清朝陈王庭和王宗岳等多种版本。[①] 太极拳以中国传统道家哲学中的太极、阴阳辩证理念为核心思想，集颐养性情、强身健体、技击对抗等多种功能于一体，并且结合易学的阴阳五行之变、中医经络学、古代的导引术及吐纳术，是一种内外兼修、柔和、缓慢、轻灵、刚柔相济的传统拳术。2020年12月17日，太极拳经联合国教科文组织保护非物质文化遗产政府

---

① 刘文霞：《太极拳的历史源流考述》，《兰台世界》2012年第25期。

间委员会评审通过,被列入联合国教科文组织人类非物质文化遗产代表作名录,这标志着太极拳作为中国功夫的代表在世界范围内受到认可,同时也为太极拳的国际化之路打下了坚实的基础。①

与少林和武当功夫不同,咏春拳的历史并不长,其代表人物叶问是近代教授咏春拳的武学名师。功夫巨星李小龙曾拜在叶问门下,并在咏春拳的基础上创立了截拳道。随着李小龙电影的声名鹊起,以及近些年电影《叶问》的火爆,咏春拳也在世界范围内产生了较大的影响力,成为海外知名的代表性中国拳法。

(三)中国功夫的海外发展现状

海外群体对中国功夫的广泛认知,主要始于20世纪70年代以李小龙所拍电影为代表的功夫电影在好莱坞电影市场掀起的功夫热潮,外国人第一次认识到了中国功夫的魅力,时至今日李小龙塑造的形象仍旧是中国功夫的典型代言者。进入21世纪后,中国功夫走向海外的脚步也未曾停止,中国电影人不断拍摄优秀的功夫电影作品并将其推向世界,并在国际电影市场占据了一席之地。同时功夫主题的舞台剧凭借市场化运作也成功打开了欧美舞台剧市场,在实现盈利的同时还获得了西方社会的关注。以金庸武侠小说为代表的文学作品,不断被翻译成多国语言并在世界范围内广为流传。与此同时,中国功夫也开始呈现健康养生、功夫教学、文创旅游等全方位的发展模式。

但是,总体而言中国功夫在海外的影响力并未达到与中国经济影响力相匹配的高度,市场化、体系化的发展模式尚未达到应有的水平,特别是在海外市场开拓的深度和精准度方面还有很大欠缺。下面我们将对中国功夫的海外传播和对外贸易现状进行具体分析,着重分析中国功夫在对外贸易过程中面临的问题并提出相关建议。

---

① 《成功!太极拳列入人类非物质文化遗产》,新华每日电讯网站,2020年12月28日,http://www.xinhuanet.com/mrdx/2020-12/18/c_139601008.htm。

中国功夫的海外传播与贸易实践

二 中国功夫的海外传播

(一) 长盛不衰的舞台演出

1982年由李连杰主演的电影《少林寺》不仅掀起了一股功夫热潮,也让位于河南省登封市嵩山脚下的千年古刹"少林寺"的知名度大增,与此同时,以少林功夫为演出核心的演艺项目开始在全球范围刮起一股"黄色旋风"。20世纪80年代末期,以少林功夫武僧表演团所演剧目为代表的大量融合中国功夫元素的舞台剧通过市场化的道路开始走出国门,并取得了极佳的社会反响,下面列举其中的部分演出项目。

1.《生命之轮》

1999年2月12日,英国商业联合公司派代表来少林寺商谈合作创作以少林功夫为题材的舞台剧《生命之轮》。1999年9月28日,嵩山少林寺释永信法师应邀访问英国,并出席观看了由少林寺与英国商业联合会合作制作的大型舞台功夫剧《生命之轮》首演。2000年11月8日,英国3A公司和美国好莱坞环球影业公司联合摄制的少林功夫舞台剧《生命之轮》在全球发行。《生命之轮》的海外演出一直持续到2013年,完全依靠市场化运营,时至今日仍旧是不可多得的演艺精品"走出去"的成功案例。①

2.《少林武魂——慧光的故事》

《少林武魂——慧光的故事》创排于2003年,由东上海国际文化影视集团和河南省嵩山少林寺武术馆共同出品。该剧是2009~2010年中国文化出口重点项目,曾获得美国第63届"托尼奖——最佳特别戏剧奖"提名和第54届美国"剧评人奖"提名。2009年1月15日,《少林武魂——慧光的故事》在纽约百老汇侯爵剧场正式公演,连续七场全场爆满,最后两场剧场的站位票都一票难求。首演当日被纽约市政府、州政府共同命名为"百

---

① 参见 Box office 2013, http://www.shaolinwheeloflife.com/ticket/default.html。

老汇中国日"。该剧成为中国第一部进入百老汇并获得美国戏剧界双项大奖提名的原创舞台剧。2009～2013年，该剧在美国、澳大利亚、意大利、挪威、印度、韩国、土耳其等国家和中国港澳台地区累积演出500余场，观众达50多万人。2015年，河南省嵩山少林寺武术馆诚邀上海戏剧学院剧院艺术总监、大型活动高级策划导演薛伟君再次操刀创作，对剧目进行第九次改版提升，创作出2016新版《少林武魂——慧光的故事》，于2016年在印度尼西亚巡演14场，观众达4万多人，2017年在马来西亚驻场演出22场，场场爆满。①

（二）备受好评的功夫电影

1. 功夫电影在海外电影市场一枝独秀

20世纪70年代初，李小龙首创功夫电影这一片种，凭借《唐山大兄》《精武门》《猛龙过江》《龙争虎斗》《死亡游戏》5部电影震撼影坛，在全世界掀起了功夫电影的热潮，世人首次感受到中国功夫的巨大魅力。继李小龙之后，李连杰和成龙两位功夫巨星进一步将功夫电影推向世界市场。20世纪80年代初，李连杰凭借电影《少林寺》中绝美的武术动作震惊世界，随后的《黄飞鸿》系列和《精武英雄》更是把功夫电影的普及推向了高峰。20世纪90年代，成龙的电影开始陆续进入北美市场。难度极高、精妙又略带一丝滑稽的动作设计令国外观众大呼过瘾，同时，更加贴近现实生活的取景和搞笑的剧情也进一步拉近了电影与观众的距离。《红番区》《尖峰时刻》《警察故事3：超级警察》《飞鹰计划》等作品都在北美地区取得了不错的票房成绩，而成龙也凭借这一系列带有鲜明个人特色的电影开创了新的功夫电影类型——功夫喜剧。

进入21世纪后，功夫电影再次迈入新的发展阶段。2000年，李安导演的《卧虎藏龙》获得第73届奥斯卡最佳外语片奖以及第58届金球奖最佳

---

① 《少林武魂》，少林寺武术馆网站，http：//www.shaolinsi.gov.cn/culture_ kungfu_ info.php? softid =264。

外语片奖和最佳导演奖等奖项,并且在北美院线斩获了 1.28 亿美元的傲人票房。2003 年,张艺谋导演的《英雄》获得第 53 届柏林国际电影节特别创新作品奖、第 39 届全美影评人协会最佳导演奖和多伦多影评人协会最佳外语片奖,并获得第 60 届金球奖最佳外语短片提名和第 75 届奥斯卡金像奖最佳外语片奖提名。同时,《英雄》以 2100 万美元的价格售出其在英国等国家和地区的电影版权,仅在北美院线就收获了 5371 万美元的票房成绩。

依据从 BoxOfficeMojo 网站采集到的电影票房数据,华语电影海外票房排名前 20 的电影中有 18 部是动作片(见表 1),且这些动作电影无一例外都与中国功夫有着紧密的联系。由此足见国际电影市场对中国功夫的偏爱,折射出功夫电影的独特魅力和国际影响力。但是也要看到,近十年来功夫电影中能够取得理想票房成绩的影片非常有限,主要的海外高票房成绩基本都是 21 世纪初中国电影"大片"取得的,这其中的缘由需要中国电影人深思。

表 1　华语电影海外票房排行榜前 20 名

单位:亿美元

电影名	上映年份	海外票房	导演	主演	类型
《卧虎藏龙》	2000	2.10	李安	周润发	动作、冒险
《英雄》	2002	1.39	张艺谋	李连杰	动作、冒险
《十面埋伏》	2004	0.80	张艺谋	金城武	动作、冒险
《赤壁(上)》	2008	0.78	吴宇森	梁朝伟	动作、历史
《赤壁(下)》	2009	0.75	吴宇森	梁朝伟	动作、历史
《功夫》	2004	0.66	周星驰	周星驰	动作、喜剧
《红番区》	1995	0.66	唐季礼	成龙	动作、喜剧
《霍元甲》	2006	0.49	于仁泰	李连杰	动作、传记
《警察故事 4》	1996	0.45	唐季礼	成龙	动作、喜剧
《警察故事 3》	1992	0.41	唐季礼	成龙	动作、喜剧
《一代宗师》	2013	0.37	王家卫	梁朝伟	动作、传记
《满城尽带黄金甲》	2006	0.37	张艺谋	成龙	动作、剧情
《色·戒》	2007	0.36	李安	梁朝伟	剧情、历史
《一个好人》	1997	0.35	洪金宝	成龙	动作、喜剧

续表

电影名	上映年份	海外票房	导演	主演	类型
《少林足球》	2001	0.35	周星驰	周星驰	动作、喜剧
《醉拳2》	1994	0.35	刘家良	成龙	动作、喜剧
《十二生肖》	2012	0.33	成龙	成龙	动作、冒险
《飞鹰计划》	1991	0.31	成龙	成龙	动作、冒险
《黑侠》	1996	0.21	李仁港	李连杰	动作、冒险
《美人鱼》	2016	0.19	周星驰	邓超	喜剧、剧情

资料来源：Box Office Mojo 网站，海外票房为全球票房减去中国的票房。

2. 功夫电影在 IMDb 上口碑更好

IMDb 是互联网电影资料库（Internet Movie Database）的简称，因为该资料库平台的使用者绝大多数为海外观众，所以 IMDb 网站的评分更能够体现海外观众的观影感受。例如《卧虎藏龙》的 IMDb 评分为 7.8 分，《英雄》评分 7.9 分，这样的评分尽管还不能进入 IMDb TOP250 排行榜，但也是中国电影取得的非常高的评分了。① 与其他类型的电影相比，功夫电影对语言和文化理解的要求相对较低，影片的拍摄手法与情节组织更加成熟，特别是在欧美观影群体没有观看字幕习惯的背景下，以武打动作为主的功夫电影更加易于被海外群体所接受，相应的影片口碑也更好。但是，近些年功夫电影在 IMDb 中的评分都没有能够超越之前《卧虎藏龙》《英雄》等影片创下的纪录。

（三）广受认同的武侠文学

金庸是新派武侠小说公认的"盟主"，被誉为武侠小说作家的"泰山北斗"。"有华人的地方，就有金庸武侠"，足见金庸在华人世界的影响力。目前，他的作品已被翻译成英文、法文、韩文、日文、越南文、泰文、缅甸文、马来文、印尼文等多种语言，在海外广为流传。其中最具代表性的，当属日本德间书店

---

① IMDb TOP250 排行榜中的影片最低分为 8.0 分，但是进入该榜单至少需要 25000 个用户进行评分，因此进入该榜单的影片不仅要质量优秀，同时也要在观影群体中引起较大的反响。

出版的日文版《金庸武侠小说集》和英国麦克莱霍斯出版社（MacLehose Press）出版的英文版《射雕英雄传》（Legends of the Condor Heroes）。

1. 日文版《金庸武侠小说集》

德间书店是一家日本出版社。该出版社于20世纪90年代中期进行了一次大范围的市场调查，结果发现金庸是世界上作品最畅销的作家之一。而且，德间书店的时任社长德间康快原本就与中国交流颇多，出版社也出版过许多与中国相关的书籍。因此，即使当时的金庸在日本还完全没有名气，德间书店也决定购买其全部小说的日文版版权，并出版日文译本。1996年4月，金庸本人亲赴日本，与德间书店时任社长德间康快签订了版权合作协议。当年10月，日文版《书剑恩仇录》第一册发售，之后一直以1至2个月一册的速度稳步发售。全套《金庸武侠小说集》的单行本已于2004年3月全部翻译出版，并于2011年4月完成了文库本的发行，单行本加上文库本一共发行了110册。此外，德间书店还在2009年出版了《射雕英雄传》的漫画版，共19册。从1996年到2011年，德间书店总计出版金庸武侠作品129册（见表2）。

表2 德间书店出版金庸武侠作品明细

书名	分册	单行本出版时间	文库本出版时间
《书剑恩仇录》	4册	1996年10月至1997年1月	2001年4~5月
《碧血剑》	3册	1997年4~6月	2001年7~9月
《雪山飞狐》	1册	1999年2月	2008年7月
《射雕英雄传》	5册	1999年7~12月	2005年7~10月
《射雕英雄传（漫画）》	19册	2009年2~10月	
《神雕剑侠》	5册	2000年5~9月	2006年6~10月
《飞狐外传》	3册	2001年9~11月	2008年8~10月
《倚天屠龙记》	5册	2000年12月至2001年4月	2008年1~4月
《越女剑》	1册	2001年6月	2011年4月
《连城诀》	2册	2000年1~2月	2007年4月
《天龙八部》	8册	2002年3~10月	2010年1~8月
《侠客行》	3册	1997年10~12月	2001年11月至2002年1月
《秘曲 笑傲江湖》	7册	1998年4~10月	2007年6~12月
《鹿鼎记》	8册	2003年8月至2004年3月	2008年12月至2009年7月

资料来源：笔者根据公开资料整理。

相较于其他外文版本,日本对金庸武侠小说的翻译时间虽然较晚,但却是公认最全面、最完整的。另外,从2000年开始,中国改编的每一部金庸武侠影视作品,也几乎都被日本照单引进。金庸武侠作品之所以能在日本广泛流传,究其原因有二。一是中日两国一衣带水,同属汉字文化圈,且日本深受中国传统文化影响,文化上相通之处颇多;二是日本近世文学后期的"读本",经常会受到《水浒传》等中国传统武侠小说的影响(如《南总里见八犬传》),这也为武侠文化能在日本流行培育了文化的土壤。日文版《金庸武侠小说集》是金庸武侠小说规模最大,且最具代表性的海外版权交易。这一交易的成功经验,对于探索中国文化的对外传播,特别是在汉字文化圈国家及中华文化影响较大的东南亚地区的文化传播,无论是在形式或内容上,都具有十分积极的借鉴意义。

2. 英文版《射雕英雄传》

2018年2月,英文版《射雕英雄传1:英雄的诞生》(Legends of the Condor Heroes 1: A Hero Born)的出版,① 标志着金庸武侠小说在真正意义上进入了英语大众的阅读世界。彼得·伯克曼(Peter Buckman)是一位英国文化版权代理人,在一次非常偶然的情况下,他惊讶地发现自己和整个英国出版界,对金庸这位全球排名前五、影响了几代人的中国畅销作家居然一无所知。深入了解之后,他敏锐地察觉到了金庸武侠小说在英语世界潜在的市场价值,伯克曼找到了研究汉语的学者郝玉青(Anna Holmwood)。郝玉青是牛津大学研究历史的学者,她在台北读书时接触到了金庸的作品,长期以来她都在试图将金庸的作品介绍给更多的读者。两人一拍即合,于是在伯克曼的帮助下,郝玉青从2012年开始翻译金庸的作品。

拿到郝玉青翻译的《射雕英雄传》样章后,伯克曼将它介绍给了英国几家大出版社。最终,麦克莱霍斯出版社争取到了这部作品的版权,并于2018年2月正式出版了《射雕英雄传1:英雄的诞生》,这也是金庸武侠小

---

① https://www.maclehosepress.com/titles/jin-yong/a-hero-born/9781848667914/.

说的英文版第一次由商业出版社出版。截止到 2021 年 4 月，英文版《射雕英雄传》已经出版了四册，并且郝玉青在序言中还透露，麦克莱霍斯出版社已经买下"射雕三部曲"，即《射雕英雄传》《神雕侠侣》《倚天屠龙记》的英文版版权，并计划将这三部作品分成 12 册陆续出版。值得一提的是，《射雕英雄传》第一册翻译完成后，伯克曼还把它介绍给了德国、意大利、西班牙、芬兰、巴西、葡萄牙、美国等国的出版商。目前，美国圣马丁出版社（St. Martin's Press）也获得了英文版《射雕英雄传》的版权，并开始了再版的工作。

（四）遍地开花的海内外机构

在扩大中国功夫的海外影响力方面，国内的武术团体和个人长期以来都在积极地努力着。例如进入 21 世纪以来，少林寺积极致力于海外分院和少林文化中心的建设，从 2004 年 6 月在奥地利维也纳开办海外第一个少林武术文化中心开始，少林寺在多个国家先后成立了 6 个分院，并在 200 多个城市设立了少林文化机构，海外弟子多达 300 万以上。以成立于 2008 年的美国少林寺文化中心为例，截至目前该中心已建立 167 个道馆，覆盖美国 42 个州，会员累计超过百万。这些海外分支机构是少林寺推广少林功夫文化的重要组成部分。通过这些机构，少林功夫在海外逐步产生了重要影响，融入各国的主流社会文化圈，成为海外人士了解和认识中国文化的重要窗口。[①]

少林寺在海外"开疆拓土"的同时，也有越来越多外国武术爱好者慕名来到中国拜师访学。随着传播手段的多样化，越来越多海外群体对中国功夫产生了浓厚的兴趣。以富有东方哲学色彩的太极拳为例，因其包含道家养生的理念，特别受中老年群体的青睐。作为太极拳发源地的武当山就以深厚的道家底蕴和太极文化，成功地吸引了许多外国友人前来学习，这些来到武当山的国际友人不仅是学习中华传统文化的亲历者，同时也是在功夫文化的

[①] 欧阳天宁、王晨、张钱坤：《少林文化海外发展对中国文化传播的影响》，《武术研究》2020 年第 5 期。

对外传播中最为有力的宣传者和实践者。例如由顾世毅道长创立的武当道家养生院①就是一个非常成功的案例。早年顾道长曾为来武当山旅游和学习的国外人士提供翻译服务，长期致力于面向世界弘扬武当道文化。目前，他创建的武当道家养生院，吸引了众多海外道友以及功夫爱好者，为更好地向国外爱好者推广武当功夫，他还创建了英文学习网站，在吸引海外学生的同时也带来了很好的经济效益。如今的武当道家养生院，有着众多的海外学生，他们不远万里来到武当山学习太极文化及功夫，学成之后又把中国功夫文化带回自己的家乡，为中国功夫文化的海外传播做出了不小的贡献。

三　中国功夫的对外贸易实践

（一）独特的国际文化认同基础

从历史上看，中国功夫是普遍被西方国家所接受的中国文化元素之一。功夫电影、功夫演艺、武侠文学等长期以来凭借自身的文化特色和魅力在对外文化贸易中扮演着重要的角色。例如20世纪90年代末的《生命之轮》海外巡演，取得了令人瞩目的成绩，于所到之处掀起功夫学习的热潮，甚至有功夫爱好者追寻着少林武僧团的巡演足迹，成为中国功夫的忠实拥护者。从2008年到2016年，梦工厂动画公司出品了好莱坞式动画电影《功夫熊猫》系列，将中国功夫与熊猫形象完美结合，在电影取得了成功的同时，也进一步将功夫文化带向了全球文化市场。

总体来看，功夫元素在国际文化市场中一直拥有很高的接受度，这与功夫文化的国际认同度密不可分。进入21世纪后，互联网和社交网络兴起，使得文化的传播更加便捷，中国功夫理应拥有更加广阔的国际市场空间。但是，从中国功夫近十年来的海外发展情况来看，功夫文化的对外贸易并未取得长足进步，一方面中国功夫的国际影响力与几十年前相比并未出现明显的

---

① 参见武当道家养生院网站，http://www.gushiyi.com/about.asp。

提升，另一方面国际社会对中国功夫的认知仍旧停留在武术格斗的层面，对于中国功夫背后蕴藏着的功夫哲学、功夫美学和功夫养生等的认知还远远不够。

（二）巨大的对外贸易潜力

中国功夫在具备很好的国际认同基础上，也拥有巨大的对外贸易潜力。功夫舞台剧早在20年前就已经凭借在西方社会极高的接受度成功打开了欧美舞台剧市场，这一过程没有借助政府资金的扶持，完全依靠市场化运作，这种依靠市场力量自发形成的文化"走出去"的方式，更加体现了功夫演艺真实的演艺市场价值。近20年来"走出去"的中国电影真正能够实现票房口碑双丰收的基本都是功夫题材的影片，如《英雄》《卧虎藏龙》《十面埋伏》等。在海外商业化机构中，有大量遍布全球的与功夫相关的商业机构，如太极馆、武术学校、中医馆等。尽管这些海外机构普遍存在规模偏小、行业组织羸弱、家族氛围过强等不足，但是从全球范围分布的广泛性和与当地社区的融入性来看，除了中餐馆就只有与中国功夫相关的商业机构了。

尽管中国功夫的对外贸易取得了很好的成绩，但是理性来看也会发现，长期以来中国功夫的对外贸易结构没有得到明显的优化，贸易规模难以呈现跨越式的增长。以功夫电影为例，尽管功夫题材的中国电影在北美市场中占据一席之地，但是最具号召力的功夫明星仍旧是李小龙、李连杰、成龙等，功夫电影的北美票房纪录仍旧由21世纪初上映的《卧虎藏龙》和《英雄》所保持，近十年来的功夫电影很少能够在海外群体中掀起中国文化的热潮，也很少能够创造海外票房的奇迹。甚至带有浓厚的美式文化基因的功夫熊猫"阿宝"都成为中国功夫的代言"人"，其一部影片的票房就达到了6.31亿美元①（其中美国票房为2.15亿美元），这还不包括《功夫熊猫》系列动画片、电子游戏以及相关衍生品带来的庞大市场收益。再从功夫演艺来看，尽管每年仍旧有一

---

① https://www.imdb.com/title/tt0441773/? ref_ =fn_ al_ tt_ 1.

定数量的海外演出活动，但是能够走入海外高端剧场或举办大规模巡演的案例还非常有限，而出现的更多的声音则是国内演出团体在国际市场竞争中争相压价，毫不顾及演出质量，导致功夫演艺事业难以做大做强，海外观众口碑也直线下降，演艺经纪公司对于功夫演艺市场的培育也越发无从下手。从这些案例可以看出，尽管中国功夫在对外贸易中取得了一定的成绩，但是在贸易模式的创新和市场结构的完善等方面都存在诸多亟待解决的问题。

（三）符合生命健康理念的价值观

生发于中国功夫的生命健康理念近些年越来越受到海外群体的关注，诸如太极健身、中医养生等商业形式在海外形成了独具中国特色的发展模式。通过在谷歌地图上进行检索，我们发现世界上几乎所有有华人聚集的重要城市中都开设有太极培训学校或中医养生馆，部分高福利国家甚至已经把针灸治疗、推拿按摩等纳入国家医保体系。[①]

另外，世界顶级医疗研究机构和政府组织从不同视角对中国功夫与生命健康间的关系做了相关研究，对以太极拳为代表的中国功夫在治疗慢性疾病（例如关节炎、风湿病等）和提升身体机能（例如改善身体平衡能力、预防跌倒、提高视力等）中的独到功效给出了肯定的结论。[②] 从经济效益视角来看，学习中国功夫能够减轻疾病困扰，使社会总体医疗成本下降。[③] 世界各国人民对不懈追求自身生活质量的美好愿望都是一致的，每个人都希望自己

---

① https://www.medicare.gov/coverage/acupuncture。以美国为例，针灸被纳入医疗保险，允许患者90天内进行12次针灸治疗慢性腰痛。
② C. Wang et al., "Tai Chi Is Effective in Treating Knee Osteoarthritis: A Randomized Controlled Ttrial," *Arthritis Care & Research* 16 (2009): 32–33.
Y. Wu et al., "The Effects of Tai Chi Exercise on Cognitive Function in Older Adults: A Meta-analysis," *Journal of Sport and Health Science* 2 (2013): 193–203.
M. Fransen et al., "Physical Activity for Osteoarthritis Management: a Randomized Controlled Clinical Trial Evaluating Hydrotherapy or Tai Chi Classes," *Arthritis Care & Research* 57 (2010): 407–414.
③ F. Z. Li et al., "Economic Evaluation of a Tai Ji Quan Intervention to Reduce Falls in People with Parkinson Disease, Oregon, 2008–2011," *Preventing Chronic Disease* 12 (2015).

能够拥有健康、不受疾病困扰的身体，中国功夫在对改善身体机能、提升生活质量等方面的理念与人们的诉求相一致，因而更加能够被国际社会所接受。以生命健康为核心进行中国功夫的海外推广，是使中国功夫进入国际高端服务贸易领域的重要途径，会使中国功夫受到普通大众的欢迎。同时由于中国功夫降低了社会医疗成本，提高了人民生活质量，各国政府对中国功夫的态度也将更加友好，相关支持政策的制定也将更加积极。

四 中国功夫在海外传播及贸易实践中面临的问题与建议

（一）面临问题

1. 重视程度有待提高

尽管中国功夫在对外贸易中取得了"亮眼"的成绩，但是国内对于相关产业的重视程度还有较大的提升空间。一方面国内企业关注更多的仍旧是中国功夫所涉及的传统领域，如功夫电影、功夫演艺、武术学习等，缺乏将中国功夫与其他产业相结合的产业联动发展模式，实际上中国功夫可以成为跨行业、跨领域对外贸易活动的重要载体，在开拓海外市场过程中形成产业发展合力。另一方面中国功夫在对外贸易过程中市场化程度较高，在国际竞争中体现出了强大的市场竞争力，这也导致政策扶持力度偏弱。实际上中国功夫是中华传统文化的典型代表，在对外贸易活动中是展现中华文化的绝佳载体，因此从政府层面出发应该更加重视中国功夫对树立国家形象的作用，使中国功夫成为对外文化传播和贸易过程中不可或缺的重要组成部分。

2. 相关国际标准亟待制定

中国功夫国际标准的缺失，长期以来都是中国功夫对外贸易实践过程中企业面临的重要问题。早期中国功夫的对外传播多是自发形成，依靠社会和市场力量共同推动的。但是在这一过程中，中国功夫国际标准的建立工作明显滞后，直到现在国内对于中国功夫的准确界定，特别是对功夫相关产业的划分还缺乏体系化的标准规范，现有的行业标准往往只涉及中国功夫中的某一细分领域，如仅针对太极拳等单独制定的行业标准。模糊的国际标准不仅导致海外群体对中国功夫难以建立清晰的认知，更不利于功夫相关产业的国际化发展，甚至造成行业内部的恶性竞争和资源内耗等情况。

另外，除了欠缺行业相关标准，受国际认可的中国功夫竞技比赛标准的制订同样滞后。中国功夫中涉及的各类武术拳法在自然形成过程中，都带有竞技格斗的基因，而竞技类体育赛事的社会影响力和商业市场价值不可被低估。中国武术迟迟不能作为正式比赛项目，而是仅作为表演项目进入奥运会，实在是非常可惜。究其原因，中国武术比赛过于侧重表演的观赏性，从而导致比赛性和竞技性不足，自身标准的模糊也导致其国际化程度不高。中国功夫竞技比赛国际标准的建立，不仅有助于中国功夫早日成为固定的国际化比赛项目，带动文化体育消费活动的开展，同时还会使得功夫培训机构大量涌现，带动更多产业的发展。

3. 对外贸易高质量发展不足

中国功夫所能涵盖的文化资源和市场资源都极为丰富，但是在海外传播过程中却难以形成规模化、产业化、精品化的高水平、高质量市场开拓局面。一方面，中国功夫的海外商业机构往往以单打独斗的形式存在，充斥着大量家族式企业，难以形成完整的功夫产业链，也无法有效利用当地政府提供的市场普惠政策，自然也无法实现通过规模化和标准化促成功夫产业高质量发展的经营模式。例如我们检索到的大量分布于海外城市的太极馆、中医馆等商业机构，绝大多数机构都是以个人或家族为经营单位，无论是品牌塑造，还是连锁经营都存在较大的难度，且同质化现象严重，自然缺乏产业化发展能力和创新发展动力。另一方面，中国功夫本身具备向高端产业发展的潜力，特别是以中国功夫和传统中医理论为核心的健康养生产业，具备进军高端服务业市场的素质。但是无论是中国功夫相关国际标准制订的欠缺，还是人们对当地政策法规的理解与利用的不足，都导致中国功夫产业在对外贸易过程中进入门槛较低，大量低质企业和项目的涌入造成严重的无序化竞争，对外贸易发展质量难以得到提升。

4. 品牌建设意识薄弱

品牌建设意识薄弱一直是中国功夫"走出去"过程中长期存在的问题，特别是在国际品牌形象的建立上，国内企业还难以适应国际品牌建设的思路和方式，甚至不断出现极具价值的功夫名称或企业品牌被他国企业恶意注册的事件。① 品牌建设是相关行业标准建设的延伸，也是商品或服务直接面对终端消费群体的重要组成部分，品牌既是企业自身的形象的代表，同时也是在国际贸易中国家形象的重要反映。当前中国功夫的品牌建设情况不容乐观，能够受到国际市场认可的知名功夫品牌只有少林（Shao Lin）等为数不多的几家，相关品牌的国际化保护工作仍明显滞后，例如日本的日本少林寺拳法联盟（Shorinji Kempo），该组织于1947年在日本成立，拥有180余万名会员，是日本最重要的武术团体之一，但是该组织只是借用了少林寺的名字，与河南嵩山少林寺之间并没有直接的联系。② 可以看出，无论是在中国功夫相关品牌建设的数量方面，还是在国际化品牌保护工作的质量方面，国内企业做得还远远不够。随着中国企业国际化视野的不断提高，对品牌国际化建设工作的重视程度也在不断加深，未来中国功夫品牌的国际化建设工作将越发完善，并成为对外贸易高质量发展的重要保障。

5. 从业人员国际化程度有限

从业人员国际化程度有限，直接限制了中国功夫国际化发展的空间。功夫高手们虽然武艺精湛、技巧娴熟，但语言沟通能力和市场经营水平往往不高。尽管中国功夫的学习对语言要求不高，传授者只需要用肢体语言就可以有很好的展示效果，但是当海外学习者想要进一步了解中国功夫背后深厚的文化内涵时，语言不通往往成为进一步沟通的障碍。另外，中国功夫相关行

---

① 《韩国要抢太极拳申遗？那是我们中国的!》，《人民日报》（海外版）官网，2017年3月24日，http://m.haiwainet.cn/middle/3541188/2017/0324/content_30815690_1.html。以太极拳为例，尽管我国已在2020年底成功实现了太极拳的申遗工作，但是在这之前，韩国、日本、印度尼西亚等国也都尝试将太极拳，甚至张三丰纳入本国的联合国非物质文化遗产范畴。此事需要我们警醒，一定要加强中华传统文化品牌的国际化保护工作，避免出现恶意注册事件。

② What's WSKO, https：//www.shorinjikempo.or.jp/wsko/wsko/about。

业的对外文化贸易人才极度缺乏，相关企业难以准确把握国际市场秩序和政策法规要求，这极大地制约了对外贸易的有效开展。当我们将中国功夫作为一个文化产业来运作时，不仅要考虑到把中国功夫"送"出去，还要考虑到如何按照文化贸易的标准和规则经营好功夫产业。目前，熟悉国际文化市场环境和行业规则，且能够创造性地解决企业面临的疑难问题的复合型人才严重缺失，人才的匮乏极大地限制了中国功夫走出国门的"步伐"。

（二）相关建议

1. 构建与国际接轨的中国功夫标准

中国功夫相关标准的建立需要在明确核心概念、发展脉络，有序传承的基础上，对中国功夫以及从中国功夫延伸而出的相关领域、产业制定明确的界定标准，对于功夫市场的健康发展，形成对外传播合力具有非常重要的意义。在相关标准制定过程中可以参考日本、韩国等国在制定空手道、跆拳道国际标准方面的成功范例，构建更加丰富、完整的中国功夫国际标准体系规范。在符合国际市场规则的同时，也将中国文化因素融入中国功夫的国际标准，在提高中国功夫相关产业国际接受度的同时，让文化伴随国际市场的开拓自然而然地落地生根。

2. 推动中国功夫海外传播高水平、高质量发展

要打破中国功夫海外传播面临的种种问题，需要通过行业标准的建立和市场规范的制定，以及政府政策的合理有效引导，以中国功夫在国际市场中的体系化、标准化为输出路径，实现以中国功夫的拳法武术为核心，以中医养生、舞台演艺、影视娱乐、图书版权、教育培训、竞技赛事等相关产业为要素的产业化、规模化发展模式。同时，对中国功夫的相关标准进行细化，引入类似分级制的评价机制，对真正体现中国功夫核心价值的海外出口项目予以重点扶持，通过中国功夫海外传播的高水平、高质量发展，形成长期稳定的良性循环发展之路。

3. 完善国际化功夫品牌保护和版权建设工作

国际品牌建设既需要有政府的大力支持，同时更需要本领域企业或从业

人员树立自身品牌保护意识。在政府层面,首先应该在规范中国功夫国际标准的基础上,进一步规范行业品牌秩序,对蕴含历史内涵、具备国际市场潜力的核心品牌要从政策上加以保护,同时加强对功夫从业人员品牌建设相关知识以及国际品牌保护方面的培训,使企业"走出去"过程更加安全。在企业层面,对于具备一定规模和影响力的品牌,需要加大在品牌国际化建设上的投入,包括建立统一的企业视觉形象、注册国际商标等。在个人层面,类似武术学校、中医馆等海外落地机构,通常是由个人或小团体组成,同样需要加强品牌建设意识,一方面品牌建设可以规范小微机构的发展,促进企业的升级;另一方面对品牌形象的重视也会敦促经营者不断追求质量的提升,为企业或个人的长久经营、健康发展保驾护航。

与国际品牌建设工作相配套的版权保护工作也要同步推进,版权贸易作为文化贸易领域非常重要的组成部分,具有资源消耗少、边际成本低、利润空间大的优势。舞台剧、影视作品、图书杂志、文创设计等都可以成为版权贸易的主要形式。近些年,国内版权保护意识不断提升,国际版权保护工作也有长足进步。中国功夫本身蕴含丰富的文化内涵,是极具开发潜力的版权贸易对象。在完善国际品牌建设的同时,加大对中国功夫相关版权贸易的创造、保护和管理,拓展功夫版权贸易的形式和种类,促进以中国功夫版权贸易为核心的对外文化贸易的大力发展,可以更加有效地推动中国文化"走出去"。

4. 推进功夫竞技的国际化赛事标准建设工作

在兼顾比赛的观赏性和竞技性的基础上,制定符合国际规范的竞技赛事标准,将中国功夫打造为国际化的竞技比赛项目。在这一过程中,可以借鉴日本的空手道和韩国的跆拳道的成功经验,二者通过建立明确的段位标准和比赛规则,让遍布世界的培训学校都有相应的培训目标和规范,并且分别入选为亚运会和奥运会的正式比赛项目。通过制定适应市场化需要的功夫学习和段位机制,可以积极推广中国功夫国际化竞技赛事的开展,吸纳更多海外爱好者加入武术学习队伍,最终建立以中国功夫为核心的成熟的国际化竞技商业体育模式。

5. 培养和引进优秀的国际化人才

中国功夫是中华传统文化的重要组成部分,其内容与元素内涵深厚。要想让中国功夫真正地走入国际市场,就需要培养和引进一批内外兼修的优秀人才,既需要有了解中国功夫背景(宗教艺术、中医中药、武学技法、功夫哲学、民俗艺术等)的人才,也需要有了解国际市场环境(国际贸易、市场营销、宣传推广、法律法规等)的人才,以及具备娴熟的语言翻译和运用能力的国际化人才。实际上,具备复合型知识和技能的人才是非常难得的,因此中国功夫国际化人才的培养可以从两个角度出发。一是激发现有从业人员的潜力,通过与高校或科研院所合作建立联合培训的模式,以短期学习的形式快速提升现有从业人员的外语交流能力和国际市场营销能力;二是建立以文化贸易等专业为基础的高端复合型人才培养模式,通过建立校企联合的培养机制让本科或研究生阶段的学生可以直接融入中国功夫的国际化进程,从根本上提升相关行业从业人员的素质,为进一步高水平、高质量的对外贸易发展提供保障性人才支持。

参考文献

臧加慧、谭苑昊:《中国武术发展历史和传承研究》,《武术研究》2020年第6期。

段立颖:《中国古代养生保健思想初探》,《体育世界》(学术版)2018年第12期。

段战戈:《少林文化产业海外发展研究》,《河南教育学院学报》(哲学社会科学版)2014年第4期。

B.13
中国电影"走出去"舆情研究*

田 嵩**

摘 要： 中国电影经过百余年的发展历程，不仅培育了蓬勃发展的中国电影票房市场，同时也在向着国际化方向积极努力。与国内电影市场相比，中国电影的海外传播之路仍旧艰难。一方面，中国电影的国际影响力没有达到与中国综合国力相匹配的地位，另一方面，中国电影仍未获得海外电影市场的广泛认可。本文将从大数据视角，分析中国电影海外口碑和市场票房现状，总结中国电影国际化发展面临的主要问题，并提出相应的建议。

关键词： 中国电影 海外传播 文化贸易 大数据分析

电影是一门综合视觉、听觉等多种感官刺激的现代艺术，其不仅代表了不同文明和视听技术的融合，同时也作为一种成熟的商业模式而存在于现代经济体系中。相较于音乐、绘画、文学、戏剧等传统艺术形式，电影在现代社会中带来的文化"渗透"更加直接和有效，最典型的案例就是以美国好莱坞为代表的电影文化在全球范围内的广泛传播，好莱坞电影不仅实现了"美式"价值观宣扬，同时还通过全球票房和衍生品贸易成功地攫取了高额

---

* 本文为北京第二外国语学院种子计划"数据可视化呈现技术在文化贸易中的应用研究"项目研究成果。
** 田嵩，北京第二外国语学院副教授，首都对外文化贸易研究基地研究员，研究方向为大数据分析、新媒体技术、贸易数据可视化。

的利润，可以说是文化贸易的成功范例。中国电影的市场化运营起步较晚，尽管近些年国内票房市场取得了令世人瞩目的成绩，但是也要理性地看到，中国电影的国际化进程并不顺利，其中既有技术层面的原因，也有市场层面的原因。本文将从大数据视角出发，针对中国电影国际化发展现状发掘其中存在的问题，并针对中国电影未来发展的方向提出相应的建议和对策。

一 中国电影的发展历史

（一）中国电影的发展历史

电影传入中国可以追溯到19世纪末20世纪初，1896年上海徐园"又一村"放映"西洋影戏"作为电影传入中国之始，1901年香港已经出现中国早期电影院的雏形，几年后上海、北京、天津等地区也先后出现影院和放映商①，1905年的戏曲电影《定军山》开创了本土化电影内容制作的先河。随后的两次世界大战使得美国电影产业逐渐取代处于混乱中的欧洲电影产业，好莱坞也一跃成为世界电影工厂和中国电影产业的模仿对象，这一时期也是中国电影发展的第一次高潮，当时的上海不仅发展成中国最大、最重要的工商业城市，同时也是中国最重要的消费城市，电影业的繁荣一度使得上海成为亚洲电影的中心，当时的上海也被称为"东方好莱坞"。

新中国成立后，国内电影产业发展进入一个特殊的阶段，这一时期的电影产业更多的是为政治服务，而缺乏市场调节因素的介入②。20世纪70年代末的改革开放使得好莱坞电影重新进入中国，特别是1994年开始采用分账发行方式进口外国大片政策的推出，极大地刺激了国内电影市场的发展，同时也促使中国电影业进入新的发展阶段。当年分账制只允许每年进口10部优秀影片且放映时间的占比在1/3以下，但是进口影片仍旧占据了60%以上的国内电影票房，1999年"入世"协议的签署更是给中国电影产业的

---

① 宋维才：《中国早期电影市场略考》，《当代电影》2004年第3期。
② 李晶宝：《建国后革命电影创作与革命意识形态构建》，《艺术评鉴》2019年第1期。

发展带来了极大的压力。进入21世纪后，中国电影产业也开始步入"大片"时代，《英雄》是中国电影发展的一个重要转折点，这之后资本运作和市场运营开始越来越多地左右中国电影工业的发展轨迹，中国电影也开始不断向海外市场拓展①。2010年以后，中国电影更是进入所谓"后大片"时代②，不仅国内票房屡创新高，同时海外电影市场的开拓步伐也在加快，催生了诸多类型丰富、票房口碑俱佳的电影作品，如《流浪地球》《哪吒之魔童降世》《唐人街探案》等。中国电影票房在2006～2015年一直保持着27%以上的高增长率，这推动了中国电影市场成为全球电影市场的重要组成部分，到2019年这一比重已达20%，目前中国已成为全球第二大电影市场。图1是2006～2020年中国电影票房情况，其中2020年受新冠肺炎疫情影响电影票房呈现断崖式下跌，其他年份中国电影票房都保持着较高的增长率。

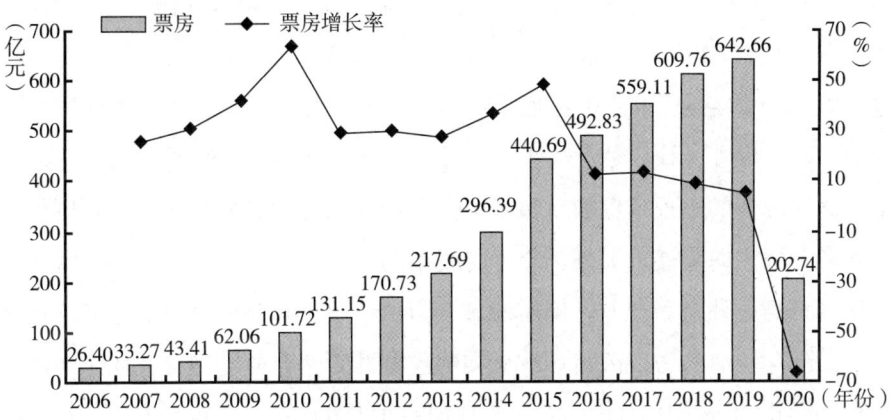

图1　2006～2020年中国电影票房情况

资料来源：笔者根据互联网公开信息整理。

---

① 陈旭光：《论中国电影大片》，《浙江师范大学学报》（社会科学版）2009年第6期。
② "后大片"时代的说法在学术界并不严谨，也没有明确的学术界定和时间界限，这一概念的提出更多是为了区别于早期市场化大片电影作品，另外"后大片"时代随着移动互联网的崛起，观影群体在其中发挥的作用也越发明显，同时也使得相关研究对"后大片"时代电影作品的优劣产生了两极化的评价，限于篇幅在此不再赘述。

（二）中国电影的海外发展历史

中国电影被现代欧美主流电影市场所熟知，要从 20 世纪 70 年代的功夫巨星李小龙开始，其后成龙、李连杰等功夫明星不断激发海外群体对中国功夫电影的热情。进入 21 世纪后，以电影《英雄》为代表的国产大片开启了以市场化进入国际电影市场之路，《英雄》不仅获得北美 5371 万美元、全球 1.77 亿美元的票房成绩，同时还获得 2003 年奥斯卡金像奖最佳外语片提名，创造了国产电影在国际电影市场的高光时刻，时至今日电影《英雄》仍旧是中国大陆地区电影海外票房纪录的保持者。《英雄》之后有大量中国电影尝试走出国门，进入欧美主流电影市场，这一过程中功夫电影仍旧是拓展海外市场的主力军，但是功夫电影类型的单一使得海外群体出现了明显的观影疲劳，近些年海外上映的功夫电影都没能取得理想的票房成绩和社会反响。与此同时，令人可喜的是，有更多类型的影片开始进入国际电影市场，如《美人鱼》（2016 年，喜剧）、《战狼 2》（2017 年，动作）、《唐人街探案 2》（2018 年，悬疑）、《流浪地球》（2019 年，科幻）、《哪吒之魔童降世》（2019 年，动画）等，尽管这些影片没能再创海外票房新纪录，但是这些类型多样的影片的出现从侧面反映了中国电影在内容制作领域正在朝着更加丰富和多元的方向发展。另外，除了院线市场外，中国企业也开始通过资本市场积极布局海外电影产业。例如 2012 年万达集团花费 26 亿美元并购了全球排名第二的美国 AMC 影院公司，2016 年万达集团又花费 35 亿美元并购了美国传奇影业公司（Legendary Pictures），再比如一九零五影业（北京）有限公司和阿里巴巴影业集团与美国合作者共同制作了《荒野猎人》（2015 年）、《变形金刚 4》（2014 年）、《碟中谍 5》（2015 年）、《终结者 5》（2015 年）和《绿皮书》（2018 年）等多部影片，深入参与海外电影的拍摄和制作过程①。这些案例说明中国电影产业正在经历着重大转变，中国电影人长期以来不仅致力于将

---

① 范璐晶：《中国电影产业海外投资的法律风险及争端解决中的文化例外》，《北京电影学院学报》2020 年第 9 期。

中国电影介绍给全世界,同时开始通过资本运作的方式来融入全球电影产业链。接下来我们从大数据视角对中国电影的国际化发展现状进行分析,通过整体性数据梳理,发掘中国电影海外传播过程中呈现的特征和存在的问题。

二 大数据视角下中国电影的国际化发展现状

(一)数据来源

中国电影国际化发展现状的分析需要有从海外电影市场获得的全景数据,因此本研究选择从 IMDb(Internet Movie Database,互联网电影数据库)网站获取相关数据,数据获取方式为首先检索 IMDb 网站中 Country 字段为 China 的所有影片的 IMDb 编号,接下来通过编写爬虫数据程序采集对应 IMDb 编号下该影片的所有相关数据。由于新冠肺炎疫情对全球电影产业带来了灾难性的影响,因此数据采集的时间节点为 2020 年以前的所有中国电影数据。本次采集检索到的有效影片记录数为 9015 部,其中电影 7093 部,电视剧 1922 部,剔除与本研究无关的电视剧记录和 191 条缺失数据的记录,最终进行分析的中国电影数据为 6902 部。

(二)中国电影海外发展分析

从图 2 所示影片上映时间分布中可发现,这 6902 部电影在时间跨度上基本涵盖了 1905 年至 2019 年各时间段,其中 1978~2000 年上映的影片数量总体呈现波动上涨趋势,而 2001 年以后上映的影片数量总体呈现迅速增长的态势,影片数量累计共有 4753 部,占总影片数的 68.9%。IMDb 数据库中中国电影数量最多的年份为 2019 年,共计 534 部。图 2 是根据采集到的所有中国电影数据绘制的年度上映影片数量图,从中可以看出 2010 年以后,中国电影的上映数量呈现明显的上升趋势。

这 6902 部电影中有 5103 部电影缺少影片类型数据,只有 1799 部影片

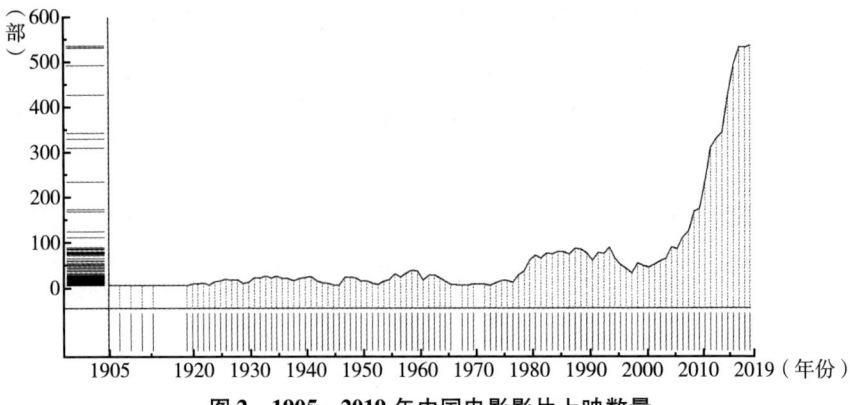

图 2　1905～2019 年中国电影影片上映数量

资料来源：IMDb 网站。

可以进行影片类型分析。这 1799 部中国电影的影片类型①以剧情片（Drama，431 部）、爱情片（Romance，144 部）、动作片（Action，128 部）、喜剧片（Comedy，109 部）、短片（Short，100 部）、纪录片（Documentary，78 部）和战争片（War，64 部）等为主，以词云的形式展示的影片类型关键字，如图 3 所示。其中剧情片、爱情片以及动作片位列前三，这说明中国电影更加偏向这些传统类型的影片，同时这些类型的电影在海外的影响力也更大。

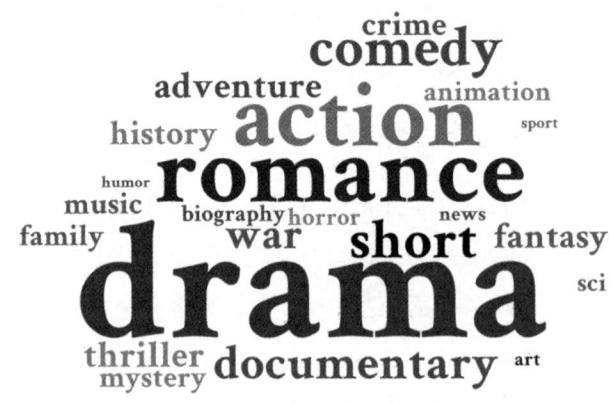

图 3　中国电影影片类型词云

资料来源：笔者自制。

① 注：IMDb 网站数据库中每部影片通常包含多个类型（Genres），从整体上分析可以更加清晰地观察中国电影在影片类型上的偏好。

（三）中国电影的海外口碑分析

中国电影在海外观影群体中的口碑情况是我们更加关注的内容，IMDb网站依托于互联网开放共享的精神，允许任何一位电影爱好者在网站上对某部电影进行评分。尽管用户评分通常受观影者主观影响较大，但是当评分数量达到一定规模后，评分的结果将非常具有横向比较的价值[①]。IMDb网站提供的评分标准为1~10分，其中1分为最差，10分为最好，IMDb网站将用户评分数据依照用户的参与度加权平均后得出每部电影的综合评分。另外，影片评分代表了观影者对于该影片的满意度，评分人数则从另一个侧面反映了观影群体对于该影片的关注度。因此我们将综合考虑每部影片的评分和评分人数，对中国电影在海外观影群体中的口碑进行分析。

在6902部中国电影中，有2214部影片有具体的评分数据。图4为根据中国电影评分和评分人数绘制的图表，其中1980年中期和2000年以后是IMDb网站中国电影评分的密集时期，且在2000年以后尤其显著，评分人数最多的影片为2002年的电影《英雄》，该片评分人数高达169587人（数据截止到2020年初），占当年评分人数的93.8%，同时该片评分为7.9分，说明这部影片在海外观影群体中具有非常优秀的口碑和重要的影响[②]，作为中国电影海外传播的典型范例也是值得进一步深入分析的。从具体得分上看，这2214部影片样本平均得分为6.1分，整体评价处于中等水平，样本中评分为7分及以上的影片占比为26.7%，说明从海外观影者视角看中国电影整体质量还有较大的提升空间。就评分人数而言，样本电影中平均每部影片评分人数为630人，中位数仅为35人，说明大部分中国电影的评分人数较为有限。2002年中国电影评分总人数达到历史峰值180729人，

---

① 聂伟、张洪牧宇：《"互联网+"语境下电影评价机制研究——以国内主流电影评分网站为例》，《当代电影》2016年第4期。
② 通常IMDb影片达到一定的评分人数后，评分为8分及以上的为优质影片，例如IMDb的Top250排行榜中所有影片的评分都在8分以上，评分为7分及以上的通常为影片质量较好，评分低于5分的影片质量欠佳。

当年影片评分均值为6.6分，说明2002年的中国电影不仅具有高海外关注度，还具有中等偏上的观众满意度。另外需要注意的是，2010年以后IMDb网站数据库中检索到的中国电影数量有明显增加的同时，影片评分两极化的趋势也十分显著，特别是这一时期出现了部分评分在3分以下的影片，尽管这部分影片在数量上的绝对占比不高，但是这些所谓的"烂片"对中国电影国际形象建立带来的负面影响不容忽视。

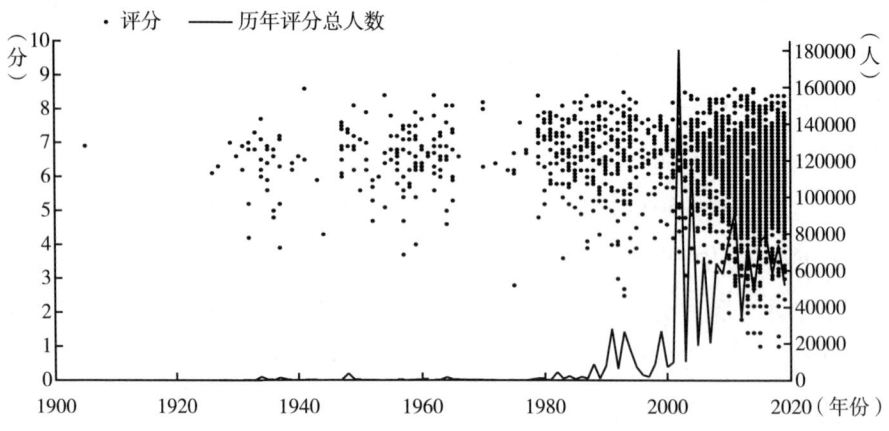

图4 1905~2019年中国电影影片评分和评分人数情况

注：图中黑色点为影片评分值，分值越高表示影片质量越好；黑色实线为评分人数，数值越大表示影片关注度越高。

资料来源：IMDb网站。

总体上看，中国电影在海外观影群体中受关注程度在2002年前后达到峰值，且当时的观众满意度也为中等偏上水平，之后中国电影的多次海外发力，都未能达到这一高度。但是从中国电影百余年的发展历程来看，2000年以后，特别是最近十年仍旧是中国电影飞速发展，以及海外传播最为积极的时期，受到海外群体的关注也是最为有效的阶段，当然这一时期也存在影片口碑两极化明显的问题。

（四）中国电影的海外票房分析

影片评分可以让我们从互联网用户的视角观察中国电影海外传播过程中

的口碑变化情况，而海外票房则是中国电影国际竞争力最为有效的体现。IMDb 网站影片数据库中提供了影片的票房（Box Office）数据，且分别对北美票房（Gross USA）和全球票房（Cumulative Worldwide Gross）进行分类，由于北美票房在中国电影海外票房中具有代表性，因此我们将北美票房数据作为样本主体，对中国电影的海外票房情况进行分析。在采集到的中国电影大样本中，包含票房数据的记录非常有限，最终研究选取了其中的 67 部影片进行海外票房情况的分析。

仅就中国电影在北美的票房情况而言，跨度及差距非常大。在有效的统计数据中，票房最高的影片为 2002 年的电影《英雄》，高达 5371 万美元，最低的为 2001 年上映的电影《大腕》，北美票房仅为 820 美元。有效统计的 67 部影片中，平均每部影片的北美票房为 182.4 万美元。相较于好莱坞电影在北美的票房数据，中国电影的票房成绩完全没有可比性，以《阿凡达》为例，光是北美票房就达到了 7.60 亿美元。在所有包含中国元素的电影中（不限于中国大陆地区制作的影片），北美市场的最高票房纪录是 2000 年上映的《卧虎藏龙》（由于该影片的投资所属地为中国台湾地区，故未纳入本文的统计范畴），但也仅为 1.28 亿美元，说明中国电影在北美市场仍有待开拓。表 1 列出的是中国电影北美票房数据排名前十的影片情况，从表中数据可以看出，北美票房排名前十的中国电影主要集中于两个时期，一是 2002 年开始中国电影首次大规模进入北美电影市场，这一时期影片最主要的特点是中国武侠功夫元素以及中式视觉美学带给西方观众的冲击，同时这也与电影《卧虎藏龙》在欧美主流电影市场激起的中国元素热不无关系，但是可惜的是，这之后再也没有中国武侠元素电影可以取得超过或接近《英雄》等电影所创造的成绩，欧美观众的武侠审美疲劳是一方面原因，而主要原因还是武侠电影自身创新的匮乏。另一个重要时期是 2016 年开始中国电影第二次大规模开拓北美电影市场，与第一个时期不同的是，2016 年中国电影已不再是大片时代刚开始时的稚嫩"面孔"，电影质量有了明显提升，国际发行渠道也更加成熟，同时更加重要的是这一时期中国电影的出口类型也更加丰富，除了《战狼 2》仍为传统的动作片之外，喜剧片（《美人鱼》，2016年)、科幻片(《流浪地球》，2019年)、动画片(《哪吒之魔童降世》，2019年)、剧情片(《我和我的祖国》，2019年)等纷纷取得了不错的票房成绩，特别是2019年就有三部电影进入排名表前十。

表1 中国电影北美票房排名前十数据

单位：美元

排名	电影名	上映年份	北美票房
1	《英雄》	2002	53710019
2	《十面埋伏》	2004	11050094
3	《满城尽带黄金甲》	2006	6566773
4	《流浪地球》	2019	5875487
5	《霸王别姬》	1993	5216888
6	《哪吒之魔童降世》	2019	3695533
7	《美人鱼》	2016	3232685
8	《战狼2》	2017	2721100
9	《大红灯笼高高挂》	1991	2603061
10	《我和我的祖国》	2019	2356683

资料来源：IMDb网站。

但是从客观上来看，21世纪初中国武侠电影第一次进入北美市场的成绩表明，欧美主流文化仍旧对传统中国元素，特别是武侠动作片有着更高的市场认同度，一部电影《英雄》带来的票房成绩比排名表上第二到第十名票房成绩的总和还要高，这也说明高质量和高认同度的中国电影仍旧非常缺乏，特别是文化新鲜度过后，没有质量过硬的作品，在成熟的北美电影市场中就很难取得理想的票房成绩。尽管最近五年有多部中国电影取得了较好的北美票房成绩，但是也要看到，一方面，这样的票房成绩并不能算是优秀，不仅无法与好莱坞电影相媲美，即使是与传统的武侠电影相比也还有一定的差距；另一方面，由于汉语翻译和文化冲突的问题长期困扰着中国电影的海外传播，中国电影的北美票房数据并不能准确反映哪些是海外侨民贡献的，哪些是具有不同文化背景的群体贡献的，因此通过票房数据还不能说中国电影已经很好地被国际电影市场所接受，中国电影的国际化之路还很漫长。

三 中国电影国际化发展面临的问题与建议

(一) 面临的问题

1. 影片类型单一

武侠功夫电影作为中华传统文化的代表,避免了语言樊篱带来的理解障碍,使得武侠功夫电影最早被国际电影市场所接受,中国电影最早在好莱坞电影市场引起关注也是源于武侠功夫电影的出现。实际上,如果对前文中的6902部中国电影按照评分人数进行降序排序就可以发现,评分人数最多也就是最受互联网用户关注的影片基本都是武侠功夫片,可以说武侠功夫片在中国电影的海外传播中长期扮演着最重要的角色,即使在已经进入移动互联网时代的今天,武侠功夫片仍旧是西方主流社会了解中华传统文化的重要途径。

以武侠功夫元素为代表的动作片占比过高,造成了中国电影类型单一的问题。电影本身是一种美学与文化并存的艺术形式,武侠功夫电影长期占据主导地位也是海外观影群体对中国文化认知偏差的反映。当然,这与武侠功夫文化本身易于理解,且符合西方社会对中国文化的刻板印象不无关系。可喜的是,中国电影在类型上也在寻求突破,已经开始有更多题材的影片在海外电影市场引起关注,遗憾的是2020年开始的新冠肺炎疫情严重制约了正处于上升期的中国电影海外发展之路,当前只能寄希望于全球疫情尽早得到有效控制,中国电影才能够继续开始海外发展之路。

2. 内容创新性不足

尽管近些年中国电影在类型上开始寻求突破,但是其在内容制作上创新性不足,使得后续发展乏力,成为中国电影进一步拓展国际电影市场的最大阻力。以武侠功夫片为例,长期以来这类影片的海外关注度最高,市场效应最为明显,2002年的电影《英雄》也的确创造了海外票房的奇迹(其中也有2000年中国台湾导演李安作品《卧虎藏龙》打下的市场基础)。但是,中国电影人显然低估了国际电影市场竞争的残酷性,文化新鲜度所激发的市场很快就在质量低下、缺乏核心价值观的影片影响下损耗殆尽。归根结底，内容的创新和艺术的高水平是开拓电影市场最重要的基石，大量同质化作品会将好不容易形成的电影文化瓦解，造成类型电影的整体性衰亡。这一点在武侠功夫片上的体现非常明显，21世纪初的武侠电影高潮过后，大量低质量影片带来的恶评如潮不仅使这一类型电影票房市场不断萎缩，同时资本市场也在一定程度上减少了对该类影片的大规模投入，原本生机勃勃的武侠功夫片很快就进入到没落和蛰伏阶段。当然，笔者认为武侠功夫片仍旧是中国电影最具代表和国际市场潜力的类型，特别是随着内容的创新和高质量作品的出现，武侠功夫片还会再次受到国际电影市场的关注，同时承担起开拓海外票房市场的重任。

3. 投资渠道受限

电影既是一门艺术，也是一项产业。其中既包括影片的内容创作和生产制作，也包括影片的投资发行和宣传推广，一部影片的成功往往是各个环节共同努力的结果。院线是影片发行的重要环节，中国企业在多年前已经开始积极布局，近些年中国电影海外票房的再次崛起，与中资企业投资海外院线有密不可分的联系。但是国内资本在国际影片内容创作领域的发言权还非常有限，尽管已经有多家中国企业深度参与到海外影片的投资与制作项目中，例如一九零五影业公司投资了《变形金刚4》《碟中谍5》等影片，瑞熙文化参与投资了《中途岛》《边境巡逻》《蝎子》等影片，但是中国企业在其中更多的是扮演投资者的角色，对于影片价值观的导向往往没有发言权，同时这种组合模式往往更加有利于海外影片布局中国电影市场，而对中国电影在海外票房市场的拓展则帮助不大。另外，电影《英雄》取得中国电影海外票房的奇迹，这其中的缘由不仅仅是影片本身素质很高，且符合欧美主流观影群体的审美，还与《英雄》的海外发行商米拉麦克斯有很大的关系，与投资方和院线方不同，海外发行商对当地票房市场更加熟悉，其所选择的发行渠道往往对影片最终票房成绩有很大影响[①]。相较而言，国内的电影企

---

① 朱洋洋：《跨文化视野下韦恩斯坦兄弟的文本接受策略——兼论其对中国电影海外推广的启示》，《当代电影》2014年第8期。

业在海外发行环节中的话语权和主导权还非常有限,这也使得中国电影海外传播过程中的关键一环还有很大程度的缺失。

4. 衍生品开发滞后

电影衍生品是指以影片中的人物、场景等标志性元素为基础,开发出来的产品或服务。这其中包括与影片内容相关的周边产品,如玩具、服饰、日用品等,以及从电影衍生出来的相关文化产品,如依据影片改编的电影、电视剧、图书、电子游戏等,还有就是通过商业授权模式开展的商业活动,如主题公园、主题度假旅游、主题酒店休闲、主题竞赛等。电影衍生品产业的繁荣与否,在一定程度上也是电影产业发展是否成熟的重要标志。以电影产业最为发达的好莱坞为例,电影衍生品收入可以高达一部电影全部收入的70%,甚至超过电影票房的两倍,相较而言国内电影总收入的90%以上都依赖票房和植入式广告,很多电影完全没有衍生品收入①。

造成中国电影衍生品产业发展严重滞后的原因是多方面的,首先,国内影片在内容和类型同质化方面问题明显,同时具备优质IP（Intellectual Property,知识产权）开发潜力的影片资源稀缺。尽管国内影片发行数量屡创新高,但是影片题材选择的"一窝蜂"现象明显,往往一部电影引起关注就会导致大量"跟风"作品出现,而这些"跟风"作品往往伴随着质量低下和恶意竞争的问题,造成优质影片IP价值稀释。其次,中国的电影衍生品产业链发展极不平衡。一方面,植入式广告在电影产业中占比过高,对于主流电影来讲植入广告对投资商及早收回投资有积极的意义,但是对于小众电影和观影体验来讲,植入式广告带来的负面影响会更多。另一方面,中国电影在衍生品产业链的诸多环节上仍旧存在发展严重滞后的问题,国内电影投资商对电影衍生品的产品规划与市场研判缺乏科学依据和相关经验,大部分影片在投资期内很难保证将一定比例的资金投入到衍生品开发环节中,而等到影片引起市场反响后再仓促投入资金进行衍生品开发,既缺乏系统性

---

① 王成军、潘燕、刘芳:《美国电影产业发展对中国文化产业兴起的启示》,《中国软科学》2014年第5期。

规划,同时也错失了扩大市场的良机。再次,国内对版权保护的意识仍有待加强,特别是对于侵权行为的惩罚力度过低,造成企业维权成本和维权难度过高。例如2019年电影《哪吒之魔童降世》在票房不断创新高的同时,由版权方认证的电影衍生品还在众筹、预订阶段,而大量未经授权的盗版周边产品已然开卖,不仅使投资方错失市场黄金期,同时版权方的合法权益也没有得到很好的保护,这对于IP内容创意者持续创新的打击是极为严重的[1]。最后,中国影视企业在衍生品开发的国际化视野上经验不足。国内衍生品市场规模有限,导致企业在衍生品产品和服务的开发上不愿投入。衍生品种类有限、模仿痕迹明显、创新性不足等都是国内企业在衍生品开发环节中的短板。相较于欧美、日本等文化产业发达的国家在衍生品开发领域丰富的市场经验和完善的配套产业链,中国企业以及中国电影衍生品的国际竞争力还很羸弱。

(二)相关建议

尽管中国电影在国际化发展过程中仍旧面临着诸多的困难和问题,但是可以看到中国电影人走出国门的"步伐"从未停止,对融入世界文化市场有着坚定的信心。2020年受疫情影响,世界各国的电影产业都遭受了严重的打击,而中国电影产业在政府有力的疫情防控措施下率先恢复生机,2021年春节档总票房近80亿元,比2019年增长32.47%[2]。席卷全球的疫情终将过去,相信2019年中国电影海外开拓的良好局面在不远的将来仍将继续,中国电影产业应及早布局、全面准备。为了更加有效地开拓国际电影市场,智慧地形成和传播中国电影文化,我们对中国电影未来的国际化发展之路提出如下几点建议。

---

[1] 于浩:《加快完善电影衍生品产业链》,《经济日报》2019年8月26日。
[2] 《2021年春节档电影票房78.22亿元 比2019年增长32.47%》,"新华社客户端"百家号,2021年2月18日,https://baijiahao.baidu.com/s?id=1692007791157910543&wfr=spider&for=pc。

1. 树立民族文化自信，传承中国电影文化内涵

电影与一般性产品相比，承载着更多的民族文化与价值观。好莱坞电影取得的成功不仅是市场意义上的，更重要的是在文化影响力上的延伸。中国电影市场开放以来，好莱坞模式一直是中国电影产业快速发展的重要参照，而随着国内观影群体越发成熟，对影片质量的评价正在从对"大片"带来的感官刺激追求，向更加多元化和立体化的艺术审美、文化承载和价值观等方面呈现。完全照搬好莱坞式的叙事手法和美式价值观，不仅难以满足国内电影产业的升级需要，同时随着中式"大片"带来的审美疲劳，也将越发难以提起西方观影群体的兴趣。实际上，早期中国电影成功进入欧美电影市场，这其中独特的中式审美和中国哲学思想都是激发海外票房市场需求不可或缺的重要因素，而后期欧美观众对中国电影兴趣的下降，笔者认为与其说是审美疲劳，不如说是没能讲好中国故事带来的结果。因此，中国电影的国际化发展不能依靠简单的模仿与迎合，而是应该首先在中国电影产业中树立民族文化自信，相信几千年历史的中华文明有着无可替代的文化先进性，同时我们可以借鉴好莱坞电影在故事叙述上的方法和手段，将有中国特色的共同价值观更加智慧地融入电影制作中，通过建立独特的中国形象，实现对中国电影文化内涵的有效传承。

2. 突出重点类型影片，走高质量发展之路

中国电影的国际化发展之路经历了多次起伏，从21世纪初的武侠功夫片热潮，到2019年多种类型影片的集体"走出去"，通过对高票房影片的分析可以发现，尽管中国电影在类型上呈现百花齐放的局面，但是对缺乏中国传统文化和语言背景的欧美观影群体来讲，对语言理解要求更低的动作片仍旧是最易被海外观影群体所接受，且最具有市场开拓潜力的电影类型[①]。特别是有着鲜明中国文化基因的武侠功夫片，一旦影片质量得以保证，无论

---

① 汉字是一种独具特色的表意文字，这也使得汉字在翻译为表音文字（如英文）时会占用更多的字符空间，同时欧美观影群体没有观看字幕的习惯，这就导致如果影片中需要翻译的对白过多，同时又需要一定的文化背景去理解的话，这类中国电影的海外传播过程中面临的语言和文化障碍就会非常明显。

是影片口碑,还是海外票房市场都是可以保证的。

电影市场以及衍生产业的培育不是一蹴而就的,往往需要长期的铺垫和努力。以电影《指环王》三部曲为例,该系列电影改编自英国作家托尔金的同名小说《魔戒》(The Lord of the Rings,又译为《指环王》),小说本身就拥有大量的忠实拥趸,电影《指环王》从1999年开始拍摄,直到2003年第三部上映,每一部都拥有着精美的画面、绚丽的特效、紧凑的剧情,令观影者大呼过瘾。不仅影片取得了极高的票房成绩,同时还带动了影片的拍摄地新西兰在影片上映后整个旅游产业和影视后期制作产业的蓬勃发展,时至今日电影《指环王》业已成为新西兰的标志性元素。从这一案例可以看出,一部质量优秀的影片可以有多么巨大的产业带动作用。回顾中国电影产业,高质量影片数量还是严重不足,单纯追求数量、追求资本、不求质量的急功近利情况仍旧存在。中国电影产业仍需以高质量发展为突破口,以满足人民群众文化需要、引导人民健康生活态度为目标,生产出真正符合市场发展需要以及实现良好社会效益的电影文化产品。对于准备进入国际电影市场的影片,更加需要重视电影的整体素质,特别是能够形成良好口碑,树立民族文化形象,具备产业带动潜力的影片,可以优先鼓励到海外上映。

3. 打造完整的国际电影市场产业链

完整产业链的建立对电影产业的健康发展非常重要,而且在中国电影国际化发展过程中,国际电影市场产业链的建立更是提升中国电影整体实力,获得国际社会广泛支持所必不可少的重要组成。传统的电影产业链由电影的制作、发行、院线放映三部分组成,形成垂直化的产业流程,随着现代经济结构的多样化,电影产业链也进行了创新,现代电影产业链在传统产业链之前增加了投融资,在之后又增加了新媒体播放、衍生品生产与销售、主题旅游等环节①。但是综观国内影视企业的产业链构成,无论是衍生品开发,还是国际发行渠道的建立都存在较大的不足。

---

① 何群:《当下中国电影公司全产业链经营模式的问题和对策》,《山东师范大学学报》(人文社会科学版)2012年第1期。

对于衍生品的设计与开发，一方面需要继续借鉴欧美日等发达文化贸易强国的成功经验，创新衍生品开发思路，特别是与不同行业或领域的对接，形成以电影原创 IP 为核心，多行业、跨领域的衍生品市场空间。另一方面要加大对知识产权，特别是国际版权的保护力度，避免衍生品国际化过程中由侵权行为带来的损失。还有就是衍生品产业的发展并不能只依靠电影产业自身的发展，还要依托于设计、制作、营销等众多行业的协同发展，同时需要以国内市场发展为根基，在国内经济大循环背景下，针对国际市场喜好进行定制式开发，实现国内国际双循环相互促进的新发展格局。

构建优质的国际发行渠道，是拓展国际电影市场空间的重要途径。而国际发行渠道的建立仅仅依靠国内资本的介入是远远不够的，还需要对目标市场有清晰的认识，对国际电影市场的发展规律有深刻的了解，因此有经验的国际电影市场人才就显得尤为重要。在具体的国际化渠道建立过程中，一方面可以通过资本介入国际知名发行公司的方式实现，另一方面可以通过积极吸引有相关行业经验或从业背景的外籍人员或海外华人加入中国电影国际渠道建立的过程实现。

4. 积极培育高端复合型国际化人才

行业兴衰归根结底是人才的兴衰，产业创新追本溯源还是人才的创新。中国电影发展的历史证明中国不缺乏世界一流的导演和演员，《流浪地球》《哪吒之魔童降世》[①] 等高质量影片的出现说明中国也有世界一流的影视特效和动画制作企业[②]，实际上很多好莱坞影片已经开始把部分后期特效制作通过外包的形式委托给中国企业完成。中国电影产业有世界一流的表演和制作团队，但是在剧本创作和市场营销方面，国际化人才仍旧有较大缺口。在剧本创作方面，中国并不缺乏专业的剧作家，而是缺少能够用现代电影叙事

---

① 《流浪地球》中参与影片特效制作的主要有橙视觉、More VFX、Pixomondo、Dexter 等四家公司，其中橙视觉和 More VFX 是国内的独资特效公司，完成了一半以上特效镜头的制作。《哪吒之魔童降世》的主要制作公司彩条屋影业和可可豆动画影视有限公司都是国内知名的动画制作企业，说明中国动画企业的动画制作能力已经达到较高的水准。

② 刘小冬、苏洋：《打造中国科幻大片的视效景观——与视效主创谈〈流浪地球〉的特效创作与实现》，《电影艺术》2019 年第 2 期。

模式，兼顾中西方文化差异，讲好中国故事的剧作家。兼顾跨文化交流和国际化电影语言能力剧作家的稀缺，导致中国电影在海外传播过程中既不能真正抓住西方观众的眼球，也没有获得国内观众的认同，最终使得影片难以取得理想的口碑和票房成绩。在市场营销领域，具备国际市场营销经验，特别是掌握国际电影市场规则，能够很好衔接国际电影产业链各个环节的专业化人才也非常缺乏，而产业链整合能力的不足，将在很大程度上制约中国电影国际化之路的健康发展。因此，中国电影的国际化发展需要在电影产业链的各个环节吸纳更多高端复合型国际化人才，包括有跨文化叙事能力的剧作家、有国际知名度的导演和演员团队、有国际市场营销经验的院线发行团队，以及有国际衍生品设计开发能力的企业，等等。对不同语言和文化背景的熟悉，以及对国际市场规则和法律法规约束的了解，是高端复合型国际化人才需要具备的关键要素，这些知识一方面需要电影从业人员不断学习，另一方面可以在本科以上阶段的人才培养中，加大对相关专业学生综合素质的提升，及早补充专业而有朝气的年轻群体进入中国电影产业，为中国电影的国际化发展提供智力支持。

参考文献

〔美〕斯坦利·罗森：《狼逼门前：1994～2000 的好莱坞和中国电影市场》（上），戚锰、钟静宁、龚湘凌译，《北京电影学院学报》2003 年第 1 期。

王一川：《全球化时代的中国视觉流〈英雄〉与视觉凸现性美学的惨胜》，《电影艺术》2003 年第 2 期。

裴菁宇：《我国电影衍生品的产业现状及开发模式分析》，《中国电影市场》2015 年第 11 期。

比较与借鉴篇
Comparison and Reference Reports

B.14
巴西文化贸易与投资研究

李嘉珊 杨 彤*

摘 要： 巴西，作为国土面积全球第五大、南美洲最大的国家，地理位置也是得天独厚。文化方面，巴西就像是一个文化大熔炉，吸收了许多种文化的养分。报告从巴西文化市场本身入手，研究其贸易市场概况及重点文化行业的投资现状，从而进一步深入了解这个发展中大国的文化与经济发展状况，也为中巴文化贸易的顺利进行提供参考，同时巴西的文化发展状况在一定程度上也能够给中国文化贸易的发展提供借鉴。

关键词： 巴西 文化市场 文化投资 文化贸易

---

* 李嘉珊，北京第二外国语学院教授，中国服务贸易研究院常务副院长，国家文化发展国际战略研究院常务副院长，首都国际交往中心研究院执行院长，首都国际服务贸易与文化贸易研究基地首席专家，国家文化贸易学术研究平台专家兼秘书长，研究方向为国际文化贸易等；杨彤，北京第二外国语学院国际文化贸易专业2020级硕士研究生。

巴西的文化呈现多样性，这是巴西被殖民时期多个种族文化相互融合的结果。起初，巴西人口大部分是居住在沿海和沿河地区的原住民、葡萄牙人和非洲人。19世纪末和20世纪初，随着葡萄牙殖民浪潮的进一步发展，大量的欧洲人和亚洲人移居巴西，这为巴西社会文化的多样性奠定了基础。文化的大熔炉缔造了这个多彩的国度，同时，多样的文化也赋予了巴西全方位发展的动能。

一 巴西文化市场主体

根据巴西国家地理与统计局统计，2017年巴西注册的文化部门相关企业及组织数量为325422个，同比下降0.8%，从业人员数量为1940211人，同比下降1.8%，其中有收入（薪资）的从业人员数量为1477181人，占比76%，其薪资及其他收入共计679亿雷亚尔（约合人民币865亿元），同比增长3%（见图1）。2007~2017年，文化部门相关企业及组织人员薪资及其他收入水平处于平稳增长的状态，年平均增长率为4.3%，但文化部门相关企业及组织数量以及从业人员数量处于波动发展状态，2007~2010年文化部门相关企业及组织数量不断增长，2011~2017年则为下滑趋势，2014年同比下降8.2%，之后下降趋势有所放缓。从业人员数量从2007~2013年一直维持增长的态势，2014年及以后则不断下降。

按照地区分布来看（见表1），2017年东南部地区在文化部门单位数量及带薪从业人员数量上占有绝对优势，分别为198334个（占全国的比重为56.9%，以下简称"占比"）、846161人（占比为58.5%），其次是南部地区文化部门单位数量72678个（占比为20.9%），带薪从业人员数量256722人（占比为17.7%）；东北部地区文化部门单位数量42158个（占比为12.1%），带薪从业人员数量169332人（占比为11.7%）；中西部地区文化部门单位数量25211个（占比为7.2%），带薪从业人员数量103771人（占比为7.2%）；北部地区文化部门单位数量10063个（占比为2.9%），带薪从业人员数量71603（占比为4.9%）。在月平均薪资方面，排名为：东南部

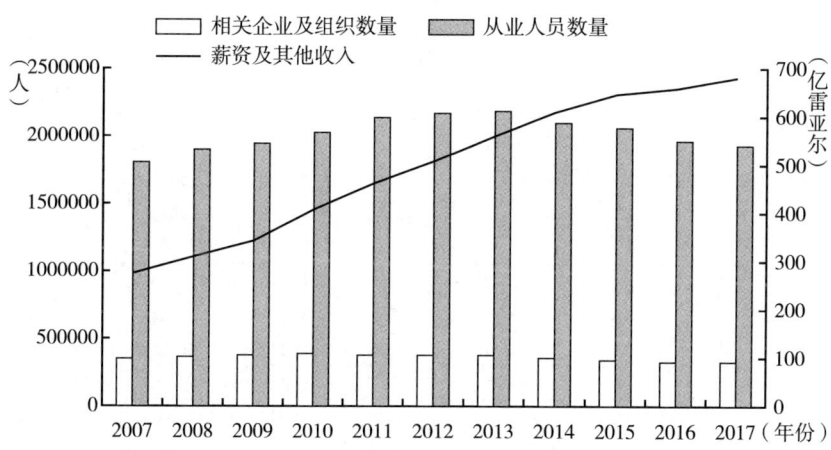

图 1　2007～2017 年巴西注册的文化部门相关企业及组织情况

资料来源：巴西国家地理与统计局。

地区（4074 雷亚尔）、中西部地区（3028 雷亚尔）、南部地区（2812 雷亚尔）、北部地区（2203 雷亚尔）、东北部地区（1978 雷亚尔），除了东南部地区以外，其他地区均低于全国平均水平（3439 雷亚尔）。就具体联邦州（区）而言，月平均薪资综合排名前三的联邦州（区）分别是联邦区、圣保罗州以及里约热内卢州。

表 1　巴西主要地区和联邦州文化部门单位数量、从业人员数量及实际平均月薪

主要地区和联邦州	2007 年					2017 年				
	单位数量		带薪从业人员数量		平均月薪（雷亚尔）	单位数量		带薪从业人员数量		平均月薪（雷亚尔）
	绝对数量（个）	占比（%）	绝对数量（人）	占比（%）		绝对数量（个）	占比（%）	绝对数量（人）	占比（%）	
巴西	371834	100.0	1287428	100.0	2867	348444	100.0	1447589	100.0	3439
北部地区	9949	2.7	70057	5.4	2074	10063	2.9	71603	4.9	2203
朗多尼亚州	1842	0.5	5221	0.4	1458	1774	0.5	6162	0.4	1667
阿克雷州	457	0.1	1890	0.1	1902	450	0.1	2265	0.2	2058
亚马孙州	1950	0.5	43047	3.3	2245	2059	0.6	37179	2.6	2390
阿马帕州	486	0.1	1863	0.1	1207	391	0.1	1918	0.1	1799
帕拉州	3569	1.0	14447	1.1	2058	3640	1.0	18716	1.3	2170

续表

主要地区和联邦州	2007年					2017年				
	单位数量		带薪从业人员数量		平均月薪(雷亚尔)	单位数量		带薪从业人员数量		平均月薪(雷亚尔)
	绝对数量(个)	占比(%)	绝对数量(人)	占比(%)		绝对数量(个)	占比(%)	绝对数量(人)	占比(%)	
罗赖马州	420	0.1	1076	0.1	1365	418	0.1	1763	0.1	1753
托坎廷斯州	1225	0.3	2513	0.2	1565	1331	0.4	3600	0.2	1807
东北部地区	41629	11.2	141150	11.0	1675	42158	12.1	169332	11.7	1978
马拉尼昂州	3516	0.9	7699	0.6	1311	3434	1.0	11502	0.8	1580
皮奥伊州	1702	0.5	5844	0.5	1286	2150	0.6	8473	0.6	1602
塞阿拉州	6774	1.8	30992	2.4	1697	7336	2.1	34449	2.4	1846
北里奥格兰德州	2712	0.7	10163	0.8	1607	2907	0.8	12445	0.9	1909
帕拉伊巴州	2744	0.7	8065	0.6	1426	2923	0.8	12110	0.8	1821
伯南布哥州	7177	1.9	29396	2.3	2136	7023	2.0	34529	2.4	2366
阿拉戈斯州	1724	0.5	4720	0.4	1486	1955	0.6	7830	0.5	1760
塞尔希培州	1804	0.5	6031	0.5	1514	1890	0.5	7543	0.5	1625
巴伊亚州	13476	3.6	38240	3.0	2053	12540	3.6	40451	2.8	2131
东南部地区	219281	59.0	772136	60.0	3360	198334	56.9	846161	58.5	4074
圣埃斯皮里图州	6144	1.7	17395	1.4	1870	6089	1.7	18923	1.3	2086
米纳斯吉拉斯州	35052	9.4	108682	8.4	1969	31984	9.2	119583	8.3	2378
里约热内卢州	35063	9.4	146470	11.4	4009	32653	9.4	153004	10.6	4409
圣保罗州	143022	38.5	499589	38.8	3520	127608	36.6	554651	38.3	4414
南部地区	76305	20.5	218316	17.0	2097	72678	20.9	256722	17.7	2812
柏拉拿州	26202	7.0	85300	6.6	2128	27031	7.8	95147	6.6	2722
圣卡塔琳娜州	17752	4.8	55748	4.3	1939	17264	5.0	68194	4.7	2848
南里奥格兰德州	32351	8.7	77268	6.0	2177	28383	8.1	93381	6.5	2880
中西部地区	24670	6.6	85769	6.7	2997	25211	7.2	103771	7.2	3028
南马托格罗索州	3602	1.0	10995	0.9	1552	3688	1.1	13184	0.9	1928
马托格罗索州	4637	1.2	11857	0.9	1779	4869	1.4	16075	1.1	1877
戈亚斯州	8449	2.3	24232	1.9	1810	9276	2.7	32612	2.3	2004
联邦区	7982	2.1	38685	3.0	4538	7378	2.1	41900	2.9	4613

资料来源：巴西国家地理与统计局。

同时，根据巴西国家地理与统计局2015～2017年各年度产业调查结果（见表2），2017年在文化产业经济表现上，巴西从事文化产业的相关企业数量共计3149346个，员工数量30027071人，净收入共计7.75万亿雷亚尔，总产值 5.12 万亿雷亚尔，增值 2.24 万亿雷亚尔。同时，2015~2017年，文化企业与员工数量处于下降趋势，但在经济价值上，其净收入、总产值以及创造的产业增值都呈现稳定上升的趋势。

表2 2015~2017年巴西文化经济发展情况

年份	企业数量（个）	员工数量（人）	净收入（万亿雷亚尔）	总产值（万亿雷亚尔）	增值（万亿雷亚尔）
2015	3213960	30930365	7.23	4.80	2.08
2016	3214651	30018864	7.42	4.89	2.15
2017	3149346	30027071	7.75	5.12	2.24

资料来源：巴西国家地理与统计局。

关于巴西文化市场的参与主体，主要涉及广播影视、表演艺术、出版和游戏等行业。巴西国家电影局（Brazilian Film Agency），是巴西联邦政府的一个官方机构，也是巴西电影行业的监管机构，总部设在巴西利亚，其职能是促进、规范和监督巴西电影和视听行业。巴西广播电视协会（Radio and TV Broadcasters Association）建立于1962年，其旨在捍卫一切形式的言论自由，捍卫巴西广播公司的利益，维护其作为公共利益服务执行者的权利。成立于1946年9月20日的巴西图书商会（Brazilian Chamber of Books）主要负责对图书进行估价、参加国内外书展、定期组织出版业的相关活动。游戏行业则有巴西游戏开发者协会，其与巴西出口投资促进局（Apex-Brasil）合作推出的游戏出口计划——巴西游戏开发者出口计划（Brazilian Game Developers Export Program，BGD Export Program），负责在国际上推广巴西游戏产品，从而寻找新的商机。

二 巴西文化市场主体及重点文化行业投资现状

（一）巴西文化市场发展特点

1. 重点城市文化氛围浓厚

圣保罗自19世纪以来就是巴西著名的文化和知识中心，这主要归功于

1827年圣保罗法学院的成立。圣保罗法学院是巴西最早的两所大学之一，该国许多杰出的领导人都在此受过法律教育。圣保罗地理和历史研究所成立于1894年，是该州最古老的文化协会之一。除此以外，圣保罗还是巴西众多图书馆、出版社和剧院的主要所在地。1922年，圣保罗市举行的现代艺术周活动是巴西现代主义运动的开端，这场运动由一群年轻的作家、艺术家和音乐家发起，旨在将现代主义引入巴西艺术。圣保罗很早就已经出现了出版和广播相关行业，同时还是一些重要的拉丁美洲广播电台的总部所在地。

里约热内卢是巴西的文化之都，拥有许多著名的艺术、文学和科学机构。其中包括巴西文学院、巴西科学院和众多博物馆。整个里约热内卢有相当多的礼堂、音乐厅和大量的电影院。除此之外，在里约热内卢举世闻名的狂欢节中，最重要的是桑巴舞游行，每年持续四天，吸引了许多游客。狂欢节是一个传统节日，全市人民热情参与。在狂欢节期间桑巴遍布整个城市，主要的桑巴舞团体也全年在夜总会和自己的演出场地中为游客提供表演。

2. 文化活动异彩纷呈

巴西有许多庆祝活动，在国际上比较受欢迎。最具标志性的活动是里约热内卢狂欢节，狂欢节中有各式各样的装扮、音乐和游行，不同人群穿着传统的服装，参与众多比赛和舞蹈。尽管活动多种多样，但许多活动本质上都是宗教活动。广受欢迎的圣若昂日就是一个典型例子。此外，由于葡萄牙的殖民和移民，巴西的庆祝活动也受到欧洲和非洲文化的影响，例如卡瓦利亚达什节（Cavalhadas）。尽管如此，巴西还设法保留了许多原住民节日，例如蒂拉登特斯节（也称为帕林廷斯民俗节）。①

3. 文化行业潜力巨大

巴西的文化资源竞争力强大。据世界经济论坛发布的《2019年全球旅游业竞争力报告》数据，巴西的旅游业竞争力在140个国家和地区中排在第32位，居南美洲国家和地区的榜首。除此之外，巴西自1977年9月1日

---

① "Events and Festivals in Brazil," https：//www.exoticca.com/us/america/south - america/brazil/events.

加入《保护世界文化和自然遗产公约》的缔约国行列以来，截至2019年，经联合国教科文组织审核被批准列入《世界遗产名录》的巴西世界遗产共有22项（包括文化遗产14项、自然遗产7项、混合遗产1项），在数量上居世界第13位。巴西一共4次担任世界遗产委员会成员，举办过第34届世界遗产大会。

巴西文化产业发展迅速，里约热内卢州贸易联合会（Fecomércio-RJ）在2017年4月24日公布的巴西民众文化习惯调查结果显示，巴西全国56%的民众在2016年至少参加了一次文化活动，与前一年相比上涨3%。与2008年相比，2016年全年巴西民众参与文化活动的比例增长了13%。里约热内卢州贸易联合会会长克里斯蒂安·特拉瓦索斯（Christian Travassos）表示，这是巴西文化行业的一次巨大进步。近十年来，经常看电影的人占所有巴西民众的比例由17%上涨为34%，这不仅要归功于视听技术，乃至3D电影技术的爆炸性发展，还要归功于电信公司与电影院之间的合作使电影票的促销力度越来越大，消费者们愿意掏钱进电影院看电影。同样，互联网的迅速发展也为巴西文化活动增添了新的动力。

此外，巴西文化与经济之间存在特有的依存关系，而且这种关系正日益紧密。巴西早期的经济状况决定了巴西民族丰富的文化内涵，其文化内在多样性与外在独特性也相应推动了巴西经济的发展。巴西经济迅猛发展的同时也衍生出更加丰富多元的巴西人文、精神文化，此外，其经济也伴随着优越的自然物质条件得到迅猛发展，诞生出了无数充满活力、具有激情与创造力的人，同时也吸引了大量外来人口在此集聚。由此，来自世界各地具有不同文化背景的民族在此汇聚起来，共同构建了多元共生的巴西人文文化。[①]

（二）重点文化行业投资现状

从文化市场的发展特点可以知道，巴西是个文化资源丰富的国家，其文化融合了印第安文化、欧洲文化、非洲文化以及亚洲文化，具有多元性以及

---

① 周大炜：《浅析巴西文化与巴西经济》，《经济视角》2012年第2期。

文化贸易蓝皮书

开放性的特征,为文化产业的发展提供了宝贵的资源以及巨大的市场。20世纪90年代以来在政府的鼓励和支持下,以电视、电影、音乐和民俗为主的巴西文化产业得到了快速发展,产生了一定的国际影响力,取得了明显的经济与社会效益。但与发达国家相比,巴西文化产业的发展仍有巨大的提升空间。这一部分将从电影电视、表演艺术、出版行业、游戏产业四个方面深入介绍巴西的重点文化行业投资现状。

1. 电影电视

巴西是世界上最早拍摄电影的国家之一,电影是在19世纪末20世纪初期被引入巴西的,但花了较长的一段时间才将其整合为一种流行的娱乐形式。20世纪60年代是巴西电影发展的黄金时期,在这一阶段巴西电影多次荣获国际电影节大奖。巴西的电影业经历了风风雨雨,加之电影生产过程较为漫长,从开始生产到电影院发行以及商业化,每部电影平均需要三年的时间,因此该行业成本巨大,这些因素也使得巴西电影产业高度依赖政府的资金和激励政策。得益于该行业的公共政策,如今巴西电影的产量有所增长。国家在电影业的发展中起着至关重要的作用。巴西电影制作的特点是小型制作公司寻求资金来制作长片和短片。①

与2018年相比,2019年巴西的国产电影在整体票房中的市场份额保持了11%的稳定比例,而总票房增长了13.7%,达到创纪录的27.9亿雷亚尔(约合6.84亿美元)。根据Filme B的数据,2019年观影人数同比增长7.8%,达到1.772亿人次。

广播电视投资方面,巴西的首次广播活动是1950年的巴西世界杯,同年9月电视正式进入巴西,自此以后巴西的电视产业发展迅速,目前已成为世界上最大、生产力最高的商业电视系统之一。巴西环球电视网(Rede Globo)是世界第二大商业电视网络,并且是世界上最大的电视节目出口商之一,其电视节目在世界许多国家流行。1960年录像带进入巴西,巴西电视台借此引入了国外的节目。1962~1963年,Rede Tupi和Rede Excelsior在

---

① "Film Industry in Brazil," https://thebrazilbusiness.com/article/film-industry-in-brazil.

圣保罗市某些特定节目中（都使用 NTSC）第一次进行了非官方的彩色电视广播。1972 年 2 月，巴西使用 PAL-M 电视标准正式开始彩色电视广播。它具有与 NTSC 相同的线/帧速率，但是具有更好的颜色编码。巴西的有线电视服务于 1995 年获得批准并投入使用，但当时在该技术方面没有取得重大进展。由于价格高昂加上大多数巴西人的购买力下降，巴西成为拥有有线电视的家庭数量最少的国家之一。截至 2010 年，巴西的有线电视仅可供 1000 万个家庭使用（约 3000 万观众，占该国人口的不到 20%），且大多数用户来自上层阶级（占比 70%）。巴西有线电视市场几乎由卫星电视提供商 SKY Brasil 和有线电视提供商 NET 垄断，环球集团是它们的股东之一。然而，在 2010 年，环球集团将其在 SKY 的 19% 的股份出售给了 Direc TV 集团，之后环球集团仅拥有 7% 的 SKY 股份。同年，Embratel 提出要以约 45.8 亿雷亚尔的价格收购环球在 NET 的全部股份。

巴西于 2007 年 12 月 2 日正式采用 ISDB-T 国际标准，即日本地面数字电视传播标准，其使用 H.264/MPEG－4 AVC 视频压缩和 HE-AAC 音频压缩技术，并支持使用 1seg 标准的移动电视。政府估计在全国范围内提供数字电视服务需要 7 年的时间，大城市如圣保罗、贝洛奥里藏特从 2008 年 3 月上旬开始，里约热内卢从 2008 年 5 月下旬开始分阶段停用模拟电视，而这一服务将持续到 2023 年。巴西主要电视网络均以 1080i 高清晰电视信号格式播放其数字电视节目。

2. 表演艺术

成立于 1975 年 12 月 16 日，隶属于巴西公民和社会行动部的国家艺术基金会（英语：National Arts Foundation，葡语：Fundação Nacional de Artes，Funarte）的任务是制定公共政策，以促进巴西视觉艺术、音乐、戏剧、舞蹈和马戏团等活动的发展。它的主要职能是鼓励艺术家创作、开展培训和研究以及促进巴西艺术教育的发展。除了设定组织计划，采购招标，组织相关节庆、颁奖等活动之外，基金会在圣保罗和里约热内卢也经营着 20 个文化设施，包括剧院、展览厅和音乐场所，并在圣保罗、贝洛奥里藏特和巴西利亚等城市设立多个区域文化艺术空间。2014

年，基金会举办了812项艺术活动，包括马戏表演、舞蹈、戏剧、音乐、展览等，共有46万人参加。

16世纪时，巴西的印第安民族曾经在葡萄牙传教士的指导下，演出庆祝节日的宗教剧。但是直到18世纪以后，才有巴西本土作家撰写的剧本出现。19世纪初巴西浪漫主义文学的兴起，带动了民族戏剧的发展，许多诗人和小说家，同时在戏剧领域发挥他们的创作才能。19世纪巴西民族戏剧的第一个重要剧作家是佩纳，他的喜剧以讽刺、幽默和带着人情味的风格再现了当时城乡的生活场景。19世纪末，巴西戏剧偏重于风俗主义。20世纪五六十年代，在展示中产阶级风貌的风俗主义浪潮过去之际，巴西戏剧则开始将音乐与舞蹈融合在一起，不断进行着创新。此外，截至2015年，巴西累计有1248座剧院。巴西国家艺术基金会管理着全国各地的许多艺术场馆，并为多个城市的艺术团体提供财务支持。

音乐市场方面，在经历了十年的下滑和偶尔的复苏之后，巴西的唱片音乐市场在2016～2017年增长了17.9%。这超过了世界平均水平的8.1%，该行业有四个主要收入来源：数字音乐、实体销售、公共表演和流媒体版权。Pró-música发布的电子年度报告指出："这一增长主要归功于数字市场的表现，2017年数字音乐市场的收入为1.786亿美元，占整个市场的60.4%，高于2016年的46.4%。"巴西唱片制造商协会的一项调查研究显示，2018年巴西音乐市场总收入达到2.16亿美元，其中数字音乐收入（在线听歌或下载音乐）占行业总收入的98%。报道称，截至2015年，巴西的音乐市场已连续经历十年萎缩，2018年的良好销售状况有助于带动国内音乐市场的复苏。巴西《圣保罗页报》表示，若考虑该行业所有细分市场，将公开演出、电影和广告中涉及的音乐版权费也计算在内，则2018年巴西的数字音乐收入占国内音乐市场总收入的72%。根据调查数据，若仅考虑实体唱片和数字音乐收入，2018年巴西音乐市场收入与2017年相比增加了30%。若考虑所有细分市场，则音乐市场的总收入同比增长了15%，超过世界平均水平（10%）。

Ginga热带桑巴表演秀是里约热内卢最著名的桑巴表演中心之一，该中心每周二、四、五、六的晚上9点开始提供桑巴表演，其门票根据位置和是否包含晚餐等分别为99美元～299美元不等。另外一个观看桑巴舞的最好选择就是狂欢节。里约热内卢的狂欢节在每年2月或3月举行，有世界上规模最大的桑巴舞队伍。其门票较为昂贵，为299～749雷亚尔（700～1300元）。

巴西马戏团表演也是巴西表演艺术的重要部分，在马戏团的例行活动中，日常训练以表演者创造性的方式展开，以保持马戏团的流动性，建立统一性和树立某种艺术理念。2020年，在新冠肺炎疫情影响之下，巴西国内马戏团近4个月没收入，因此多个地方的马戏团为自救开启"不下车"式观赏体验，而这些受人喜爱的马戏团也同样开启了在全国各地包括很多小地方的巡演。马戏团向当地政府提出了"汽车马戏团"的表演计划，并得到了批准，其效仿汽车影院模式，人们可以坐在车里观看马戏。

3. 出版行业

巴西曾是葡萄牙的殖民地，南美洲殖民地是禁止新闻媒体存在的，所以直到19世纪初，巴西都没有出版业。巴西第一本书的问世，不是来自国内，而是移民带入的。① 20世纪初，巴西的图书主要依靠从葡萄牙、法国进口。本国出版物主要是由书商与印刷商翻印的外国出版物。1925年出现了第一家本国出版社。第二次世界大战开始后的30年中，出现了越来越多的出版社。由于政府制定了促进出版业发展的政策，出版业于20世纪70年代迅速发展。

巴西书籍、杂志和报纸的不断发展，也吸引了众多投资者。1990年，巴西印刷书市场的收入不到9亿雷亚尔，但在2011年却增长到40亿雷亚尔。此外，根据美国国会图书馆提供的数据，巴西图书出版的数量从2000年的2250种增加到2011年的近6000种。但近几年，由于数字技术的不断发展，巴西出版销售量正在逐渐下降。

---

① 《巴西出版业》，中国图书对外推广网，2016年4月28日，http://www.chinabookinternational.org/2016/0428/119025.shtml。

4. 游戏产业

巴西目前是世界第四大游戏消费国，在该国进行投资需要进一步了解全国市场的规模、消费者的行为以及该细分市场中的领先企业。

在巴西，游戏机产业市场份额最高的是索尼公司的 PlayStation 2，在巴西家庭中占 41.2%；其次是 Xbox 360，占 40.9%；最后，是 PlayStation 3，占 40.5%。最畅销的游戏和游戏机是由外国公司 Sony 和 Microsoft 制作的，但是任天堂的游戏和游戏机也很受欢迎。

电子游戏方面，巴西是南美洲电子游戏业发展最快的国家。根据第二次巴西电子游戏业调查报告，2013~2018 年，巴西本土的游戏公司数量从 143 家上升到了 375 家。里约热内卢于 2018 年 9 月在奥林匹克公园举办了拉美规模最大的电子游戏活动 GAME XP。该活动面向所有学生和游戏爱好者，为他们提供最新的游戏资讯，每天接待人数超过 250 人。

数字与创意的结合也逐渐成了游戏产业发展的焦点，前国家文化部部长吉尔伯托·吉尔（Gilberto Gil）在 2004 年电子游戏展上的讲话可以被视为"政府支持数字游戏行业的首次公开表述"，当时数字游戏市场正处于起步阶段。同年，巴西政府发布了《Jogos BR 公告》，公告中提出要资助全运会游戏生产项目。这个公告是巴西政府与新成立的 Abragames 合作发布的，Abragames 是一个开发者协会，旨在为开发者提供支持。除了 Abragames 之外，还有两个重要的协会：巴西卓越软件促进协会（Softex），成立于 1996 年，目的是提高巴西软件行业的质量和竞争力；2010 年成立的商业和文化游戏协会（Acigames），旨在规范电子游戏行业。

三　巴西文化贸易概况

（一）巴西对外贸易情况

近年来，巴西政府积极采取措施鼓励出口，努力实现贸易多样化，近几年巴西对外贸易情况如图 2 所示。

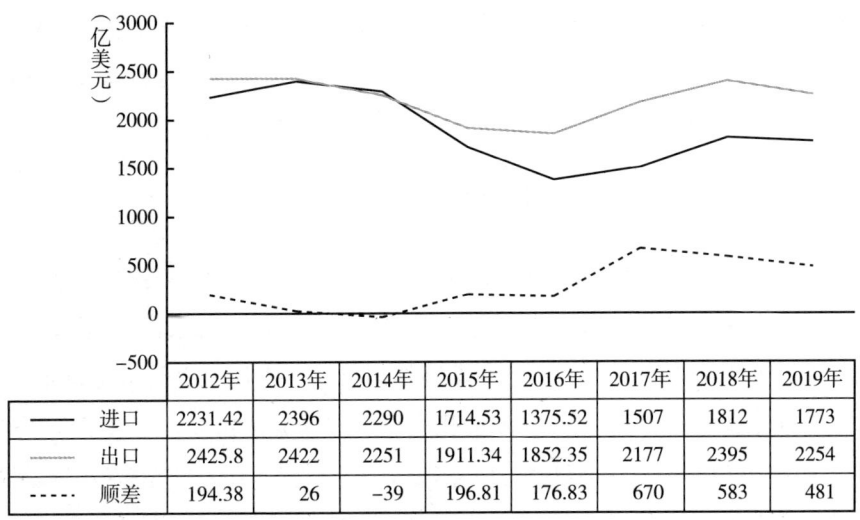

图 2　2012~2019 年巴西对外贸易情况

据巴西经济部统计，2019 年巴西出口总额 2254 亿美元，同比下降 5.9%。全年进口总额 1773 亿美元，同比下降 2.2%。其中，2017 年巴西服务出口 298.38 亿美元，进口 428.9 亿美元。在世贸组织（WTO）《服务贸易总协定》（GATS）下，巴西承诺开放的服务部门有 43 个。

巴西贸易的主要进出口国方面，巴西前五大出口目的国分别为：中国、美国、荷兰、阿根廷和日本，前五大出口目的国出口额在出口总额中的比重分别为：28%、13%、5%、4% 和 2%。其他主要出口目的国还包括智利、墨西哥、德国、西班牙和韩国。而与出口国对应的进口来源国中的前五名分别是：中国、美国、阿根廷、德国、韩国，同时，这五个国家在进口总额中的比重分别是：21%、18%、6%、6%、3%。其他主要进口来源国还有印度、墨西哥、日本和意大利。

吸收外资方面，联合国贸易和发展会议（UNCTAD）发布的数据显示，得益于巴西国内私有化进程的推进，2019 年外国对巴直接投资 750 亿美元，同比增长 26%，成为全球第四大投资目的国，仅次于美国、中国和新加坡。巴西经济部数据显示，2018 年中国对巴投资 27.61 亿美元，投资存量达 692

亿美元。据巴西央行统计，2018年，巴西吸收外国直接投资金额为461.87亿美元，同比下降23.46%，农业、工业、服务业投资占比分别为18.41%、36.20%、44.97%，收购及不动产转让占比0.42%。

（二）巴西文化市场贸易现状

根据联合国贸易和发展会议2018年发布的全球创意经济报告，2014年巴西创意商品出口额为9.234亿美元（见图3）。时装、配饰、室内设计和珠宝等是主要出口商品。巴西不断发展的创意经济中最突出的是时装业。但是，值得注意的是，设计类商品的出口额从2005年的8.8亿美元下降到2014年的6.14亿美元（见图4）。新媒体，出口额为1.02亿美元，其次是视觉艺术，为9200万美元，工艺品为7300万美元。2014年，文化产品进口额是出口额的三倍，达到了29亿美元。总体而言，音乐、电影和在线媒体是巴西文化产品贸易的主要增长领域。

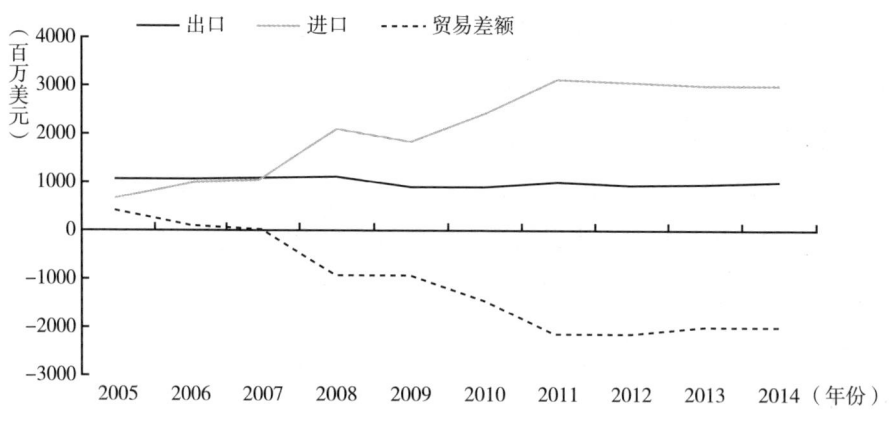

图3　2005~2014年巴西文化创意产品贸易情况

资料来源：UNCTAD全球创意经济报告。

2014年巴西文化创意产品出口的主要目的地市场是美洲（63%）、欧洲（24%）、非洲（9%）和亚洲（4%）。对美洲的出口比例持续增长，对欧洲的出口比例却从2005年的34%下降到2014年的24%（见图5）。

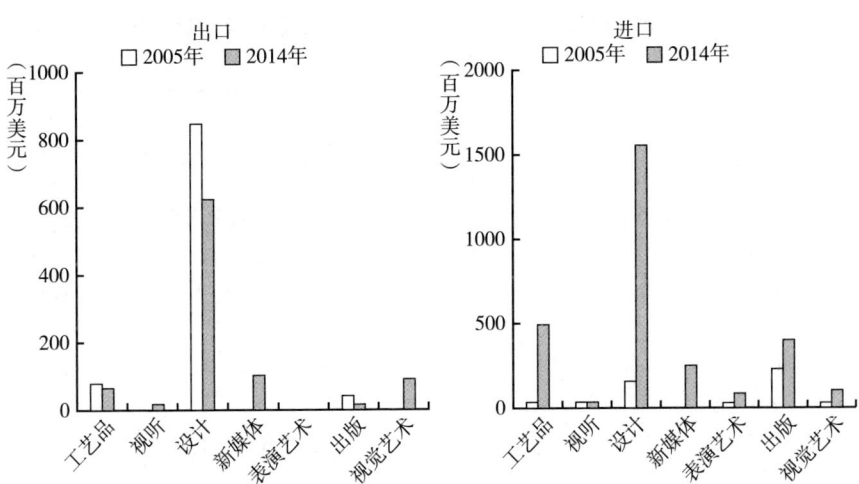

图4 2005年和2014年巴西不同类别文化创意产品进出口情况

资料来源：UNCTAD全球创意经济报告。

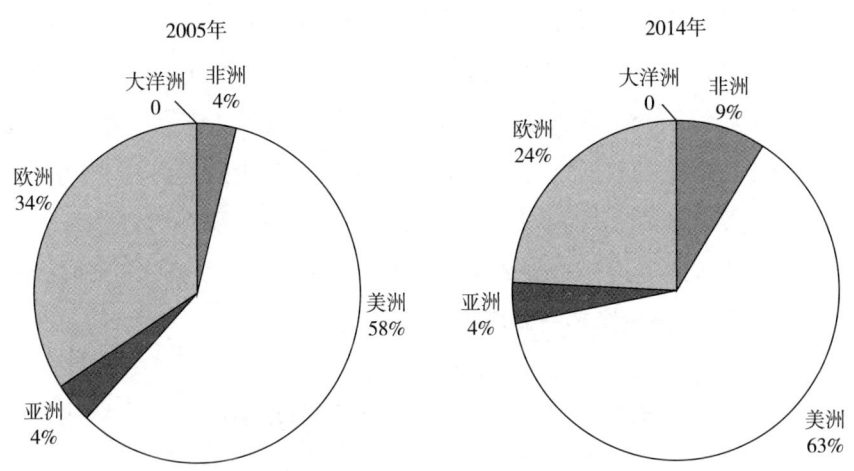

图5 2005年和2014年巴西文化创意产品出口目的地情况

资料来源：UNCTAD全球创意经济报告。

2014年巴西文化创意产品的主要出口对象国是美国、英国、秘鲁、安哥拉和智利（见表3）。巴西对其主要贸易伙伴一直保持着贸易顺差。

表 3 2005 年和 2014 年巴西文化创意产品贸易主要贸易伙伴

单位：百万美元

排名	2005 年				2014 年			
	贸易国	出口	进口	贸易差额	贸易国	出口	进口	贸易差额
1	美国	376.09	51.51	324.58	美国	184.82	175.74	9.07
2	法国	106.83	46.17	60.66	英国	115.96	53.65	62.31
3	英国	59.92	11.24	48.68	秘鲁	56.21	2.44	53.77
4	阿根廷	52.92	16.62	36.3	安哥拉	47.38	0	47.38
5	西班牙	43.01	23.86	19.14	智利	45.41	3.15	42.26
6	德国	40.58	6.77	33.82	玻利维亚	43.18	0.01	43.17
7	荷兰	35.39	3.30	32.08	墨西哥	41.29	20.42	20.87
8	智利	31.32	12.73	18.59	巴拉圭	40.42	5.77	34.65
9	葡萄牙	25.71	2.52	23.19	乌拉圭	38.41	2.01	36.4
10	墨西哥	22.71	1.94	20.77	阿根廷	36.76	12.01	24.75

资料来源：UNCTAD 全球创意经济报告。

2014 年，巴西文化服务行业雇用了超过 1100 万人（其中约 200 万人处于新工作岗位），并且出口持续增长（见表 4）。1980 年以来，巴西中产阶级的数量增长了 37.5%（占总人口的 1/3），如今巴西已成为世界上最大的文化市场之一，并且政府已经意识到创造和文化产业的重要性。2014 年，巴西创意服务出口额为 18.08 亿美元，其中研究与开发服务出口总额 5.251 亿美元、计算机服务出口总额 9.469 亿美元、视听及相关服务出口总额为 2.654 亿美元、信息服务出口总额为 7130 万美元。

表 4 2011~2014 年巴西文化服务贸易情况

单位：百万美元

年份	2011	2012	2013	2014
出口	701.6	974.4	940.1	1808.7
其他商业服务	463.6	593.1	496.2	525.1
研发	463.6	593.1	496.2	525.1
个人、文化及娱乐服务	2	0.2	0.5	265.4
视听及相关服务	2	0.2	0.5	265.4
电信、计算机及信息服务	236	381.1	443.4	1018.2

续表

年份	2011	2012	2013	2014
计算机服务	216.6	336.2	393.6	946.9
信息服务	19.4	44.9	49.8	71.3
进口	4305.9	4613.4	5106.9	4602.7
其他商业服务	32.4	41.8	56.4	90.8
研发	32.4	41.8	56.4	90.8
个人、文化及娱乐服务	237.9	125.1	138.4	1273.9
视听及相关服务	237.9	125.1	138.4	1273.9
电信、计算机及信息服务	4035.6	4446.5	4912.2	3238.0
计算机服务	3802.4	4207.5	4673.6	3016.2
信息服务	233.2	239.1	238.6	221.8

资料来源：UNCTAD全球创意经济报告。

四 巴西文化贸易对中国的启示及中巴文化贸易展望

（一）巴西文化贸易对中国文化贸易发展的启示

1. 国家应从政策上加大对文化产业的保护力度

巴西文化政策的概念产生于20世纪30年代教育部主管文化艺术事业以后，至今已出台多项文化政策以保护和呈现巴西文化的多元性。作为文化大国的中国也可以借鉴巴西出台的政策以加大中国文化产业的保护力度，从而使其成为产业发展的强有力支柱；重视文化产业发展则应加大投资力度，使其可以在国内或是国际传播上游刃有余。

2. 深刻认识国内社会结构变化情况，全面实现文化强国战略

文化是建设中国特色社会主义道路上的重要组成要素，文化发展战略是我国现代化发展战略中不可或缺的内容。和巴西相比，中国有深厚的文化底蕴与历史积淀，中国应在学习巴西文化多元融合路径的基础上全面实施中国的文化强国战略。当今，随着大量外国文化进入中国，以及数字文化的迅速兴起，我国的文化贸易政策更应鼓励各阶层的文化创新，顺应产

业结构的变化,从而大力扶持、调整我国的文化产业,推动文化贸易的发展。

(二)中巴文化产业合作前景展望

巴西是中国在拉美地区最大的投资目的地国。巴西经济部的数据显示,从2003年起到2019年3月,中国在巴西投资总额累计713亿美元,是巴西最大的投资来源国。近10年来,有200余家中国企业落户巴西,中国对巴西的年均投资额以29%的比例上升着。同样,据中国商务部统计,2017年中国企业在巴西新签承包工程合同102份,新签合同额17.43亿美元,完成营业额18.54亿美元;累计派出各类劳务人员206人,年末在巴西的劳务人员558人。据中国商务部统计,2018年中国企业在巴西新签承包工程合同122份,新签合同额25.83亿美元,完成营业额26.09亿美元;累计派出各类劳务人员136人,年末在巴西的劳务人员649人。2020年以来,尽管有疫情带来的负面影响,中巴合作仍实现逆势增长。2020年前9个月,中巴贸易额865亿美元,同比增长4%。这充分表明中巴合作基础十分深厚,韧性强劲,并得到了两国各界广泛的支持。

对于蓬勃发展的中巴贸易,巴西中国(北京)投资咨询公司总裁赵九生早在十余年前接受采访时便谈道,中国企业在与巴西进行经贸合作的时候,一定要找准巴方需要的项目,把他们鼓励发展的行业作为我们努力的方向。据此,我国与巴西近几年在文化领域成功取得的合作有以下几个方面。

实现电影文化之间的交流。由中国电影频道、圣保罗州政府及巴西旗手传媒集团等共同举办的中国电影周于2019年12月6日在巴西圣保罗音像博物馆拉开帷幕。中国驻圣保罗总领事陈佩洁表示本次活动中,多部中国优秀电影作品在巴西展映是中巴两国文化交流的成果之一。希望未来两国艺术家在电影领域的合作能更进一步,拍出反映两国人民友谊的电影作品。

中巴两国在表演艺术领域的交往也日益紧密。中央芭蕾舞团于2019年5月20日在巴西利亚为巴西首都的观众带来了一场古典与现代相接、中式和西式相容的芭蕾盛宴。当晚,43名中国芭蕾舞者献上了风格各异的表演,既有来自国外的古典芭蕾舞《天鹅湖》和《堂·吉诃德》的选段，也有来自中国原创的《黄河》《大红灯笼高高挂》等剧目，还有当代芭蕾舞剧如《天黑请闭眼》。演出结束后，观众纷纷起立喝彩，剧场内掌声雷动。同年11月4日晚，中国残疾人艺术团为巴西里约热内卢民众带来了一场名为"我的梦"的演出，深深打动了当地观众。演出中的当地元素如拉丁舞蹈和巴西歌曲都获得了台下观众经久不息的掌声。①

  出版业方面，中国与巴西也有很多交流与合作。以巴西文学作品汉译为例，近年来，双方通过多种渠道，积极努力推进出版领域的合作，较20世纪七八十年代译者稀缺，汉译作品数量较少的状况有了大幅改善。不论是2015年双方合作出版的《今日中国》，还是2018～2019年我国相关出版社对巴西《经济价值报》、巴西东进出版社的访问交流，都体现了近几年两国之间的出版合作越发紧密，交流也越发深入。在2019年里约热内卢举办的第19届国际图书双年展上，中国图书也被给予了高度关注。出版物可以反映一个国家的精神文明水平，而中巴出版业之间的交流合作，也反映出两国对提升国家文化实力的努力。

  巴西和中国是当今发展中大国的重要代表，与此同时，两国都处在国家发展和国际影响力上升的重要区间，两国的国际身份也面临着大转型。进入21世纪以来，在经贸关系的强劲带动以及南南合作的推动下，中巴关系呈现明显的"加速提质"特征，两国关系具备了"大国关系"的某些特征。从中巴双边关系发展阶段和涵盖的内容来看，当前的中巴关系面临着"量质同升"的新局面。中巴是国际体系变革中的合作伙伴，同样也都是中拉整体合作中的"双引擎"，这极大丰富了中巴关系的内涵，成为中国与巴西两国关系中崭新的重要支撑。中巴文化之间的互利互通互惠更是成为两国关系中牢固的桥梁，中巴之间的文化贸易投资也一定有着更加光明的前景。

---

① 《心灵的表达带来深深的震撼——记中国残疾人艺术团南美巡演首站演出》，新华网，2019年11月5日，http://www.xinhuanet.com/world/2019-11/05/c_1125195420.htm。

B.15 国际大型会展线上发展经验及对北京的启示

李嘉珊　刘　畅*

摘　要： 2021年，在新冠肺炎疫情防控进入常态化阶段的外部环境下，国际展会的举办面临严峻的形势和挑战。与此同时，疫情也加速了展会线上发展的探索与实践。国际大型会展活动线上举办为北京会展服务业的发展带来怎样的经验与启示？本文从国际大型会展及其线上发展模式入手，针对北京会展业的现状与问题，提出北京会展业高质量发展的对策与建议。

关键词： 国际大型会展　线上发展　北京会展业

2021年，在新冠肺炎疫情防控进入常态化阶段的外部环境下，国际展会的举办面临严峻的形势和挑战。"十四五"时期，北京将进一步落实首都城市战略定位，以"两区""三平台"为抓手，以建设全球数字经济标杆城市为突破口，率先探索构建新发展格局的有效路径。国际大型会展具有链接

---

* 李嘉珊，北京第二外国语学院教授，国家文化发展国际战略研究院常务副院长，中国服务贸易研究院常务副院长，交叉学科国际文化贸易学科负责人，首都国际服务贸易与文化贸易研究基地首席专家，国家文化贸易学术研究平台专家兼秘书长，京剧传承与发展（国际）研究中心主任，首都对外文化贸易与文化交流协同创新中心秘书长，研究方向为国际文化贸易；刘畅，北京第二外国语学院经济学院副教授，硕士生导师，首都国际服务贸易与文化贸易研究基地研究员，研究方向为会展经济、消费经济。

全球资源，推动形成国内与国际双循环、相互促进的重要功能。在服务业扩大开放，产业数字化成为必然发展趋势的背景之下，探索国际大型会展线上发展经验并提炼可供北京借鉴的政策建议具有重要意义。

一 国际大型会展及其线上发展概况

（一）国际大型会展的标准界定及概况

国际大型会展活动通常指展出面积达到2万平方米以上，参展商和观众来自多个国家，国际参展商或国际观众占比在20%以上的展会，以及参加者在300个以上，国外参加者占比在40%以上，参会国家至少有5个，会期至少3天的会议。①

目前，全球范围内活跃度较高的国际大型展会包括汉诺威工业博览会（Hannover Messe）、科隆国际五金工具博览会（Internationaie Eisenwarenmesse Koln）、巴黎国际工程机械展（Intermat）、拉斯维加斯工程机械展（Conexpo-Con/Agg）、米兰供暖、空调、制冷、再生能源、厨房卫浴及太阳能展（MCE）等。

2019年，中国共举办10万平方米以上展会172个，其中有46个展会举办地在上海。规模最大的3个国际性展会分别是中国进出口商品交易会（广交会，118.5万平方米）、中国国际进口博览会（进博会，36万平方米）、中国国际医疗器械博览会（36万平方米）。②

（二）线上会展的尝试与探索

1. 线上会展的概念及特征

美国活动产业理事会（EIC）对线上会展有专门解释，但无论是对会议

---

① 参见国际展览业协会（UFI）对国际展会的界定和国际协会联合会（UIA）对国际会议的界定。
② 中国会展经济研究会：《2019年度中国展览数据统计报告》。

还是展会，EIC 给的定义都比较粗线条。EIC 对虚拟贸易展会的解释是"产品或服务的展出可以在互联网上观看（的贸易展会）"。需要注意的是，国外更多使用的是"虚拟展览"（virtual trade show）、"虚拟会议"（virtual conference）。

"线上展会"是分类型、分层次的。简单地把展台搬到线上、把参观搬到网上，以及依托强大的电子商务平台举办虚拟的展示甚至形成商业闭环，皆属于线上展会。这也是国外把虚拟展会/活动（virtual trade show/events）和混合展会/活动（hybrid trade show/events）区别开的重要原因。

关于线上展会的未来趋势，大致可以归纳为：创造价值是立命之本，打造全渠道营销平台是本质，数字化转型是手段，精准组织观众是核心，内容驱动是灵魂，线上线下融合将是主流模式①。

2. 线上会展的发展现状

线上会展的探索始于 2003 年。SARS 疫情使得人群聚集的实体展会受到剧烈冲击，中国"网络展会"悄然兴起，大型展会纷纷搭建了网络平台。2009 年，由于全球经济下滑，很多企业的差旅预算减少，开始举办混合活动（hybrid events），将现场实时活动在线传播给远程的员工。2015 年，阿里巴巴 B2B 事业群与全球第二大展会主办单位博闻公司签署协议，双方集中各自优势，打通线上线下展会模式并做更多创新尝试。

2020 年，新冠肺炎疫情为线上会展按下了快进键，互联网巨头纷纷布局线上会展领域。5 月 7 日，阿里巴巴和上海贸促会宣布共同在上海合作成立云上会展有限公司；5 月 19 日，百度首届线上婚博会拉开帷幕；6 月 16 日，服贸会携手京东推出"云上服贸会"。与此同时，日本和迪拜尝试远程参展模式，探索线上与线下的融合。

目前，中国已经成为全球会展第一大国，这就赋予我们引领和推进产业发展的责任。2020 年 4 月 13 日，《商务部办公厅关于创新展会服务模式

---

① 王春雷：《关于线上展会发展的十点冷思考》，《中国贸易报》2021 年 2 月 23 日。

培育展览业发展新动能有关工作的通知》明确指出,加快推进展览业转型升级和创新发展,积极打造线上展会新平台,促进线上线下办展融合发展,培育线上展会龙头企业和品牌展会。

二 国际大型会展的线上实践模式

(一)"互联网+展会"

这是将互联网技术运用到会展领域的初级模式。2011年,网盛生意宝旗下的上海网盛会展公司运营的中国行业会展网成为利用电子商务整合参展商、采购商、国际买家的网络平台,提供网络广告、展会上网、会展综合解决方案以及全球参展等多项服务项目。美国的全球在线展会平台(Gofair,全称Global Online Fair)则致力于为全球展商提供视频推销平台,主要提供自动翻译与多语种营销、短视频推广、官网自动同步、视频自动编辑等服务,使外贸企业能够进行跨国展示。

(二)"远程虚拟展位+实体线下展位"

这是线上线下充分融合的创新模式。2020年10月的大阪国际机械要素展、2021年1月的东京国际电子元器件及制造设备展、2021年5月的阿拉伯旅游展,都采取远程参展、线上与线下结合的方式。国际展商会拥有实体展位,现场有主办方配备的翻译人员接应访客。同时,参展商还有一个虚拟展位,可以通过在线会议远程与现场的潜在客户建立联系。在现场展会结束后,仍可以继续开展为期一周的"在线展",充分延续线下展的热度,确保买家和卖家能够在线上完成更多及时的沟通交流,实现更多交易的可能性。

(三)"线上展示+直播营销"

这是全天候全方位办展模式。疫情发生后,中国对外贸易中心(集

团）依托腾讯的技术支持，将第127届广交会全面"搬到"线上，提供在线展示、全天候网上推介、供采对接、在线洽谈等服务。线上广交会的主要特征：一是建立线上展示对接平台，推动2.5万家参展企业全部上线展示；二是提供直播营销服务，建立网上直播专栏与链接，为每一家参展企业单独设立10×24小时全天候网上直播间。与广交会类似，2021美国消费电子展（CES）搭建了线上展会平台与实时沟通系统，参展商和买家、观众均可以通过页面进入线上展会，参观展品、实时洽谈或预约会议。

三 北京会展业发展的现状分析

（一）北京会展业具有较强的国际影响力

2019年，北京的UFI认证企业机构数居全国首位（30/159个），UFI认证展会数量（10/140个）在全国名列第2位。经过多年的资源积累和品牌培育，在京举办的国际汽车、工程机械、服装服饰、冶金铸造、石油石化、制冷设备、信息通信、建筑材料、灯光音响乐器展等一批专业技术展会已经成为亚洲乃至全球的行业名展。例如北京国际商务及会奖旅游展览会（IBTM China），它是励展博览集团（RTE）的旗下展会。RTE为多个大洲提供商务解决方案，展会包括国际商务及会奖旅游展览会（IBTM World）、阿拉伯国际商务及会奖旅游展览会（IBTM Arabia）、美国国际商务及会奖旅游展览会（IBTM Americas）、亚太国际商务及会奖旅游展览会（IBTM APAC）以及北京国际商务及会奖旅游展览会（IBTM China）。

（二）近年来北京展会数量逐年下降

在全国范围内，北京办展能力虽处于第一梯队，但因强化首都核心功能，近年来大型展会不断迁址外移，新项目持续减少，展会数量缓慢下降。如图1所示，2011~2019年，北京办展数量从486个下降到324个，与上海和广州的差距不断拉大。2019年,按展会数量排名,北京位列全国第六,国际大型会展的承办数量减少,增长潜力不足。北京举办的展会数量和规模增长乏力是其他城市分流展会资源的结果,也是北京在逐渐明确"四个中心"城市功能定位的过程中对于发展会展服务业的主动选择。

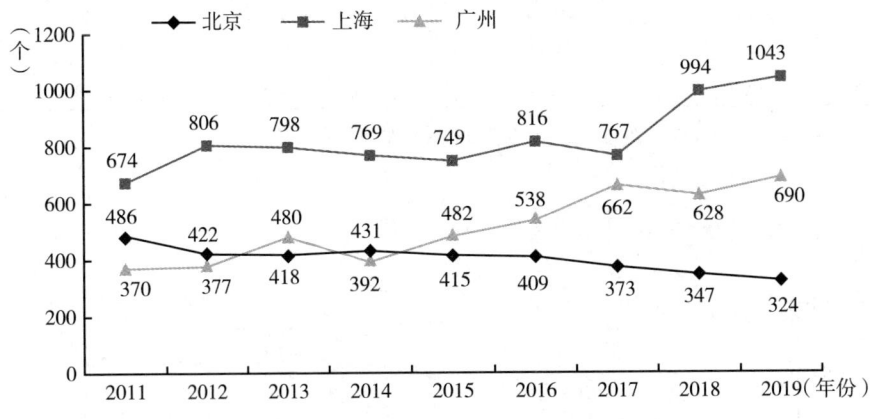

图1　2011~2019年北上广办展数量

资料来源:根据2011~2019年《中国展览数据统计报告》《中国展览经济发展报告》数据整理。

(三)北京在场馆资源方面相对薄弱

北京市虽然展馆数量(8个)仅次于上海(9个),排名为全国第2位,但展馆总面积仅有28.96万平方米,远落后于上海和深圳,仅列全国第9位。北京也只有中国国际展览中心(新馆)总可租用面积超过10万平方米,在全国场馆排名中列第21位。北京每年举办的10万平方米以上展会仅仅保持在10个左右。受限于场馆规模,2019年北京规模最大的展会是第28届中国(北京)国际墙纸、布艺展览会(20万平方米),在全国排名仅为第35位。如图2所示,2011~2019年,北京办展面积稳中有降,与此同时,上海、广州办展面积均稳步攀升。2019年,按展会面积排名,北京排在上海、广州、重庆之后,位列第4。

表1 2019年全国展馆面积前10名城市

单位：万平方米

序号	城市	展馆面积	序号	城市	展馆面积
1	上海市	97.70	6	杭州市	30.76
2	深圳市	60.50	7	重庆市	30.52
3	广州市	49.24	8	青岛市	29.50
4	昆明市	38.98	9	北京市	28.96
5	成都市	32.50	10	长春市	22.79

数据来源：中国会展经济研究会：《2019年度中国展览数据统计报告》。

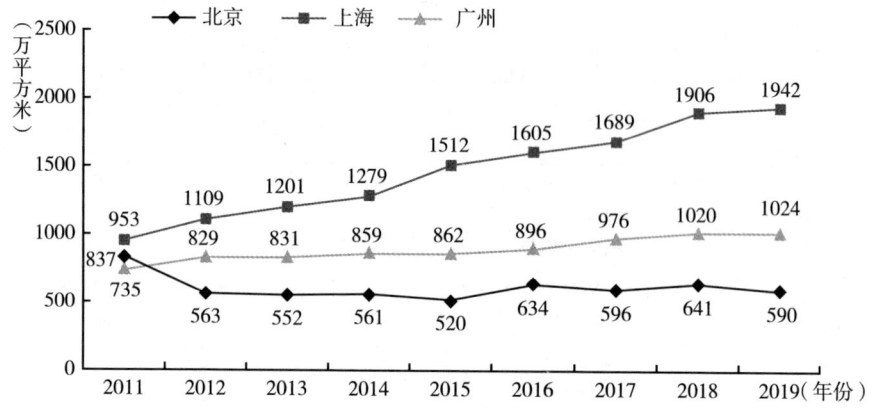

图2 2011~2019年北上广办展面积

资料来源：根据2011~2019年《中国展览数据统计报告》《中国展览经济发展报告》数据整理。

（四）国际大型会展人力资源储备不足

会展产业所需人才需具备策划、运营、搭建、营销、物流等多方面知识，因此畅通的人才输送渠道和丰富的人力资源储备对于产业的国际化、高质量发展至关重要。截至2019年，北京设立会展本科专业的学校共有7所，排在广州（9所）、成都（9所）、上海（8所）之后，与武汉并列第4位。但比在校生和毕业生数量不足更严峻的问题是专业人才的流失。从以往数据来看，会展专业毕业生过半选择了与会展不相关的行业，会展专业人才流失较为严重。会展从业人员具有很强的流动性，具备策划、运营、现场服务管理等多方面知识能力的复合型经营管理人才流失较为严重。既具备会展专业知识，又具有国际视野和国际大型展会实践经验的人才更是少之又少。现有的会展人才输出尚未实现与行业发展水平的匹配，更难以达到支撑大型国际会展活动、服务首都国际交往中心建设的人才需求。

四 北京发展会展服务业的对策建议

目前，疏解非首都核心功能和"四个中心"的城市功能定位，使得北京展会数量和规模皆呈现下滑趋势。究其原因，主要是北京会展业的发展思路模糊不清，政策制定难以形成合力。2018年，北京市印发《关于进一步促进展览业创新发展的实施意见》，提出北京展览业要坚持服从服务于"四个中心"功能建设：适应重大国事活动常态化需要，优化空间布局，高标准完善国家政务活动和重大国事活动设施；服务于有全球影响力的科技创新中心和中国特色社会主义文化之都建设，健全服务保障的长效机制，提高展览业服务"四个中心"功能建设的保障能力；形成为"四个中心"功能建设服务的良好环境。然而，北京的国际化大型展会目前仍是多年来延续举办的贸易展，未能充分释放会展业支撑政治、文化、国际交往和科技创新功能的作用。

线上展会给北京会展服务业发展带来了新契机，因应疫情防控常态化条件，特提出北京会展业高质量发展的六个着力点。

第一，着力培育和孵化具有首都特色的北京会展。

北京具备较强的国际影响力和市场辐射力优势。线上会展克服了场馆限制和空间限制，有助于弥补北京的短板，重新建立起北京对国际、大型会展活动的吸引力。在产业转型升级，提质增效，向更高水平发展的新阶段，北京应定位清晰，不跟风求大，而是向着品牌化、专业化、精品化、特色化方向，发展首都会展品牌。培育和孵化与首都城市功能定位相适应的特色展会，与周边城市会展业发展形成差异化竞争优势。首先，建设线上国际化北京会展品牌，结合全球发展趋势举办具有时代特色的大型国际展会，同时利用已有国际展会如中国国际服务贸易交易会（服贸会）影响力，持续扩大线上首都会展优势；其次，举办符合首都城市战略定位、与首都核心功能相匹配的特色展会，充分将北京政治、文化、科技创新、国际交往等主题要素融入线上会展建设，举办如世界文化遗产衍生创意博览会、古建筑保护与修复等展会；再者，充分考虑展会经济效益，充分发挥北京优势产业效用，举办文化科技类、服务贸易类展会，如北京国际旅游博览会、北京国际商务及会奖旅游展览会等。

第二，着力优化和完善数字技术支撑的基础设施。

"工欲善其事，必先利其器。"线上展会最重要的是凭借数字技术"链接"国内与国际的需求与供给。一方面，通过购买服务、委托经营等多种方式完善北京线上基础设施建设，强化线上办展的技术支撑。运用物联网、云计算、大数据等技术，推进智慧场馆建设，实现对观众信息发布、客户关系管理、参展商实时监控、后期数据挖掘等功能，提升会展活动的效度、精度、广度和深度，提升参展体验。另一方面，发展由"互联网+会展业"衍生的新业态。建立专业化的网络平台，对产品进行全方位、多维度的宣传与展示，并借助网络技术完成举办方、参展商、采购商之间的磋商与交易。当前线上会展仍处于探索与快速发展的阶段，因此，应深入展会各个环节，利用数字技术提升北京线上会展特色化服务，实时了解国际线上会展技术发展现状，不断完善与发展线上同传、线上共享等功能，增强参展线上体验感与现场感，形成北京线上会展独特数字技术优势。

第三，着力推进线上与线下创新融合发展。

线上发展成为疫情防控常态化下会展活动的必要举措。然而，线上发展并非万全之策。传统会展的有形呈现需要适应线上模式，融合发展；原有的招商、策展、商业模式创新，需要做恰当的适应性调整。线上展会很难完全替代传统实体展会现场交流等功能。此外，会展业的聚集和辐射作用以及大型展会给举办城市带来的经济收益和社会影响力，在很大程度上是通过线下活动实现的。未来线上展会面临的真正挑战是如何发展与参展企业的合作伙伴关系，为其提供更多的跨境贸易空间。线上和线下不是非此即彼的选择，线上不等于"上线"，而是以数据驱动、内容的生产与开发为纽带的线上、线下的融合。一方面，应以市场需求为导向，协调好、平衡好线上与线下两种模式，充分了解不同类别、不同行业以及不同规模展会的多样性需求，根据产业和市场需求调节与协调展会具体实施形式与内容。另一方面，以线下展会为核心基础，以线上展会为空间拓展手段，明确北京最具国际市场竞争力的产业领域、优势资源要素，有的放矢，建设北京会展的独特模式。

第四，着力释放和发挥市场在资源配置中的决定性作用。

从国际经验上来看，世界著名的会展城市，如汉诺威、法兰克福、拉斯维加斯等，均因其交通枢纽的地理位置或工业制造业、旅游业发达而成为国际大型会展的举办地，这些城市都不是首都，也不是该国的政治或经济中心城市。大型国际展会的区位选择是顺应产业发展规律，符合市场选择特征的。一方面，北京大型国际展会的发展布局应首先遵循市场在资源配置中起决定性作用的原则，发掘首都特有的市场资源优势，将其转换为建设北京线上会展的有效推动力与吸引国际、国内众多参展商的核心竞争力，从而引入更多资源，扩大行业融资、融智渠道。另一方面，在提升国际化和品牌化水平、完善会展基础设施建设等方面协调好政府与企业的关系，有效发挥政府的引导作用，用足用好"两区"政策，为线上会展的招商和引资提供良好的政策保障基础，从而增强市场活力。

第五，着力建设和营造首都一流线上营商环境。

"线上让一切变为可能"，但也在知识产权保护、数据安全管理，数据跨境传输等方面产生了新的问题和挑战，风险防控成为必要的考虑因素。因此，同步建设和提升会展业的综合配套服务成为亟待解决的问题。在政府服务、知识产权保护、行业监管等领域应探路先行，健全相关领域的监管体系，为线上参展企业提供法律咨询、市场分析与线上商务谈判建议等技术支持和专业化服务，协调行政系统与法律系统，畅通线上政府、企业、国际市场的沟通渠道。同时，还应精准服务企业需求，建设优质国际营商环境。为参展商和观众创造更多的联结机会是展会的核心价值，提供更高的时间和资

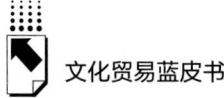

源效率,改善与会者的体验是线上展成功的关键。因此,线上展必须建立专业化的行业服务体系和企业服务体系,贴近参展商和采购商的需求,做好服务和协调工作,建设首都线上会展国际一流营商环境,提供专业化综合配套服务,提高买方与卖方的匹配度,真正推动实现北京国际会展高质量发展。

第六,着力培养和吸引国际化复合型国际会展人才。

重视加强对会展策划和运营的国际化人才培养,坚持培养、培训与引进相结合,通过与国际知名会展企业合作,吸引国外中高端人才参与北京大型国际会展项目的设计和运营。鼓励中介机构、行业协会与相关院校和培训机构加强产业研究,联合培养、培训国际化会展人才。创新人才培养机制,畅通从学校到产业、从国内到国际的连接通道,推动会展行业人才的国际联合培养。

参考文献

中国会展经济研究会会展统计工作专业委员会:《2019年度中国展览数据统计报告》,2020年7月30日。

中国国际贸易促进委员会:《中国展览经济发展报告(2019)》,2020年1月10日。

实践创新篇

Practice and Innovation Topics

B.16
中国文化贸易政策：实践特征与现实影响

贾瑞哲 武馨雨*

摘 要： 当前，我国已经明确了"2035文化强国"目标的实现路径与方案，也出台了大量的文化贸易政策，以更好地引导文化产业"引进来"与"走出去"，推进文化贸易的良性发展。中国的文化贸易政策涵盖了支持性和限制性的内容，兼顾了文化产业全部领域和重点行业的发展，不仅能够促进文化贸易及投资的扩大，还能带来一定的社会效益，但同时也存在一定的合规性问题。因此，我国应借鉴国外的政策经验，在国际规则框架下制定合规有效的文化贸易政策，还要注重产业开放与文化保护的平衡。

---

* 贾瑞哲，经济学博士，北京第二外国语学院经济学院讲师，首都国际服务贸易与文化贸易研究基地研究员，研究方向为贸易规则与政策、国际服务贸易等；武馨雨，北京第二外国语学院经济学院贸易经济专业2017级本科生，研究方向为文化贸易、经济数据分析等。

文化贸易蓝皮书

关键词: 国际文化贸易　贸易政策　WTO 规则

近年来,在"文化强国"战略的引导下,中国的文化贸易发展迅猛。根据商务部统计,2009~2019 年我国文化产品的年均增长率达 11.1%。2019 年,我国文化产品进出口额达到 1114.5 亿美元,比上年增长 8.9%;其中出口额为 998.9 亿美元,进口额为 115.7 亿美元,增长率分别为 7.9%和 17.4%。文化领域对外投资也实现大规模增长。在文化贸易趋于繁荣发展之时,我国出台了大量的支持性政策,以更好地引导文化产业"引进来"与"走出去",推进文化贸易的良性发展。同时,为了更好地保护文化多样性,在"文化例外"原则的框架下,我国也实施了一些具有限制性的文化贸易政策。然而,随着逆全球化思潮和贸易保护主义兴起,单边贸易调查数量和频率的增加对我国的文化贸易政策产生了影响。在多边层面,中国已经参与了针对文化贸易政策的争端解决,美国诉中国知识产权案(DS362)和出版与视听案(DS363)都涉及了与我国文化贸易法律法规及政策相关的争议焦点。美欧等国也针对我国文化产品进行了贸易调查和双边磋商。事实上,文化贸易政策应平衡好产业助力和扩大开放的关系,促进中国文化贸易高质量发展的同时也尽可能规避贸易摩擦。

"十四五"规划指出,中国仍将继续完善文化产业规划和政策,这标志着中国迈入政策引导文化贸易创新发展的崭新阶段。在构建新开放格局的大背景下,中国将以"2035 文化强国"为目标,以"繁荣发展文化事业和文化产业,提高国家文化软实力"为基本原则,制定合规有效的文化贸易政策,助力中国文化产业和企业更好地"走出去"。因此,研究中国文化贸易相关政策如何适应国际规则框架显得尤为重要。基于以上背景,在回顾了近 20 年中国中央层面出台的文化贸易政策情况之后,本文分析了政策实践的主要特征和存在的问题,对其经济影响和社会效益进行探讨,并为我国下一步制定合规有效的文化贸易政策、推进文化贸易高质量发展提出建议。

中国文化贸易政策：实践特征与现实影响

一 中国文化贸易政策实践的主要特征

（一）国家大力支持文化贸易发展

整体上看，我国发布了大量的文化贸易政策。据统计，2001年以来，我国共发布了近130个与文化贸易相关的政策[①]，涵盖了电影电视、动漫动画、演艺演出、音像制品、图书出版、艺术设计、游戏游艺、文化旅游等众多文化产业领域，涉及了文化产品和服务的进出口及相关文化产业开放等焦点问题。从图1可以看出，"十五"到"十三五"期间，国务院各组织机构及中央机关各部门出台的文化贸易政策数量不断增加。从政策内容上看，本文根据不同内容将近20年的文化贸易政策进行了逐一分类。含有限制性内容的政策数量整体下降，而促进文化贸易发展的支持性内容比重显著提高。这反映了国家对于文化贸易发展的重视程度逐年加深。

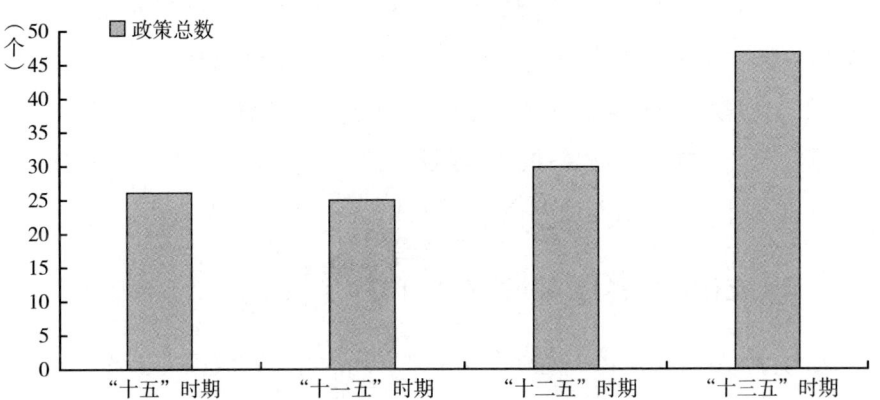

图1 近20年中国文化贸易政策数量情况

资料来源：国务院各组织机构及中央机关各部门网站，由作者整理得出。

---

① 参见国务院各组织机构及中央机关各部门网站，由作者整理得出。

从时间维度上看，加入WTO之前，我国对文化产业发展的关注度较低，出台的文化贸易产业政策数量极低，文化贸易政策更是少之又少。这时的政策大多数以各部门管理条例形式出现，如国务院出台的《电影管理条例》《出版管理条例》《音像制品管理条例》、国家广播电影电视总局①（以下简称"广电总局"）发布的《关于加强动画片引进和播放管理的通知》等，其均涵盖了与文化贸易相关的内容。加入WTO后，我国开始根据多边承诺出台文化产业开放和文化贸易限制政策，如中宣部等的《关于加强文化产品进口管理的办法》、财政部和文化部的"国产音像制品出口专项资金"支持、广电总局的《境外电视节目引进、播出管理规定》。此时，文化部也出台了"开展国家文化产品出口示范基地认定工作"的初步政策，其成为"国家文化出口重点企业和重点项目"的雏形。2009年以后，政策数量有了很大的提高，其归因于当年的《文化产业振兴规划》。该规划将发展文化产业"升格"至国家战略层面。从这一年开始，贸易领域的文化政策数量明显增多，并在2016～2017年达到了顶峰（两年出台24项）。从2016年开始，中国正式进入"十三五"时期，共发布了47项文化贸易政策。《国家"十三五"时期文化发展改革规划纲要》《文化部"十三五"时期文化产业发展规划》等重大国家政策相继出台，旨在提高文化开放水平，加强国际传播能力建设，扩大文化交流合作，发展对外文化贸易和投资，吸收借鉴国外优秀文化成果。

（二）支持性内容与限制性内容并存

为大力发展文化贸易，同时避免外来文化的冲击，我国文化贸易政策包括了支持性和限制性内容（见图2）。需要注意的是，一项政策也可能会包括两方面的内容。从政策制定机构看，支持性政策多由商务部、文旅部、财政部、海关总署等部门发布，包括了财政金融支持、服务体系支持、体制改

---

① 国家广播电影电视总局，2013年3月至2018年3月与国家新闻出版总署合并为"国家新闻出版广电总局"，2018年3月至今为"国家广播电视总局"。

革支持；限制性政策多由中宣部、广电总局等出台，涉及进出口数量限制、本地内容审查与限制、市场准入限制这三方面；而国务院及其办公厅、国家发改委等部门多出台战略规划性政策。支持性政策有推动式政策如《财政部、税务总局关于延续宣传文化增值税优惠政策的通知》，也有诸如各个文化产业管理条例之类的法律性政策。其内容在于鼓励文化进出口、促进文化产业开放与文化投资便利化。限制性内容则基于文化多样性保护原则，限制境外进口与FDI流入。由于广播电影电视和图书音像出版领域的文化产品多为内容文化产品，会对一个国家的意识形态、价值观念和民族自信造成巨大影响，故限制进口型政策主要针对这两大领域。从具体内容上看，财政金融支持政策和市场准入限制为主要手段。国家的财政补助、项目基金、税收减免、贷款优惠等政策能够为相关企业和产业发展降低成本、提供资金支持，有助于文化领域贸易和投资的畅通。

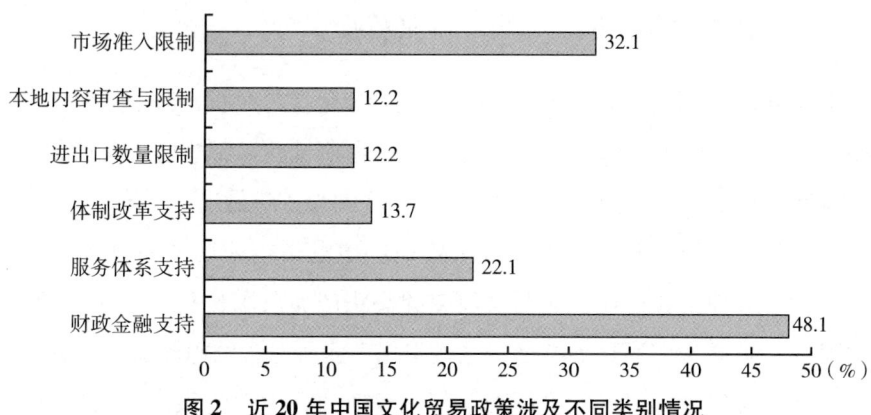

图2　近20年中国文化贸易政策涉及不同类别情况

资料来源：国务院各组织机构及中央机关各部门网站，由作者整理得出。

进入21世纪，深化改革、扩大开放为我国市场经济体制完善及国际贸易发展提供了条件。而文化市场的形成则是改革开放强力推进的必然结果。在此背景下，国家"十五"计划的文件中首次提到了"文化产业"，并明确要求完善文化产业政策，加强文化市场建设和管理，推动有关文化产业发展。"十五"至"十一五"期间（2001~2010年），伴随着支持政策规模快

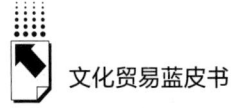

速扩大,含有限制性内容的文化贸易政策数量呈现断崖式下跌。这个现象与中国入世进程息息相关。2001年,经历了15年复关和入世的艰难谈判,中国成为世界贸易组织第143个成员。基于多边贸易规则框架和入世议定书的内容,我国开始对原有法律法规进行全面合规性审查与调整,其中包括文化贸易政策。经历了10年调整,含有限制性内容的政策已经趋于稳定。相应地,促进性或支持性政策的出台数量呈现快速上升趋势。尤其从"十三五"规划时期开始,我国对文化产品及服务进口的态度有了极大转变。我国的文化贸易政策不再坚决抵制文化产品及服务的进口,而是倾向于将"走出去"和"引进来"进行有机结合。以《文化部"十三五"时期文化产业发展规划》为例,其尤其强调"坚持开放发展,深度融入国际分工合作"等支持文化市场开放的法规,表明我国跟随国际规则的脚步和逐步打开文化市场的决心。

(三)兼顾全领域覆盖与重点行业发展

我国并未严格按照国民经济行业分类出台文化贸易政策,但也呈现一定的领域特征。总的来说,无论是支持性政策还是限制性政策都覆盖了大多数文化产业领域,但也对重点行业的文化产业进出口和外资引进做出了引导。

文化贸易政策涉及的重点领域主要是广播电影电视和图书音像制品出版。相较于其他文化产业,这两个领域的文化产品及服务具有受众范围广、传播性强、引导作用明显等特征。这些文化产业所蕴含的深厚文化底蕴、民族精神与社会思潮,对人们价值观念与民族信仰方面都有很大的引导意义。我国对这两大领域内贸易出口及对外投资给予了很大支持,同时也较为严格地限制了进口和外资准入。总体上,明确指出具体文化行业的贸易政策共有52项,其中涉及广播电影电视领域和图书音像制品出版领域的政策占比超过1/3,一些整体规划与政策也暗含了产业特征。而且,商务部等每两年发布"国家文化出口重点企业和重点项目目录",多次对入选企业及项目给予资金方面的支持,外商投资准入负面清单与产业指导目录也对这两大领域的外资流入管理得非常严格。

二 中国文化贸易政策的现实影响

(一)经济影响

1. 助力文化产品贸易增长

国家宏观政策的出台,推进了文化产品与服务贸易快速发展。根据UNCTAD,中国文化创意产品进出口贸易额自2002年不断增加,且中国成为世界上最大的文化创意产品出口国,其占全球文化创意产品出口额由2002年的15.3%增长至2015年的33.1%,在这14年间占比增长速度超过一倍。文化创意产品的进口额在占比上虽不及出口额,但也从2002年的1.1%增长至2015年的3.3%,增长了两倍。在贸易额方面,我国文化产品一直都处于贸易顺差,且呈顺差扩大趋势。2002年中国文化创意产品贸易差额仅为294.66亿美元,到2015年就增长至1537.3亿美元,虽较2014年有所回落,但整体增长态势明显(见图3)。

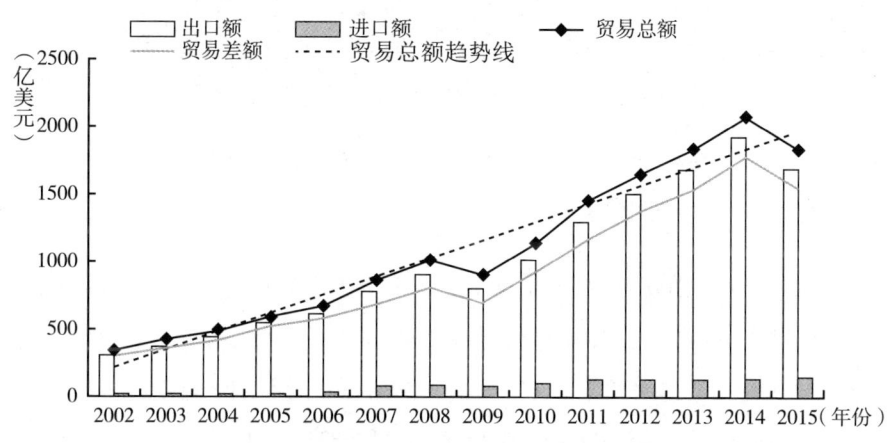

图3 2002~2015年中国文化创意产品贸易额

资料来源:UNCTAD创意经济数据库。

2. 扩大文化服务进出口

贸易政策给文化服务贸易带来了一定的正向影响。2001年我国个人文化娱乐服务贸易总额仅为0.49亿美元,2018年增长至43.37亿美元,增长了87.5倍(见图4)。特别地,在"十五"与"十一五"期间的促进文化贸易发展的政策对文化服务出口的促进效果显著。通过《中外合作制作电视剧管理规定》《国家商业演出展览文化产品出口指导目录》《文化部涉外文化艺术表演及展览管理规定》《关于发展我国影视动画产业的若干意见》《外商投资产业指导目录(2004年修订)》的相关条例,以及"国产音像制品出口专项资金"和"国家文化产品出口示范基地"认定工作的开展,2006~2008年的文化服务贸易顺差扩大。

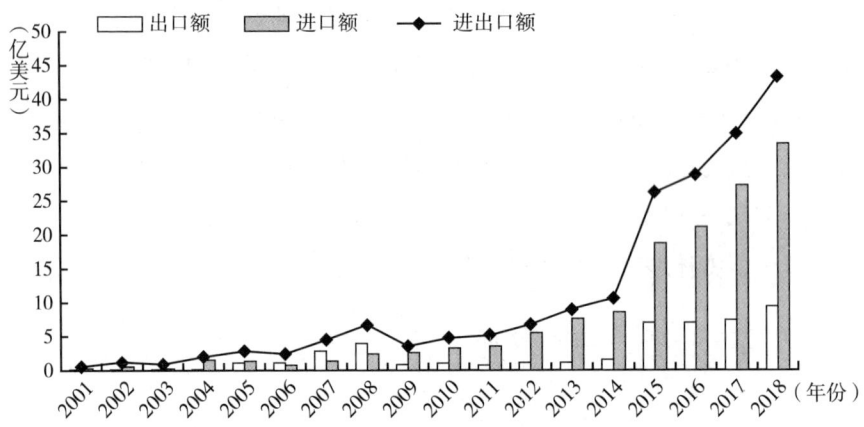

图4 2001~2018年中国个人文化娱乐服务贸易额

资料来源:UNCTAD创意经济数据库。

分类别来看,2002~2015年这14年间,我国视听产品出口年均增幅最大,年均增长15.47%;其次是新媒体,年均增长率为14.76%;出版类出口增速也较快,年均增长率为14.71%;然后依次是设计、手工艺品、视觉艺术和表演艺术,年均增长率分别为13.81%、12.95%、11.47%和10.95%。可见,我国对于内容性文化产品(动漫、电影、图书出版物等)的鼓励性出口政策效果明显,例如针对音像制品、出版业等具体文化行业出台的财政支持类政策。新媒体出口的快速增长反映出我国近些年来对于数字文化产业的大力扶持。在2015年之后,我国继续出台有关推动数字文化产业发展的政策,例如2017年文化部印发的《文化部关于推动数字文化产业创新发展的指导意见》。这些都为我国文化服务贸易发展注入了新的动力。

3. 推进"一带一路"文化产业合作

近年来,我国大力倡导与共建"一带一路"国家进行文化贸易合作。2016年12月,文化部印发了《文化部"一带一路"文化发展行动计划(2016—2020年)》,要求"全方位提升我国文化领域开放水平,秉承立足周边、辐射'一带一路'、面向全球的合作理念,构建文化交融的命运共同体"。① 2016~2018年,中国与共建"一带一路"国家的文化产品进出口额不断上涨,与文化产品进出口总额的占比总体呈上升趋势,尽管2018年较2017年有所下滑,但下滑幅度较小,基本维持2017年的比重(见图5)。2019年数据缺失,但通过商务部目前公开的数据可知,2019年我国对共建"一带一路"国家出口文化产品总额较2018年上涨24.9%,出口额稳步上涨,可见大部分"一带一路"政策合理且效果明显。

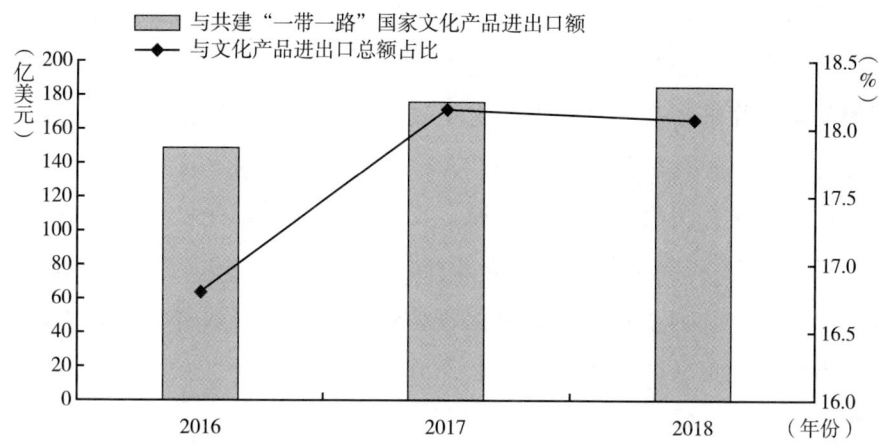

图5　2016~2018年中国对共建"一带一路"国家文化产品贸易情况

资料来源:商务部统计数据。

---

① 《文化部关于印发〈文化部"一带一路"文化发展行动计划(2016—2020年)〉的通知》,中华人民共和国中央人民政府网站,http://www.gov.cn/gongbao/content/2017/content_5216447.htm。

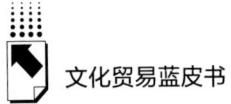

4. 促进境内文化企业发展

"一带一路"倡议提出后,中国本土文化企业对外投资项目逐渐增多,多体现在海外并购上。2016年,中国企业海外并购规模就已跃居世界第一,文化企业海外并购22起,并购金额44.1亿美元,占中国海外并购总额的3.3%。[①] 具体如安徽出版集团在波兰设立时代－马尔沙维克出版集团;万达集团以35亿美元收购美国传奇影业公司,成为当时中国文化企业交易规模最大的海外并购案例。此外,根据商务部的统计,截至2018年底,我国文化、体育和娱乐业设立外商投资企业已达3964家。此与我国近些年来不断颁布有关"一带一路"和国家重点文化出口项目等的促进文化贸易出口政策有关。

综上所述,国际文化贸易为我国带来了较好的经济效益。贸易额方面,我国文化贸易额入世以后节节攀升,至2019年文化产品及服务贸易总额已达到1528亿美元,为我国带来了巨大的贸易利益;对外投资方面,受国家政策和全球宏观经济影响,我国近些年来对外文化投资较为低迷,但由于"一带一路"贸易政策的发布,我国与共建"一带一路"国家的贸易往来增多,对外投资也呈较好态势;地区经济方面,我国文化贸易主要集中在东部沿海地区,充分利用优越的地理位置和设立自贸区的便利因素;国内文化企业方面,我国文化企业对外投资项目逐渐增多,且至2018年在文化领域设立外商投资企业已近4000家,其归因于我国多次出台鼓励企业出口的文化贸易政策。从经济效益方面来看,我国出台的文化贸易政策及文化产业开放政策大多效果良好,具有较高的合理性。

(二)社会效益

大力推进文化贸易创新发展,有助于国际形象的树立及国家软实力的增

---

① 方英、郭周明、薛焱:《中国对外文化直接投资:现状、问题和对策》,《国际贸易》2020年第8期。

中国文化贸易政策：实践特征与现实影响

强。国际文化贸易兼具"文化"与"经济"的双重特性，因而发展文化贸易、促进文化投资能够对目标市场产生价值观念的影响，也会影响消费者偏好甚至社会潮流和生活习惯。特别地，我国"十四五"规划纲要的第三十六章明确指出，"坚持把社会效益放在首位、社会效益和经济效益相统一，健全现代文化产业体系和市场体系"。① 可见，文化贸易的社会效益不应小觑。

首先，文化贸易政策也具有光环效应。文化贸易政策的目标是推动文化产品和服务进出口及文化产业开放的同时，保护文化多样性。文化产品具有光环效应，即文化商品的进口会在一定程度上影响进口国消费者的需求和偏好，从而带动其他消费品的进口贸易②，并且带来一定的社会效益。因此文化贸易政策也兼具了光环效应。中国文化产品的出口可使进口国更加了解中国文化，是一种极其有效的文化传播途径。根据文化产品的光环效应，中国其他消费品的出口量会随着文化产品出口的增加而增加，可使进口国进一步增强对中国文化及社会的认同感，缩短文化距离，了解和熟悉中国文化信息，对中国文化元素产生亲切感，从而更好地帮助中国文化产品的出口，形成良性循环。在共建"一带一路"的背景下，文化贸易和文化投资不仅是贸易畅通和资金融通的重要环节，还是"民心相通"的重要内容，是更好地"促进人文交流的桥梁"，能够进一步扩大中国文化的影响范围，提高中国文化软实力和地位，有助于树立良好的国际形象，也将有助于"2035 文化强国"目标的实现。

其次，文化贸易政策能够助力区域及城市提升功能定位。推进文化贸易高质量创新发展的政策，对城市本身甚至其所处的城市群都会产生良好的社会效益。而既饱含文化又开放的城市功能定位也能反过来影响文化创意产业

---

① 《中华人民共和国国民经济和社会发展第十四个五年规划和2035年远景目标纲要》，中华人民共和国中央人民政府网站，http://www.gov.cn/xinwen/2021-03/13/content_5592681.htm。
② 曲如晓、刘霞：《论文化商品贸易的光环效应——基于中国进口市场的实证研究》，《国际贸易问题》2017年第10期。

的聚集与对外开放，如北京的"国际交往中心"定位、上海的建设"人文之城"目标等。中国对外文化贸易大省——广东省，其推进文化贸易发展的积极政策对省会城市广州市的城市功能定位带来了正向影响。在粤港澳大湾区建设的背景下，加大对外文化进出口和文化产业开放，有助于广州市实现"文化中心聚集地"城市定位目标。广州利用其天然的地理优势，吸引不同国家、不同省份的人在广州扎根，将不同国家和地区的文化完美融合，外加广东本地深厚的岭南特色文化，广州涌现出一大批优秀的文创产业，领跑于全国各个地区。[①] 这再次促进了粤港澳大湾区文化贸易的发展，其中广东省的文化贸易规模在全国范围内遥遥领先。可见，广州市在粤港澳大湾区跨境合作中找到城市定位，又以此积极服务于大湾区建设，并带动文化产业向好发展。

三 中国制定文化贸易政策的相关建议

（一）合规于国际经贸规则

当前，国际经贸规则呈现碎片化特征，多边贸易规则正面临着新一轮的改革和发展。尽管如此，基于全球对多边规则已达成的共识，中国高举多边主义大旗，既要继续开展合规性审查工作，又要制定文化贸易政策。同时，也应顺应对外开放的历史潮流，在文化多样性不被侵袭的前提下，鼓励优秀文化外资进入中国市场，实施文化贸易创新发展战略。随着我国文化产业发展壮大、文化市场逐渐成熟，适当地引进优秀外资可以刺激本地市场的积极竞争，对我国文化产品及服务的发展有正面作用。另外，面对双边贸易调查和多边贸易争端，我国在积极应诉的同时，也应做好相关案件储备和国外文化贸易政策研究，健全预警机制。

[①] 范烁杰：《广州市在粤港澳大湾区中的城市定位及发展对策》，《经济研究导刊》2020年第22期。

(二）借鉴先进经验实现国际对接

放眼全球，英国的创意经济发展框架及"创新英国"战略、韩国的"文化立国"政策目标，还有日本的促进文化产业发展实现全球目标等文化贸易政策的制定与实施都是优秀的案例。从英国创意产业的对外发展政策来看，政府对文化企业的资助并不采用直接投资的方式，而是委托给非政府公共文化机构处理，由他们负责对各文化企业进行评估和拨款。这些公共文化机构往往是非营利性的，具有公益性质。这样就有助于避免资金补贴带来的违反 WTO 规则的风险。此外，为了帮助文化创意产业出口，英国政府针对不同的文化行业设立了不同的文化产业部门，给予有针对性的指导，有效地帮助本土文化产品及服务出口海外。我国应借鉴此类政策，在不违反 WTO 规则的前提下对文化企业及其他文化单位给予资金帮助和相关指导帮助，提升我国文化产品及服务的国际竞争力，有效促进我国文化贸易的增长。

（三）平衡产业开放与文化保护的关系

无论是哪个时期，中国出台的文化贸易政策中均包括支持性内容和限制性内容。这与全球的经贸规则存在一致性。而具体到国家政策实践层面，各国对文化贸易政策侧重点不尽相同。美国一直以来都是世界公认的文化强国，是为数不多的选择文化市场完全对外开放的国家之一，主张文化贸易和投资的自由化。但法国的文化贸易政策则更多地体现文化保护，尤其对视听服务部门多设有贸易限制。因此，我国的政策应利用好文化贸易的"文化属性"和"经济属性"，把贸易自由化与文化多样性保护结合起来，实现产业开放与文化保护的双重目标。

（四）注重政策的合理性与有效性

加入世界贸易组织以来，我国文化产品及服务贸易的进出口额都呈上行趋势。其中文化产品贸易呈顺差，而文化服务贸易呈逆差。说明我国文化产品出口贸易政策效果显著，文化服务贸易开放政策效果显著，但文化服务贸易的出口政策的刺激作用十分有限，还需加强。一方面，结合具体情况，重点开发针对国外市场的文化产品及服务。由于文化特殊性的存在，境外消费者只有对文化内容产生认同感和情感共鸣时才会进行消费。所以，首先，我国应注重驱动文化消费因素的研究，结合不同国家的文化模式、文化习惯，重视国际化元素，出口兼具中国文化特色和国际流行趋势的文化产品及服务。其次，需针对不同国家市场研发不同类型的文化产品及服务，有针对性地创作出口作品。但需注意不要为了顺利出口而大幅度减少中国文化元素，也不要为了宣传中国文化而忽略国际消费者的文化需求，引导企业在创作一部作品时如何平衡好本土化和国际化元素是我国文化政策今后需重视的领域。

参考文献

陈文敬、米宏伟：《中国文化贸易发展现状、问题及对策》，《国际贸易》2013年第1期。

韩丽君：《文化产业政策引发的国际贸易摩擦及应对策略研究》，《辽宁大学学报》（哲学社会科学版）2017年第3期。

马冉：《WTO补贴规则视角下中国文化产业财税政策措施探析》，《河南财经政法大学学报》2016年第5期。

石静霞：《区域贸易协定（RTAs）中的文化条款研究：基于自由贸易与文化多样性角度》，《经贸法律评论》2018年第1期。

孙铭壕：《文化服务贸易促进政策国际比较》，博士学位论文，中国社会科学院研究生院，2020。

王传荣、付婷婷：《中国文化贸易政策对文化产业竞争力的影响——基于双重差分法的经验分析》，《山东财经大学学报》2019年第2期。

王海文：《新形势下中国对外文化贸易的困境与出路——基于中美视听服务案的剖析》，《国际经贸探索》2011年第2期。

B.17
疫情背景下中国电子竞技赛事服务发展研究

王海文 方 朔*

摘 要： 历经持续多年的发展之后，中国电子竞技在2020年疫情之下受到了巨大考验，整个市场结构都在发生巨大变革。依托电子竞技赛事而存在的服务体系如何正常发挥作用，是整个电竞市场的核心环节。本文从数字经济角度出发，探讨中国电子竞技赛事服务的现状，认为存在资源分配不均、投融资风险大、现金流不稳定等问题，并提出进一步加强市场管理、给予俱乐部及相关从业人员更多保障等建议。

关键词： 电子竞技 赛事服务 游戏产业

电子竞技概念最初来源于电子游戏。国家体育总局对电子竞技的定义是"利用高科技软硬件设备作为运动器械，在统一的竞赛规则下进行的人与人之间的对抗性运动"。结合时代发展来看，电子竞技与传统体育竞技有颇多相似之处，主要区别在于电子竞技进行对抗的场所在线上而非线下，对抗内容大多是智力和反应能力而非体力等。2003年11月18

---

* 王海文，北京第二外国语学院教授、首都国际服务贸易与文化贸易研究基地研究员，经济学院副院长，研究方向为国际文化贸易、国际服务贸易；方朔，北京第二外国语学院国际文化贸易2020级硕士研究生。

日，国家体育总局正式批准，将电子竞技列为第99个正式体育竞赛项目；2008年，国家体育总局将电子竞技改批为第78号正式体育竞赛项目。至此，我国电子竞技从电子游戏中脱离出来，逐步达到和传统体育竞技相同的高度。

就电子竞技赛事而言，它是围绕电子竞技活动产生的，是电子竞技活动正规化的表现。电子竞技赛事从筹划到举办，再到闭幕，整个过程都离不开赛事服务。电子竞技赛事服务围绕电子竞技赛事而诞生，它是与赛事相关的一切服务活动的统称，与传统体育竞技赛事服务相比并无明显不同，具体包括赛程筹划、工作人员安排、选手安排、竞赛场所布置、赛中和赛后协调等一系列活动，其作用是保障电子竞技赛事顺利进行，为观众提供良好的参与体验。如果没有完整的赛事服务体系，电子竞技赛事将无法正常举办。目前电子竞技赛事的可营利性被发掘，早期电子竞技赛事服务由游戏开发商、游戏运营商或电视台负责全部业务，专业化程度较低；现在以电子竞技赛事服务为主营业务的企业在全球范围内出现，专门负责接包各大赛事的具体服务，专业化水平持续提升。本文将围绕中国电子竞技赛事服务，研究疫情背景下其发展现状、问题，并提出相关建议，以期对中国电子竞技赛事服务水平的提升有所裨益。

一　中国电子竞技行业发展总况

中国电子竞技赛事服务体系的革新始终位列世界前沿。最初电子竞技赛事服务的运行体系较为简单，大多数情况下举办方和筹办方是同一个负责人，因此绝大部分服务需要亲自提供。随着全球服务外包的兴起，承办方独立出来，举办方开始将部分项目外包给其他企业完成，例如竞赛场馆选取和细节布置、入场票销售、人员食宿安排等，服务外包企业根据接包业务数量和完成质量与举办方议定合同金额。从20世纪末期到21世纪初期，早期电子竞技赛事服务已经接近成熟，形成了一套以线下赛事为主体的服务体系（见图1）。

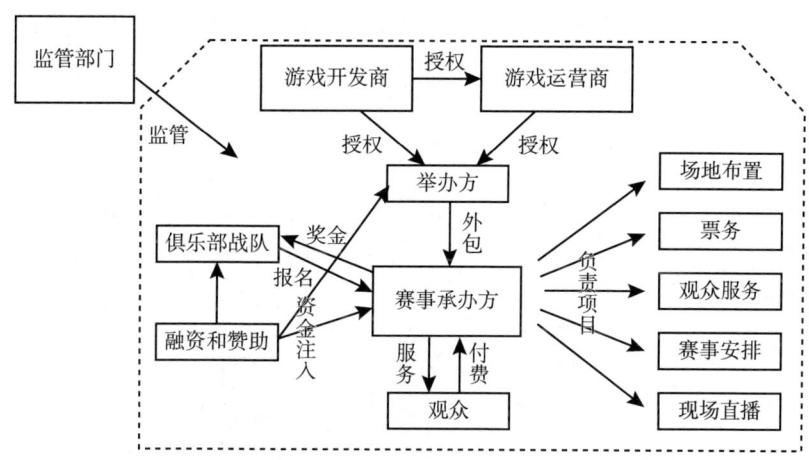

图1 早期电子竞技赛事服务体系

这套电子赛事服务体系在早期运行得相当平稳，为很多大型游戏公司和俱乐部带来了较大经济收益和声望，赛事举办方和承办方也从中获益，但盈利情况不稳定，一般以声誉收益为主。直到2010年前后，线上赛事服务运营模式占比开始提高，对承办方的线上转播能力提出了新的要求，并由此衍生出各大视频直播平台。这些平台与主办方或承办方签约，以获得转播权，从形式上来看，已成为赛事服务体系中的新生部分。总体来看，中国电子竞技行业呈现如下发展状况。

（一）市场消费量持续增高

2008年，国家体育总局将电子竞技改为第78号正式体育竞赛项目，此后电子竞技在中国进入快速发展期。到2020年前后，中国电子竞技行业已经有了较成熟的体系，体量不断增加。目前中国电竞市场不断扩张，从图2、图3和图4可以看出，近几年市场规模增速下降较为明显，但每年增幅基本保持稳定，其中移动电竞游戏市场和电竞生态市场规模增幅明显，电竞生态市场尤为突出，在市场中占比逐年上升。电竞生态市场规模，包括赛事门票、周边、众筹等用户付费，赞助、广告、版权等企业围绕赛事产生的收

入，以及电竞俱乐部及选手、直播平台及主播等赛事之外的产业链核心环节产生的收入，不包括电竞教育与电竞地产规模。①

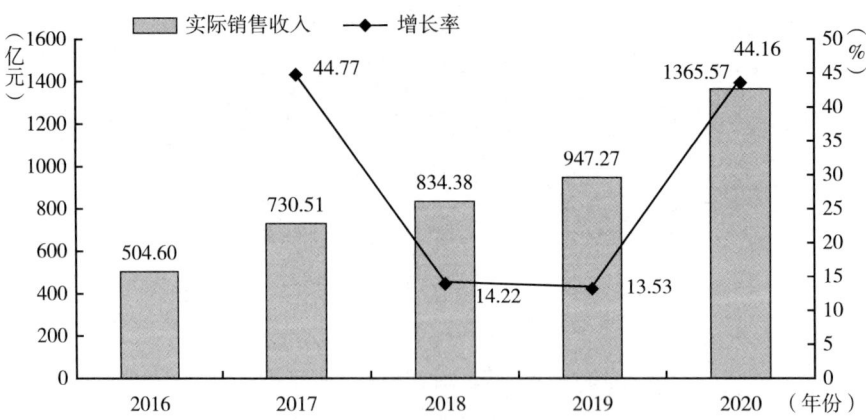

图2 中国电子竞技游戏市场实际销售收入及增长率

资料来源：中国音数协游戏工委和中国游戏产业研究院《2020年中国游戏产业报告》。

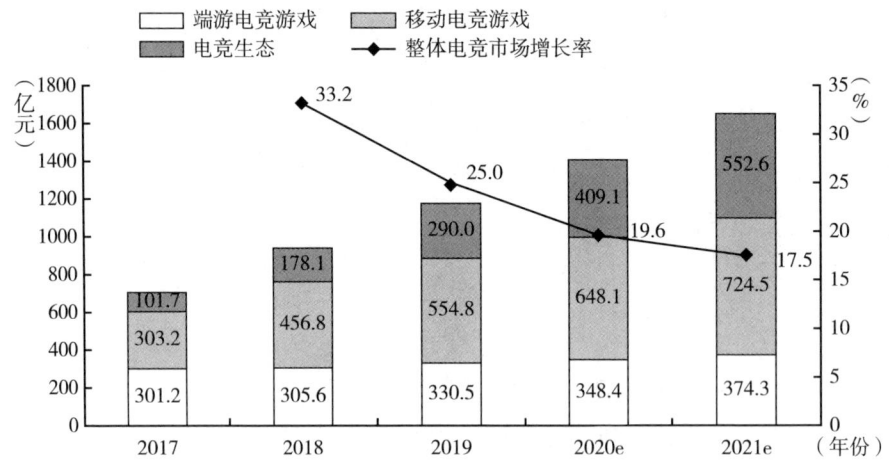

图3 2017～2021年中国电竞整体市场规模

注：2020年和2021年数据为估计值。
资料来源：艾瑞咨询《2020年中国电竞行业研究报告》。

---

① 参见艾瑞咨询《2020年中国电竞行业研究报告》。

疫情背景下中国电子竞技赛事服务发展研究

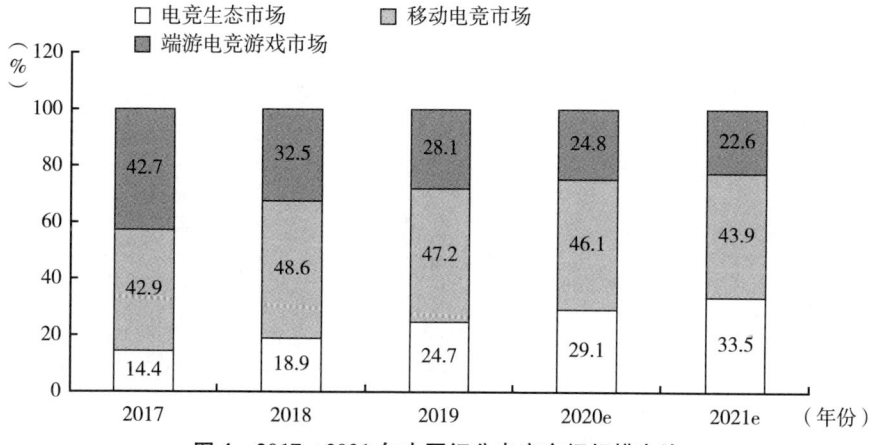

图4 2017~2021年中国细分电竞市场规模占比

注：2020年和2021年数据为估计值。
资料来源：艾瑞咨询《2020年中国电竞行业研究报告》。

另外，中国电竞用户数量呈现逐年增长的趋势，由图5可以看出，中国电竞用户数年增幅保持在2%~8%，总体处于平稳增长的态势。这说明我国电竞市场消费需求仍有挖掘空间。结合市场收入变化情况来看，人均消费额也在持续上升。

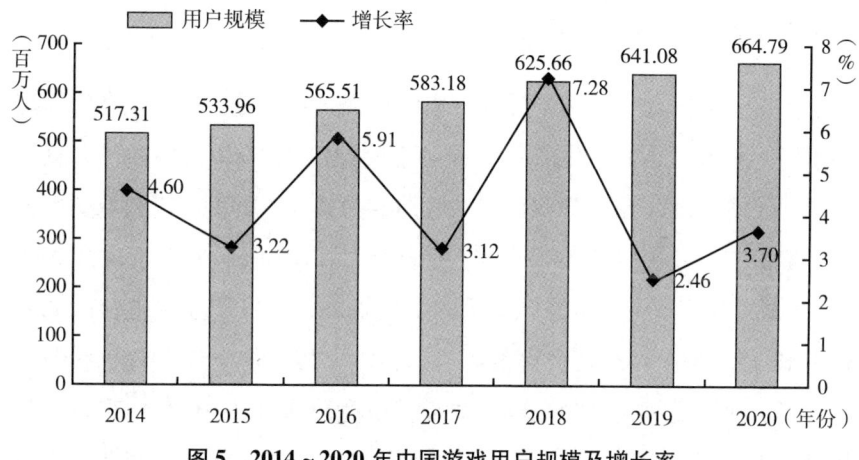

图5 2014~2020年中国游戏用户规模及增长率

资料来源：中国音数协游戏工委和中国游戏产业研究院《2020年中国游戏产业报告》。

287

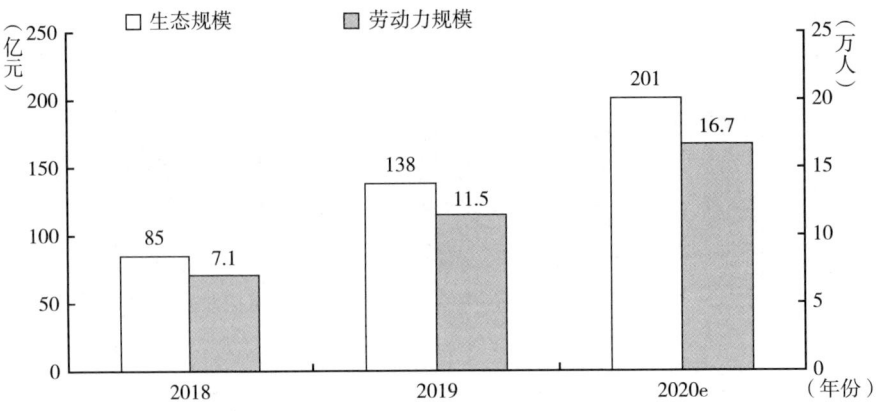

图6　2018～2020年中国电竞生态规模与劳动力规模

注：2020年数据为估计值。
资料来源：企鹅智库《世界与中国：2019年全球电竞运动行业发展报告》。

近几年，中国电竞市场人才就业人数大幅增加，2018～2019年，就业人数预计增加4.4万人，增幅达到62.0%。但目前中国电竞市场仍有较大人才需求缺口，据预测，该缺口在近几年还会呈现进一步扩大的趋势，伴随而来的是电竞相关职业工资水平和从业者综合素质的提高。

（二）资本注入越发厚重

电竞市场的火爆，引起了外部资本的重视，越来越多的企业和组织想进入该市场，获取更高知名度和更大盈利空间。以 DOTA2 为例，各大直播平台和游戏设备开发商纷纷与职业战队签约或为其提供赞助，以换取更高的关注度。例如，斗鱼视频直播平台与 VG 战队和 LGD 战队签约、虎牙直播平台与 Aster 战队签约，进行战队选手的专场直播，或在职业赛事中战队名称和选手 ID 前后加上对应赞助商的品牌。另外，传统体育俱乐部也纷纷进入电竞市场，比如曼城足球俱乐部成立曼城电竞战队（中国）、山东鲁能足球俱乐部成立鲁能泰山 SC 电竞战队等。除了直接成立职业电竞战队，也有通过签约方式间接进入市场的，例如巴黎圣日耳曼与 LGD 俱乐部 DOTA2 分队签约。各方资金的注入为中国电子竞技市场提供了极佳的发展机遇。

（三）相关衍生品及业务数量增多

中国电子竞技市场的发展促使相关衍生品和服务型业务如雨后春笋般层出不穷。相关衍生品主要是针对战队队员和特殊赛事而出现的，前者包括队员同款战队队服、同款电脑设备、配有队员签名或肖像的纪念品等，后者可能包括赛事门票、特殊徽章等一系列纪念物。这些实体商品在多年以前就已经存在，目前通过淘宝等线上购物平台的配合，形成良好的产业链。

相关服务型业务则是近几年的新生事物，类型相当繁复，包括赛事预测、数据可视化分析、赛事电子购票、游戏内货币交易、新闻资讯等，其中赛事预测中还涉及虚拟货币相关业务，所以一般很受欢迎，营利性较强。例如 Max + App，主要对 *DOTA2* 和 *CS：GO* 的游戏内容信息、赛事信息、赛事预测、业界新闻等进行系统整理和发布，很受电竞用户的欢迎。各种服务型业务围绕电子竞技赛事和电子竞技游戏，形成了一套较为完整的服务框架，虽然市场竞争较为激烈，但远未达到饱和的程度。

（四）社会关注度明显提高

2004 年，国家体育总局明文禁止网游类栏目公开播出，在央视体育频道播出了一年多的《电子竞技世界》停播，这说明当时国内对于电子游戏的整体态度还有待改观，社会对于电子竞技的认知不仅没有从电子游戏中脱离出来，也没有形成职业化的思考。2016 年，*DOTA2* 第六届国际邀请赛（TI6）上，中国战队 Wings 荣获冠军，央视新闻直接报道此事。中国战队此前在第二届和第四届上都曾获得冠军，其中在 TI4 上还包揽冠亚军，却都没有像现在这样受到主流媒体的关注，这说明中国近年来对于电子竞技游戏和赛事的态度明显改观。2020 年 3 月，《电子竞技在中国》纪录片在央视"发现之旅"频道播出，电子竞技时隔 17 年重返央视，标志着新时代的开始。

企鹅智库《世界与中国：2019 年全球电竞运动行业发展报告》调查显示，2018 年对包括中国在内的八国社会对电子竞技认可度的调查中，中国认为"电竞是一种体育项目"的人数占 35%，处于中间水平，而认为"电竞是一个新兴产业"的人数占68%，位列八国之首。在另一项调查中，电竞用户群体中约有76%观看过电子竞技赛事，仅次于越南和韩国，说明在电竞相关业务中，电竞赛事的普及程度较高，中国电竞用户对电子竞技的需求并不仅仅停留在游戏娱乐层面，对赛事和相关业务的需求有待进一步开发。

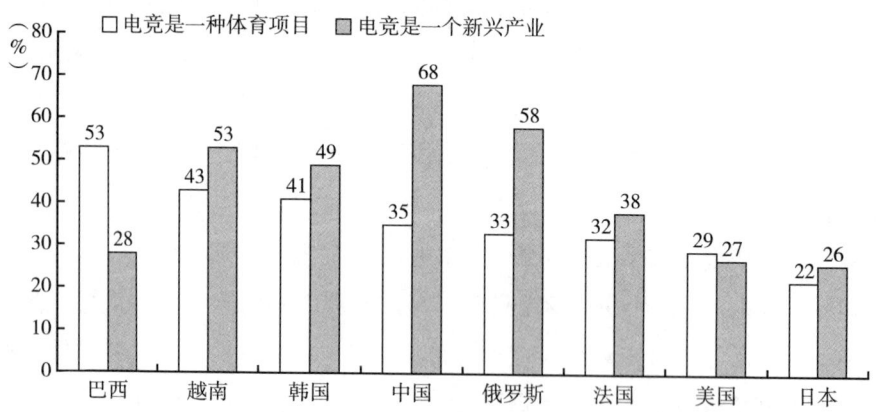

图7　2018年部分国家对电子竞技认知态度调查

资料来源：企鹅智库《世界与中国：2019年全球电竞运动行业发展报告》。

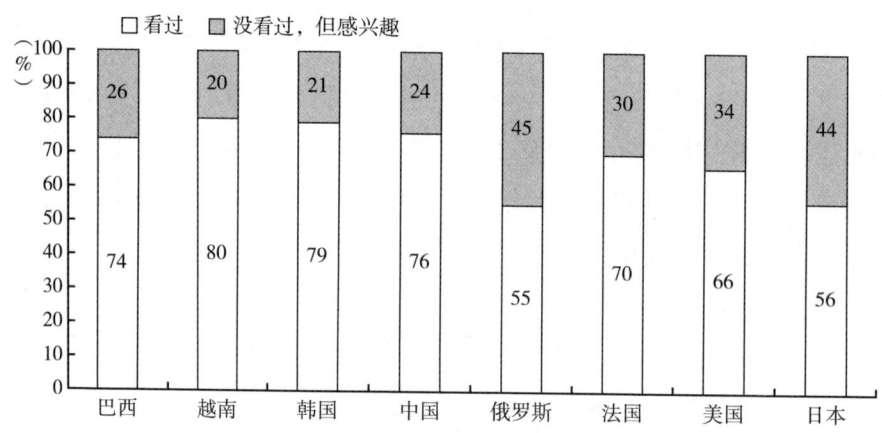

图8　2018年部分国家对电子竞技赛事关注程度

资料来源：企鹅智库《世界与中国：2019年全球电竞运动行业发展报告》。

（五）全国认可程度取得新突破

近年来，随着资本推动和市场关注度越来越高，公众对于电子竞技的认识也在逐渐发生转变，十数年前的"电子鸦片""玩物丧志"等贬义字眼已经较少出现在社会主流媒体的文字中。如何正确认识电子竞技，在抑制其副作用的同时尽可能挖掘其商业和社会价值，是当今中国正在思考的问题。

2019年4月，人力资源社会保障部等三部门正式将"电子竞技员"列为新的国家职业。2021年2月11日，人社部等颁布了连锁经营管理师等13个国家职业技能标准，电子竞技员国家职业技能标准是首次颁布。电子竞技员国家职业技能标准将电子竞技员划分为5个职业技能等级，分别是五级/初级工、四级/中级工、三级/高级工、二级/技师、一级/高级技师，一级为最高，并规划了每一等级应具备的职业技能。申报不同级别，有相应的从业时间、参加赛事和获奖情况的要求。①从这些政策中可以看出，国家对于电子竞技相关工作的认可程度已经达到和一般工作岗位相同的水平，并认真考虑电子竞技带来的社会效应和经济效应，这是中国电子竞技行业的里程碑。

（六）赛事服务水平不断突破

在近几年的发展过程中，中国电子竞技赛事服务体系已经进入成熟阶段。得益于资本的不断流入、数字经济的不断发展和从业人员的不断增多，以线上赛事为主体的服务体系从无到有地成长起来，在线下赛事原有体系的基础上有了较大程度的创新，服务质量全面提高。

1. 直播平台独立化

过去赛事的转播一般由承办方负责并实现，或者由电视频道负责，其主要盈利点和一般电视节目相同，即通过收视率与广告赞助创收。现在国内直播平台做大做强，成为赛事直播的独立机构，与承办方合作，或者直接由承

---

① 《电子竞技员国家职业技能标准出炉　电竞行业走向标准化时代》，央广网，2021年2月19日，https://baijiahao.baidu.com/s?id=1692124824916302075&wfr=spider&for=pc。

办方指定，只负责赛事的全程直播。直播平台从举办方、游戏运营商乃至开发商手中买断赛事直播版权，创建专门赛事直播频道进行直播，有的选择付费直播，有的选择免费直播、礼物收费，还有的选择付费观看高质量画面，通过这些形式获得收入。直播平台盈利模式的兴起，说明电竞用户对电竞赛事的需求不断增长，传统的现场直播已经无法满足需求，虽然线下赛事仍是基础，但线上赛事直播已经成为主流。

2. 俱乐部运营管理正规化

和十几年前不同，国内各大俱乐部的运营已经步入正轨。以DOTA为例，十几年前几乎不存在职业俱乐部，所有选手都是自由组队、自负盈亏，有些甚至可能无法负担跨城市比赛的食宿费用，只能在网吧过夜和参加海选；他们也缺乏职业化训练、职业规划和心理辅导。现在国内各大俱乐部的人员和设施配置已经相当完善。例如LGD俱乐部，其训练基地位于上海电竞数娱小镇，各游戏战队分开管理，都提供免费的食宿，并配有保洁员、厨师等；领队、教练、心理辅导师等也都配备完善；事先与队员签订合约，按时发放队员工资；在训练方面，有较完整的作息时间安排，并有严格的奖罚制度。从这些方面来看，国内电竞俱乐部的运营管理已经在向传统体育俱乐部看齐，正规化程度很高。

3. 承办方专业化

早期国内很多电子竞技赛事承办方缺乏经验，没有相关领域的专业人才，承办模式只能借鉴传统体育赛事或其他娱乐活动，并不能满足电子竞技的需要。2018年，完美世界举办的中国DOTA2超级锦标赛还曾因为连续出现的技术问题和有失水准的应变能力遭到官方的质疑。现在国内已经出现很多高水平的第三方赛事承办方，一些旧有的承办方水平也在不断提升。2019年8月，快手直播平台在短短两周时间内接连承办《和平精英》官方赛事和独家举办《和平精英》大奖赛，体现出较高的赛事举办和协调能力。2019年11月，2019英特尔极限大师赛IEM第一次由中国独立举办，该赛事由北京市海淀区委宣传部支持指导、海淀区文旅集团与ESL电竞联盟联合主办，获得圆满成功。腾竞体育是2019年由开发商拳头公司和中国代理运营商腾讯协作成立的公司，主营业务是负责中国境内的《英雄联盟》赛事承办和提供周边服务。经过两年的洗礼,腾竞体育现已成为国内最具影响力的赛事承办方之一。2020年《英雄联盟》全球总决赛(S10)线下赛事由腾竞体育和上海市政府共同承办,获得巨大成功,全球收视率超过2019年(56%),创历史新高。

二 疫情对中国电子竞技赛事服务的影响

疫情防控时期,虽然全球游戏市场需求量受生活方式影响而大幅增加,但包括中国在内,全球电子竞技市场都受到较大程度冲击。虽然和其他线下服务业如体育、旅游、演艺相比,电子竞技由于数字化程度较高,可以通过将线下赛事转移到线上来保证部分赛事如期举行,但也正是因为如此,电子竞技赛事服务体系各环节都出现了新的问题。

(一)各方赛事难以如期举行

疫情对电子竞技赛事服务产生影响的源头就是赛事举办。据统计,2020年上半年各类线下电子竞技赛事几乎全部被迫调整,包括延期、线上举办、无观众举办或者直接取消。截至2020年初,全球受到影响的主要赛事(见表1)。

表1 2020年初全球电竞赛事调整统计

赛事	调整措施
《英雄联盟》LPL春季赛	从2月5日调整为3月9日线上赛
《英雄联盟》LCK春季赛	2月5日无观众举办第一轮,3月6日后停赛
《英雄联盟》PCS联赛	首个赛季从2月8日推迟至2月29日
《英雄联盟》LJL联赛	3月1日起无观众比赛
DOTA2 ESL ONE 洛杉矶Major中国区公开赛	从2月7~8日推迟至2月12~13日
DOTA2 ESL ONE 洛杉矶Major中国区预选赛	推迟至2月17~18日
SIJ DOTA2 Minor中国赛区预选赛	推迟至2月18~19日进行
《绝地求生》PCL2020春季赛	1月31日宣布延期举办
《绝地求生》PGS柏林站	2月10日宣布延迟举办
《绝地求生》PGS韩国区资格赛	改为2月27日至3月14日线上举办

续表

赛事	调整措施
《守望先锋》联赛	1月30日宣布取消2～3月中国区比赛,2月15日宣布转移至韩国举办,2月24日取消比赛计划
2020 IEM 卡托维兹站(《星际争霸2》和CS:GO)	2月27日宣布主赛事无观众举办
《王者荣耀》2020 KPL春季赛	改为3月18日线上赛进行

资料来源：《受到疫情影响而进行调整的电竞比赛一览》,神游网,2020年3月4日,https://www.shenyou.cn/article/413022.html。

在所有调整措施中，直接取消比赛对以举办方为首的赛事服务体系影响最大，延期举办的影响相对较小，而线上举办和线下无观众举办的影响也处于较为严重的水平。线下赛事举办方和承办方的主要收入来源除了融资和赞助外，就是观众门票收入和相关线下服务收入，而线上举办和线下无观众举办都无法获得这笔收入，因此大部分举办方和承办方都处于亏损状态。再加上融资和赞助行为也会受到盈利影响，所以会形成恶性循环，严重危及举办方和承办方的生存。为了应对赤字问题，除了通常的裁员、减少工时外，赛事举办方一般还通过减少赛事支出的方式来开源节流，最重要的一环就是赛事奖金缩减，因此2020年电竞赛事奖金大多缩水严重（见表2和表3）。

表2 2019年全球电竞赛事奖金排行榜

单位：万美元

排名	游戏	赛事金额
1	《堡垒之夜》	6442
2	DOTA2	4670
3	CS:GO	2110
4	《绝地求生》	1271
5	《守望先锋》	911
6	《英雄联盟》	904
7	《万智牌》	889
8	《使命召唤》	651
9	《王者荣耀国际版》	580
10	《彩虹6号》	460

资料来源：畅娱网络,https://baijiahao.baidu.com/s?id=1654328267420739054&wfr=spider&for=pc。

表3 2020年上半年全球电竞赛事奖金排行榜

单位：万美元

排名	游戏	奖金
1	《堡垒之夜》	1022
2	CS：GO	698
3	DOTA2	522
4	《彩虹6号》	398
5	《英雄联盟》	288
6	《绝地求生》	194
7	《炉石传说》	174
8	《火箭联盟》	165
9	《国际象棋》赛事	124
10	《使命召唤：现代战争》	123

资料来源：虎扑，https：//bbs.hupu.com/36347557.html。

从表2、表3可以看出，2020年上半年排名前十的电竞游戏赛事总共贡献了超过3708万美元，和2019年全年贡献值18888万美元相比，仅占比19.6%。另外，从单个游戏的角度看，虽然极个别游戏的相关赛事奖金没有受到疫情影响，如《彩虹6号》，上半年数据就达到2019年全年水平的86.5%，但绝大部分游戏相关赛事奖金都大幅缩水，例如《堡垒之夜》、CS：GO、DOTA2、《英雄联盟》、《使命召唤：现代战争》、《绝地求生》、万智牌等，预计全年奖金很难达到去年水平。

（二）各团体利益受损明显

在目前的电子竞技赛事服务体系中，最重要的两条资金链就是观众消费和赛事奖金，投资和赞助数目虽然也不小，但受市场投资环境影响较大，难以发挥重要作用。前文已说明两条重要资金链在疫情防控时期受到严重冲击，由此波及整个服务体系中的各个环节，对各团体的利益都造成较大影响。

1. 俱乐部运营遭遇困境

俱乐部受赛事奖金影响最大，目前俱乐部给选手提供的服务较为完善，除了每月工资之外,还需要进行奖金分成。有报道称,很多游戏一线职业选手的月薪可以达到万元水平,青训队的月薪也有5000元以上,因此像LGD、IG、RNG这样的涉及多个游戏的大型俱乐部,需要同时维持多支队伍的日常开支,其成本较高。

另外,随着电竞选手和俱乐部管理的正规化,俱乐部为了避免被挖墙脚,转会情况越来越受重视,转会费和违约金被提到非常高的水平,3年前 *DOTA2* 一线选手转会费只有不到100万元,现在已经达到2000万元。高额的转会费对于想要组成理想阵容的俱乐部来说,财务负担较重。

2. 职业选手前途不明朗

俱乐部职业选手同样受到疫情的严重影响,主要来自以下几个方面:第一,疫情防控时期人员流动受限,大部分队员不能回训练基地进行训练,而基地内专业的设备、集中有效的训练方式和无障碍的队员交流是在家单独训练完全不能比拟的,队员水平难以维持;第二,各大赛事的延迟和取消,使得选手面临无赛可打的局面,收入直线下降,虽然有人通过直播形式维持生计,但代价是减少了训练时间,技术水平受到影响;第三,比赛间歇时间过长,导致队员状态难以调整,再加上一般电竞游戏会包含一定的随机成分,因此选手很容易出现成绩不稳定的现象。

以上几个方面的因素加总,就会影响俱乐部对选手的信心,很可能采取降级、替换甚至淘汰等措施,直接对选手的职业生涯造成影响。俱乐部一方面需要为自身的成绩和未来考虑,另一方面需要为选手的损失买单,对双方而言都存在风险。

3. 直播平台竞争白热化

赛事的缺乏,同样会导致直播平台的观众减少,尤其是像火猫、虎牙这样的专业赛事平台,观众减少导致其收入锐减。因此,一旦出现新的赛事,各大直播平台会竞相争夺版权,竞争状况异常激烈。然而,竞争结果一般不尽如人意,尤其是对中小型平台来说,其只能获得人气较低的赛事版权,吸引到的观众数量不多,有可能出现入不敷出的现象。

对于大型直播平台，例如斗鱼和哔哩哔哩，它们的直播业务完全不局限在赛事直播上，哔哩哔哩还能依靠视频制作等其他业务获得收入，因此它们完全不容易受到财务方面的影响，不需要考虑因为赛事缩减而产生的竞争问题。

4. 观众需求难以被满足

电竞赛事的服务主体是观众，赛事数量的减少不仅会引起观众不满，而且线上赛事缺少线下的互动和现场氛围，同样导致观众的观感体验下降。即使很多观众明白这是受疫情的客观影响，但缺乏新鲜感和体验感的单调游戏过程，仍然会加重电竞用户的不满情绪。当今国内电竞赛事生态市场上，需求水平远远超出供给，而后者又受限于各种客观因素，短时间内数量和质量都难以有较大提高，因此整个市场一直处于不稳定状态。

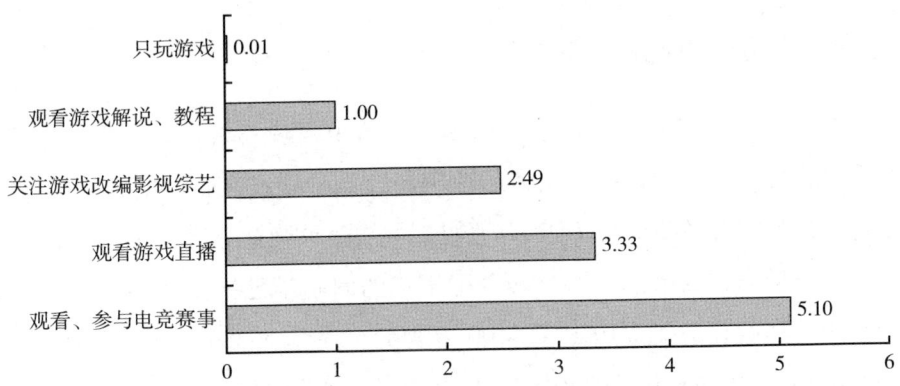

图9　电竞用户与游戏相关的行为习惯热度指数对比

资料来源：微热点大数据研究院《2020年中国电竞行业网络关注度分析报告》。

5. 电竞开发商陷入运营困境

游戏开发商最主要的收入来源并非运营商和赛事举办方的授权费用，而是电竞用户的游戏内直接消费和赛事相关分成，其中前者起关键作用。观众不满意度增加，对游戏开发商的评价就会下降，直接影响电竞用户的游戏内消费行为，减少开发商的收入。

但开发商能采取的补救措施相当少，而且收益难以估算。开发商无法

进行更多的赛事安排,因为疫情影响仍然难以避免;无法从俱乐部行为中获得收益,因为俱乐部和游戏开发商是相互独立的;难以通过游戏内容更新提高用户消费欲望,一是因为疫情影响了员工工作效率,二是因为用户对内容更新的评价难以估计,消费情况也就不容易预估。开发商可能采取的措施有寻求融资、裁员和出售版权等,但这些只能解决短期经济问题,治标不治本。

三 中国电子竞技赛事服务存在的问题

中国电子竞技赛事服务体系本身就存在一定的隐患,这次疫情更加暴露了其存在的问题,应当引起各方的重视。

(一)收益分配不平衡

中国电子竞技赛事服务体系在这次疫情中表现不稳定,原因之一就在于收益分配不均衡,相关团体的净利润较低,导致当收入受到影响时,很容易出现财务危机。以 DOTA2 为例,虽然赛事奖金总额很高,2019 年达到了全球第二的水平,但奖金分配不均的问题早已饱受诟病,2019 年国际邀请赛的赛事奖金达到了 3400 万美元,而其他 Major 级别赛事只有 100 万美元,Minor 级别赛事只有 30 万美元;进入国际邀请赛正赛的队伍只有 16 支,除了这些队伍以外,在海选赛和预选赛淘汰的队伍都没有奖金奖励,Major 和 Minor 也是如此,本来想要在全球性赛事中进入正赛就已非易事,奖金在分配之后,甚至可能无法满足俱乐部日常开支。

另外,其他团体的利益分配也存在隐患,例如现在线上赛事的提供是由举办方或承办方和直播平台合作完成,但目前观众消费的直接受益方应该是直播平台,因此举办方或承办方与直播平台的利润分配问题就值得商榷。事实上疫情防控时期双方的收益水平都不高,在这种情况下想要保证公平和生存,难度很大。

（二）从业人员缺乏保障

各俱乐部、企业由于上述原因，存在资金问题，正常运营受到影响，因此不得不考虑通过裁员的方式削减开支。举办方、承办方、相关服务接包方的裁员和其他行业的裁员相似，都会遇到员工失业无处安置的问题，严重程度大致处于同一水平；俱乐部辞退队员中存在的问题就非常棘手：（1）前文已经提到，俱乐部为了避免被挖墙脚，在合同中设置了高额违约金，但如果自己主动辞退队员，自己也很难承担这份经济负担；（2）俱乐部在辞退队员无法完成的情况下，会将队员下放到低等级的队伍中或宣布转入不活跃状态，在这种情况下内部沟通会受到很大影响，而且可能还需要支付工资和食宿费；（3）对队员来说，失业或半失业状态对他们的影响更大，由于电竞职业对选手的年龄要求相当苛刻，选手超过25岁一般就很少活跃在一线队伍中，所以队员们的学历和文化水平大都不高，除了电子竞技之外几乎没有其他一技之长，因此如果失业，其就业问题不能得到保障。在整个电子竞技赛事服务体系中，职业选手是必不可少的角色，如果他们的生存问题缺乏保障，那么负面影响会蔓延至全部环节，直接影响电竞赛事的发展。

（三）人才素质有待提高

中国电子竞技赛事服务在疫情防控时期暴露出来的另一个问题是，部分从业人员的素质不高，不仅包括俱乐部队员，还包括其他从业人员。虽然目前国内已经有不少大学开设电子竞技相关专业，但市场缺口仍然很大，目前部分在职的工作人员学历和素质也堪忧。仍以各大战队为例，很多战队的教练和领队其实都是老一批退役的职业选手，他们对于游戏内容的理解由于职业经验的原因而更加老道，但个别人没有接受过系统的教育，所受教育和获得正规大学学历的毕业生比起来在一定程度上有所欠缺。除了职业教育欠缺外，选手们受过的基本素质教育情况也堪忧，这就导致在线下赛场上容易出现低素质事件，例如大声喧哗、穿拖鞋进入赛场等，有损俱乐部乃至国家形象。此外，部分选手法律意识也有些淡薄，有

些选手由于收入不足,选择参与博彩,通过打假赛的形式赚取外快,以致被终身取消比赛资格。从其他角度来看,职业解说、职业主持人、职业传媒制作人、职业经纪人等专业培训数量也较为稀缺,尤其是解说员和主持人这两个岗位,由于要求对游戏有深层次的理解,大部分职责仍然是由退役选手承担,导致基本素养问题突出,顾此失彼现象时有发生。

(四)网络治理问题突出

目前中国电子竞技赛事全面转向线上运营,全面紧跟数字经济时代发展,充分吸收数字技术的优势,在赛事直播和互动方面不断创新。但物质层面的飞速前进无法掩盖精神层面的相对落后,由于部分电子竞技赛事服务从业人员的素质相对较低,而他们的一言一行又很容易在网络上被曝光,因此形成较强的集群效应,他们本应该更加为自己的言行负责,而事实并非如此。直播平台上很多直播间是典型反面教材:职业选手很容易爆粗口,游戏行为也可能缺乏职业道德,例如受人诟病的游戏代练,不仅影响游戏风气,而且会减少游戏的正常寿命;由于电竞用户的年龄普遍偏小,选手和官方赛事直播间的观众素质也良莠不齐,而目前的弹幕缺乏管制,所以直播间里经常发生争吵、辱骂、污蔑的情况,再通过网络传播到微博、贴吧等其他平台,形成较差的网络风气。

四 针对中国电竞赛事服务行业的相关建议

当前中国正从电竞大国向电竞强国转型,除电竞选手实力、电竞游戏制作水平外,电竞赛事服务的水平也应处于世界前列。中国需要不断提高电子竞技赛事服务市场化程度,提升相关国际竞争力,从而对整个电竞市场起到良好的带动作用,其中,政府的作用必不可少。

(一)推动商业模式创新转型

商业模式的不断改进创新是打破市场桎梏、增强市场活力、提高产业竞争力的关键手段，目前国内俱乐部内部运营、俱乐部间协调合作、赛事各举办单位之间的沟通、赛事举办和网络直播等各个环节的运营模式仍有改进的空间。目前国内一部分赛事主办方已经在考虑优化赛程安排，采取地方联赛赛制，避免了因赛事分布不均导致的观众减少情况的发生，这就是一个好的开端。政府应鼓励各团体积极进行商业模式转型创新，例如从数字技术层面给予支持或通过国际交流的形式促进国内企业向国外学习，取长补短。另外，必要的资金支持也十分必要，对模式创新成功的相关企业进行奖励，可以对整个市场起到引导作用。

（二）深入落实支持性政策

电竞俱乐部的生存不仅关系到选手的职业生涯，更直接影响电子竞技赛事服务的正常进行。当前俱乐部运营不规范、不高效、盈利水平差、风险高的特征还比较突出，原因在于它们缺少运营经验，没有受过相应培训。国家应给予俱乐部更多运营协助，通过对口人才引进、专业培训和集中学习等方式帮助俱乐部进行运营管理。另外，可以考虑设立次级管理机构，不干涉各俱乐部的内部具体运营，只从宏观层面进行指导，并为俱乐部和政府部门沟通搭建桥梁，使俱乐部可向政府直接反映具体的诉求，使得政府能不断调整协助手段。

（三）加大人才培养力度

中国电子竞技赛事服务领域的人才缺口相当庞大，除了人们对电子游戏的传统偏见外，专业性知识缺乏也是缺口扩大的主要原因，因此虽然疫情使得国内人力资源供给更加充沛，但由于供需之间对口性较差，电子竞技相关市场的需求仍然难以满足。政府应进一步加大人才培养力度，首要任务应该是在避免电子游戏产生不良影响的同时纠正社会对游戏的错误观念；其次，应该在更多大学设立电子竞技赛事服务相关专业，例如电竞解说、电竞赛事策划、电竞经纪人等；最后，应该鼓励社会开设更多专业培训课程，发动社会力量进行人才培养。

（四）加强网络监管力度

中国电子竞技赛事服务可以产生很高的经济效应，但社会效应还不明显，需要政府进行积极引导。电子竞技相关的话题讨论主要在网络平台上进行，因此为了使电子竞技产生积极的社会影响，政府除了对电子游戏内容进行正确引导和对从业者基本素质进行培养外，还需要直接加强网络监管力度，对直播平台、社交平台提出更高的要求，并定期进行关键字搜索，清理和过滤不正当的、不符合社会主义核心价值观的、对社会稳定产生较大影响的言论，必要情况下甚至要通过法律手段加以制裁。

（五）加快法律完善进程

互联网监管的有效性除了和政府的执行力度有关，更重要的是要有完整的法律体系才能实现有法可依。而目前国内缺乏与电子竞技直接相关的法律体系，不但电子游戏内容、电子游戏版权无相关法律规制，电竞赛事服务也缺乏相关专业领域法律支持，如果触及法律层面的问题，执法者只能从体育、服务外包、著作权、电子商务等相关领域援引法律条文。政府应尽早推动电子竞技赛事服务相关法律的完善工作，切实维护各团体的法律利益，保证电子竞技市场健康运行。

（六）推动行业协会建设进程

目前国外有些游戏厂商已经建立起全球范围的赛事监管协会，例如DOTA2，既负责协调各地区俱乐部的正常运作，也参与国际性和地方性赛事举办的大小事务。国内也可以在政府的引导下，成立专门负责电竞赛事服务的协会，对不同游戏采取分而治之的监管模式，与各电竞俱乐部充分协调，对电竞赛事的责任人、参与者和举办过程进行全面授权和协调，并及时反馈各方意见和困难，尽可能实现政府和企业零距离沟通，确保扶持性和规范性政策能尽早、尽可能发挥作用。

五 结论

中国电子竞技赛事服务已经有了十余年的发展历史，展现出较强的市场活力，在这次疫情中受到的影响相对比其他行业小，并伴随着数字经济不断升级，有广阔的发展前景。但另一方面，中国电子竞技赛事服务还没有在国内引起足够的重视，飞速发展难以掩盖各种漏洞，如果不能及时修补，可能对中国电竞行业产生严重影响。政府对于电竞的态度会直接影响电竞的未来，政府如何正视电竞产业和引导社会舆论，对于进一步采取相关扶持政策、推动电子竞技赛事服务体系的完善和健康运作具有重要意义。

参考文献

马中红、刘泽宇：《"玩"出来的新职业——国内电子竞技职业发展考察》，《中国青年研究》2020年第11期。

吕树庭：《关于电子游戏·电子电竞·现代体育的断想》，《广州体育学院学报》2020年第1期。

徐瑜、杨文革：《基于我国体育市场背景下的电子竞技发展面临的机遇与挑战》，《教育教学论坛》2020年第38期。

郭俊良：《电子竞技 LDL 联赛（华南赛区）俱乐部管理现状调查研究》，硕士学位论文，南昌大学，2020。

王贤波、张焕志：《当下电子竞技产业发展面临的困境及隐忧》，《传媒观察》2020年第9期。

吴学安：《电子竞技人才培养需加强与产业精准匹配》，《中国质量报》2020年8月24日。

徐瑜、杨文革：《基于我国体育市场背景下的电子竞技发展面临的机遇与挑战》，《教育教学论坛》2020年第38期。

罗宇昕、李书娟、沈克印：《体育竞赛表演业的数字化革命：电子竞技职业化的时代困境和未来展望》，《中国体育科技》2020年12月1日。

师嘉俊、边加斌、张姣姣：《我国电子竞技赛事推广策略的研究》，《当代体育科技》2020年第27期。

王大鹏、惠百功:《我国电子竞技项目研发的困境与消解》,《四川体育科学》2020年第6期。

何圣捷、薛哲曦:《直播环境下中国电子竞技俱乐部发展对策》,载罗昌智主编《两岸创意经济研究报告(2019)》,社会科学文献出版社,2019。

《腾讯电竞:2019年度中国电竞人才发展报告(附下载)》,199IT网站,2019年5月30日,http://www.199it.com/archives/884390.html。

《2020年中国电竞行业研究报告》,艾瑞咨询网,2020年5月1日,http://report.iresearch.cn/wx/report.aspx? id = 3573。

《2019全球电竞行业与用户发展报告》,199IT网站,2019年6月20日,http://www.199it.com/archives/894731.html。

B.18
中国文化产品贸易的新特点及新转向

刘冰冰　李旭庆　李怀亮*

摘　要： 当前的中国正经历着百年未有之大变局，面对国内外经济贸易环境的巨变，中国文化产品贸易呈现新的特点，主要表现为贸易规模的逆势下隐藏着波动，贸易结构的内部同向加码下隐藏着失衡，数字文化产品异军突起成为出口新优势。本文认为，新冠肺炎疫情是文化产品贸易新特点产生的最主要变量，而供需错配是文化产品贸易结构失衡的本质，提前布局数字化是文化产品贸易优势建构的基础。面对新特点和新问题，我国需要从市场、产品、渠道、数据统计4个方面实施新转向，即立足国内市场，培养文化产品贸易竞争新优势；深耕数字文化产品，发挥文化产品贸易现有优势；充分利用数字平台，解决文化产品贸易结构失衡劣势；完善文化产品贸易统计信息，助力文化产品贸易未来发展。

关键词： 文化产品贸易　贸易结构　供需错配　数字文化产品

2018年6月，习近平在中央外事工作会议上指出："当前，我国处于近代以来最好的发展时期，世界处于百年未有之大变局，两者同步交织、相互

---

* 刘冰冰，中国传媒大学博士研究生，研究方向为国际文化贸易、传媒经济学；李旭庆，中国传媒大学博士研究生，研究方向为国际文化贸易、传媒经济学；李怀亮，中国传媒大学教授、博士生导师，研究方向为国际文化贸易、国际传播。

激荡。"2020年新冠肺炎疫情的发生又使这一前瞻性论断得到更加清晰的印证。联合国贸易和发展会议（UNCTAD）曾预计，2020年全球GDP将下降约4.3%，其中发达经济体GDP下降5.8%，[①] 下滑程度超过发展中国家，而中国作为全球少数实现经济正增长的国家之一，2020年的GDP增长率为2.3%。面对全新的内外部环境，中国文化产品贸易也呈现新的特点，基于新特点进行有针对性的调整是我国文化产品贸易健康发展的新要求。

一 中国文化产品贸易的新特点

（一）贸易规模：逆势与波动并存

2020年以前中国文化产品贸易规模发展持续向好，但是2020年出现逆势转向。据中华人民共和国海关总署数据，2017～2019年我国文化产品进口、出口、贸易顺差额都呈现逐年上升趋势。其中，2017～2019年进口额分别为89.30亿美元、98.50亿美元、115.67亿美元，出口额分别为881.90亿美元、925.30亿美元、998.86亿美元，顺差额分别为792.60亿美元、826.80亿美元、883.19亿美元。然而，2020年我国文化产品进出口贸易额、顺差额都出现下滑，其进口额为114.89亿美元，同比下降0.78亿美元，降幅达到0.67%，出口额为972.01亿美元，同比下降26.85亿美元，降幅为2.69%，顺差额为857.12亿美元，同比下降26.07亿美元，降幅为2.95%（见图1）。

聚焦2020年4个季度，同比2019年第一季度至第四季度出口额分别增加-46.11亿美元、-53.28亿美元、0亿美元、72.55亿美元，增长率分别为-26.61%、-22.97%、0.00%、27.78%；进口额分别增加-4.35亿美元、-3.73亿美元、2.97亿美元、4.35亿美元，增长率分别为-18.41%、-13.33%、9.32%、13.52%；顺差额分别增加-41.76亿美元、-49.55

[①] UNCTAD, "Impact of the COVID-19 Pandemic on Trade and Development: transitioning to a new normal," Nov. 2020, p. 13.

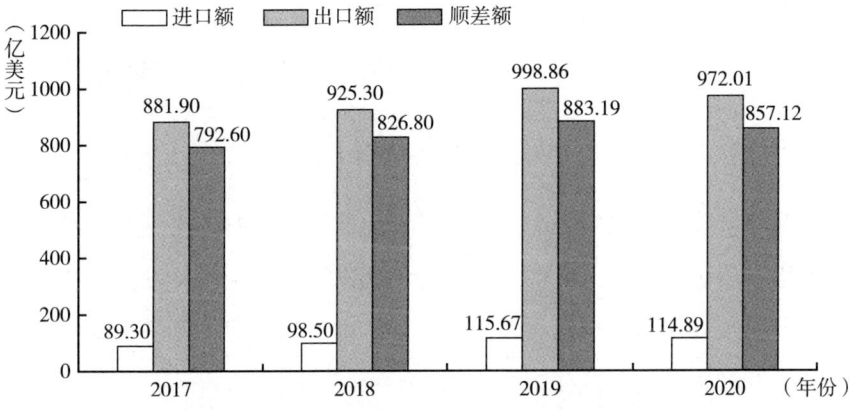

图1 2017~2020年中国文化产品贸易情况

资料来源：中华人民共和国海关总署 2017~2020 年的《统计月报》，www.customs.gov.cn/customs/302249/zfxxgk/2799825/302274/302277/3250485/index.html；www.customs.gov.cn/customs/302249/zfxxgk/2799825/302274/302277/3250481/index.html；www.customs.gov.cn/customs/302249/zfxxgk/2799825/302274/302277/3250476/index.html；www.customs.gov.cn/customs/302249/zfxxgk/2799825/302274/302277/3227050/index.html。

亿美元、-2.97亿美元、68.20亿美元，增长率分别为-27.90%、-24.29%、-0.99%、29.78%（见图2）。虽然4个季度的文化产品贸易增长率呈现由负向正的规律性转向，但是第一、二季度贸易额严重下滑与

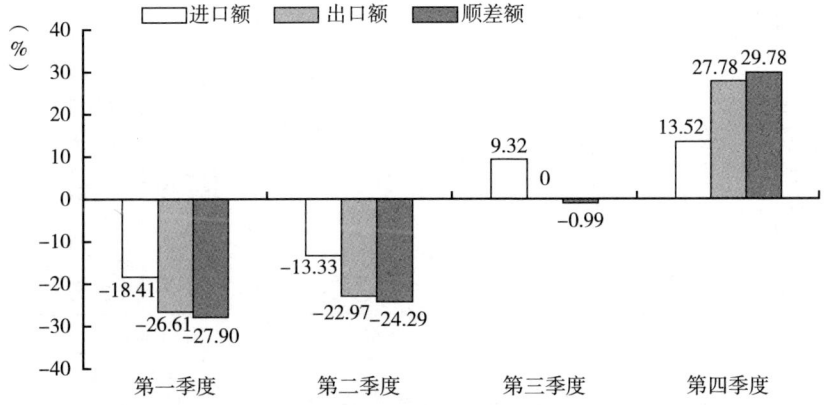

图2 2020年我国文化产品贸易季度同比增长情况

资料来源：中华人民共和国海关总署，www.customs.gov.cn/customs/302249/zfxxgk/2799825/302274/302277/3227050/index.html。

第四季度贸易额迅猛增长的鲜明对比也凸显出2020年我国文化产品贸易波动性较大的事实，这对我国文化产品贸易未来的发展带来一定的挑战。

（二）贸易结构：同向加码下隐藏着失衡

近几年，我国文化内容类产品贸易逆差收窄的同时，文化制造类产品贸易顺差也在增长，表面上看两类文化产品贸易同时处于向好发展的状态，但是背后却隐藏着贸易结构严重失衡的问题，即文化制造类产品贸易顺差与文化内容类产品贸易逆差并存。

2020年文化制造类产品出口额为893.58亿美元，进口额为110.16亿美元，顺差额为783.42亿美元。与2019年相比，文化制造类产品出口额增加158.99亿美元，增幅达21.64%，进口额减少13.25亿美元，降幅为10.74%，顺差额增加172.24亿美元，增幅达28.18%（见图3）。从具体品类来看，文化用品（包括电视录像机、数字照相机、视频摄录一体机）、文化专用设备（包括玩具、游戏品、运动品、乐器、照相和电影用品）是文化制造类产品贸易的主力军，其贸易额远高于印刷品、艺术和收藏品类。

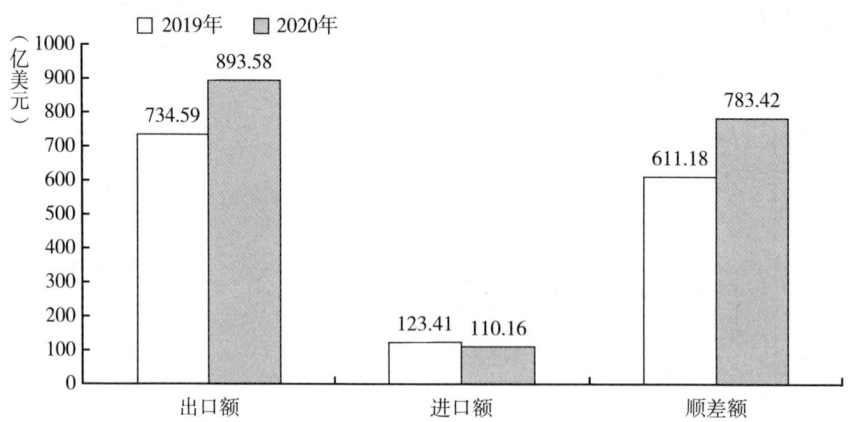

图3　2019~2020年中国文化制造类产品对外贸易情况

资料来源：中华人民共和国海关总署2019~2020年的《统计月报》，www. customs. gov. cn/customs/302249/zfxxgk/2799825/302274/302277/3250476/index. html；www. customs. gov. cn/customs/302249/zfxxgk/2799825/302274/302277/3227050/index. html。

2020年，文化用品出口额分别为743.50亿美元、108.24亿美元，进口额分别为56.47亿美元、24.94亿美元，顺差额分别为687.03亿美元、83.30亿美元。相较2019年，文化用品的顺差增幅达15.42%，而文化专用设备的顺差额增加将近110倍（见图4）。文化制造类产品的贸易顺差额的增加在一定程度上加剧了贸易结构的不平衡。

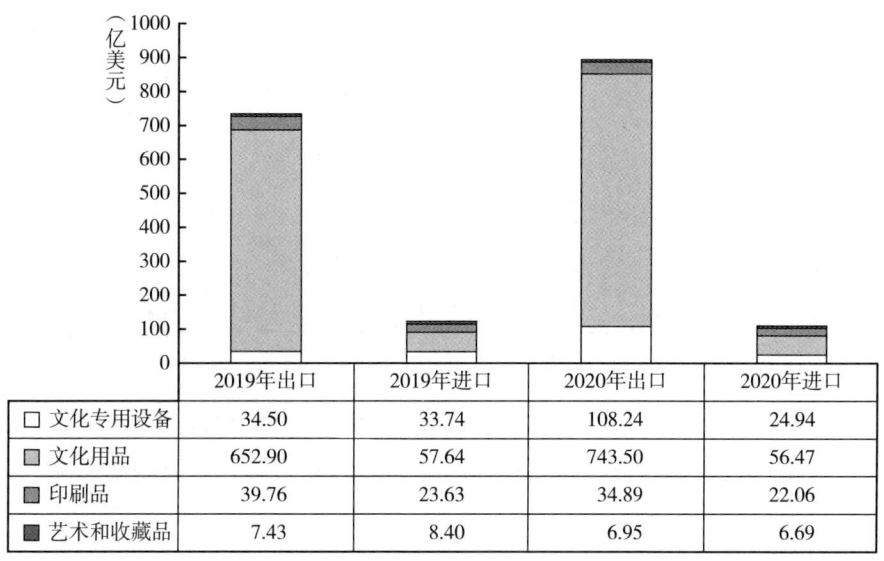

图4　2019年与2020年中国不同种类文化制造类产品进出口情况

资料来源：中华人民共和国海关总署2019～2020年的《统计月报》，www. customs. gov. cn/customs/302249/zfxxgk/2799825/302274/302277/3250476/index. html；www. customs. gov. cn/customs/302249/zfxxgk/2799825/302274/302277/3227050/index. html。

文化内容类产品贸易逆差呈现局部有限性缓解的态势。从图书、期刊、报纸、音像电子出版物贸易情况来看，虽然2016年以来对外贸易逆差额呈直线上升态势，逆差额分别为4.99亿美元、6.04亿美元、6.83亿美元、7.34亿美元，但是其贸易逆差增长率呈下降趋势，2017～2019年逆差额分别同比增长1.05亿美元、0.79亿美元、0.51亿美元，增幅分别为21.04%、13.08%、7.47%（见图5）。从版权贸易情况来看，2017～2019年我国版权总体贸易逆差分别为4303项、4051项、373项。其中，图书类、录像类、电影类的版权逆差较为严重，从已有公布数据来看，2017~2019年图书版权逆差分别为6484项、5198项、2004项，录像版权逆差分别为346项、90项、196项（见图6）。2020年受疫情影响，文化内容类产品出口受到极大冲击。以电影产业为例，UNCTAD数据显示疫情对全球电影业造成的收入

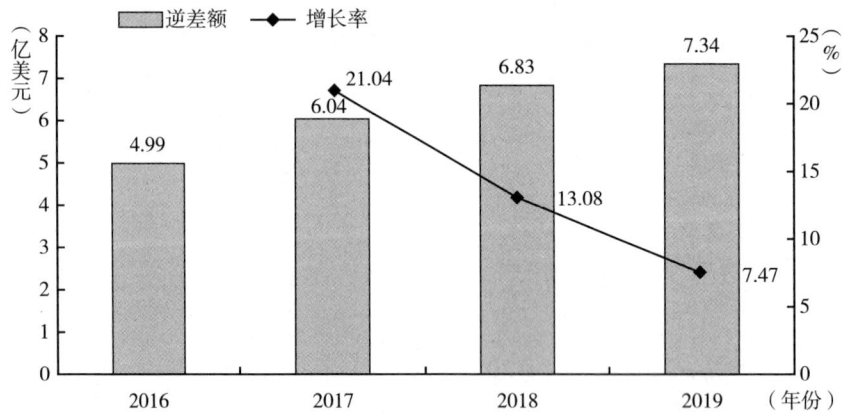

图5　2016~2019年图书、期刊、报纸、音像电子出版物贸易逆差情况

资料来源：国家统计局国家数据网站，https：//data.stats.gov.cn/easyquery.htm? cn=C01。

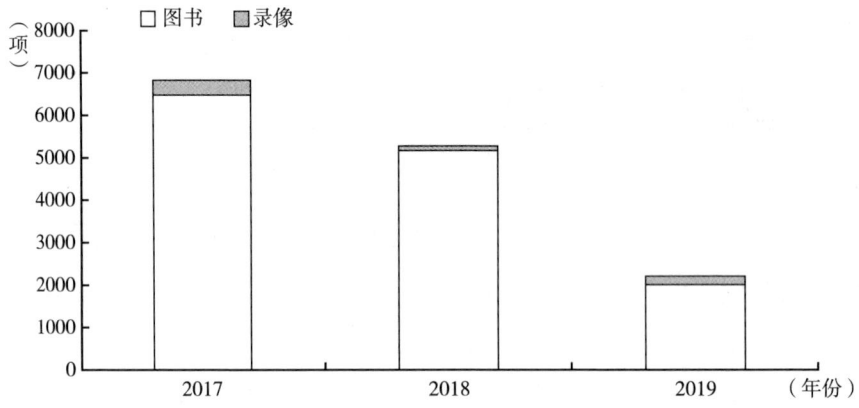

图6　2017~2019年图书、录像版权贸易逆差情况

资料来源：国家统计局国家数据网站，https：//data.stats.gov.cn/easyquery.htm? cn=C01。

损失达 70 亿美元①，2020 年我国海外进口电影的票房仅占票房总额的 16%，这一指标在 2018 年为 38%，2019 年为 36%②。所以，文化内容类产品贸易顺差呈现小幅收窄态势。

（三）贸易品类：数字文化产品成为新引擎

随着我国 5G、软硬件终端技术的快速革新，新型数字文化产品不断涌现，在我国政府与企业的共同努力下，以网络文学、视频、游戏为代表的中国数字文化产品在国际市场上异军突起。

在网络文学领域，艾瑞咨询发布的《2020 年中国网络文学出海研究报告》显示，2019 年中国网络文学"出海"规模达 4.6 亿美元，海外用户数量达 3193.5 万。阅文集团和掌阅科技作为网络文学"出海"的头部企业，在海外实现了快速发展，截至 2020 年底，阅文创建的"出海"平台 Webnovel 向海外用户提供了约 1000 部中文译文作品和超过 20 万部当地原创作品，2020 年全年访问用户量达 5400 万③。而掌阅科技在多语种上发力，其 iReader 平台针对不同语言上线 10 多种版本，目前已经覆盖 40 个国家和地区。

在网络游戏领域，2017～2020 年中国自主研发游戏海外市场实际销售收入呈直线上升趋势，其 2020 年收入达 154.50 亿美元，比 2019 年增加了 38.55 亿美元，同比增长 33.25%（见图 7）。美国、日本、韩国、英国、法国、德国，成为中国自主游戏研发收入的主要来源地，2020 年其贡献的收入占比分别为 27.55%、23.91%、8.81%、8.70%。根据 Game Look 资料，2020 年 11 月至 2021 年 3 月腾讯公司《Honnur of Kings》《PUBG MOBILE》

---

① UNCTAD, "Creative Economy to Have Its Year in the Sun in 2021," Jan. 2021, https://unctad.org/news/creative-economy-have-its-year-sun-2021.
② 《2020 中国电影年度报告》，艺恩网站，2021 年 1 月，https://www.endata.com.cn/Market/reportDetail.html?bid=c2254cf4-eedc-4565-ac5c-18f466336422。
③ 《阅文下半年 Non-IFRS 净利润环比增长 40 倍新管理层推动业绩反转》，腾讯科技网，2021 年 3 月 23 日，https://view.inews.qq.com/a/TEC2021032300706400。

2款游戏的收入一直占据全球前2名。①

在视频产品领域,以李子柒为代表的个人视频内容和以TikTok为代表的视频平台在海外受到追捧,截至2021年5月,李子柒YouTube账号中125个视频的总播放量超过20亿,订阅量达1530万,视频平均播放量超过2500万次②。

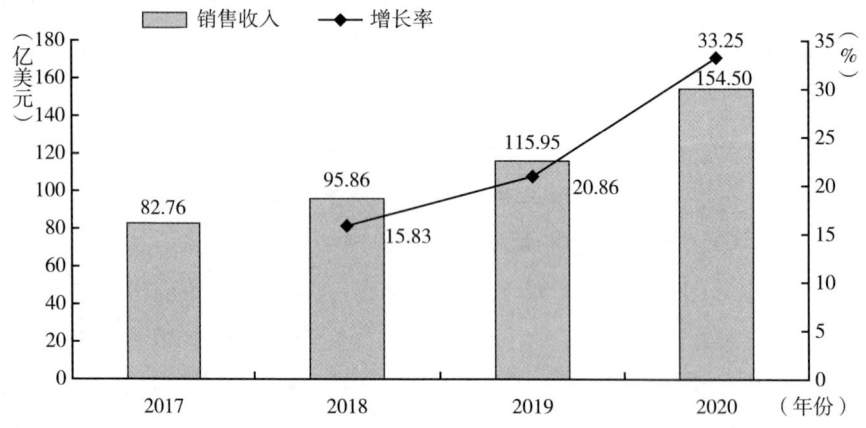

图7 2017~2020年中国自主研发游戏海外市场销售情况

资料来源:《〈2020年中国游戏产业报告〉正式发布》,游戏产业网,2020年12月18日,http://www.cgigc.com.cn/info/22132.html。

二 文化产品贸易新特点产生的原因

(一)新冠肺炎疫情是最大新变量

新冠肺炎疫情是引发国际文化产品贸易新特点产生的最大变量,通过直接或间接手段保持与其他国家的距离是2020年各国为应对疫情普遍采取的

---

① Game Look 根据2020年11月至2021年3月的月度手游收入榜统计整理,http://www.gamelook.com.cn/。
② Social Book,"Top 100 YouTubers From China",www.socialbook.com.cn/youtube-channel-rank/top-100-youtubers-from-china。

措施,这对全球贸易的深度互嵌性结构造成巨大冲击。据联合国数据,2020年1~3月,各国采取的关税贸易限制性措施有4项,非关税性贸易措施有190项。①虽然有些措施只是临时性的,而且据统计40%左右的限制性措施已经被终止,但是对全球产业链的破坏已经形成,我国文化产品贸易作为其中一环,出现下滑不可避免。

从国内来看,2020年初,因受到新冠肺炎疫情的冲击,我国采取了隔离、停航停运等措施,第一、二季度文化产品贸易受到严重影响。同时,前所未有的全球贸易互嵌程度也增加了我国经济不稳定因素,一些看似与自身没有直接关联的政策措施会通过隐含的路径对自身产生影响。虽然2020年我国以最快的速度控制住了疫情,率先实现复工复产,但是国际社会新冠肺炎疫情持续无规律性地波动以及疫情引发的深层次社会问题不断凸显,加剧了外部环境的不稳定性。而文化产品本身是一种非刚性需求产品,其市场需求对外部环境的变化相对刚需性产品更加敏感。以文化制造类产品为例,2020年第四季度顺差同比大幅突增,原因在于西方国家被迫采取居家隔离的措施,这种对原有生活结构的撬动引发了慢节奏下精神生活的回归,而国外经济的发展状态又无法满足本地的市场需求,故转向对包括中国游戏产品、照相机、乐器等在内的中国文化制造产品的进口。从现有国际形势来看,这种波动仍将持续。

(二)供需错配是文化贸易结构失衡的本质

根据联合国教科文组织发布的《2009年联合国教科文组织文化统计框架》和我国统计局发布的《文化及相关产业分类(2018)》,内容文化类产品是文化产品的核心领域。然而,我国文化产品规模高顺差优势更多来源于文化制造类产品,而作为文化产品核心的文化内容类产品贸易则普遍处于逆差状态,所以内容文化类产品的逆差是文化产品贸易结构失衡的症结。由于

---

① UNCTAD, "Number of Announced Pandemic-related Trade Measures by Country Grouping," 2020 - 1 - 15 至 2021 - 3, https://unctad.org/programme/covid - 19 - response/impact - on - trade and - development - 2021.

传统内容类文化产品作为创意密集型产品，需要长时间、多步骤、团队化合作才能完成，而国外受疫情影响，其生产条件遭受暂时性冲击，故国际市场出口贸易减少的情况不可避免。但欧美国家在文化产品生产领域基础深厚，其生产秩序一旦恢复，对中国市场的冲击可能会卷土重来。所以文化产品贸易结构失衡的问题仍需从深层次上进行思考。

本文认为供需错配可以为我国内容类文化产品在国际市场遭受冷遇提供有效的解释，供需错配即供给结构与需求结构的错位，导致供给变成无效或低效供给[1]。近几年，随着中国经济发展水平步入世界前列，中国通过采取与国外联合制作、在国外拍摄、运用国外演员等众多方式使文化产品的整体质量获得巨大提升，[2] 国内爆款作品频出，但是由于文化折扣的存在，经过国内市场检验后的叫座内容类文化产品在国外并没有较好的市场。以电影产品为例，2016年以来中国"现象级"电影频出，《战狼2》取得2017年全球票房第7位的成绩，但是其海外票房占比仅有0.3%，《流浪地球》的海外票房占比最高，但也仅有0.9%（见表1）。所以，中国的文化内容类产品并不是质量不行，更多的是与国外市场需求不匹配。以网络文学、短视频为代表的新兴数字文化产品的海外蓬勃发展态势也从侧面证明原有传统内容类文化产品的供需结构问题。

表1 中国电影的国外票房占比

单位：年，%

电影	上映时间	全球票房排名	国外票房占比
《美人鱼》	2016	14	0.6
《战狼2》	2017	7	0.3
《红海行动》	2018	13	0.3
《唐人街探案2》	2018	14	0.4
《哪吒之魔童降世》	2019	12	0.5

---

[1] 盛见：《"需求响应"视角下养老服务供需错配问题及其解决对策》，《中州学刊》2021年第2期。

[2] Michael Keane, "Going Global or Going Nowhere? Chinese Media in a Time of Flux," *Media International Australia* 159 (2016): pp. 13–21.

续表

电影	上映时间	全球票房排名	国外票房占比
《流浪地球》	2019	13	0.9
《我和我的祖国》	2019	17	0.5
《中国机长》	2019	20	0.2
《八佰》	2020	1	小于0.1

资料来源：Box Office Mojo, "2017－2021 Worldwide Box Office," https：//www.boxofficemojo.com/year/world/? ref_ = bo_ nb_ hm_ tab。

（三）数字化布局是贸易优势建构的基础

美国McKinsey咨询公司的一项估计显示，新冠肺炎疫情将原本应该在5年内才能达到的数字技术成果压缩到了3个月内完成，[①] 虽然2020年的新冠肺炎疫情客观上对数字文化产品的发展有一定的促进作用，但是我国数字文化产品在海外取得的成绩与我国较早布局数字技术密不可分。我国早在党的十七大报告中就明确提出，"运用高新技术创新文化生产方式，培育新的文化业态"。随着5G、人工智能、大数据等技术的不断成熟，文化部在2017年首次出台了数字文化发展的专门性文件——《关于推动数字文化产业创新发展的指导意见》，随后国务院、科技部、中央网信办、国家广播电视总局等共同参与，大力助推我国数字文化产业的发展，2019年和2020年分别出台3部文件，其中2020年《中共中央、国务院关于构建更加完善的要素市场化配置体制机制的意见》首次将数据作为一种新型要素与劳动力、土地、资本等并列，意义重大（见表2）。

从企业层面看，腾讯作为进军国际文娱领域的巨头，从2008年开始就以游戏为核心、以投资收购为主要方式，不断为打造全方位的文娱"出海"生态添砖加瓦。其布局路径从韩国、日本再到美国、欧洲、东南亚，布局内容从游戏到网文、视频。其旗下阅文集团2017年建立海外门户Webnovel，

---

① McKinsey Digital, "The COVID－19 Recovery will Be Digital: A Plan for the First 90 Days," May. 2020, www.mckinsey.com/business－functions/mckinsey－digital/our－insights/the－covid－19－recovery－will－be－digital－a－plan－for－the－first－90－days#。

2019年腾讯海外视频平台WeTv上线。在短视频领域，2017年TikTok布局国际，个体视频生产者李子柒入驻YouTube。

表2 我国数字文化产业发展政策

发布时间	政策	颁发部门
2017年4月	《关于推动数字文化产业创新发展的指导意见》	文化部
2018年3月	《国家文化和科技融合示范基地认定管理办法》	文化和旅游部、科技部、中宣部、中央网信办、广电总局
2019年2月	《超高清视频产业发展行动计划（2019-2022年）》	工信部、广电总局、中央广电总台
2019年4月	《公共数字文化工程融合创新发展实施方案》	文化和旅游部办公厅
2019年8月	《关于促进文化和科技深度融合的指导意见》	科技部、中宣部、中央网信办、财政部、文化和旅游部、广播电视总局
2020年3月	《关于构建更加完善的要素市场化配置体制机制的意见》	中共中央、国务院
2020年5月	《关于做好国家文化大数据建设工作的通知》	中央文改领导小组办公室
2020年11月	《关于推动数字文化产业高质量发展的意见》	文化和旅游部

三 中国文化产品贸易发展的新思考

（一）市场转向：以国内市场带动国外市场

面对国际社会不确定因素的增加，国际文化贸易市场经受挫折，据UNCTAD数据，2020年全球文化服务贸易出口同比下降19.73%，进口同比下降19.81%。从现有国际环境来看，全球不稳定性因素短期内仍将持续存在。在国内"稳"与国外"不稳"的新型格局下，中国文化贸易需要立足国内市场，"充分发挥我国超大规模市场优势和内需潜力，构建国内国际双循环相互促进的新发展格局"①，进而引导文化产品贸易走出困境。

---

① 《中共中央政治局常务委员会召开会议习近平主持》，中国共产党新闻网，2020年5月14日，http://cpc.people.com.cn/n1/2020/0514/c64094-31709431.html。

首先,深耕国内市场,充分发挥国内文化消费市场的规模化优势,建构世界文化产品贸易的稳定根据地,以争夺文化贸易的话语权,进而利用国内市场带动国际市场的有效运转。国际贸易理论中无论是以专业化分工、相互需求、产品差异化还是以异质性企业为基础,均暗含一个理论共识,即国际贸易的发展是以国内市场为依托的。① 所以,通过深耕扩大国内市场规模,可以提高国际贸易竞争力。其次,进一步营造良好的市场环境,提高开放水平,借机吸引国际高质量的生产要素入驻,通过与国际企业的本地化深入合作推动动漫、电影等内容类文化产业的升级,创造短板类、新型文化产品贸易新优势。比较优势理论认为每个国家都应根据"两利相权取其重,两弊相权取其轻"的原则,集中生产和出口比较优势产品,这与要素禀赋理论最大不同在于,"比较优势"是可以通过国家自身产业的优化升级进行创造的,所以立足国内,培养与创造国内文化产品竞争新优势是应对目前文化贸易逆势和不稳定的有效路径之一。

(二)产品转向:深耕数字文化产品

数字文化产品具有边际成本为零的特性和较强的网络外部效应特征,即从生产端看,数字文化产品每增加一单位的产品所增加的成本为零,从需求端看,某种商品的消费基数越大,对新增消费者的吸引力就越强。② 同时,疫情防控时期数字文化产品的逆势增长表明其能够对国际社会传统不稳定变量实现自动隔离。而我国数字经济快速发展又为文化产品的数字化转型提供强有力的支撑,2019 年我国数字经济名义增长率为 15.6%,高于同期 GDP 名义增长率 7.85 个百分点。③ 这些主客观因素表明我国数字文化产品在创造增量市场方面具有极大优势。基于此,深耕数字文化产品,以数字文化产

---

① 钱学锋、裴婷:《国内国际双循环新发展格局:理论逻辑与内生动力》,《重庆大学学报》(社会科学版) 2021 年第 1 期。
② M. L. Katz, C., Shapiro, "Technology Adoption in the Presence of Network Externalities," *Journal of Political Economy* 4 (1986): pp. 822 – 841.
③ 中国信息通信研究院:《中国数字经济发展白皮书 (2020 年)》,2020 年 7 月 3 日。

品增强我国文化贸易发展动力具有现实可能和重要意义。

首先,中国文化体量较大,许多传统文化产品囿于物理形态而不能成为国际贸易的候选者,而数字文化产品可以在突破物理、时间与空间限制的同时让更多文化内容得以解封,以实现产品贸易类型的多样化。其次,深化VR、AR、区块链等技术与文化的融合,以加强对新型数字文化产品内容、形态的开发,不断开拓国际新型市场,从内容上增加文化贸易新优势。最后,中国软实力的彰显、影响力的扩大、价值观的传递更多需要依靠内容类文化产品贸易来实现,面对我国传统文化类产品长期的逆差状态,网络文学、视频、游戏等新型内容类文化产品在一定程度上可以解决这一困境。

(三)渠道转向:充分利用数字平台

中国内容类文化产品长期以来在国际贸易中处于劣势的原因是供需错配,即我们出口的文化产品并不能满足国际市场的需求偏好。要解决这个问题,关键是要找到一个可以连接供求端和国际市场需求端的渠道,依据需求偏好进行供给端的优化。美国漫威系列电影、电视剧、日本的动漫能够在国际市场上具有较强的竞争能力实际都是采用了需求本位的逻辑。以美国电视剧为例,其边拍边播的模式主要是为了根据市场反应对剧情内容进行不断迭代优化,通过优胜劣汰筛选出具有国际竞争力的产品,进而以此为核心打造同系列或者同类型的产品,而"收视率监测机制"就是反馈渠道。

在我国文化对外贸易中,由于物理距离、文化距离的存在,长期以来建构国际受众的反馈渠道相对较难,但在互联网时代,数字平台可以解决这个问题。由于平台是一个连接用户、广告商、开发者等的场域和渠道,依据需求方的需求偏好进行定制化生产是平台得以有效运行的逻辑,而机器算法的程序化选择是平台内部的生产机制,即通过自动化收集一些人的资料并对其进行深入的信息挖掘。① 所以,平台为中国文化产品贸易提供了新出口。如果依靠我国自身建立的文化产品平台,基于算法筛选机制,平台中的延展性

---

① T. Gillespie, "The Relevance of Algorithms," *MIT Press* (2014): 167 - 194.

和模块化可以允许平台中的产品内容基于用户偏好实现轻松升级、优化。如果是国外平台，算法的程序中立性又可以为中国文化产品的国际适应性提供指导。

（四）统计转向：完善数字文化产品贸易统计信息

完善的数字文化产品贸易统计数据是科学指导未来文化产品贸易发展的保障，而目前我国文化产品贸易存在统计滞后的问题。由于内容类文化产品统计相对困难，以往文化产品贸易统计更多偏向于文化制造类产品，而对文化内容类产品的统计相对欠缺。此外，随着国际大环境的改变，数字经济已经成为当下和未来发展的重要引擎，文化产品的数字化转型已经开启，数字文化产品应该被纳入文化产品贸易统计，原有文化产品贸易的统计内容已经与现实的发展错位。所以适时更新文化产品进出口的统计类别、统计口径，建立与时代相符的进出口统计体系，才能对我国现有文化产品贸易的优势和劣势进行更加清晰的把握。

Abstract

Due to the impact of the COVID – 19 epidemic, the import and export volume of China's foreign cultural trade declined slightly, but generally maintained a relatively stable development trend. According to the statistics of the General Administration of Customs, the total import and export trade of Chinese cultural products in 2020 was US $108.69 billion, down 2.48% year-on-year. Among them, the total export value of cultural products was US $97.201 billion, down 2.69%, and the total import value was US $11.489 billion, down 0.70% year-on-year.

Report on the Development of China's International Cultural Trade (2021) is divided into general report, industry reports, special topics, comparison and reference reports and practice and innovation reports. Among them, the industry articles conducted in-depth analysis on nine key industries such as performing arts, radio, film and television, film, book copyright, animation, games, cultural tourism, art and creative design. In 2020, the COVID – 19 epidemic had different impacts on different industries. For example, the number, box office and proportion of imported films all showed a significant decline, and the annual transaction volume of Chinese art market showed a downward trend. However, with the improvement of epidemic prevention and control effect, the international influence of Chinese films increased, and the art market. The special topics analyze and summarize the new features of the internationalization of Chinese performing arts industry, the overseas spread of Chinese Kung Fu and the "going out" of Chinese films in 2020, and compares the cultural and trade policies between China and other countries. Comparison and reference reports analyze the general situation of Brazil's cultural trade and investment, and summarize the development

Abstract

experience of international large-scale online exhibition. The practice and innovation reports focuse on the development of China's e-sports competition service under the epidemic situation, the new characteristics and new turn of China's cultural products trade, and analyzes its development path under the digital background. This book comprehensively uses qualitative and quantitative research methods, individual theory and holistic theory, empirical and evaluative research methods, and discusses the problems of China's foreign cultural trade, such as the legal system related to cultural trade still needs to be improved, the integration of scientific and technological innovation and cultural trade needs to be improved, and the construction of cultural brand is not enough. Under the background of promoting the "going out" of cultural products and services with Chinese characteristics and accelerating the construction of a trade power, this book puts forward some countermeasures and suggestions, such as perfecting the legal system related to cultural trade, promoting the deep integration of culture and science and technology, and building high-quality cultural brands.

Keywords: International Cultural Trade; International Trade in Services; Digitization

Contents

I General Report

B.1 China's Cultural Trade Development Report in 2021

Li Xiaomu / 001

Abstract: As an important part of China's foreign trade, cultural trade plays an important role in China's economic development, social progress and industrial structure adjustment. In the context of the normalization of epidemic prevention and control, in the face of increasingly severe international environment and world economic situation, China still made great achievements in foreign cultural trade in 2020. With the continuous increase in policy support, China's foreign cultural trade has basically remained stable under the impact of the epidemic, foreign cultural trade import and export methods have shown a differentiated development trend, and the number of national cultural export key enterprises and key projects is also steadily increasing. But at the same time, China's foreign cultural trade still has certain problems in the improvement of cultural trade-related legal systems, the construction of cultural brands, and the integration of technological innovation and cultural trade. To this end, this article proposes corresponding countermeasures and suggestions from improving the legal system, building cultural brands, promoting cultural and technological integration, and optimizing financial capital.

Keywords: Foreign Cultural Trade; Digital Technology; Cultural Brand

Ⅱ Industry Reports

B.2 Report on the Development of China International Trade of
　　　Performing Arts Industry in 2021　　　*Zhang Wei* / 016

Abstract: While the performing arts industry of China is still booming, a sudden epidemic of COVID-19 has cast a shadow on China's cultural industry. Among all the cultural fields, performing arts industry bore the brunt of the impact. This report summarizes the development characteristics of China's performing arts market in 2020, and based on the features of the national market, it analyzes the characteristics of China's international trade in performing arts from different dimensions such as trade channels, market demands, policies, and online platform, and tries to find optimization from the perspective of development strategies, market supply, performing arts products and services, market exploiting and improvement of market players and talent cultivation, etc. Hopefully the solution could provide some feasible references for China's performing arts industry and international trade to overcome the impact of the epidemic and find new growth points under the background of regular epidemic prevention and control.

Keywords: Performing Arts Market; Foreign Trade; International Development Strategy; Digital Platform

B.3 Report on the Development of China's Foreign Trade in Radio,
　　　Film and Television in 2021　　　*Fan Tingyu, Li Jidong* / 038

Abstract: In 2020, China's radio, film and television foreign trade will take "technology" and "content" as its two major development aspects. China will strengthen cooperation among countries in The Belt and Road, and boost

globalization of radio, film and television industry. In addition, China will improve the integration of radio and television media, and help it to do a better galobal communication. In 2020, China's news subjects will have diverse development, and build a new image of China from different perspectives. The TV industry actively builds an international platform to promote the spread of Chinese culture around the world. The film industry is greatly impacted by the epidemic, and the government has adopted tax policies, special support to promote the film industry and achieved good results. In documentaries, Chinese and foreign joint creations made new achievements. The anti-epidemic documentaries became China's main products for foreign trade. In general, in 2020, China's external communication will focus on the "Audio-visual China" broadcasting project to promote China's radio, film and television to go global. ASEAN countries have become the main targets of our radio, film and television foreign trade in China's the Belt and Road economic zone; and information dissemination technical upgrade has became the main driving force for the development of foreign trade. In the future, under the guidance of the 14th Five-Year Plan, the foreign trade of radio, film and television should be based on China's perspective and do a good job in the geo-communication. Otherwise, the foreign trade should cooperate with China's foreign infrastructure work to promote the trade of radio, film and television products and further promote the development of "the Internet plus" mode in the film and TV industry.

Keywords: Radio, Film and Television; Foreign Trade; The Belt and Road; "Audio-visual China" Broadcasting Project; Information Dissemination Technology

B.4 Report on the Development of Chinese Film Trade in 2021

Luo Libin, Da Tianxin and Liao Linyu / 053

Abstract: Under the impact of the COVID-19, China's film trade in 2020 showed new characteristics. The number of imported films, box office sales, and proportions all declined significantly, and the appeal of Hollywood "blockbuster films" continued to show a downward trend. However, the "buyout imported films" contribute to an increasing diversity of the Chinese film market. Under the influence of the epidemic, total box office of Chinese film market become the highest in the world for the first time, which helped Chinese films climb up the global box office rankings significantly. A number of Chinese films won awards overseas to enhance their international influence; Chinese capital and filmmakers also continue to participate in global film production. The COVID-19 has had a great impact on the global film market, but China's better epidemic prevention and control performance have given a comparative advantage to their market, which may even turn crisis into opportunity. In the future, China should make full use of the opportunities brought by the epidemic to increase its share of the global film market. At the same time, we should attach great importance to the incremental film market in the network and digital space, and help Chinese films increase their international influence.

Keywords: Chinese Film Trade; International Influence; High Quality Development

B.5 Report on the Development of Chinese Foreign Trade of Book Copyright in 2021 *Sun Junxin, Lu Yinglu* / 072

Abstract: Mainly based on the data of 2019 and 2020, this article focuses on analyzing the characteristics, opportunities and challenges of foreign trade of book copyrights before and after the epidemic, and proposes countermeasures accordingly. On the whole, the book copyright trade has developed steadily, the structure has been continuously optimized, and international competitiveness has gradually improved; the epidemic has accelerated the digital transformation of publishing and affected readers' reading habits; policies are favorable for the book copyright trade, and exhibitions have played a important platform role in the foreign trade of book copyrights. In accordance with international standards and responding to the development requirements of the times, it is necessary for the publishing industry to pay attention to and develop professional publishing, enhance service attributes, strengthen the deep integration of publishing and technology, extend the value chain, and promote the quality and efficiency of foreign trade in book publishing.

Keywords: Books Copyright; Copyright Trade; Digital Publishing; Service Trade

B.6 Report on the Development of Chinese Animation Industry Foreign Trade in 2021　　　　*Lin Jianyong, Zhang Shan* / 086

Abstract: As an important part of China's cultural industry, animation industry plays an important role in the development of China's foreign cultural trade. At present, the development of China's animation industry and trade has entered a stage of rapid development, the scale of the industry continues to expand, the import growth rate has decreased and the national support policy has been made one after another. But at the same time, there are also some problems, such as the lack of excellent IP works, the low brand influence and value, the abnormal ecology of TV animation production and broadcasting, the lack of talents, and the imperfect development of the industrial chain. In order to promote the high-quality development of China's animation industry, this paper puts forward relevant suggestions on policy implementation, IP derivation and authorization, relying on the development of network platform and the combination with national culture.

Keywords: Animation Industry; IP Authorization; Animation Industry Chain; Ethnic Culture

Contents

B.7 Report on the Development of Chinese Game Industry

Foreign Trade in 2021   *Sun Jing* / 098

Abstract: In 2020, despite the influence of global pandemic, there's been an increase on Chinese game revenue in overseas market. This article, focusing on Chinese overseas trade of video game culture, depicts global game market and Chinese game export in 2020 in perspectives of market revenue, user profiles, game companies and game products, by which offers an in-depth analysis on presenting two major challenges in current Chinese overseas game trade, that is, game products lacking diversity and high international competitiveness, and further attributes both challenges to lower game literacy. Finally, this report provides viable suggestions in the levels of game studies, game education and game product upgrading.

Keywords: Game Culture; Foreign Trade; Game Industry; Game Education

B.8 Report on the Development Chinese Cultural Tourism Service

Trade in 2021   *Wang Haiwen, Xiong Rui* / 142

Abstract: 2020 was a challenging year for the international cultural tourism service market. Under the impact of the COVID-19 pandemic, the international cultural tourism service trade was interrupted and the tourism industry worldwide suffered heavy losses. However, there is still a strong foundation to support the long-term trend of China's cultural tourism service market. Under the condition of great achievements in epidemic prevention and control, China's tourism market takes the lead in the world's recovery and ushers in a good opportunity to overtake on the curve. However, in order to enhance the competitiveness of China's international cultural tourism service trade, we must see that there are some problems in the supply of cultural tourism services, such as regional imbalance,

single product form, imperfect public service system and so on. As the global tourism industry enters the period of recovery, transformation and development, China should focus on the long-term development of the cultural tourism service market and its trade, further promote the supply side adjustment and reform, so as to effectively enhance the competitiveness of China's cultural tourism services.

Keywords: Cultural Tourism; Service Trade; Service Market

B.9 Report on the Chinese Art Foreign Trade in 2021

Cheng Xiangbin, Wu Yuwei / 153

Abstract: In 2020, due to the external impact of the global epidemic and international economic uncertainty, the scale of domestic and foreign art markets shrunk. At present, the Chinese art market is in the stage of deep adjustment, and the annual transaction volume still has a downward trend. In terms of art trade, the total volume of China's art import and export declined in the first and second quarters compared with the same period last year, but it gradually picked up after the domestic epidemic prevention and control made some achievements. At the same time, the epidemic has accelerated the trend of digitization of artworks. In 2020, the transaction volume of online sales and auctions of Chinese artworks shown a blowout growth, ushering in new development opportunities for online transactions. As the art market booms, some problems are emerging. The main problems are as follows: excessive value-added tax on artworks, incomplete laws and regulations related to online transactions, and the intellectual property protection system to be strengthened. Therefore, this paper suggests to reduce the value-added tax of artworks, improve the circulation tax system, regulate the online and offline transaction behavior of the art market, and at the same time, strengthen the copyright protection through multi-partner cooperation within and outside the industry.

Keywords: Art Market; Auction Market; International Trade in Art

B.10 Creative Design Foreign Trade Development Report of
China in 2021　　　　　　　　　*Liu Xia, Deng Changyue* / 175

Abstract: With the continuous deepening of economic globalization and the rapid development of digital technology, China's creative design industry is in the ascendant. In recent years, China's foreign trade in creative design has shown a growing development trend as a whole, and basically maintained a trade surplus. Among them, the foreign trade of Chinese jewelry design shows a development trend of first growth and then reduction, while architectural design generally shows a trend of continuous small fluctuations. At the same time, China's creative design industry still has problems and challenges in such aspects as the imperfect creative design property rights protection system, the lack of creative design talent training mechanism, and the cultural discount effect in the export of creative design. Therefore, in response to the above problems, this article puts forward corresponding countermeasures and suggestions from the aspects of building a creative design market governance system, standardizing creative design property rights protection mechanisms, improving creative design talent training methods, and building a creative design trade community, etc., to Provide important support for the high-quality development of China's design products and sevices.

Keywords: Creative Design; Foreign Trade; High Quality Development

Ⅲ Special Topics

B.11 The Status Quo, Dilemma and Path of the
Internationalization of Chinese Performing Arts Industry
　　　　　　　　　　Li Jiashan, Zhang Xiaoling / 187

Abstract: In the past 10 years, we have witnessed the continuous prosper and gradual upgrade of Chinese performing arts market. Its international development has also achieved a great increase in volume. The internationalization

of performing arts, meanwhile, is still mainly depends on the cultural exchange. But under the current background of market-oriented globalization, performing arts products and services is showing more and more limitations with low efficiency in resource allocation and low profit which further leads to the lack of strong international competitiveness. Cognitive dissonance, the limitation of traditional internationalization development mode, the lag of technology application, and the impact of the epidemic have all prompted us to rethink the effective path of the internationalization development of performing arts industry. The characteristics of the current situation of Chinses performing arts market are first analyzed. Secondly, combining with the actual situation and data analysis, it elaborates the elements of the international competitiveness of Chinese performing arts industry, and further summarizes the problems and challenges it faces, so as to put forward realistic strategies for the internationalization of Chinese performing arts industry. Thus, methods of strengthening strategic deployment, improving content construction, stimulating market vitality, construction of talent training system, building online service platform and so on shall be applied.

Keywords: Performing Arts Industry; International Competitiveness; Industry Convergence

B.12 Overseas Disseminate and Trade Mode of Chinese KungFu

Li Jiashan, Tian Song, Liu Ang and Hu Xinyi / 201

Abstract: Chinese KungFu has always been an important representative of the overseas dissemination of Chinese traditional culture, it includes KungFu movies, KungFu Performance arts, KungFu books, KungFu schools and health care institutions in various countries around the world. KungFu has not only great influence, but also a great deal of trade value around the globe. At the same time, the overseas dissemination and international trade of Chinese KungFu are also facing many problems. This paper introduces the typical cases of Chinese KungFu around the globe, and summarizes its characteristics and advantages on the overseas dissemination and international trade. Finally, this paper puts forward some targeted suggestions to provide more valuable solutions for the international development of Chinese KungFu.

Keywords: Chinese KungFu; Overseas Communication; Cultural Trade

B.13 Research on the Chinese Movies Oversea Dissemination

Tian Song / 221

Abstract: Chinese films have a history of more than 100 years. Not only the box office market of Chinese films has been booming, but also internationalization is an important development trend of Chinese films. Compared with the domestic film market, the overseas development of Chinese films is still hard. The international influence of Chinese films has not reached the match level with China's synthetic national power. On the other hand, Chinese films have not been widely known by the global film market. This paper will analyze the present situation of overseas reputation and box office of Chinese films based on the perspective of big data analysis. Find out the main problems of the internationalization of Chinese film, and put forward the relevant suggestions.

Keywords: Chinese Movie; Overseas Dissemination; Cultural Trade; Big-data Analysis

Ⅳ Comparison and Reference Reports

B.14 Brazil Cultural Investment and Trade Research

Li Jiashan, Yang Tong / 239

Abstract: Brazil, as the fifth largest country in the world and the largest in South America, has a unique geographical location. The cultural aspect is more diverse as a melting pot of nations. This article will start with the Brazilian cultural

market itself, study its trade market overview and the investment status of key cultural industries, so as to further understand the cultural and cultural economic development of this large developing country, and also provide a reference for the cultural trade between China and Brazil. To a certain extent, Brazil's cultural development can also be a reference for our country's cultural trade.

Keywords: Brazil; Cultural Market; Cultural Investment; Cultural Trade

B.15 Experience of online International Large-scale Exhibition and the Inspiration to Beijing　　*Li Jiashan, Liu Chang* / 258

Abstract: In 2021, the holding of international exhibitions is facing more severe situation and challenges. At the same time, COVID-19 has also accelerated the exploration and practice of online exhibition. What kind of experience and inspiration does the online holding of international large-scale convention and exhibition activities bring to the development of Beijing's Convention and exhibition service industry? This paper starts from the international large-scale exhibition and its online development mode, and puts forward countermeasures and suggestions for the high-quality development of Beijing exhibition industry in view of the current situation and problems of Beijing exhibition industry.

Keywords: International Large-scale Exhibition; Online Exhibition; Beijing Exhibition

V Practice and Innovation Topics

B.16 China's Cultural Trade Policy: Practical Characteristics and Realistic Influence　　*Jia Ruizhe, Wu Xinyu* / 269

Abstract: At present, China has made clear the implementation path and scheme to achieve the goal of 2035 Cultural Power, and has also introduced a large number of cultural trade policies to better guide the cultural industry to bring-in and going-global, promoting the sound progress of cultural trade. China's cultural trade policy covers both supportive and restrictive contents, and takes the development of all fields and key industries of the cultural industry into account. It can not only promote the expansion of cultural trade and investment, but also brings some social benefits. However, it also has certain compliance issues. Hence, China should draw lessons from foreign policy and experience, and formulate a compliant and effective cultural trade policy under the framework of international rules, and also pay more attention to the balance between industry opening and cultural protection.

Keywords: International Cultural Trade; Trade Policy; WTO Rules

B.17 Research on the Service Development of E-sports Events in China under the Epidemic Situation

Wang Haiwen, Fang Shuo / 283

Abstract: After years of development, China's e-sports has been greatly tested under the epidemic situation in 2020, and the whole market structure is undergoing tremendous changes. It is the core that how the service system that relies on e-sports events plays its role normally. This paper searches for data through various channels, discusses the current situation of China's e-sports competition service from the perspective of digital economy, and finds that there are some problems such as uneven distribution of resources, high investment and financing risks, unstable cash flow, etc., and puts forward some suggestions to the government, such as further strengthening market management and providing more protection to clubs and related employees.

Keywords: E-sports; Event Service; Game Industry

B.18 New Characteristics and New Turn of China's Cultural Products Trade *Liu Bingbing, Li Xuqing and Li Huailiang* / 305

Abstract: At present, China is experiencing a great change in the past century. Facing the great changes in the economic and trade environment at home and abroad, China's cultural products trade also presents new characteristics. The main performance is that the fluctuation is hidden under the decline of trade scale, the imbalance is hidden under the internal overweight of trade structure, and the sudden emergence of digital cultural products has become a new export advantage; Among them, the COVID-19 epidemic is the most important variable caused by the new characteristics of cultural products trade, while the mismatch between supply and demand is the essence of trade structure imbalance, and the earlier digital layout is the foundation of constructing trade advantages; Facing new characteristics and problems, China needs to implement a new turn from four aspects: market, products, channels and statistics, that is, based on the domestic market, cultivate new international advantages in cultural trade; Deeply cultivate digital cultural products and give full play to the existing advantages of international cultural products trade; Make full use of digital platform to solve the imbalance disadvantage of cultural product structure; Improve the statistical information of cultural product trade and help the future development of cultural product trade.

Keywords: Cultural Product Trade; Trade Structure; Mismatch Between Supply and Demand; Digital Culture Product

权威报告·一手数据·特色资源

皮书数据库
ANNUAL REPORT(YEARBOOK) DATABASE

分析解读当下中国发展变迁的高端智库平台

所获荣誉

- 2019年,入围国家新闻出版署数字出版精品遴选推荐计划项目
- 2016年,入选"'十三五'国家重点电子出版物出版规划骨干工程"
- 2015年,荣获"搜索中国正能量 点赞2015""创新中国科技创新奖"
- 2013年,荣获"中国出版政府奖·网络出版物奖"提名奖
- 连续多年荣获中国数字出版博览会"数字出版·优秀品牌"奖

成为会员

通过网址www.pishu.com.cn访问皮书数据库网站或下载皮书数据库APP,进行手机号码验证或邮箱验证即可成为皮书数据库会员。

会员福利

- 已注册用户购书后可免费获赠100元皮书数据库充值卡。刮开充值卡涂层获取充值密码,登录并进入"会员中心"—"在线充值"—"充值卡充值",充值成功即可购买和查看数据库内容。
- 会员福利最终解释权归社会科学文献出版社所有。

数据库服务热线:400-008-6695
数据库服务QQ:2475522410
数据库服务邮箱:database@ssap.cn
图书销售热线:010-59367070/7028
图书服务QQ:1265056568
图书服务邮箱:duzhe@ssap.cn

卡号:463551461884
密码:

基本子库
SUB DATABASE

中国社会发展数据库（下设 12 个子库）

整合国内外中国社会发展研究成果，汇聚独家统计数据、深度分析报告，涉及社会、人口、政治、教育、法律等 12 个领域，为了解中国社会发展动态、跟踪社会核心热点、分析社会发展趋势提供一站式资源搜索和数据服务。

中国经济发展数据库（下设 12 个子库）

围绕国内外中国经济发展主题研究报告、学术资讯、基础数据等资料构建，内容涵盖宏观经济、农业经济、工业经济、产业经济等 12 个重点经济领域，为实时掌控经济运行态势、把握经济发展规律、洞察经济形势、进行经济决策提供参考和依据。

中国行业发展数据库（下设 17 个子库）

以中国国民经济行业分类为依据，覆盖金融业、旅游、医疗卫生、交通运输、能源矿产等 100 多个行业，跟踪分析国民经济相关行业市场运行状况和政策导向，汇集行业发展前沿资讯，为投资、从业及各种经济决策提供理论基础和实践指导。

中国区域发展数据库（下设 6 个子库）

对中国特定区域内的经济、社会、文化等领域现状与发展情况进行深度分析和预测，研究层级至县及县以下行政区，涉及省份、区域经济体、城市、农村等不同维度，为地方经济社会宏观态势研究、发展经验研究、案例分析提供数据服务。

中国文化传媒数据库（下设 18 个子库）

汇聚文化传媒领域专家观点、热点资讯，梳理国内外中国文化发展相关学术研究成果、一手统计数据，涵盖文化产业、新闻传播、电影娱乐、文学艺术、群众文化等 18 个重点研究领域。为文化传媒研究提供相关数据、研究报告和综合分析服务。

世界经济与国际关系数据库（下设 6 个子库）

立足"皮书系列"世界经济、国际关系相关学术资源，整合世界经济、国际政治、世界文化与科技、全球性问题、国际组织与国际法、区域研究 6 大领域研究成果，为世界经济与国际关系研究提供全方位数据分析，为决策和形势研判提供参考。

法律声明

"皮书系列"(含蓝皮书、绿皮书、黄皮书)之品牌由社会科学文献出版社最早使用并持续至今,现已被中国图书市场所熟知。"皮书系列"的相关商标已在中华人民共和国国家工商行政管理总局商标局注册,如LOGO( )、皮书、Pishu、经济蓝皮书、社会蓝皮书等。"皮书系列"图书的注册商标专用权及封面设计、版式设计的著作权均为社会科学文献出版社所有。未经社会科学文献出版社书面授权许可,任何使用与"皮书系列"图书注册商标、封面设计、版式设计相同或者近似的文字、图形或其组合的行为均系侵权行为。

经作者授权,本书的专有出版权及信息网络传播权等为社会科学文献出版社享有。未经社会科学文献出版社书面授权许可,任何就本书内容的复制、发行或以数字形式进行网络传播的行为均系侵权行为。

社会科学文献出版社将通过法律途径追究上述侵权行为的法律责任,维护自身合法权益。

欢迎社会各界人士对侵犯社会科学文献出版社上述权利的侵权行为进行举报。电话:010-59367121,电子邮箱:fawubu@ssap.cn。

社会科学文献出版社